Illisibilité partielle

VALABLE POUR TOUT OU PARTIE DU
DOCUMENT REPRODUIT

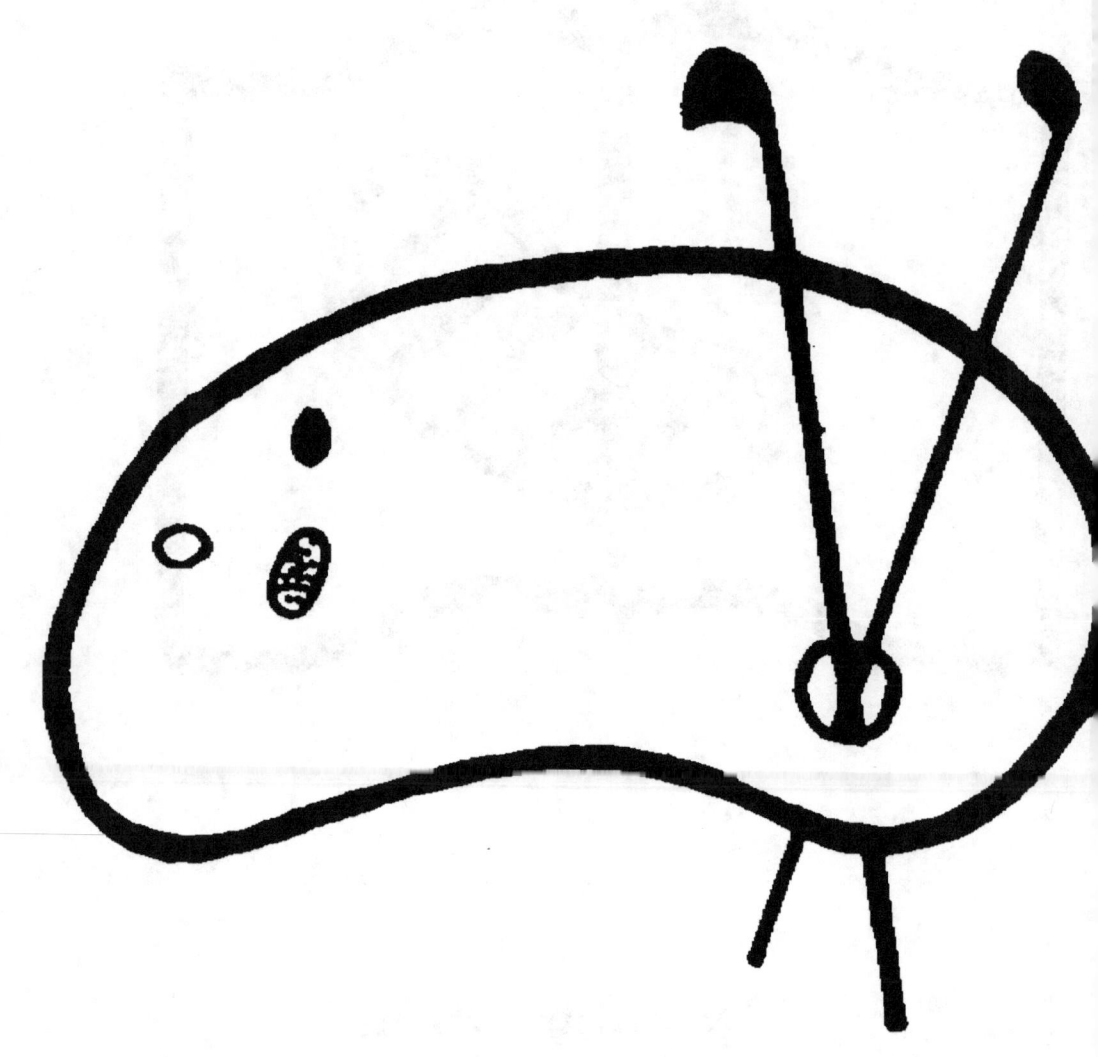

COUVERTURE SUPÉRIEURE ET INFÉRIEURE
EN COULEUR

L'AUVERGNE CHRÉTIENNE

DU PREMIER SIÈCLE A 1880

CONTENANT

ÉTAT PRIMITIF DE CETTE PROVINCE

Preuves diverses de son évangélisation au premier siècle,
Biographie des 95 Évêques de Clermont,
Notices sur les Évêques de St-Flour et de Moulins,
Résumé des 18 Conciles d'Auvergne,
État des paroisses, églises, patrons, nominations des curés,
établissements religieux, etc.
Biographie des victimes de 93, en Auvergne,
Église constitutionnelle,
avec notice sur les 86 Évêques intrus.

PAR UN AUVERGNAT.

Arvernos per agros jam tenet ubique
Victrix religio caput.

Le Christ lui triomphe, il règne dans ces lieux ;
Lève la tête, Auvergne, et regarde les cieux.

Hymne de St. Austremoine.

CINQUIÈME ÉDITION

S'ADRESSER A M. J.-Ph. MORIN,
A ARTONNE, par Aigueperse (Puy-de-Dôme).

ON TROUVE A LA MEME ADRESSE

les ouvrages suivants :

PHARMACOPÉE. — ANECDOTES CURIEUSES. — ECHOS PROPHÉTIQUES. — RÉCITS très-détaillés du grand pélerinage de Lourdes 1872. (Voir l'annonce de ces ouvrages à la fin de ce volume, page 197.

POUR PARAITRE EN LIVRAISONS

L'ÉPISCOPAT FRANÇAIS

Depuis sa création dans les Gaules jusqu'à nos jours, contenant l'historique de chaque diocèse et les noms de tous les évêques connus qui ont occupé chaque siége.

ROANNE. — Imprimerie Fealay,

L'AUVERGNE

CHRÉTIENNE

En vertu des lois sur la presse :
Droit d'auteur réservé et reproduction, même
partielle de cet ouvrage, interdite.

L'AUVERGNE CHRÉTIENNE

DU PREMIER SIÈCLE A 1880

CONTENANT

ÉTAT PRIMITIF DE CETTE PROVINCE

Preuves diverses de son évangélisation au premier siècle.
Biographie des 95 Évêques de Clermont.
Notices sur les Évêques de St-Flour et de Moulins.
Résumé des 18 Conciles d'Auvergne.
État des paroisses, églises, patrons, nominations des curés,
établissements religieux, etc.
Biographie des victimes de 93, en Auvergne.
Église constitutionnelle,
avec notice sur les 36 Évêques intrus.

Par un Auvergnat.

Aversos per agros jam levat undique
Victrix religio caput.

Le Christ ici triomphe, Il règne dans ces lieux;
Lève la tête, Auvergne, et regarde les cieux.

(Hymne de St. Austremoine.)

SECONDE ÉDITION.

S'ADRESSER A M. J.-Ph. MORIN,
A ARTONNE, par Aigueperse (Puy-de-Dôme).

188

INTRODUCTION

ÉTAT PRIMITIF DE L'AUVERGNE

Avant de mettre sous les yeux du lecteur les nombreuses preuves qui font remonter aux temps apostoliques l'origine de l'Église d'Auvergne, nous dirons quelques mots sur cette belle et riante province.

Elle est une des plus remarquables de France, par ses sites pittoresques et ses curiosités naturelles. Deux chaînes de montagnes, dont plusieurs sont d'origine volcanique et d'une grande élévation, forment une vaste et magnifique vallée connue sous le nom de Limagne.

Cette vallée, qui aujourd'hui fait la beauté et la richesse de l'Auvergne, était autrefois un lac immense, formé, sans doute, par les bouleversements que produisirent les eaux du déluge. La science géologique en fournit une preuve dans les coteaux qui environnent cette vaste et fertile plaine, coteaux formés par des alluvions, dans lesquelles on trouve des couches de terrains composés de différents débris.

La Limagne fut connue dans l'antiquité la plus reculée sous le nom de *Lemane*, au rapport de St. Grégoire de Tours. Dès cette époque le lac de Genève était aussi désigné sous ce nom. D'après les savantes recherches de l'abbé Delarbre, les Tartares donnent encore aujourd'hui le nom de *Lemans* à un grand amas d'eau, et les Grecs se servent du mot *Lemenos* pour signifier un port, un lieu occupé par les eaux. On dira peut être : Mais comment aurait-on pu ouvrir un passage à une si grande quantité d'eau ? A cela on répond, avec ceux qui ont étudié la topographie du pays, que pour l'écoulement des eaux de ce lac, la Providence avait ménagé une issue vers le nord. Elle se trouve dans un détroit d'environ quinze kilomètres de longueur, où les deux rangées de collines entre lesquels coule l'Allier se rapprochent quelquefois tellement qu'il reste à peine un kilomètre et demi d'ouverture. C'est en Bourbonnais, depuis *Abrei*, cinq kilomètres au-dessus de *Vichy*, jusqu'à *Billy*, dix kilomètres au-dessous, que se trouve ce détroit. Le grand et peut-être l'unique ouvrage qui ait été exécuté dans ce détroit, se voit à l'ouest de Creusier-le-Vieux, dans l'endroit qu'on appelle les *Rases*, expression native, dit Delarbre, qui signifie coupure, percement.

Tout porte à croire que la Limagne ayant été submergée dans les temps anciens, la découverte de son riche sol fut le résultat des sueurs et de l'industrie de nos pères, quand on voit, de nos jours, leurs descendants obligés de lutter sans cesse pour faire écouler les eaux. Malgré le déchargement qu'on leur procure, malgré les travaux soutenus que l'on fait, il suffirait de les interrompre quelques années et de cesser d'entretenir les fossés qui saignent presque partout cette vaste plaine, pour en inonder la majeure partie.

Une autre preuve, et celle-là est péremptoire, que la Limagne a été un lac, c'est la multitude des monts enflammés qui ont subsisté dans cette province et surtout sur les bords du *Lemane*. Tous les gens instruits savent qu'il n'y a de volcans en travail que là où les pieds des montagnes sont continuellement baignés par de grandes masses d'eau. Comment expliquer d'ailleurs l'extinction absolue de cette grande quantité de volcans, dont les traces sont de toute évidence, de ces volcans dont il ne demeure pas un seul en ignition depuis plus de deux mille ans, si ce n'est par le desséchement du *Lemane*, qui est la cause principale de cette extinction.

Dans les temps primitifs, on voyait parfois exécuter des travaux gigantesques de ce genre. Le desséchement des marais d'Argos, en Grèce, lesquels devinrent très-fertiles, après leurs saignements, en sont un exemple ; ainsi que la riche et délicieuse vallée du Tempé, qui, au rapport de Diodore de Sicile, avait été couverte d'eau pendant des siècles. Qui sait si les premiers habitants de l'Auvergne n'étaient pas une colonie grecque, sous les yeux de laquelle s'étaient exécutés ces travaux, travaux qui avaient obtenu, pour la culture et l'assainissement de l'air les meilleurs résultats ?

Mais à quelle époque et combien y a-t-il de siècles que le *Lemane* a été vidé et desséché ? l'histoire n'en dit mot. Etienne de Byzance et d'autres graves auteurs rapportent que l'Auvergne était peuplée 1341 ans avant l'ère chrétienne, et 752 ans avant la fondation de Rome. En admettant ces dates, ce serait du temps de Moïse, 900 et quelques années après le déluge, qu'aurait été desséché le vaste bassin de la Limagne, dont la surface a une longueur de 60 à 80 kilomètres environ, sur une largeur qui varie de 5 à 20 kilomètres. Ce dut être à la même époque, ou peu après, qu'on perça, entre Artonne et St-Myon, un rocher d'un kilomètre environ de longueur, dont l'existence formait un autre lac dans la plaine de *Ville-Morge*, qui s'étend de Combronde au-delà de Josserand. Une tradition erronée attribue aux Anglais l'exécution de ce travail ; mais il a été fait bien longtemps avant qu'il fût question des Anglais. Une preuve sans réplique est l'antiquité de Combronde, qui, se trouvant sur une partie de l'emplacement de ce lac, était connu du temps des Romains, sous le nom de *Lucta*. Ce qui est certain, c'est qu'il y a plus de 2000 ans que le souvenir de ce lac et celui du *Lemane* sont effacés de la mémoire de nos ancêtres ; Jules César n'en dit pas mot, quoique, pendant neuf ans que dura la guerre des Gaules, il ait parcouru tant de fois l'Auvergne. St. Sidoine Apollinaire et St. Grégoire de Tours gardent le même silence.

On ignore à quelle époque les Auvergnats se constituèrent en monarchie ; la date de ce fait se perd dans la nuit des temps.

La première fois qu'il est fait mention d'eux, c'est quand les Gaulois pénétrèrent en Italie, 150 ans après la fondation de Rome. Les Auvergnats formaient alors une tribu puissante qui commençait à devenir redoutable. Strabon rapporte que leur royaume s'étendait de l'Océan à Marseille. Jules César, il est vrai, lui donne moins d'étendue ; mais il le regarde comme le premier et le plus puissant de la Gaule. On ne connaît les noms que de deux de ses rois ; le premier s'appelait Lutarus et le dernier Brrvrrvs, qui fut chargé de fers et conduit en Italie, où il mourut, 125 ans avant Jésus-Christ. Après lui le royaume des Auvergnats devint une province romaine. L'an 52 avant

Jésus-Christ, l'Auvergne essaya de recouvrer sa liberté, en se donnant un roi dans la personne de Vercingétorix, que César ne put vaincre qu'à force de combats et de bravoure. L'infortuné chef vaincu fut traîné à Rome, où, après six ans de cachot et de tortures affreuses, on lui coupa la tête. Dès ce moment, l'Auvergne fut entièrement soumise aux Romains, jusqu'à la chute de leur empire dans les Gaules, en 474. Gergovia démantelée et couverte de ruines fut mise à l'*abandon*; et une bourgade obscure, du nom de *Nemetum*, lui fut substituée. Le *Nemetum* des Romains est l'*Urbs Arverna* de St. Grégoire de Tours.

La religion de nos ancêtres, à cette époque reculée, était le *Druidisme*; il enseignait deux grandes vérités laissées par Noé à ses enfants; l'existence d'un Dieu unique et l'immortalité de l'âme. Mais que d'erreurs étaient venues obscurcir les deux points lumineux de la religion primitive! Il était prescrit, à ceux qui suivaient ce culte, de rendre des honneurs divins au vent, au tonnerre, aux rivières, aux bois, aux lacs et aux montagnes, et on devait leur immoler de nombreuses victimes humaines. C'était sur de grossiers autels de pierres, comme on voit encore un à St-Nectaire, qu'un père et une mère se voyaient obligés d'égorger leurs enfants, en vertu des proscriptions de ce culte barbare. A cette religion sanglante, les Romains, par leurs victoires, avaient encore joint la foule de leurs dieux, qui déifiaient les vices. Aussi dans quel état d'abaissement et de dépravation se trouvait la Gaule! plus de respect pour la vie des hommes; plus de sainteté dans les mariages; la haine armait tous les bras; le sang, l'homicide, le vol, le mensonge, la corruption, l'infidélité, le parjure, l'oubli de Dieu, la souillure des âmes et la flétrissure d'actes infâmes. Tel était l'état moral et religieux des peuples païens en général et en particulier de ce pays, quand St. Austremoine vint y apporter la lumière de l'Evangile, et faire de ses habitants de zélés et fermes adorateurs du Christ. La religion catholique a pris dans ce sol béni de telles racines, qu'après dix-sept cents ans, elle brille encore d'une lumière assez vive, malgré tous les efforts de l'impiété et des révolutionnaires pour l'éteindre, surtout dans les jours mauvais où nous vivons. Ces détails sont tirés des auteurs ci-dessous (1).

ORIGINE CHRÉTIENNE DE L'AUVERGNE

Quand on recherche les premières traces du Christianisme sur le sol de notre antique Auvergne, et qu'on se demande à quelle époque les sept Evêques, dont le bienheureux Austremoine faisait partie, vinrent de Rome évangéliser les Gaules, on se trouve en présence de deux sentiments. L'un affirme que la mission de ces sept Evêques n'eût lieu que vers l'an 250 de notre ère ; l'autre, au contraire, soutient qu'elle remonte au premier siècle de l'Eglise.

Le premier sentiment fut émis au XVIIe siècle par Launoy, le père Sirmond et Baillet. Pendant deux siècles, il a été exclusivement suivi en France, mais

(1) Sidoine Apollinaire, — Grégoire de Tours, — Savaron, — Lacoste, — Delarbre.

en France seulement; les autres pays catholiques, Italie, Espagne, Autriche, Belgique, etc. n'ont jamais abandonné l'ancienne tradition romaine pour s'attacher à cette nouveauté. Le second sentiment, qui ne fut contesté en aucune manière pendant quatorze siècles, comme le démontre très-savamment, dans son ouvrage sur St. Denis, le regretté abbé Darras, que nous venons de perdre, a été repris, dans ces derniers temps, par un humble mais savant Sulpicien, l'abbé Faillon. Ce docte écrivain, qui a tant mérité de la science par ses fortes études et ses patientes recherches, a mis en pleine lumière la fausseté de Launoy et de ses partisans. Aujourd'hui il est peu d'érudits parmi les écrivains catholiques qui ne tiennent pour le sentiment de l'abbé Faillon.

Pour que le lecteur puisse juger avec toute connaissance de cause entre les deux sentiments, nous allons exposer les raisons que font valoir, en faveur de leur opinion, les partisans de chacun d'eux. Launoy et ses adeptes donnent, comme preuve et fondement de leur opinion, un passage de l'historien St. Grégoire de Tours, dont voici les paroles textuelles, suivies de la traduction (1) : « *Sub Decio vero imperatore, multa bella adversum nomen Christianorum exoriuntur, et tanta strages de credentibus fuit, ut nec numerari queant. Babyllas episcopus Antiochenus, cum tribus parvulis, id est, Urbano, Prilidano et Epolono; et Sixtus Romanæ Ecclesiæ episcopus, et Laurentius Archidiaconus, et Hippolytus ob Dominici nominis confessionem, per martyrium consummati sunt. Valentinus et Novatianus, maximi tunc hæreticorum principes, contra fidem, inimico impellente, grassantur.*

(1) *Histoire des Francs*, livre 1ᵉʳ, chapitre XXVIII.

» *Hujus tempore, septem viri episcopi ordinati ad praedicandum in Gallias missi sunt, sicut historia passionis sancti Martyris Saturnini denarrat. Ait enim : Sub Decio et Grato consulibus, sicut fidelis recordatione retinetur, primum ac summum Tolosensis civitas sanctum Saturninum habere coeperat sacerdotem.* »

» *Hi ergo missi sunt ; Turonis, Gatianus episcopus ; Arelatensibus, Trophimus episcopus ; Narbonae, Paulus episcopus ; Tolosae, Saturninus episcopus ; Parisiacis, Dionysius episcopus ; Arvernis, Stremonius episcopus ; Lemovicinis, Martialis est destinatus episcopus.* »

« Au temps de l'empereur Dèce, de grandes persécutions s'élevèrent contre ceux qui portaient le nom de chrétien ; il y eut tant de fidèles égorgés, qu'on ne saurait en dire le nombre. Babylas, évêque d'Antioche, avec les trois enfants, Urbain, Prélidanus et Epolonus ; Sixte évêque de l'Eglise de Rome, Laurent, son archidiacre, et Hippolyte souffrirent le martyre, en confessant le nom de Jésus-Christ. Valentin et Novatien, hérésiarques fameux, séduits par l'ennemi de tout bien, propagèrent alors leurs funestes erreurs contre notre foi.

» Dans ce même temps, sept Evêques furent envoyés pour évangéliser les Gaules, comme le rapporte la Passion du saint martyr Saturnin. Il y est dit, en effet, comme on se le rappelle fidèlement, que sous le consulat de Dèce et de Gratus, la ville de Toulouse reçut son premier évêque, St. Saturnin. Voici les noms de ces sept envoyés ; à Tours, l'évêque Gatien ; à Arles, l'évêque Trophime ; à Narbonne, l'évêque Paul ; à Toulouse, l'évêque Saturnin ; à Paris l'évêque Denis ; aux Arvernes (Clermont), l'évêque Austremoine ; à Limoges, l'évêque Martial. »

S'appuyant sur ce passage, qui leur paraît décisif, Launoy et ses partisans rejettent l'antique origine des Églises des Gaules. C'est, disent-ils, vers l'an 250 de notre ère qu'il faut placer la mission des sept évêques, et pour corroborer ce sentiment, à défaut d'autres preuves, ils citent les paroles suivantes de Sulpice-Sévère, qui, à notre avis, ne prouvent absolument rien. En effet, cet auteur parlant de la persécution de Marc-Aurèle, en 167, dit : « *Ac tunc primum intra Gallias martyria visa sunt, serius trans Alpes religione Dei suscepta* »

Ces paroles pour avoir un sens, doivent être traduites ainsi : « Alors on vit pour la première fois des martyrs dans les Gaules, qui avaient reçu la foi plus tard que l'Italie ; » et non comme les traduit le P. Sirmond, en faveur de sa cause : « Ce fut alors que l'on vit dans les Gaules les premiers martyrs, mais la religion du Christ n'y fut prêchée que plus tard. » Pour qu'il y eût des martyrs, il fallait que la religion y fût connue ; or elle ne pouvait y être connue que par la prédication ; donc la religion y avait été prêchée.

Pour ce qui est du passage de St. Grégoire de Tours, qui, au premier abord, paraît tout-à-fait concluant, les adversaires de Launoy et de ses partisans répondent : Nous avons un grand respect et une profonde vénération pour la mémoire du saint évêque de Tours. Nous voyons en lui avec reconnaissance et admiration le père de notre histoire nationale. Nous confessons qu'il a rendu par ses travaux historiques de grands services à notre patrie et que les faits de son époque, dont il a été témoin lui-même, sont rapportés par lui d'une manière véridique et exacte; mais nous sommes obligés d'avouer que, lorsqu'il s'agit de faits qui se sont passés plusieurs siècles avant lui, on rencontre dans ses écrits assez d'inexactitudes, surtout en chronologie; inexactitudes, il est vrai, tout-à-fait involontaires de sa part. Cela ne doit nullement surprendre ; à l'époque où vivait St. Grégoire de Tours, la culture des lettres était en pleine décadence, ou plutôt comme il s'en plaint amèrement lui-même, dans son *Histoire des Francs*, les lettres avaient presque péri. L'invasion continuelle des barbares avait dispersé ou détruit tous les monuments historiques et il ne restait que la tradition, grandement affaiblie par les bouleversements de l'époque.

L'Auvergne avait souffert plus que tout autre province. Crocus la ravagea de fond en comble ; Evaric ou Euric, roi des Visigoths, y porta le pillage et l'incendie ; les hordes de Thierry la saccagèrent tellement, pendant trois fois, qu'elles ne laissèrent pas un arbre debout dans ce riche pays. Les archives épiscopales durent être détruites et brûlées plusieurs fois ; aussi, lorsque notre compatriote, l'historien des Francs, raconte des faits antérieurs à son époque, il ne dit pas: *J'ai lu, j'ai vu écrit*, il dit seulement: *fertur, dicitur, antiquitas refert, referre senes vidi auditu*, on rapporte, on dit, j'ai entendu raconter par les anciens. Ceci prouve que ce n'est pas sur des écrits, mais sur une tradition plus ou moins exacte que St. Grégoire a composé ses premiers chapitres de l'histoire des Francs. Quoi qu'il en soit, il faut convenir que cet historien a tiré admirablement parti de tout ce qu'on pouvait exiger de cette malheureuse époque ; à ce titre nous lui devons un tribut de reconnaissance. Ces *réserves faites, nous disons* que le passage de St. Grégoire de Tours invoqué par Launoy et ses partisans, pour défendre leur opinion, est sans valeur aucune.

En effet, ce passage renferme plusieurs erreurs chronologiques. La première concerne Dèce, qui a régné de 249 à 251. Dans la pensée de St. Grégoire de Tours, ce prince aurait régné en 162, quatre-vingt-dix ans plus tôt. Cet historien ne compte de Claude à Dèce que six Empereurs romains, tandis qu'en réalité il s'en trouve vingt-huit. Il place Dèce comme successeur immédiat d'Antonin le Pieux, qui mourut en 161. Aussi fait-il vivre sous ces deux princes, que 90 ans séparent, l'hérésiarque Valentin. (*Histoire des Francs*, livre 1er, chapitres XXVI et XXVIII).

La seconde est celle qui place le martyre de St. Sixte et de St. Laurent sous le règne de Dèce. Tout le monde sait, et c'est un fait indubitable, acquis à l'histoire, que ces deux Bienheureux furent martyrisés vers l'an 259, sous le règne de Valérien, huit ans après la mort de Dèce.

La troisième est celle qui place la mort de St. Hippolyte au temps de Dèce. Ce Saint reçut la couronne du martyre le 22 août, sous l'empereur Claude le Gothique, vingt ans après la mort de Dèce.

La quatrième est celle qui fait vivre les hérésiarques Valentin et Novatien au temps de Dèce. Nous disons Valentin, parce que St. Grégoire de Tours s'est trompé en écrivant Valentinien ; il n'y a jamais eu d'hérésiarque de ce nom. Ainsi Valentin, au témoignage de St. Irénée et d'Eusèbe de Césarée, vivait du temps du Pape St. Hygin, vers l'an 141, et Novatien, prêtre romain et premier antipape, vivait sous les empereurs Gallus et Volusien, et non du temps de Dèce ; voilà de quelle valeur est ce fameux passage de St. Grégoire de Tours, au moyen duquel Launoy et ses partisans ont fixé vers l'an 250 nos origines chrétiennes. Quant au passage de Sulpice-Sévère, nous avons démontré que l'interprétation donnée par le P. Sirmond était forcée et contradictoire. Il fait dire à cet historien ce qu'il ne dit pas.

Votre sentiment, ajoutent les adversaires de Launoy, détruit l'antiquité de nos Eglises, qui est une de ses premières gloires nationales ; le nôtre, au contraire, la fait ressortir dans tout son éclat. Le vôtre est appuyé seulement sur un seul passage de St. Grégoire de Tours, passage fautif sur quatre points, et quelques mots de Sulpice-Sévère dont nous venons de démontrer le peu de valeur, pour ne pas dire la nullité ; le nôtre, qui a été suivi pendant quinze cents ans, c'est-à-dire jusqu'à Launoy, sans contestation aucune, est établi par une foule de documents dont nous allons exposer quelques-uns, le plus brièvement possible. Grâce aux patientes et savantes recherches de l'abbé Faillon, nous avons aujourd'hui la contre-partie du texte de St. Grégoire de Tours. Cet écrivain infatigable a découvert, à la bibliothèque impériale de Paris, un vieux manuscrit du sixième siècle, portant le numéro 5587, où on lit les paroles suivantes :

« *De septem viris à beato Petro Apostolo in Galliis ad prædicandum missis, tempore Neronis.* »

« Des sept personnages envoyés par St. Pierre dans les Gaules pour prêcher la foi du temps de Néron. » Ce fut la dernière année du règne de Claude, 54, qu'ils reçurent cette mission, comme l'indique ce qui suit,

« *Sub Claudio igitur, Petrus Apostolus quosdam Discipulos misit in Gallias, ad prædicandum Gentibus fidem Trinitatis ; quos Discipulos singulis urbibus delegavit. Fuerunt hi : Trophimus, Paulus, Martialis, Austremontus, Gratianus, Saturninus, Valerius et plures alii, qui comites à Beato Apostolo, illis, prædestinati sunt.* » Sous Claude, l'Apôtre Pierre envoya dans les Gaules, pour y prêcher aux Gentils la foi de la Trinité, quelques disciples auxquels il assigna des villes particulières. Ces disciples furent Trophime, Paul, Martial, Austremoine, Gratien, Saturnin, Valère et plusieurs autres que le bienheureux Apôtre leur avait donnés pour compagnons. Comme nous le voyons, ce manuscrit nomme les mêmes Évêques que St. Grégoire de Tours, à l'exception de St. Denis, qui est remplacé par Valère, premier évêque de Trèves. En cela il est parfaitement d'accord avec les actes du martyre de St. Denis qui placent sous le pape St. Clément la mission de l'Apôtre de Paris.

Outre cette pièce importante, les Églises d'Arles, de Narbonne, de Limoges et de la ville des Arvernes (Clermont), nous fournissent d'autres documents qui font remonter nos origines chrétiennes aux temps apostoliques. Pour Arles, c'est une lettre de St. Cyprien écrite en l'an 254, qui donne pour évêque de cette ville Marcien, huitième successeur de St. Trophime. Donc St. Trophime ne vivait pas à cette époque, comme le dit le texte de St. Grégoire de Tours. C'est une lettre du concile d'Arles, écrite en 440 à St. Léon-le-Grand, plus d'un siècle avant St. Grégoire de Tours, laquelle affirme que la première, sur le sol gaulois, la cité d'Arles a eu l'honneur de recevoir dans ses murs le prêtre St. Trophime, envoyé par le bienheureux

Apôtre Pierre. « *Prima inter Gallias Arelatensis civitas missum à Beatissimo Petro Apostolo sanctum Trophimum habere meruit sacerdotem.* » C'est l'ancienne liturgie de cette église, où il est dit que Trophime fut envoyé à Arles par l'ordre de St. Pierre ; « *Petro jubente Apostolo.* » C'est une inscription très-ancienne gravée sur le portail de l'église métropolitaine d'Arles, où on lit : « *Vir Christi discipulorum de numero, Trophimus septuaginta duorum :* » Trophime, l'homme du Christ, est un des soixante-douze disciples. De plus tous les Martyrologes, sans exception, placent la mission des sept évêques au temps des Apôtres.

Pour l'église de Narbonne, c'est le petit Martyrologe romain, dont l'autorité n'est contestée par personne. On y lit ces mots : « *Narbona, sancti Pauli discipuli Apostolorum* : à Narbonne, fête de St. Paul, évêque et disciple des Apôtres. C'est le vénérable Bède, c'est Adon qui affirment la même chose. Ce sont les actes de St. Paul de Narbonne qui, de l'avis de tous, sont authentiques et antérieurs au moins d'un siècle à St. Grégoire de Tours. Voici ce qu'on y lit : « *Sanctus Paulus Narbonensis episcopus, Sergius dictus, ex Papho insulâ, Dæmoniorum curator et Ecclesiarum structor, Stephano præcipuo Diacono, viro sanctissimo, omnes Ecclesias committens, Rufum Avenione præfecit......* et sur l'antique tombeau de ce saint sont écrits ces mots : » *Hic requiescit sanctus Paulus, discipulus apostoli Pauli, episcopus Narbonensis Ecclesiæ.* » St. Paul, évêque de Narbonne, connu d'abord sous le nom de Sergius, était de l'île de Paphos. Vainqueur du démon, il érigea un grand nombre d'églises, qu'il confia aux soins de son diacre Étienne, homme rempli de vertus. Il installa Rufus à Avignon... et sur son tombeau : Ici repose St. Paul, évêque de Narbonne, et disciple de l'Apôtre St. Paul.

Pour l'église de Limoges, ce sont les actes de St. Martial, que M. l'abbé Arbellot a eu la bonne fortune de retrouver dans le manuscrit n° 3801 de la bibliothèque impériale de Paris. Il est dit que St. Martial fut un des soixante-douze disciples de Jésus-Christ ; qu'il était compagnon de St. Pierre, qu'il descendait de la tribu de Benjamin, et qu'ayant quitté la Judée, sa patrie, il vint évangéliser les Gaules. Ces actes, que l'on croyait perdus au Xme siècle, sont reconnus authentiques par les savants d'aujourd'hui. C'est Fortunat, évêque de Poitiers, contemporain de St. Grégoire de Tours, qui affirme en beaux vers latins ce que les actes de St. Martial nous rapportent en prose. C'est la légende de St. Ausone, où on lit que St. Pierre envoya à la cité des Gaules, qu'on appelle Limoges, ville très florissante, le bienheureux Martial. C'est le Martyrologe du vénérable Bède, dans lequel on lit ces paroles : « *Martialis fuit unus ex septuaginta duobus, qui à Romana urbe, à Beato Petro in Gallias missus, in urbe Lemovicina, prædicare exorsus est ; eversisque simulacrorum ritibus, repleta jam urbe credulitatis, migravit à sæculo.* » Martial fut un des soixante-douze disciples de Jésus-Christ envoyé de Rome dans les Gaules par le bienheureux Pierre ; il commença ses prédications dans la ville de Limoges et ne termina sa vie qu'après avoir détruit le culte des idoles et avoir rempli la cité de la foi de Jésus-Christ.

C'est enfin deux assemblées de Princes et de Prélats,

l'une à Paris en 1022, l'autre à Poitiers, en 1024 ; trois conciles, deux de Limoges, 1206 et 1031, et un de Bourges, 1031, qui ont déclaré, malgré le fameux passage du XXVIII⁰ chapitre de *l'Histoire des Francs*, livre 1ᵉʳ, passage parfaitement connu des membres de ces augustes assemblées, que St. Martial avait été envoyé dans les Gaules par St. Pierre, et qu'à ce titre, il méritait le nom d'Apôtre et non celui de confesseur. Le pape Jean XIX approuva cette décision en 1031. L'Eglise de Limoges demanda, en 1854, à Pie IX, si l'on devait honorer St. Martial comme Apôtre et disciple de St. Pierre. Sa Sainteté répondit affirmativement.

Pour l'Eglise d'Auvergne (Clermont), c'est cette ancienne tradition du pays, qui place la mission des sept évêques aux temps apostoliques. C'est la vie de St. Austremoine, écrite en 670, par St. Priest, évêque de Clermont. Il n'en reste plus que quelques fragments cités par Charles Barthélemy ; lesquels disent que ce fut le bienheureux Pierre, prince des Apôtres, qui envoya directement dans les Gaules les sept évêques dont nous avons parlé plus haut. C'est Jacques Branche, qui nous dit, dans son ouvrage sur les Saints et Saintes d'Auvergne, que St. Austremoine fut envoyé par St. Pierre lui-même pour prêcher l'Evangile dans notre province. C'est le chanoine Manguin, de Clermont, qui, vivant un siècle avant Dufraisse (1), attestait, dans un de ses manuscrits, que, d'après tous les documents de la Cathédrale, de N.-D. du Port, de St-Genès et des monastères de St-Allyre et d'Issoire, il était constant que St. Austremoine avait reçu di-

(1) *Origine des Eglises*, page 320.

rectement sa mission de St. Pierre. Ce sont tous les anciens bréviaires manuscrits de Clermont, depuis le VIIIme siècle, (ce sont les plus anciens connus), jusqu'au XVIme siècle; le bréviaire imprimé à Paris, en 1528, celui imprimé à Lyon en 1535 et celui imprimé à Thiers en 1557, qui attestent tous que St. Austremoine, St. Mari, St. Nectaire, St. Mamet, etc. furent envoyés en Auvergne par St. Pierre lui-même. Le chanoine Dufraisse, tout opposé qu'il fût à ce sentiment, avouait qu'il avait vu et lu tous ces bréviaires manuscrits et imprimés et que tous disaient que St. Austremoine et ses compagnons étaient venus dans les Gaules du temps de l'empereur Claude; mais que pour lui, il s'en tenait au sentiment de St. Grégoire de Tours et de Savaron, lesquels lui inspiraient toute confiance. Le bon chanoine ne se doutait pas que le sentiment qu'il embrassait et défendait chaudement était l'œuvre des jansénistes et des philosophes incrédules de son temps (1).

Ainsi les traditions et les documents de ces quatre Églises s'accordent parfaitement ensemble pour déchirer le voile dont, en ces derniers temps, on avait voulu couvrir nos origines chrétiennes.

A ces preuves décisives contre le sentiment de Launoy et de ses adeptes, nous pouvons en joindre d'autres qui ne feront que les corroborer.

Voici un témoignage de Tertullien, qui vivait vers l'an 200 de notre ère; témoignage en opposition avec ce que dit St. Grégoire de Tours : « *Getulorum varietates et Maurorum multifines, Hispaniarum omnes termini, et Galliarum diversæ nationes, et Britan-*

---

(1) Dufraisse : *Origines des Églises*, page 367.

norum inaccessa Romanis loca Christo verò subdita. » Toutes les castes des Gétules, les nombreux pays habités par les Maures, toutes les contrées des Espagnes, les divers peuples des Gaules, la Bretagne inaccessible aux Romains; toutes ces différentes régions sont soumises aujourd'hui à la religion de Christ (1).

Un autre témoignage, c'est celui de St. Irénée, évêque de Lyon, qui vivait vers l'an 170. Ce saint évêque, dit Eusèbe, réunit à Lyon, au sujet de la fête de Pâques, deux conciles, qu'il présida, composés exclusivement des évêques des Gaules. A l'un on comptait douze évêques et à l'autre treize (2). Si les Gaules n'avaient été évangélisées que vers l'an 200, comme le soutiennent Launoy et ses partisans, comment St. Irénée aurait-il pu tenir à Lyon deux conciles composés des Évêques des Gaules ? Où les aurait-il pris ? Comment Tertullien aurait-il pu dire, vers l'an 200, que les divers peuples des Gaules étaient soumis à Jésus-Christ, si ce pays n'avait pas été évangélisé avant cette époque ?

Mais ce qui est assez curieux, c'est que nous avons, contre Launoy et son système, le témoignage de St. Grégoire de Tours lui-même (3). En effet, voici ce qu'il dit en parlant de la mission des sept évêques : « *De eorum verò discipulis quidam Biturigas civitatem aggressus, salutare omnium Christum Dominum populis annuntiavit.* » Un de leurs disciples ayant pénétré jusqu'à la cité des Bituriges (Bourges), annonça aux habitants que le vrai Sauveur du monde

---

(2) *Livre contre les Juifs*, chapitre VII.
(2) *Eusèbe, histoire ecclésiastique*, livre V, chapitre 24.
(3) *Histoire des Francs*, livre 1ᵉʳ, chapitre XXIXᵉ.

était Jésus-Christ. Si ce pays eût déjà été évangélisé par St. Ursin, ce disciple n'aurait pas eu besoin de leur apprendre ce qu'ils savaient déjà, ni d'aller prêcher dans un pays qui aurait eu son pasteur.

D'un autre côté, St. Grégoire dit : (1) *Bituriga urbs primum à Sancto Ursino, qui à discipulis Apostolorum episcopus ordinatus, in Gallias destinatus est, Verbum Salutis accepit.* » Ce fut St. Ursin, ordonné évêque par les disciples des Apôtres et envoyé par eux dans les Gaules, qui prêcha la foi à la ville de Bourges et en fut le premier évêque. Or, St. Ursin ayant été envoyé par les disciples des Apôtres, et St. Austremoine l'ayant précédé dans cette mission, puisqu'il envoie à Bourges un de ses disciples pour y prêcher la foi, avant que cette ville eût un évêque, donc St. Austremoine est venu dans les Gaules avant St. Ursin, et St. Ursin avant le règne de Dèce, puisque d'après St. Grégoire lui-même, ce furent les disciples des Apôtres qui l'envoyèrent.

Voici une autre preuve en faveur de l'apostolicité de nos églises tirée du même auteur (2).

« *Eutropius quoque Martyr Santonicæ urbis à beato Clemente episcopo fertur directus in Gallias, ab eodem, etiam pontificalis ordinis gratiâ consecratus est.* » On rapporte qu'Eutrope, le martyr de la ville de Saintes, fut envoyé en Gaule par le pape St. Clément, après avoir reçu des mains de ce pontife la consécration épiscopale. Ce texte est en parfaite concordance avec les actes du martyre de St. Denis, lesquels disent que le premier évêque de Paris fut

---

(1) *La Gloire des Confesseurs*, chapitre 80.
(2) *Gloire des Martyrs*, chapitre 54.

envoyé dans les Gaules par le pape St. Clément, avec d'autres évêques. C'était un nouvel envoi que Rome faisait après celui des sept Évêques dont nous avons parlé plus haut.

Mais ce qui paraîtrait incroyable, si cela ne prouvait une fois de plus, que St. Grégoire confondait les temps apostoliques avec le règne de Dèce, c'est que cet écrivain, après avoir dit dans son *Histoire des Francs* que St. Saturnin, premier évêque de Toulouse, fut envoyé en Gaule sous le règne de Dèce, dit ensuite dans son livre de la *Gloire des Martyrs* (ch. 46), ces paroles : « *Saturninus vero Martyr, et fortior, ab Apostolorum discipulis ordinatus, in urbem Tolosatium est directus.* » Le martyr Saturnin, ordonné par les disciples des Apôtres, comme l'atteste la tradition, fut envoyé à la ville de Toulouse. Il est de toute évidence que St. Grégoire de Tours ne voulait et ne pouvait se contredire ; pour lui la date de Dèce et la date des temps apostoliques étaient la même, bien qu'il y eût plus de cent trente ans entre les deux.

Le comte de Résie attribue cette divergence d'époques que l'on remarque dans St. Grégoire, à deux opinions qui avaient cours du temps de cet évêque ; l'une était pour les temps apostoliques et l'autre pour le règne de Dèce. Nous sommes de son avis ; mais notre explication n'est pas la même. Lui prétend, sans donner aucune preuve, que l'opinion des temps apostoliques était une tradition populaire et que l'autre avait pour elle des documents écrits. Nous, nous pensons que les deux opinions n'étaient que des traditions. Les documents écrits sur l'Auvergne, si toutefois il y en avait eu dans ces temps de troubles et d'agitations, avaient péri dans les pillages et les nombreux incendies, complément forcé des invasions barbares. Nous pensons que le saint Évêque de Tours, dans son *Histoire des Francs*, avait adopté la tradition qui place la venue de St. Austremoine au temps de Dèce ; mais lorsqu'il écrivit ses derniers livres, plus éclairé, sans doute, il changea de sentiment. C'est pour cela qu'il dit que St. Ursin, St. Eutrope, St. Saturnin furent envoyés en Gaule par les disciples des Apôtres ; il dut indubitablement corriger ses premiers livres ; mais comme plusieurs exemplaires devaient se trouver en différentes mains, il fut impossible de les corriger tous : de là, les contradictions que nous remarquons aujourd'hui dans ce précieux ouvrage.

Un autre document d'une grande valeur, c'est un manuscrit syriaque du sixième siècle, apporté en 1820 du désert de Sebté (Orient), à Londres par deux savants Anglais. Voici le contenu de cette pièce traduite et publiée en 1848 : « *Accepit nomen sacerdotalem Apostolorum Romae civitas et tota Italia, atque Hispania, ac Britannia, et Gallia cum reliquis aliis regionibus finitimis, ab ipso Simone Cepha, qui ascenderat ad ... 'sedit, et fuit praeceptor et rector in Ecclesia quam ibi aedificavit et in finitimis.* » Rome et toute l'Italie, l'Espagne, la grande Bretagne et la Gaule, avec toutes les autres contrées voisines virent s'étendre sur elles la main sacerdotale des Apôtres, sous la direction de Simon Céphas, qui, parti d'Antioche, alla instruire et diriger l'Église qu'il fonda à Rome, (ibi), et celles qu'il établit chez les peuples voisins.

C'est ainsi que la science réparatrice de notre époque trouve sous la poussière d'un manuscrit de la bibliothèque impériale de Paris et d'un manuscrit d'Orient, les titres oubliés ou inconnus de nos gloires d'Occident.

Maintenant que la lumière nous paraît faite sur nos origines chrétiennes et que le grossier voile dont les avaient couvertes Launoy et ses partisans est déchiré par la science moderne et ses découvertes, ce sera du premier siècle de l'Eglise, et non de l'an 250, que nous daterons la mission de St. Austremoine en Auvergne ; il est évident que nous ne pouvons fixer de date certaine aux premiers successeurs de cet apôtre : la chronologie des Evêques de Clermont dressée par Gonod sur les fausses données de Launoy ne peut nous servir de guide pour ces temps anciens. Donner des dates approximatives jusqu'à l'épiscopat de St. Sidoine, c'est tout ce que l'on peut faire de mieux, selon nous, pour ces temps reculés.

Si les témoignages nombreux que nous avons cités ne suffisaient pas pour donner, comme époque, le premier siècle à nos origines chrétiennes, qui sont le plus beau fleuron de nos gloires nationales, on pourrait invoquer ceux de St. Léon le Grand, ceux du pape Zozyme, d'Eusèbe, de Sophrone, de St. Epiphane, de Théodoret, d'Adon de Vienne, d'Usuard, de Pierre-le-Vénérable, de Raban-Maur, d'Hilduin, lesquels affirment tous que ce fut dans le premier siècle que les Gaules reçurent la foi (1).

(1) Tous ces arguments ont été tirés de sources diverses qu'il serait trop long d'énumérer.

NOTICES

sur les 95 Évêques de Clermont.

SAINT AUSTREMOINE, APÔTRE D'AUVERGNE,

1er Évêque de Clermont. — 1er Siècle. — D'après les nombreux témoignages fournis par les adversaires de Launoy contre le sentiment de ce novateur, qui fixe l'évangélisation de la Gaule vers l'an 250, nous devons la placer au moins cent soixante-dix ans plus tôt. On ne peut opposer à cette dernière date, comme nous l'avons vu, qu'un seul texte de St. Grégoire de Tours, où l'on découvre quatre erreurs en quelques lignes ; texte formellement contredit par d'autres passages des écrits de ce saint Évêque ; indice probable de sa bonne foi surprise. Au reste, quoi d'étonnant ? Ne voyons-nous pas aujourd'hui, dans notre siècle de prétendues lumières, nombre d'historiens commettre de grosses erreurs ? Le savant abbé Gorini a su les signaler dans les ouvrages de plusieurs marquants écrivains du jour et les a fortement combattues.

Cette antiquité de nos Églises prouvée et admise, plongeons-nous vers ces premiers temps apostoliques, où nos infortunés ancêtres étaient plongés dans les ténèbres de l'idolâtrie et immolaient brutalement, dans leurs noires et sombres forêts, d'innocentes victimes humaines. Tout à coup apparaît au milieu d'eux, comme une bienfaisante lumière, un homme extraordinaire, dont la taille élevée et majestueuse, la parole facile, la noble figure, la douceur et la bonté avaient quelque chose de surhumain; cet homme, sorti de la Judée, témoin des miracles et de la vie temporelle du Christ; cet homme envoyé par St. Pierre dans les Gaules, avec six autres compagnons, était Austremoine, qui ne cherchait autre chose sur ce sol druidique de l'Auvergne que la gloire de Dieu et le salut des âmes.

Bientôt, par ses ferventes prières, ses miracles et ses prédications, il va changer les mœurs païennes de ce pays et faire de ce peuple idolâtre un peuple éminemment chrétien, qui, malgré les temps mauvais qu'il aura à traverser dans la succession des âges, conservera la foi, prêchée par son apôtre, jusqu'à la dernière heure du monde. La foule de saints que cette contrée bénie a fourni au ciel nous en donne la douce espérance et la consolante pensée.

Austremoine, dit Jacques Branche, dont les récits sont conformes à la tradition et aux anciens documents déjà cités, était un descendant du patriarche Jacob. Son père portait le nom de Judas et sa mère celui d'Anne; ils habitaient le bourg d'Emmaüs. Il était un des soixante-douze disciples de Jésus-Christ; par conséquent il fut témoin des miracles du Sauveur, de sa vie, de sa mort, de sa résurrection et de son ascension glorieuse. On prétend qu'il était ce jeune homme auquel le fils de Dieu dit : « *Laissez aux morts le soin d'ensevelir leurs morts.* » Il lui tint ce langage, parce qu'il remettait à plus tard sa vocation et qu'il ne voulait devenir disciple du Sauveur qu'après la mort de son père.

Après l'Ascension, il s'attacha au prince des Apôtres avec d'autres disciples ; il le suivit dans ses différentes pérégrinations, finalement à Rome, d'où il fut envoyé dans les Gaules par St. Pierre lui-même, avec six autres évêques, pour y prêcher la foi. Ce fut sur la fin du règne de l'empereur Claude et au commencement de celui de Néron, que cette mission eut lieu, c'est-à-dire de l'an 54 à 60 environ. Ces six évêques étaient St. Trophime, envoyé à Arles, St. Paul à Narbonne, St. Martial à Limoges, St. Gatien à Tours, St. Saturnin à Toulouse et St. Valère à Trèves. St. Denis de Paris mis de ce nombre par St. Grégoire de Tours, ne vint que plus tard en Gaule, envoyé par le Pape St. Clément, comme le prouvent les actes de son martyre, reconnus authentiques aujourd'hui par les hommes de science.

Instruit par Jésus-Christ, dont il avait été le disciple, formé à la prédication par l'apôtre St. Pierre, qu'il avait suivi dans ses courses apostoliques, Austremoine était un homme de science, de talents et de grandes vertus. Ses miracles égalaient en nombre et en puissance les miracles des Apôtres ; et il le fallait pour confirmer la doctrine qu'il prêchait et pour faire sortir nos malheureux ancêtres de l'état de mort dans lequel ils se trouvaient. Quoi qu'en disent les ennemis de la foi, les miracles sont la force du christianisme et sa vie. Le christianisme sans miracles ne se comprendrait pas plus qu'un corps qui vivrait sans âme. Ainsi les miracles que nous serons tenu à relater, comme historien dans le cours de ce petit ouvrage, ne doivent pas nous surprendre par trop, quelque extraordinaires qu'ils puissent paraître. Dieu a les moyens et la puissance de les faire quand il veut et comme il veut, sans que notre faible intelligence et notre petit savoir, en aucune manière, aient le droit de les critiquer et de demander leur raison d'être.

Avant le départ d'Austremoine pour la Gaule, six prêtres furent attachés à sa mission pour partager ses travaux et l'aider à répandre la foi. Ce furent St. Mari, St. Sirénat, St. Nectaire, St. Amandin, St. Mamet et St. Antonin.

St. MARI, homme d'une grande science et d'une rare piété, fut envoyé le premier en Auvergne, à raison de son éloquence et de son talent à convaincre, pour y préparer les voies et disposer les cœurs. Il s'en acquitta admirablement. Plus tard, dit le chanoine Dufraisse (*Origines des Églises*, page 364), il alla prêcher dans cette partie de l'Auvergne qui s'étend de Maurice à Salers et de Meurice à St-Flour. Il fit un grand nombre de miracles, convertit une foule de personnes et mourut saintement comme il avait vécu, assisté dans ses derniers moments par St. Austremoine lui-même, accompagné de St. Nectaire et de St. Mamet.

St. SIRÉNAT, dont les vertus et les miracles jetaient un vif éclat, fut envoyé, après son arrivée en Auvergne, dit Dufraisse, du côté de Courpière et de Billom, et seulement dans les montagnes de Thiers, pour y prêcher la foi. Les habitants de ces montagnes, dont les mœurs étaient dures et barbares, le traitèrent avec tant de cruauté, qu'il fut obligé de se cacher dans les profondeurs des forêts de ce pays. Cependant, à force de prières, de zèle et de charité, il finit par adoucir ces hommes indomptables, qui peu à peu embrassèrent la religion du Christ. Dieu lui avait accordé le don de prophétie ; il prédit à Ste Génésie, mère de St. Genès, que son fils deviendrait un grand saint et mourrait martyr, à la fleur de son âge. On ne sait point à quelle époque mourut St. Sirénat. On pense qu'il souffrit le martyre et que ce furent les mêmes bourreaux, qui, ayant tranché la tête à St. Genès, lui donnèrent la mort.

St. NECTAIRE, sorti d'une noble famille de la Grèce, dit Jacques Branche, partit en bas âge ses parents s'étant rendu à Rome, St. Pierre le baptisa et l'admit au nombre de ses disciples. Le saint Apôtre lui ayant vu opérer un miracle, comprit que Dieu le réservait pour de grandes choses; il l'ordonna donc prêtre et le donna pour compagnon à St. Austremoine, qui partait pour l'Auvergne. Dieu, qui voulait faire éclater en sa faveur un grand miracle, permit qu'il mourût en route, à Soirie, en Toscane. St. Pierre en fut instruit par l'Apôtre d'Auvergne que cette mort plongeait dans la plus vive douleur. Aussitôt il partit de Rome avec ses deux premiers prêtres, Lin et Clet; arrivé à l'endroit où était enseveli St. Nectaire, il se met à genoux, prie avec tant de ferveur et de foi, qu'à la première injonction de l'Apôtre, le mort reprend la vie et se lève sur son séant. Ce miracle, fait en présence d'une foule de païens, obtint la conversion de quatorze mille d'entre eux, qui demandèrent avec instance le baptême.

Arrivé en Auvergne, le démon suscita contre l'évêque et ses six compagnons une émeute furieuse. Nectaire fut pris et jeté dans un horrible cachot; mais un ange l'en tira sain et sauf de la même manière que cela avait eu lieu pour l'Apôtre St. Pierre. Comme ses saints compagnons, St. Nectaire eut beaucoup à souffrir de la part des idolâtres. Il évangélisa, dit Dufraisse, les pays circonvoisins du bourg qui porte aujourd'hui son nom, c'est à dire Anthenat, Pleaux, Neschers, Chanspols, Montaigut, etc. Parmi les nombreux miracles qu'il opéra, il y en eut un qui lui attira de grandes sympathies et qui produisit de conversions nombreuses: ce fut la résurrection d'un mort de la noble et illustre famille de Maubalin. Le saint survécut de quelques années à St. Austremoine et mourut plein de consolation et de mérites, dans un âge très-avancé.

St. AMANDIN, par sa piété et ses vertus, se fit aussi illustre que les autres disciples de St. Austre d'Auvergne. Il annonça la foi, dit l'abbé Dumontel, dans le nord de la province. Aigueperse, Artonne, Saint-Oumet, Sauvigny et Procrention (St-Procquin) eurent le bonheur d'entendre sa parole et plusieurs des habitants de ces villes embrassèrent le nouveau culte, à la vue des miracles que ce Saint opérait. On ne sait point à quelle époque il mourut. Savaron dit seulement que ce fut dans la ville d'Auvergne. Il fut enseveli dans le lieu où l'Église de St. Symphorien fut construite plus tard.

St. MAMET et St. ANTONIN dont les actions de ministère se confondent dans une même vie, étaient tous deux remplis de science et de vertus. Tous deux avaient à un haut degré le talent de la prédication et le don des miracles. St. Austremoine les choisit l'un et l'autre pour en faire ses archidiacres. St. Mamet, dit Dufraisse, évangélisa les parties de la haute Auvergne, où se trouvent Aurillac, Vic et Murat; et St. Antonin les parties de la basse Auvergne qui environnent Aigueperse, Gannat, Cusset, Servigny. On ne sait point si ces deux ouvriers évangéliques survécurent à St. Austremoine, ou s'ils moururent avant lui (1).

Parti de Rome avec son clergé naissant, composé de six disciples, St. Austremoine évangélisa en passant les peuples d'Italie et des Gaules. Arrivé en Auvergne, le but de sa mission, il fit sa première halte à Château-Landon, près Courpière, en latin *Castrum Landosi*, aujourd'hui Lezoux; à ce que l'on croit. Là, par la force de son éloquence, accompagnée de miracles, il obtint quelques conversions, entr'autres celle d'une veuve nommée Claude, chez laquelle, dit Jacques Branche, le saint reçut l'hospitalité avec les compagnons de son apostolat. Il y avait, dans ce lieu, un temple consacré à Apollon. Les démons qui l'habitaient depuis fort longtemps, furent contraints de l'abandonner à l'arrivée des ministres de Dieu. En quittant leur asile, ils renversèrent les statues, brisent les idoles et se répandent dans l'air, qu'ils mettent tout en feu, en s'écriant : « *La présence de ces étrangers nous force à quitter notre demeure.* »

Les prêtres de ce temple, saisis de fureur et de rage,

(1) *Gallia Christiana*. — Savaron. — J. Branche.

en voyant leurs dieux terrassés et vaincus, ameutent le peuple, qui, se ruant sur les serviteurs de Dieu, les accable d'outrages et de coups et les jette dans un noir cachot, que le Seigneur éclaire à l'instant d'une lumière céleste. On délibère sur le parti à prendre dans cette affaire, et on s'arrête à celui de les mettre impitoyablement à mort. Tout était prêt; mais Dieu qui veille sur les siens, Dieu qui avait délivré Daniel de la fosse aux lions, Suzanne des mains de deux infâmes vieillards, les trois enfants hébreux de la fournaise ardente, intervint d'une manière visible et frappante. Au moment où l'on se disposait à se rendre à la prison pour égorger les missionnaires, le ciel se couvre de gros nuages; le jour se change en une nuit profonde; des éclairs continuels brisent en tous sens les nues; le tonnerre gronde sur tous les points et fait entendre, avec fracas, ses roulements divers; la foudre tombe de toutes parts, et frappe de mort les plus méchants et les plus irrités de l'émeute populaire. A la vue de cet ouragan étrange, on comprend que le Dieu annoncé par Austremoine est le véritable Dieu, auteur de toutes choses et souverain maître de la nature: sur-le-champ on les élargit, et se jetant à genoux à leurs pieds, on les supplie d'implorer, sans retard, la clémence de leur Dieu (1).

Le saint Évêque et ses compagnons se mettent en prières; ils commandent à l'orage, et l'orage cesse à l'instant. St. Austremoine prie le Seigneur de rendre la vie à ces malheureux que la foudre avait frappés de mort; alors on entend une voix venant du ciel prononcer ces mots: « *Je donne à Austremoine,*

(1) Nous ne prétendons nullement garantir l'authenticité de ces détails.

mon fidèle serviteur, le pouvoir de ressusciter ces corps inanimés. » Le saint commande, et, au grand étonnement de la foule, tous ces cadavres reprennent la vie. Ces résurrections inattendues frappent tellement d'admiration ces pauvres idolâtres, que près de deux mille d'entr'eux se convertissent et demandent à être baptisés sur-le-champ. En se voyant en si grand nombre, ces néophytes changent le temple de leur idole en une église, que le bienheureux Austremoine consacre à la Ste. Vierge et à St. Etienne, premier martyr. Ce miracle fit grand bruit dans toute la contrée et détermina une foule de conversions auxquelles on était loin de s'attendre quelques jours auparavant.

Comme St. Austremoine, en quittant ce lieu avec les compagnons de son apostolat, se dirigeait vers la ville d'Auvergne, il fut surpris par la nuit avant de l'atteindre ; il alla donc demander l'hospitalité chez un riche seigneur, nommé Cassi, dont la charmante villa se trouvait sur son passage. Celui-ci, quoique païen, le reçoit avec courtoisie et lui fait bon accueil. Au souper, le saint prélat remarque que son bienfaiteur et toute sa famille sont atteints de la lèpre ; il en est vivement touché et éprouve une pénible sensation ; levant alors les yeux au ciel et demandant le salut de cette maison, il dit à son hôte : « *Si vous voulez, je puis vous guérir ; pour cela, vous n'avez qu'à croire fermement à la religion que j'enseigne.* » Cassi et sa famille prient l'homme de Dieu de les instruire ; leur foi était si grande et si vive, qu'ils furent guéris avant d'être baptisés.

Sénateur de science et de talents, Cassi se met à la disposition de l'Evêque, qui, plus tard, à cause de ses éminentes qualités, l'élèvera à la prêtrise. Ce premier lévite auvergnat sera d'un grand secours à

Austremoine pour l'avancement et le succès de sa mission. Sous son auspice, l'apôtre fait son entrée dans la ville d'Auvergne et partout il est le bienvenu. Cassi, avec sa grâce accoutumée, le présente aux sénateurs de la ville, le met en relations avec les plus illustres familles de la cité et lui donne son palais pour logement. En peu de temps St. Austremoine, par ses miracles et sa bonté, gagna tellement les cœurs, que le peuple brisa de lui-même ses idoles, purifia ses temples et les convertit au service du vrai Dieu. Le saint apôtre faisait beaucoup de miracles, et il les fallait pour vaincre la nature grossière et sauvage de ces pauvres gens, que le démon détenait sous son empire depuis tant de siècles ; aussi faisait-il dans ses courses apostoliques, à l'exemple de son divin maître, voir les aveugles, marcher les boiteux, entendre les sourds, parler les muets. De quelque maladie qu'on fût affligé, on était sûr d'en obtenir la guérison, pourvu qu'on eût la foi.

Son zèle pour le salut des âmes ne se borna pas seulement à évangéliser l'Auvergne, il lui fallait encore un horizon plus vaste ; aussi, après avoir arrosé ce pays de ses sueurs et l'avoir gagné à Jésus-Christ par ses prédications et ses miracles, il alla porter l'évangile, dit la légende du bréviaire Romain de Clermont, dans le Bourbonnais, le Nivernais et jusqu'à Bourges même. Ce fut dans cette tournée, ajoute Dufraisse, que St. Austremoine passa par Artonne, Aigueperse, Cusset, Gannat et Souvigny, pour confirmer, dans la foi qu'ils avaient déjà reçue les fidèles de ces lieux. (*Origines des Eglises*, page 313). Le succès de cette mission, qui venait d'enfanter au Christ de nouveaux adorateurs, fut pour le saint Evêque, au milieu de ses labeurs et de ses pénibles travaux, un sujet de joie et de consolation bien douces.

De retour en Auvergne, son premier soin fut de pourvoir à l'œuvre qu'il avait fondée. A cet effet, il envoya, dans ces contrées lointaines du Nord qu'il venait de parcourir, le prêtre Cassi. C'était l'homme qu'il fallait. Plein de zèle pour l'extension de l'évangile, jeune, vigoureux, connaissant, comme grand du pays, les mœurs, le langage et les habitudes de ces populations, jouissant d'une autorité que lui donnaient son titre de sénateur et le haut rang de sa famille, il partit pour le Bourbonnais et le Nivernais, où ses fréquentes prédications et ses nombreux miracles produisirent les plus heureux fruits. Il fut, peut-être, le disciple dont parle St. Grégoire de Tours, lequel pénétra jusqu'à la ville de Bourges, avant l'arrivée de St. Ursin, son apôtre. Il rencontra à Nevers un nommé Victorin, prêtre du fameux temple de *Wasso*, qui se trouvait en Auvergne. Il avait été envoyé dans ces contrées pour faire mettre à mort tous les chrétiens qu'il pourrait y découvrir ; comme cela, par son instigation, avait déjà eu lieu en Auvergne, où, dans un mouvement populaire, St. Antolian, St. Limine et quelques autres furent martyrisés.

Cassi qui le connaissait déjà, eut une entrevue avec lui ; il le toucha tellement par ses discours et ses miracles, qu'il devint, comme St. Paul, de persécuteur de l'Eglise, un zélé disciple de Jésus-Christ. Il fut ordonné prêtre par St. Austremoine, et après avoir fait beaucoup de conversions, il mourut martyr avec St. Cassi dans une émeute causée par les idolâtres, sous l'épiscopat suivant. Peu après la mort de ces deux saints il y eut un massacre général de chrétiens, où furent immolés près de sept mille personnes, dont les noms, écrits au livre de vie, ne sont connus que de Dieu seul. Les uns pensent que ce massacre fut l'œuvre de Crocus, prince allemand, qui détruisit de fond en comble le temple de *Wasso*, dont nous parlerons ailleurs. D'autres croient, et avec peut-être plus de raison, que cet affreux carnage fut l'effet d'un complot formé par les idolâtres du pays, déjà coutumiers de ce jeu sanglant.

La vie exemplaire et pénitente, mais surtout les miracles de ces ouvriers apostoliques, qui nuit et jour annonçaient la parole de Dieu avec zèle et charité, leur méritèrent la confiance des peuples. Dans l'espace de quelques années, St. Austremoine et ses coopérateurs eurent la consolation de voir, dans la province d'Auvergne une église florissante et prospère. Si d'un côté, le saint Apôtre voyait le nombre des prêtres et des fidèles augmenter dans son troupeau, de l'autre, il sentait ses forces faiblir et les infirmités de la vieillesse faire leur apparition. Trente-six ans d'un laborieux et difficile épiscopat, quatre-vingt et quelques années pesant sur sa vénérable tête ne lui permettaient plus de continuer ses courses apostoliques ; il songea donc à se donner un successeur et à se retirer dans la solitude pour se livrer tout entier à la contemplation et à la prière. Il fit bâtir à Issoire une petite cellule, où il se retira et finit ses jours par le martyre, comme nous allons le dire (1).

A la destruction de Jérusalem, arrivée l'an 70, ceux des Juifs qui échappèrent à ce grand désastre furent dispersés par toute la terre, en témoignage universel du châtiment de leur déicide. Un petit nombre de ces

---

(1) Jacques Branche, *Vie des Saints d'Auvergne*.

bannis ayant cherché un refuge en Auvergne, allèrent se fixer à Issoire. St. Austremoine, qui, dans la solitude, ne soupirait qu'après le salut des âmes, convertit quelques-uns de ces Juifs, au nombre desquels se trouvait le fils du chef de l'émigration. Quand le père apprit cette conversion, il devint furieux et somma son fils, qui avait reçu au baptême le nom de Luce, de revenir à la religion de ses ancêtres ; sur son refus, ce père barbare et dénaturé donna lui-même la mort à son fils, en le précipitant dans un puits. St. Austremoine, prévenu de cette atrocité sans nom, fit retirer de l'eau le corps de ce jeune martyr et l'ensevelit honorablement, avec le concours de tous les chrétiens des environs, dans l'oratoire qu'il avait fait bâtir à Issoire en l'honneur de St. Pierre. Cet acte de courage et de piété fut la perte irrévocable du saint vieillard.

Quelques jours après, ce juif impie l'ayant fait enlever, le traita horriblement, et pendant la nuit, lui fit trancher la tête par un sicaire. St. Urbique, deuxième évêque de la ville d'Auvergne, instruit de ce crime par quelques envoyés, se rendit sur-le-champ à Issoire avec son clergé, pour donner avec le plus de solennité possible une honorable sépulture à son saint prédécesseur. Il fut enseveli dans l'oratoire de St. Pierre, près du jeune martyr juif, vers la fin du premier siècle. Le saint apôtre d'Auvergne est resté quatre cent cinquante ans sans recevoir de culte public. Ce fut Cantin, 17ᵐᵉ évêque de Clermont, qui établit une fête annuelle dans tout le diocèse en l'honneur de ce saint apôtre. Cette fête lui avait été demandée dans une révélation qu'il eut lorsqu'il était encore diacre de l'Eglise d'Issoire. C'était dans ses beaux jours de ferveur et de piété que St. Austremoine se manifesta à lui, pour obtenir la célébration de cette fête (1).

St. Avit II, 29ème évêque de Clermont, fit transporter les reliques de ce Saint au monastère de Volvic, où elles restèrent jusqu'à l'épiscopat d'Adebert, en 764. Ce prélat, sous le règne de Pepin, les fit transférer de Volvic au monastère de Mozat. Il y eut à ce sujet une fête des plus splendides. Le roi Pepin assista à cette cérémonie avec les dignitaires de sa cour; il porta lui-même pendant une grande partie du chemin ces saintes reliques avec la plus grande piété et la plus grande vénération. En 1789, l'église d'Issoire possédait la tête de St. Austremoine. On avait pu, pendant les guerres religieuses dont Issoire était le foyer, la soustraire à la profanation des protestants; mais moins heureux en 1793, on ne put la sauver de l'impiété des révolutionnaires qui la firent brûler. Quant aux autres reliques de ce Saint qui se trouvaient dans l'église de Mozat, elles furent conservées et on les possède encore aujourd'hui (2).

Dufraisse, Gonod et d'autres prétendant que St. Austremoine avait fait bâtir dans la ville d'Auvergne dix églises, dont voici les noms: la Cathédrale, Ste-Croix, St-Pierre, St-Michel, St-Cassi, St-Symphorien, St-Maurice, Chantoin, St-André et St-Cirgues. Nous pensons que ces prétendues églises n'étaient que de simples oratoires, et non des églises proprement dites; pendant les trois premiers siècles il n'y en avait point. Voici ce que dit à ce sujet le savant de Caumon, dans son *Histoire sur l'Architecture religieuse*: « Jusqu'au règne de Constantin il n'y eut point en Gaule d'Eglise

---

(1) Jacques Branche, *Vie des Saints d'Auvergne*.
(2) Comte de Résie, *Histoire de l'Eglise d'Auvergne*.

proprement dite. On célébrait les mystères sacrés dans les maisons des nouveaux convertis : on y faisait un oratoire qui servait de lieu de réunion à tous les chrétiens du voisinage. » Telles furent, sans doute, les premières églises d'Auvergne, qui insensiblement furent agrandies, changèrent de forme et prirent plus tard des noms de Saints.

Saint Genès, de Thiers, martyrisé du temps de saint Austremoine, était né à Misène, en Grèce, dit Jacques Branche, vers le milieu du premier siècle. Sa mère s'appelait Génésie et sortait d'une des plus nobles et plus illustres familles de cette province. Cette sainte femme abandonna toutes ses richesses pour soustraire elle et son fils à la persécution. Elle partit de Grèce sur un vaisseau, avec plusieurs autres personnes qui, comme elle, cherchaient un asile pour leur foi. Elle vint aborder tout près d'Arles, où elle rencontra St. Trophime qui, sur ses instances, baptisa son fils. Quelque temps après, il lui fut dit, dans plusieurs visions, de se rendre en Auvergne pour confier son fils à St. Sirénat. Elle exécuta cet ordre. Après une courte battue dans les forêts de Thiers, elle rencontra le saint homme qu'elle cherchait ; elle lui offrit son fils ; l'homme de Dieu en l'acceptant, lui prédit que cet enfant mourrait martyr et deviendrait un grand Saint, ce qui arriva effectivement. Un jour les païens de ce lieu s'étant emparés de sa personne, l'accablèrent d'outrages, le brisèrent de coups, et comme ils ne pouvaient lui faire renier sa foi, ils lui tranchèrent la tête, âgé seulement de 18 ans. C'était un 28 octobre, mais on ne sait point en quelle année. St. Sirénat put se procurer le corps du jeune martyr et l'ensevelir dans sa forêt, où il fut découvert plus tard par un miracle dont nous dirons un mot à l'épiscopat de St. Avit (1).

SAINT URBIQUE, 2ᵐᵉ Évêque de Clermont. — Second siècle. — Pour la chronologie des évêques, nous ne donnerons, jusqu'à l'épiscopat de St. Eparque, aucune

(1) Jacques Branche, *Vie des Saints d'Auvergne.*

date précise, par la raison que toutes celles que l'on donne sont des dates de pure fantaisie. Rien de plus curieux que de voir le chanoine Dufraisse, dans les *Origines des Eglises de France*, citer une foule de dates comme étant celles données par St. Grégoire de Tours, tandis que cet historien n'en donne aucune de précise. Ce qu'il donne, d'après la manière de compter de ces temps, est une chose tellement vague, qu'on peut sans peine lui faire embrasser l'espace d'un siècle ; puisqu'il cite fréquemment dans un même alinéa, surtout dans son premier livre de *l'Histoire des Francs*, des faits qui se sont passés à plus de cent ans de distance les uns des autres. Pour n'en donner qu'un exemple, il fait vivre les hérésiarques Valentin et Novatien à la même époque. L'un cependant vivait du temps de St. Polycarpe (148) et l'autre du temps du pape St. Corneille (254). Mais Dufraisse, comme Launoy, n'y regardait pas de si près ; il avait à prouver que nos origines chrétiennes ne remontaient pas au-delà de l'an 250 : pour cela il faisait dire à St. Grégoire de Tours ce qu'il n'avait jamais écrit ni même jamais pensé. Voilà comme certains hommes écrivent l'histoire, tout en faisant semblant de ne pas y toucher.

Mais, nous dira-t-on, comment voulez-vous qu'entre St. Austremoine et St. Sidoine Apollinaire, espace de 360 à 380 ans, il n'y ait eu que neuf évêques dans la ville d'Auvergne, comme l'atteste St. Grégoire de Tours ? A cela nous répondrons : Est-ce bien sûr et bien certain qu'il n'y a eu que neuf évêques pendant ce laps de temps ? et si le St. évêque de Tours avait fait comme pour la liste des Empereurs romains ! il compte Dèce comme le huitième, tandis que dans la réalité il est le 28me. Croyez-vous cela impossible dans ces temps éloignés, où l'histoire et surtout les dates sont restées couvertes d'un voile ténébreux que l'on n'a pu encore déchirer et que probablement on ne déchirera jamais ! L'on ne sait point s'il y a eu deux évêques de plus ou de moins sur le siége d'Auvergne dans le IXme siècle, qui était le siècle instruit et éclairé de Charlemagne ; à plus forte raison, nous ne pouvons savoir s'il n'y a eu que neuf évêques entre St. Austremoine et St. Sidoine Apollinaire, ou s'il y en a eu un plus grand nombre.

Mais supposons qu'il n'y en ait eu que neuf; en leur donnant en moyenne à chacun 40 ans d'épiscopat, ce qui est tout-à-fait dans l'ordre des choses possibles, on aura un espace de 360 ans, et si peu que le siége épiscopal soit resté vacant à chaque succession, on aura tout le temps qui a pu s'écouler de St. Austremoine à St. Apollinaire d'après notre calcul. Que l'on ne dise pas que ce calcul est chimérique ; l'épiscopat de Mgr. de Dampierre, sacré à 56 ans, et celui de Mgr. Féron, sacré à 44 ans, sont là, pour donner une réponse plus que satisfaisante à ce calcul. Comme la chronologie de nos dix premiers évêques est très-incertaine, nous ne donnerons de dates précises qu'à partir de l'épiscopat de St. Sidoine Apollinaire ; et encore elles seront sujettes à contestations, par la raison que les auteurs que nous avons consultés ne sont pas d'accord. La *Gallia christiana*, la *Chronologie des Évêques*, par Gonod, Jacques Branche, Savaron, Dufraisse, Tardieu, etc. donnent des dates qui diffèrent, en plusieurs points, les unes des autres. Celles que nous donnerons, tout en regrettant de ne pouvoir en donner de plus exactes, seront tirées de la *Chronologie des Évêques de Clermont*.

Revenons à notre sujet. St. Urbique était un jeune sénateur de la ville d'Auvergne, nouvellement marié et nouvellement converti. St. Austremoine, qui avait remarqué en lui une grande piété, une foi inébranlable, un grand amour pour les pauvres, un zèle sans borne pour l'extension de l'Evangile, comprit qu'avec sa haute dignité, sa belle prestance, ses excellentes manières et la grande considération dont il jouissait dans le pays, il pourrait faire un bien immense placé à la tête du diocèse ; il le choisit donc pour successeur. Ayant obtenu le consentement mutuel des deux époux et la promesse qu'ils vivraient séparés et dans la continence, selon les règles de l'Eglise, Austremoine l'admet à la prêtrise, le sacre évêque, lui donne sa place et se retire à Issoire, où il passe, avant de finir ses jours, six ans dans la prière et la solitude.

Cette séparation de St. Urbique d'avec sa femme, exigée par l'Eglise dans un but de sainteté parfaite pour ses ministres, faisait l'édification des fidèles depuis plusieurs années. Mais le démon, jaloux de la sainteté et de la pureté d'Urbique et de son épouse, leur tend un piége qui les conduit à une chute, dont le repentir, la douleur et la pénitence ne cesseront qu'avec leur dernier soupir. Voici en quels termes St. Grégoire de Tours raconte cette chute (1) :

« Tentée fortement par l'ennemi du salut, qui enflamme en elle tout ce qu'il y avait de passion et de concupiscence, cette femme modèle de vertu et de mortification jusque là, se dirige en pleine nuit, à travers les rues de la ville, vers la demeure de l'évêque, où elle frappe à coups redoublés sans pouvoir se faire

(1) *Histoire des Francs*, livre 1er, chap. 39.

ouvrir. Alors dans l'excès de sa douleur, elle s'écrie : « *Prêtre insensible, dans quel profond sommeil êtes-vous donc plongé ? jusqu'à quand me laisserez-vous dans cette attitude de mépris à votre porte ? pourquoi dédaignez-vous à ce point celle que Dieu vous a donnée pour épouse, celle qui jamais ne vous a manqué de fidélité ? En venant ici, je ne fais que suivre les conseils de l'Apôtre,* (fausse application) *et réclamer de vous un droit sacré.* REVERTIMINI AD ALTERUTRUM, NE TENTET VOS SATANAS. Vaincu par ces paroles et d'autres semblables qu'elle proférait, l'évêque la fit introduire dans son appartement, où, imitant l'ancienne Eve, elle devint mère d'une fille qui se consacra plus tard à Dieu et mourut vierge.

» La douleur de l'Evêque fut si grande et si vive, que, pour faire pénitence de sa coupable faiblesse, il se retira dans le monastère de Chantoin, où il passa les dernières années de sa vie dans les gémissements et les larmes, au souvenir de son péché. Peu de temps avant sa mort, il retourna à son évêché, où il mourut saintement dans un âge très-avancé, avec les plus grandes marques de repentir et de contrition. Il fut enterré dans la crypte de Chantoin, à côté de son épouse, qui comme lui avait fait une rigoureuse pénitence et avait donné des signes nombreux de repentir. Dieu permit cette chute afin qu'elle fût, pour l'Evêque et son épouse, un sujet d'humilité dont ils avaient besoin. Leur fille, âme vertueuse et innocente, fut ensevelie à côté d'eux dans la même crypte (1). »

Ce fut sous l'épiscopat de ce prélat que furent martyrisés St. Cassi, St. Victorin et quelques autres dont les noms

---

(1) Dufraisse *Origine des Eglises*, page 127.

ne sont connus que de Dieu. Ils périrent, non pas condamnés à mort en vertu des édits de persécution de Trajan, mais dans des émeutes organisées par des païens, en haine de la religion chrétienne.

SAINT LÉGONNE, 3ᵐᵉ Évêque de Clermont. — Second siècle. — Nous aurons peu de chose à dire de ce St. Évêque, bien qu'il ait dû occuper le siége d'Auvergne un assez grand nombre d'années. Il était contemporain de St. Pothin, martyr et évêque de Lyon. St. Grégoire de Tours ne dit que deux mots de ce prélat : « *Cujus* (Urbici) *loco, Legonus episcopus subrogatur.* » A la place d'Urbique, on mit pour Evêque Légonne. Pour régir cette Eglise naissante, pour donner aux fidèles cette foi robuste et cette force d'âme qui devaient les soutenir au jour de l'épreuve, il fallait pour évêque un homme de mérite et de grandes vertus ; cet homme on le rencontra dans Légonne, qui, après son sacre, conduisit saintement son troupeau, et le prépara à affronter noblement et courageusement le martyre. Ce fut très-probablement du temps de cet Evêque, que le farouche Crocus, prince allemand, ravagea l'Auvergne, à la tête d'une armée formidable de barbares (1).

Voici le tableau lugubre et sanglant qu'en trace le savant abbé Delarbre dans ses *Notices* : « Crocus fut un fléau pour la Gaule, dont il ravagea les plus riches contrées; il mit à feu et à sang l'Auvergne, détruisit les églises, renversa les maisons religieuses, brûla les villes et villages, égorgea les habitants et fit abattre même les temples des idoles. La ville d'Auvergne fut presque réduite en cendres : tout y périt, palais, temples, statues, inscriptions, histoires, mémoires, documents, rien ne fut

---

(1) Delarbre, *Notices sur l'Auvergne.*

épargné. » Le fameux temple païen de *Wasso*, qui était une des premières merveilles d'Auvergne, fut rasé, malgré la force et la solidité de ses murs. Ce temple avait été construit sous le règne de Néron, vers l'an 60. Les murs considérablement élevés mesuraient trente pieds d'épaisseur; l'intérieur était décoré en mosaïque, de marbre et de porphyre aux couleurs variées, la toiture était recouverte de lames de plomb et le pavé était en marbre blanc. On ne sait pas au juste où se trouvait ce fameux temple; quelques découvertes récentes faites au Puy-de-Dôme en 1875 feraient croire qu'il occupait le sommet élevé de cette montagne.

Ce chef Barbare fit égorger, dit-on, six mille deux cents chrétiens environ. On les a toujours regardés comme de vrais martyrs, parce qu'ils furent immolés en haine de la foi chrétienne, qu'ils soutinrent courageusement, en recevant la mort au milieu des plus cruels supplices. Quelle gloire pour l'Eglise d'Auvergne d'avoir, presque à sa naissance, fourni cette nombreuse phalange de Saints! Après avoir saccagé de fond en comble l'Auvergne, Crocus dirigea ses hordes barbares vers le Gévaudan et fit égorger St. Privat, qui alors était évêque de Mende. On prétend que ce prélat, natif d'Auvergne, avait été ordonné par St. Austremoine et qu'il avait reçu le jour au village de Coudes, près d'Issoire. Du Gévaudan, ce chef barbare porta ses ravages jusqu'à Arles. Là il fut vaincu, et après lui avoir fait souffrir différents supplices, juste châtiment du sang des saints qu'il avait versé, on le perça d'un glaive qui lui donna la mort. Ainsi finit cet homme qui avait répandu partout la terreur et le deuil. On pense que ce fut du temps de St. Légonne que les saints Donat, Sabin et Agape furent martyrisés en Auvergne, par certains seigneurs du pays restés idolâtres, malgré les grands progrès de la foi dans cette vaste province (1).

St. Grégoire de Tours place l'invasion de Crocus sous le règne de Gallien et de Valérien, qui arrivèrent à l'empire quatre ans après la mort de Dèce. Comme dans la pensée de cet historien, Dèce aurait vécu au commencement du second siècle, puisqu'il le compte comme successeur immédiat d'Antonin le Pieux (162), ce serait donc, toujours dans cette même pensée, vers l'an 166 que seraient arrivés au trône les empereurs Gallien et Valérien. Or ce temps était celui où régnait Marc-Aurèle, dont St. Grégoire ne dit mot. Il y eut en effet, sous le règne de ce prince, plusieurs invasions barbares qui causèrent de grands ravages dans les Gaules, celle de Crocus dut indubitablement se trouver du nombre. Si nous savons si peu de choses de St. Légonne, c'est peut-être à ces temps de bouleversements et de dévastations que nous devons l'attribuer. Jacques Branche, qui ne sait rien de ce prélat, ajoute qu'il fut enterré hors de la ville, dans un héritage qui lui appartenait, à l'occident de Clermont. La sainteté de sa vie et de sa mort ayant été reconnue par de nombreux miracles, les fidèles d'Auvergne bâtirent sur son tombeau une église qui porta son nom. Plus tard ses reliques furent transférées dans l'église de St. Cassi (2).

Selon le chanoine Dufraisse, St. Patrice, premier évêque de Nevers, qui avait été sacré et envoyé par St. Austremoine pour prêcher la foi dans le Nivernais, mourut en Auvergne, son pays natal, sous l'épiscopat de St. Légonne (3).

(1) Comte de Résie, *Histoire de l'Église d'Auvergne.*
(2) *Histoire des Francs*, livre 1er, chap. 39.
(3) *Origines des Églises*, page 627.

SAINT ALLYRE, 4ᵐᵉ Évêque de Clermont. — Fin du second siècle. — Ce prélat, dit St. Grégoire de Tours, avait acquis une si grande réputation de sainteté, que son nom était connu et vénéré de toutes les provinces de la Gaule. Il mourut, dit-il, dans un âge extrêmement avancé. Après sa mort il s'opéra des miracles en si grand nombre, qu'il est impossible de les rappeler tous et de les écrire intégralement. Voici ce que rapporte Jacques Branche de plus intéressant et de plus remarquable sur ce digne et vénérable prélat :

Saint Allyre descendait des anciens comtes et princes de Dallet, en Auvergne. Ses illustres aïeux avaient été convertis à la foi par St. Austremoine, qui les avait baptisés. Depuis cette noble famille s'était toujours distinguée par sa piété et sa charité. Dès son bas âge, le jeune Allyre sentit un vif attrait pour le service de Dieu; il se livra avec ardeur à l'étude et à la prière, et fit tellement de progrès dans les sciences, qu'il devint l'homme le plus savant de son siècle. Avec une âme aussi pure et aussi droite que la sienne, l'état ecclésiastique devait être le but de ses aspirations; aussi ce fut celui qu'il embrassa, de préférence à tout autre, quand il eut l'âge requis.

« Son grand savoir, sa douceur, sa modestie, sa vie intègre, son zèle pour la gloire de Dieu et celle de son Eglise, son affabilité, sa noble et digne prestance, le firent choisir, quoique bien jeune encore, pour être évêque de la ville d'Auvergne. Quand il eut pris possession de sa nouvelle charge, Dieu lui accorda, à cause de ses grandes vertus, et en faveur de son Eglise, le don des miracles. » Nous allons en rapporter quelques-uns tirés de Jacques Branche et de St. Grégoire de Tours :

« Ce prélat avait un oncle nommé Corbe, privé de

postérité. C'était un des premiers et des plus riches seigneurs du pays. Homme de bien et aimant les pauvres, il voulait que toute sa fortune fût employée à de bonnes œuvres. Comme il était tombé malade, il donna, à cet effet, par testament, tout ce qu'il possédait à son neveu Allyre. Après la mort de cet oncle, les membres frustrés de la famille contestèrent la donation. St. Allyre, sans s'émouvoir le moins du monde de ce vil procédé, leur dit : *Si vous voulez, nous ferons trancher cette difficulté par le mort lui-même.* Ils acceptèrent d'autant plus volontiers cette proposition, qu'ils croyaient tout-à-fait impossible au mort de faire une réponse. Au jour fixé, on se rendit sur le tombeau de Corbe, où St. Allyre, après avoir fait une courte mais fervente prière à Dieu, adressa ces mots au défunt : *Je vous commande, de la part du Dieu vivant, créateur de toutes choses, vous qui dormez du sommeil de la mort dans ce champ de repos, de nous dire à qui vous avez laissé vos biens.* Une voix sépulcrale sortant de la terre répondit : *C'est à vous, prêtre du vrai Dieu, que ces biens appartiennent légitimement, c'est à vous et à vous seul que je les ai donnés.* Ces paroles jetèrent tant d'effroi dans l'âme des réclamants, qu'ils laissèrent à l'évêque les biens légués par l'oncle (1). »

« Trois jeunes gens des plus illustres maisons d'Auvergne, qui faisaient la joie de leurs parents et l'espoir de la ville ; l'un appelé Alexandre, l'autre Floride et le troisième Pudent, étaient morts par suite d'une chute malheureuse. Leurs familles étaient dans le désespoir et la désolation. St. Allyre fut vivement ému en apprenant

---

(1) Le *Bréviaire romain*, dans l'office de St. Stanislas, au 7 mai, rapporte un fait analogue à celui-ci.

cette triste nouvelle. Il se rendit auprès de ces jeunes gens, qu'on allait porter dans la tombe, les prit par la main et les ressuscita au nom du Christ, en présence d'une foule nombreuse composée de chrétiens et d'idolâtres. Ces derniers furent tellement frappés à la vue de ce miracle, que plusieurs d'entre eux se convertirent et demandèrent le baptême.

Comme le saint Évêque avait fait construire, dans sa ville épiscopale, une chapelle dédiée au pape St. Clément, dont le martyre était rempli de merveilles, il voulut enrichir la dite chapelle de quelques reliques de ce saint. Dans ce but, il fit lui-même le voyage de la Chersonèse, située au-delà de la mer du Pont. Arrivé dans ce lieu, il eut le bonheur de pénétrer dans le temple miraculeux, qui se trouvait en partie dans la mer. C'est dans ce temple qu'était renfermé le corps du vénérable martyr. Là, s'étant jeté à genoux et mis en prières, il obtint par un éclatant prodige, un des bras du Saint, qui de lui-même sortit du tombeau, comme pour donner à entendre que l'objet tant désiré était à sa disposition. Le saint Prélat prit avec respect ce bras du martyr, et à son retour en Auvergne, il le plaça pieusement dans la chapelle qu'il avait fait construire en son honneur (1).

Saint Allyre avait dans sa ville épiscopale deux chapelles de prédilection, où il aimait à se rendre la nuit et le jour pour y adorer Dieu. L'une était celle de N.-D. d'Entre-Saints, fondée par St. Austremoine lui-même en l'honneur de la Ste Vierge, et l'autre celle de St. Clément, qui était son œuvre. Le démon, jaloux des conversions et des grâces nombreuses qu'il obtenait dans ces deux sanctuaires, lui

(1) Jacques Branche, *Vie des Saints*, etc.

dressait chaque nuit des pièges pour l'en éloigner. Tantôt il se présentait au Saint, sous une forme humaine pour le caresser ou le gourmander, tantôt sous la forme d'un animal féroce et furieux pour le jeter dans l'épouvante et l'effroi. Allyre en riait intérieurement et d'un signe de croix accompagné du *Vade Satana* de l'Évangile, le fantôme infernal s'évanouissait et ne pouvait lui nuire (1).

Il y avait sur l'Allier, à deux lieues de la ville d'Auvergne, un pont connu sous le nom de *Rambœuf*. Ce pont était infesté par un démon depuis quelques mois; toutes les personnes qui se hasardaient à le traverser étaient saisies par un être invisible qui les jetait à l'eau, et les faisait assez souvent noyer. St. Allyre en fut instruit; après avoir mortifié son corps et s'être livré à un redoublement d'austérités, de veilles et de prières, il se rendit en procession, accompagné de son clergé, vers le pont maudit, commanda à l'esprit mauvais de se retirer de ce lieu et le démon lui obéit sur-le-champ. Dès ce jour le passage du pont n'offrit plus aucun danger.

Ce fut indubitablement pendant les premières années de l'épiscopat de St. Allyre que St. Irénée, évêque de Lyon, réunit dans cette ville deux conciles, qu'il présida lui-même. Le premier, tenu en 184, était composé de douze évêques des Gaules, qui condamnèrent l'hérésie de Valentin, que St. Grégoire de Tours place, par erreur de date, 68 ans plus tard, sous le règne de Dèce. Le second était composé de treize évêques, également des Gaules, qui réglèrent, en 188, le jour où devait être célébrée la fête de

(1) Jacques Branche, *Vie des Saints*, etc.

Pâques. Quoique rien ne nous le prouve positivement, il est plus que probable que St. Allyre s'est trouvé présent à ces deux conciles, dont on ne sait, d'ailleurs, le nom d'aucun des évêques qui y assistèrent (1).

La réputation des miracles de ce prélat, dont la parole mettait en fuite les démons, se répandit tellement au loin dans les provinces des Gaules, qu'il fut mandé à Trèves par un empereur païen, dont St. Grégoire de Tours, qui rapporte le fait, ne dit nullement le nom. Launoy et ses partisans, ainsi que le chanoine Dufraisse disent, sans preuve aucune, que cet empereur était Clément-Maxime. Ils ont adopté ce nom pour le besoin de leur cause, afin de démontrer que St. Austremoine n'a pu venir en Auvergne qu'en 250. Au reste, ajoutent-ils avec le plus grand aplomb, il n'y a eu que cet empereur qui ait résidé à Trèves. N'en déplaise aux adeptes de Launoy, plusieurs autres empereurs romains ont fait des résidences à Trèves. Voici ce que dit Coiffier (2) : « La Gaule a eu, pendant 13 ans continus, cinq empereurs rivaux de ceux de Rome ; et cela vers la fin du second siècle et le commencement du troisième. L'un d'entre eux, nommé Posthume, y régna en maître et paisiblement plusieurs années. » Ne serait-ce pas de lui que St. Grégoire de Tours aurait voulu parler dans ce qu'il nous raconte de cet illustre prélat ?

Quoique déjà fort âgé, St. Allyre se rendit à Trèves. A son arrivée, l'Empereur lui présente sa fille, possédée du démon, et le supplie, en grâce, de vouloir bien la guérir. Le Saint passe la journée en prières, puis mettant ses doigts dans la bouche de la possédée, il en

---

(1) Eusèbe. *Histoire Ecclés.*, livre V, chap. 24.
(2) *Histoire du Bourbonnais*, tome premier, page 64.

fait sortir l'esprit de ténèbres qui, depuis longtemps, la tenait sous son joug. L'Empereur, dont la tristesse et la peine font place au bonheur et à la joie, offre une partie de ses trésors à son bienfaiteur ; l'Évêque les refuse et demande seulement que son diocèse ait la faculté de payer, en argent, ce qu'il payait à l'Etat, en denrées et en vins. L'empereur accède volontiers à cette demande. Dès ce jour l'Auvergne fut délivrée d'un impôt en nature des plus gênants, à cause des grandes dépenses à faire pour les transports (1).

À son retour de Trèves, St. Allyre, cassé de vieillesse, fut pris d'une fièvre violente qui le força, en entrant dans les Gaules, de s'aliter au premier bourg qu'il rencontra. Peu après, il y mourut paisiblement de la mort du juste, un 5 juin, mais non le 5 juin 387, comme l'affirme Gonod dans la *Chronologie des Évêques de Clermont*. Son corps fut transporté dans la ville d'Auvergne, où il fut enseveli, comme il en avait souvent témoigné le désir, dans l'église de N.-D.-d'Entre-Saints. Une foule de miracles s'opérèrent sur son tombeau. St. Grégoire de Tours affirme qu'il y fut lui-même guéri miraculeusement d'une maladie mortelle (2).

L'épiscopat de St. Allyre brilla encore par les vertus de deux saints personnages, Trigide, frère du prélat, et Juste, son archidiacre. Le premier, qui était recteur archidiacre de l'église de St-André de Clermont, opéra de nombreux miracles et mourut un 16 février, à l'âge de soixante-quinze ans, chargé de mérites et de bonnes œuvres. Il fut enterré dans le chœur de sa propre église. Le second, qui était d'une sainteté éminente, fut associé par le prélat, comme coadjuteur à son ministère pastoral. Plusieurs auteurs lui ont donné le titre d'évêque de Clermont. Il fut enterré, sous ce nom, près du tombeau de St. Allyre.

(1) Grégoire de Tours, *Histoire des Francs*, livre 1er, chap. 40.
(2) Grégoire de Tours, *Vie des Pères*, chap. 2.

SAINT NÉPOTIEN, 3ᵐᵉ Évêque de Clermont. — Troisième siècle. — Le plus bel éloge que l'ont puisse faire de cet évêque, dit St. Grégoire de Tours, c'est qu'il fut un des plus saints et des plus vertueux personnages de son siècle. Appelé à l'épiscopat par l'élection du clergé et des fidèles, comme cela se pratiquait alors, il marcha dignement sur les traces de son illustre prédécesseur. La figure angélique de ce prélat, sa noble et grave démarche avaient on ne sait quoi, qui captivait les cœurs et les attirait à lui. En voici un exemple :

Sous son épiscopat, un jeune étranger, d'une noble famille et d'un grand avenir, étant de passage dans la ville d'Auvergne, tomba dangereusement malade. Le prélat en fut instruit ; aussitôt il se rend auprès du jeune homme, pour lui offrir ses services et tout ce qui peut lui être utile. Tant de bonté, de dévouement et de charité de la part de l'évêque, touchèrent si fortement le cœur du pauvre souffrant, qu'il pria le pontife de lui administrer les sacrements des malades. A peine les dernières onctions furent-elles achevées, que le mourant se sentit guéri. Ce jeune étranger était Arthême, qui, conduit là, par un secret mouvement de Dieu, devait être un jour le successeur de St. Népotien dans l'épiscopat. Oh ! que les voies de Dieu, dans ce bas monde, sont impénétrables !

Après avoir augmenté le nombre des chrétiens dans son diocèse par ses prédications, sa vie de sainteté et ses miracles, St. Népotien mourut plein de jours et de mérites, dans un âge très-avancé, un 22 octobre. Il fut enterré dans le lieu où plus tard fut bâtie l'église de St-Vénérand. Son tombeau devint célèbre par les nombreux miracles opérés en faveur de ceux qui étaient tourmentés de la fièvre (1).

(1) Grégoire de Tours. *Gloire des Conf.* ch. 37.

Ce fut sous l'épiscopat de cet évêque que mourut, dans la ville d'Auvergne, St. Injurieux et sa chaste épouse. Ils étaient tous les deux enfants uniques, issus des plus nobles et des plus riches familles de la province. Le premier jour de leur noce, ils s'engagèrent mutuellement à vivre, pendant tout le temps de leur mariage, dans la virginité. Cette promesse fut si agréable à Dieu, que, par une grâce spéciale qu'il leur accorda, ils ne la violèrent jamais, tout en demeurant ensemble dans la même maison, mangeant à la même table et couchant dans le même appartement. La femme étant morte la première, comme on la mettait en terre, le mari levant les yeux et les mains au ciel s'écria : « *Seigneur, vous me l'aviez donnée vierge, je vous la remets vierge. — Silence ! silence ! mon ami*, répondit la défunte, *pourquoi cette indiscrétion, quand personne ne vous y force* (1) ! »

Peu de temps après le mari mourut et fut enterré dans le même cimetière, à quelque distance de l'endroit où avait été ensevelie son épouse. Le lendemain les deux tombeaux se trouvèrent placés l'un à côté de l'autre. Les corps de ces deux chastes époux connus sous le nom des *deux Amans*, reposaient dans l'église de St-Allyre, au faubourg de la ville (2).

Savaron, Dufraisse, Gonod, et enfin tous les partisans de Launoy, assignent les uns l'an 388, les autres l'an 394, comme date de la mort de St. Népotien. Pour cela ils s'appuient sur St. Grégoire de Tours, auquel ils font dire ce qu'il ne dit pas. Cet historien ne cite aucune date précise ; c'est un vague, qui parfois embrasse un siècle ; comme quand il fait l'héré-

(1) Grégoire de Tours. *Hist. des Fr.* liv. 1, chap. 47.
(2) Grégoire de Tours, *Gloire des Conf.* chap. 32.

siarque Valentin contemporain de Dèce. Comme il est certain, d'après les preuves que nous avons citées, que la mission de St. Austremoine date du premier siècle, il faudrait, en admettant ces dates 388 et 394, que nous n'admettons pas, supposer nécessairement qu'il y eut dans la ville d'Auvergne cinq à six évêques de plus que ceux nommés par St. Grégoire de Tours, ce qui n'est pas impossible ; ou bien il faudrait donner à ces quatre évêques connus depuis St. Austremoine, soixante-dix-ans d'épiscopat à chacun, ce qui est ridicule et incroyable.

Dufraisse prétend que ce fut du temps de ce prélat que St. Front, natif de la ville d'Auvergne et d'une famille illustre de saints, fut envoyé comme premier évêque à la ville de Périgueux. Ce fut aussi à la même époque dit-il, que fut érigé l'évêché du Puy, qui eut St. Georges, sénateur d'Auvergne, pour premier évêque.

SAINT ARTHÈME, 6ᵐᵉ Évêque de Clermont. — Troisième siècle. — Ce Saint, issu d'une des plus nobles et des plus riches familles de la Gaule-Belgique, était un des premiers citoyens de la célèbre ville de Trêves. C'était un homme d'une belle prestance, d'une admirable sagesse et d'une rare beauté, dit St. Grégoire de Tours. A ces avantages extérieurs il joignait les qualités de l'esprit, science profonde, éloquence parfaite, diplomatie habile, prudence consommée : tout cela se trouvait en lui à un éminent degré. Aussi fut-il délégué par la ville de Trêves pour aller en Espagne traiter une affaire d'Etat. Selon son habitude, le chanoine Dufraisse fait dire ici à St. Grégoire de Tours ce qu'il ne dit point. Le latin porte : *A Treveris verò legati in Hispaniam mittebantur, ex quibus Arthemius....* » Dufraisse traduit ainsi : « Arthême fut envoyé en Espagne avec d'autres par l'empereur Clément-Maxime. » Il faut noter, que dans tout le chapitre, il n'est pas même question d'un empereur quelconque (1). Est-ce de l'audace !

Dieu, qui avait sur Arthème de grands desseins, permit qu'il tombât gravement malade en traversant l'Auvergne ; il fut donc obligé de s'arrêter dans la ville épiscopale et de renoncer à son voyage. Le bruit de cette maladie étant parvenu aux oreilles de St. Népotien, le prélat alla lui-même faire une visite au noble malade : sa bonté, sa douceur, ses pieuses exhortations touchèrent tellement le cœur de ce jeune homme, si bien fait pour comprendre l'inanité des biens de ce monde et la stabilité de ceux de l'autre, qu'il promit à Dieu, s'il lui rendait la santé, de se consacrer entièrement à son service, quoiqu'attaché au monde par les liens du mariage. Touché profondément des sentiments élevés de cette belle âme, Népotien lui administra les derniers sacrements. Aussitôt l'extrême-onction reçue, il se trouva parfaitement guéri, comme s'il n'avait jamais été malade. Ce miracle lui fit abandonner parents, amis, fortune, épouse (après son consentement obtenu), pour se donner tout entier à Jésus-Christ. Promu à la prêtrise, il desservit d'abord une simple paroisse de campagne et fut appelé ensuite par St. Népotien pour être le prédicateur général de son diocèse (2).

Après la mort de cet évêque, Arthème fut proclamé son successeur par la voix unanime du clergé et des fidèles. Il remplit sa nouvelle charge avec tant de zèle,

---

(1) *Histoire des Francs*, liv. 1er, ch. 46, liv. II, ch. 13.
(2) Jacques Branche, *Vie des Saints d'Auvergne*.

de piété et d'affection pour son troupeau, qu'il augmenta considérablement dans son diocèse les adorateurs du vrai Dieu. Si mal disposé que l'on fût, on ne pouvait résister à la force de ses miracles et à l'éloquence de sa parole. Après avoir travaillé et arrosé de ses sueurs cette vigne spirituelle que le Seigneur lui avait donnée en partage; après avoir eu la consolation d'en cueillir en partie les fruits, il mourut plein de jours et de mérites dans la paix du Seigneur. Son corps avait à peine reçu la sépulture que son tombeau devint un lieu de miracles; aussi les habitants de la ville bâtirent-ils sur ses cendres une église en son honneur. Cette église étant tombée de vétusté vers le quatorzième siècle, on transporta les reliques de ce Saint dans la cathédrale, et on les plaça sous le grand autel du chœur, d'où elles furent arrachées par les révolutionnaires de 93, qui les firent brûler, comme on faisait, à cette époque néfaste et sanglante, de toutes les choses saintes.

On invoquait ce Bienheureux contre les incendies, et il suffisait, au rapport de Dufraisse et de Savaron, de porter en procession les reliques de ce Saint, pour arrêter tout-à-coup les ravages du feu.

On pense que c'était sous l'épiscopat de cet évêque que vivait, à Pierre-Scise, près Issoire, un ermite nommé Yvoine, né dans le Languedoc. Sa vie était des plus austères et des plus mortifiées. Il mourut en odeur de sainteté dans ce lieu, qui prit ensuite le nom de St-Yvoine, nom qu'il porte encore aujourd'hui. C'est une paroisse de l'archiprêtré d'Issoire (1).

SAINT VÉNÉRAND, 7me Évêque de Clermont. — Fin du troisième siècle. — Un saint et illustre évêque venait

(1) Le comte de Résie, *Histoire de l'Église d'Auvergne*.

de mourir, un autre non moins saint, non moins illustre, venait d'être élu, pour continuer l'œuvre sainte de son épiscopat. Cet évêque était Vénérand, un des premiers et des plus considérés sénateurs de la ville d'Auvergne, homme d'un grand savoir et d'une rare piété, homme d'une grande pureté et d'une vie irréprochable. Chaste comme un ange, humble comme un enfant, zélé comme St. Paul, il travailla de toutes ses forces pour conserver la foi catholique pure et intacte dans tout son diocèse. A cette malheureuse époque, les hérésies des Manichéens, des Pélagiens, des Nestoriens se répandaient partout et faisaient de grands ravages parmi les fidèles. Il eut le bonheur, par ses prières, sa vigilance et ses exhortations, de préserver son troupeau et d'éloigner du bercail un fléau plus grandement à craindre que la persécution même. Il établit dans toutes les églises de son diocèse de sages réglements pour faire célébrer avec pompe et dignité les offices divins; il maintint parmi les fidèles l'esprit de prière, de foi, d'union et de charité, dont il donnait chaque jour les plus beaux exemples aux fidèles de son diocèse (1).

Arrivé au terme de sa carrière, cassé de vieillesse, enrichi de mérites, et consolé par le souvenir de ce qu'il avait courageusement souffert pour la gloire de Dieu et le salut des âmes, il mourut la veille de Noël, vers le milieu du quatrième siècle, et non en 423 comme l'affirment Dufraisse et Gonod. Son corps fut enseveli dans l'église de St-Allyre. Une foule immense assista à ses funérailles, dont les cérémonies furent des plus solennelles et des plus grandioses. Rome

(1) Grégoire de Tours, *Histoire*, liv. 11, chap. 13.

venait de voir la religion du Christ, sortie des catacombes, s'étaler au grand jour et tous les chrétiens de l'empire en étaient dans la jubilation ; ceux de l'Auvergne étaient du nombre. Le tombeau de St. Vénérand étant devenu célèbre par un grand nombre de miracles, les fidèles y bâtirent une église (1).

On a tout lieu de croire que ce fut du temps de cet évêque que la vierge Ste. Florine reçut la palme du martyre en Auvergne. L'église de Mazoires, dans le canton d'Ardes, possédait autrefois ses reliques ; mais une bande de scélérats les détruisit en 93. Voici quelle est la tradition du pays: Cette Sainte naquit, dit-on, au village de Stourgoux, dépendance de Mazoires. D'une beauté ravissante et d'un charme indicible, elle avait une foi et une piété sans égales. Plusieurs fois de jeunes et lubriques païens avaient cherché les moyens de la séduire ; mais n'ayant pu en venir à bout, ils lui donnèrent impitoyablement la mort. Après son martyre, il s'opéra sur son tombeau un si grand nombre de miracles, que les fidèles la comptèrent au nombre des Saints. Il suffisait, disent les gens du pays, de sortir ses reliques, pour arrêter l'orage et éloigner la grêle qui menaçaient la contrée. Cette sainte a donné son nom à une commune du canton d'Auzon, (Haute-Loire) (2).

Le grand événement de cette époque fut la conversion de Constantin, qui changea, pour ainsi dire, la face du monde. L'Eglise d'Auvergne, comme les autres églises de l'empire, profita de cet heureux changement. Avant cette conversion, la religion grandissait toujours, il est vrai, malgré la persécution ; mais tous les hommes n'étant

---

(1) Grégoire de Tours, *Gloire des Confes*. chap. 35.
(2) Jacques Branche. *Vie des Saints*.

pas nés pour le martyre, que de temps il aurait fallu, pour
que le monde fût devenu chrétien ! surtout en voyant
qu'en embrassant la religion du Christ, c'était se vouer
à des supplices affreux et à une mort certaine. Mais
aussitôt qu'il fut permis d'adorer publiquement le vrai
Dieu, on vit des églises publiques plus vastes que les
oratoires privés qu'elles remplaçaient, s'élever de toutes
parts, et l'idolâtrie mourante n'avoir d'autre refuge que
les endroits cachés et retirés de quelques obscurs villages.

Voici comment s'exprime Eusèbe, témoin de ce grand
événement. « Que nous sommes heureux de voir les
temples du Seigneur sortir de leurs ruines et s'élever plus
grands et plus splendides qu'ils n'étaient auparavant ! Là
où était un simple oratoire privé on construit un monument public. Qu'il est beau de voir la consécration des
nouvelles églises, les assemblées publiques de ces véné-
rables pontifes et les réunions nombreuses de ces pieux
fidèles qui remplissent nos temples (1) ! »

SAINT RUSTIQUE, 8ᵐᵉ Évêque de Clermont. — Quatrième siècle. — Ce digne prélat, comme son illustre
prédécesseur, était un des plus riches et des plus
distingués sénateurs de la ville d'Auvergne. Doué des
plus belles qualités de l'esprit, avec une connaissance
très-étendue des sciences divines et humaines, cet
homme de génie comprit parfaitement que les grandeurs, les richesses, les honneurs et les hautes dignités de ce monde étaient choses bien éphémères. Il
quitta sans regret son honorable et brillante charge
pour se consacrer entièrement à Dieu, en entrant dans
le sacerdoce. Quelque temps après avoir reçu la prêtrise, il fut nommé curé de l'église d'Aulnat (2).

Saint Vénérand étant mort, on s'occupa de lui
donner un successeur ; il y avait tant d'intrigues pour

(1) Eusèbe. *Hist. Eccl.* chap. 52. liv. XII.
(2) Jacques Branche, *Saints d'Auvergne.*

cette élection, qu'il était impossible de s'entendre sur le choix d'un évêque : violence, injures, bruit, confusion, tel était, depuis deux jours, l'état de l'assemblée. Tout-à-coup survint, dit l'historien des Francs, une sainte religieuse au langage inspiré : « *Prêtres du Seigneur, leur dit-elle, veuillez prêter l'oreille à mes paroles; ceux que vous mettez sur les rangs pour l'épiscopat ne sont point les élus de Dieu. Celui que le Seigneur vous destine vous sera donné aujourd'hui; pas de précipitation, ni de violence; un peu de calme et de recueillement, Dieu conduit ici, en ce moment, celui qu'il a choisi pour être le pasteur de son troupeau.* » Ces paroles prononcées avec le ton de l'inspiration jetèrent tout le monde dans l'étonnement. Au même instant le prêtre Rustique entra dans l'assemblée. Aussitôt que cette femme inspirée le vit, elle reconnut que c'était le prêtre que Dieu lui avait montré en songe, et elle s'écria en se jetant à ses pieds : « *Voici celui que le Seigneur a choisi lui-même et qu'il veut vous donner pour prélat; qu'il soit donc élu sans retard, comme Dieu le désire.* » A ces mots le clergé et le peuple mettant de côté leurs contestations, répondirent avec joie et empressement : « *Il est digne et juste de faire ce que Dieu demande de nous.* » Et St. Rustique fut élu. Il gouverna son diocèse de la manière la plus ... pendant un grand nombre d'années et mou... septembre, vers le commencement du cinquième siècle. Son corps fut enseveli, comme il en avait souvent manifesté le désir, dans l'église d'Aulnat, où il se trouvait curé au moment où il fut élu évêque (1).

(1) Grégoire de Tours, *Hist. des Francs*, livre II, chap. 13.

Ce fut du temps de ce prélat que St. Martin, évêque de Tours, passant près d'Artonne pour se rendre dans la ville d'Auvergne, voulut rendre visite à une fille nommée Vitaline, qui vivait dans ce bourg avec la réputation d'une sainte. Ayant appris qu'elle était morte depuis quelques jours, dit l'historien des Francs, il se rendit sur son tombeau pour y faire ses prières. La vierge défunte lui demanda sa bénédiction. « *C'est à vous à me bénir*, répliqua l'évêque, *avez-vous le bonheur de jouir de la présence de Dieu ?* » —

« *Hélas ! non*, répondit-elle, *il me reste encore à expier une faute qu'un monde léger ne compte pour rien. Le vendredi, jour des souffrances et de la mort de notre Rédempteur, je me suis lavé vaniteusement le visage.* » — « Que nous sommes malheureux, s'écria le saint évêque de vivre dans ce monde pervers ! Si cette sainte épouse de Jésus-Christ a été exclue du ciel pour quelque temps, parce qu'elle s'est lavé le visage un vendredi, que deviendrons-nous, nous pauvres pécheurs à qui les séductions trompeuses de ce monde fournissent chaque jour tant d'occasions de chute ! » Le lendemain le saint Thaumaturge étant revenu au tombeau de la vierge, il lui dit : « *Réjouissez-vous, Vitaline, ma sœur bienheureuse, dans trois jours vous jouirez sans fin de la gloire et de la béatitude du ciel* (1). »

SAINT NAMACE, 9ᵐᵉ Évêque de Clermont. — Cinquième siècle. — Avant d'être promu à la prêtrise, St. Namace était marié. Son épouse était une des femmes les plus pieuses et les plus vertueuses de la province d'Auvergne. Comme elle connaissait la sainteté et les grandes vertus de Namace, ce fut elle qui l'engagea à recevoir les ordres sacrés, lui promettant de se conformer aux règles de l'Eglise. Après la mort de St. Rustique, le clergé et le peuple, qui avaient remarqué dans St. Namace beaucoup de zèle pour la religion et un assemblage de vertus qui ne se rencontrait que rare-

(2) Grég. de Tours, *Gloire des Conf.* pag. 838, édition Migne.

ment, le choisirent pour évêque. Cette élection fut des plus heureuses, tant pour le bien spirituel que temporel du diocèse ; toute la fortune de St. Namace et celle de sa vertueuse épouse, qui était extrêmement riche, furent employées en bonnes œuvres.

Cette pieuse femme fit bâtir dans un des faubourgs de la ville, une église en l'honneur de St. Etienne, premier martyr. Cette église était d'une richesse sans égale, en peinture et en ornementation. Un jour un pauvre y étant entré, rencontre au pied de l'autel la sainte fondatrice en prières et couverte d'un vêtement de deuil, extrêmement simple, qu'elle portait par esprit de pénitence. L'ayant prise pour une pauvre femme qui devait être dans le besoin, il lui donne une partie du pain qu'il avait ramassé. Cette sainte femme l'accepte avec reconnaissance, remercie affectueusement son bienfaiteur, et tous les jours, tant que le pain dura, bien qu'elle eût une certaine répugnance à le faire, elle en mangeait un petit morceau avant ses repas, par esprit de mortification. C'est ainsi que les saints, pour se sanctifier, savent tirer parti dans la vie présente, des moindres choses (1).

St. Namace, qui avait une grande dévotion pour la Ste-Vierge, fit bâtir en son honneur son église cathédrale. Voici la description donnée par St. Grégoire de Tours :

« Cette église avait cent cinquante pieds de longueur, soixante de largeur et cinquante d'élévation. L'abside était en forme circulaire ; et les deux côtés qui formaient une croix avec le reste de l'édifice, était d'un travail ravissant et d'une élégance de toute beauté.

---

(1) *Histoire des Francs*, liv. 2ᵐᵉ, chap. 16ᵐᵉ et 17ᵐᵉ.

Ce monument, c'est ainsi qu'on peut l'appeler, avait quarante-deux fenêtres pour donner passage à la lumière, soixante-dix colonnes pour soutenir les voûtes, et huit portes pour donner accès aux fidèles. En entrant dans cette église, l'âme éprouvait une crainte mêlée d'amour ; elle était saisie de je ne sais quel éblouissement de la majesté divine, qui semblait inonder de lumière ce lieu d'oraison. Le temple exhalait dans son intérieur, pour les prêtres surtout, une odeur plus agréable que celle des aromates et des plus suaves parfums. Quand cette église fut achevée, Namace voulut l'enrichir des reliques de St. Vital et de St. Agricole ; il députa donc quelques-uns de ses prêtres pour aller à Bologne, en Italie, chercher une partie de ces saintes reliques (1).

» Au retour des délégués, le prélat alla attendre en procession ce précieux trésor. Comme on lui présentait les pièces de l'authenticité des reliques, « *Cela est inutile*, dit l'évêque, *j'aime mieux croire que voir. Bienheureux ceux qui croient sans avoir vu !* » Pour récompenser la foi vive de son serviteur, Dieu opéra sur-le-champ un miracle. Le ciel s'était chargé de nuages, le tonnerre retentissait avec fracas de tous côtés, une pluie torrentielle tombait de toute part, et pas une goutte d'eau ne mouillait le chemin par où passaient et devaient passer les saintes reliques. Le prélat profita de ce miracle pour montrer aux fidèles qui l'accompagnaient ce que Dieu se plaît à faire parfois, en faveur de ses Saints. » Quelques années après cette grande fête, St. Namace mourut plein de jours et de mérites. Son corps fut enseveli dans l'église de St-Étienne, bâtie par les soins de sa pieuse épouse.

(1) Grégoire de Tours, *Gloire des Mart.*, chap. 44.

Ce fut du temps de cet évêque que St. Adorateur, né à Tours et baptisé à Milan par St. Ambroise, fut martyrisé en Auvergne par les idolâtres de cette province, un jour où il travaillait à les évangéliser. Il était évêque, mais on ne sait point de quel diocèse. Après son martyre, les fidèles transportèrent son corps à Lubersac, dans la Corrèze, où ils l'ensevelirent.

SAINT EPARQUE, 10ᵐᵉ Évêque de Clermont. — Cinquième siècle. — Après la mort du bienheureux Namace, le clergé et le peuple élurent pour évêque le prêtre Eparque, dont la vie était un modèle des plus sublimes vertus. C'était un homme au port noble et distingué, mais d'une figure grave et austère, qui dénotait chez lui la constance et la fermeté. Comme la maison épiscopale d'alors était assez étroite et que de plus St. Eparque aimait beaucoup le silence et la solitude, il se retirait tous les ans, depuis le mercredi des cendres jusqu'au jeudi-saint, dans une maison qu'il avait hors de la ville. Ce lieu lui servait de retraite pour n'être pas dérangé dans ses prières et méditations, auxquelles il consacrait la plus grande partie du jour et de la nuit. L'enfer, jaloux des progrès que faisait ce saint dans la piété et la ferveur, lui tendit un piége, qu'il sut déjouer et faire tourner contre l'ennemi du salut (1).

« Une nuit, dit l'historien des Francs, ce prélat, selon son habitude, s'était rendu à l'église pour se livrer à la prière et à la méditation ; il la trouva remplie de démons, sous les plus belles formes humaines ; au milieu d'eux était une femme de toute beauté, assise sur le siége de l'évêque. Le saint prélat éclairé intérieurement, comprit de suite ce qu'étaient ces préten-

(1) Grégoire de Tours, *Vita Patrum*, chap. 3.

des personnes rassemblées dans son église; il s'avance et dit ces mots : « *Serpent infernal, qui te présentes sous les dehors d'une femme perdue de vices, il ne te suffit donc pas d'infecter tous les lieux profanes de tes abominables prostitutions ? Il faut encore que tu viennes ici chercher à souiller la maison de Dieu ! Sors de ce sanctuaire et n'y remets plus les pieds.* » Contraint d'obéir à cet ordre du maître, le chef des démons lui répondit : « *Puisque tu me traites de courtisane et de femme de mauvaise vie, je te dresserai tellement d'embûches pour ce qui concerne ta vertu de pureté, que tu auras bien de la peine à t'en tirer sans recevoir quelques blessures.* »

Ce saint dans la suite eut de grandes et fréquentes tentations contre la pureté ; mais avec la grâce de Dieu et la vertu du signe de la croix, il sortit toujours victorieux et intact des combats qu'il eut à soutenir. St. Eparque, après avoir administré saintement son diocèse, après l'avoir doté de maisons religieuses et de prière, mourut plein de bonnes œuvres, dans un âge avancé, l'an 471. C'est la première date que l'on peu assigner aux évêques de Clermont, comme à peu près certaine (1).

Ce fut sous l'épiscopat de cet évêque, selon Savaron, Dufraisse et Genod, que St. Amable, prêtre-chanoine et chantre de l'église-cathédrale, mourut dans la ville d'Auvergne, le 1ᵉʳ novembre 465. Il fut enterré, selon la coutume de ce temps-là, dans un héritage qui lui appartenait hors de la ville. Comme il s'opérait un grand nombre de miracles à son tombeau, on y fit construire une église. Plus tard ses

(1) Grégoire de Tours, *Hist. des Francs*, liv. II., chap. 21.

reliques furent transportées à Riom, lieu de sa naissance. Quelques-uns prétendent que cette translation eut lieu le 11 juin 765 ; d'autres croient que ce fut en 1120, sous l'épiscopat d'Etienne VI. Quoi qu'il en soit, l'église de Riom, où avaient été déposés ces restes mortels, porte aujourd'hui le nom de St. Amable.

L'abbé Faydit n'est pas de ce sentiment. D'après une *Vie de St. Amable*, qu'il attribue à un archiprêtre nommé Just, qui vivait au XII° siècle, il affirme que ce Saint, issu d'une noble et illustre famille, dont les Chovance se disaient les descendants, naquit à Riom, qu'il devint, après avoir reçu la prêtrise, chantre de la cathédrale, et que peu de temps après, il revint à Riom, avec le titre de curé de cette ville. Il passa plusieurs années à édifier ses paroissiens par l'exemple de toutes les vertus, et mourut à Riom en odeur de sainteté le 1ᵉʳ novembre 475, sous l'épiscopat de St. Sidoine Apollinaire et sous le règne du roi Childéric. On peut dire que depuis sa mort il ne s'est pas passé de siècle sans voir s'opérer quelques miracles par son intercession. C'est surtout quand il s'agit de morsures de serpents vénéneux, de démoniaques et d'incendies que ce saint montre au public son crédit et sa puissance auprès de Dieu (1).

SAINT SIDOINE APOLLINAIRE, 11ᵐᵉ Évêque de Clermont, de 471 à 488.

— Cette grande illustration du cinquième siècle était fils d'Apollinaire, qui avait occupé dans les Gaules les premières charges de l'empire. Il naquit à Lyon, l'an 430 et fut parfaitement instruit dans les lettres divines et humaines. Ses écrits en vers et en prose décèlent la grandeur de son imagination et toute la beauté de son esprit. Il fut successivement préfet de la ville de Rome, patrice et ambassadeur auprès de plusieurs souverains ; il avait

---

(1) Faydit, *Vie de St. Amable*.

épousé Papianilla, fille de l'empereur Avitus, et par conséquent il était un des premiers de l'empire. Mais ce qui le faisait encore briller davantage dans cette haute position, c'est qu'il possédait toutes les qualités du cœur qui font tout à la fois l'homme et le chrétien. Ses bonnes manières du grand monde, son air d'affabilité, le charme de sa conversation, faisaient de Sidoine un homme exceptionnel, dont la compagnie était recherchée de tous. Il eut trois enfants, un fils appelé Apollinaire et deux filles qui furent des modèles de vertu, Roscie et Sévériane.

Sidoine était humble et détaché du monde, il aimait tendrement l'Eglise et était plein de compassion pour les pauvres. Il fut élevé, malgré lui, en 475, sur le siége épiscopal de la ville d'Auvergne. Dès ce moment il s'interdit la poésie qu'il avait tant aimée et fut encore plus sévère à l'égard du jeu, qui jusque là avait fait ses délassements. Il se sépara entièrement de sa femme, laquelle y avait consenti pleinement, avant son sacre. Il se défit aussi d'un certain enjouement qui lui était naturel et renonça à toutes les dignités civiles qu'il laissa bien volontiers à son fils Apollinaire. Saintement avare de son temps, il étudia continuellement l'Ecriture sainte et la théologie ; il fit de si grands progrès dans cette étude, qu'il devint l'oracle de son siècle, en cette science. Les prélats les plus illustres de son temps, tels que les Rémy de Reims, les Patient de Lyon, les Loup de Troyes, entretinrent avec lui un commerce de lettres. Quoiqu'il fût d'une complexion délicate, toute sa vie fut une série de pénitence et de mortification (1).

(1) *Biographie chrétienne* de Migne, tome 3me.

Dans un temps de famine, il nourrit, avec le secours de son beau-frère Edicius, non-seulement les affamés de son diocèse, mais encore plus de quatre mille Bourguignons que la misère de leur pays avait forcés d'émigrer et que la charité de l'évêque avait attirés en Auvergne. Pendant son épiscopat, il eut à subir, comme tous les saints, de grandes épreuves qu'il supporta avec une patience angélique et une grande résignation. Euric, roi des Visigoths, ayant assiégé la ville d'Auvergne, Sidoine s'opposa vigoureusement aux attaques de ce chef barbare et soutint, autant qu'il le put, les malheureux assiégés. La ville ayant été prise, malgré la bravoure des habitants et des soldats, Sidoine subit avec grandeur d'âme le sort des vaincus ; il fut envoyé comme prisonnier au château de Livanne, à quelques lieues de Carcassonne, où il fut détenu près d'un an. Un des favoris d'Euric, homme lettré et savant, obtint du roi que le prélat fût transféré à Bordeaux. Là, après avoir joui d'une liberté assez grande, Sidoine obtint sa grâce et revint dans son diocèse, à la grande satisfaction de son peuple (1).

« Pendant l'exil de l'évêque, deux malheureux prêtres des plus influents dans le clergé et soutenus secrètement par les Visigoths, s'emparèrent de l'administration de l'église d'Auvergne. Ces deux hommes, dont l'orgueil et l'avarice faisaient leur triste célébrité, traitèrent si durement l'évêque, à son retour, qu'ils ne lui laissèrent même pas le strict nécessaire pour vivre. Ces deux misérables poussèrent si loin leur haine et leur insolence, qu'ils avaient formé le projet de repousser brutalement de l'église leur évêque, s'il

(1) Grégoire de Tours, *Histoire des Francs*, liv. II, chap. 21.

se présentait à l'office. » Tout était prêt, dit l'historien des Francs, pour l'exécution de cet odieux projet, quand Dieu intervint en faveur de son ministre d'une manière frappante. L'un d'eux, le plus audacieux, sent tout-à-coup une violente colique, il sort de l'église, va au lieu secret et là, comme l'impie Arius, il meurt, en répandant son sang, par suite d'une rupture d'entrailles. Dieu laissa la vie à son complice pour qu'il fît pénitence; mais il n'en fit rien; il abandonna, il est vrai, dès ce moment, l'administration des églises à St. Sidoine; mais après la mort de celui-ci, il recommença ses coupables intrigues, que la justice divine arrêta. »

« Le dimanche qui suivit la mort de St. Sidoine, continue le même historien, ce prêtre ambitieux et aveugle, invita à sa table splendidement servie, les sommités du clergé et les principaux laïques de la ville. Pendant le repas, il se prélassait, en disant : Dieu m'a destiné pour gérer les biens de cette église et sa volonté est que je sois nommé évêque de préférence à tout autre. *Permettez, maître*, dit l'échanson en lui versant à boire, *que je vous raconte ma vision de la nuit dernière; je suis chargé de la part de Dieu de vous la faire connaître aujourd'hui* (1).

» *J'ai vu un palais immense dans lequel était un trône environné d'une foule nombreuse de prêtres et de fidèles; sur ce trône était assis un juge devant lequel se trouvait le bienheureux Sidoine et le prêtre, votre ami, dont la mort fut si frappante, il y a peu de temps. Il y a eu un court débat entre ces deux hommes; votre ami a été condamné et jeté par ordre du juge dans un abîme sans fond. Après cette sentence, le bienheureux Sidoine a dit au juge que vous*

(1) Grégoire de Tours, Hist. des Fr., liv. II, chap. 22.

étiez le complice de ce misérable, qui lui avait fait souffrir tant de maux. Alors le juge m'appelle, et je m'avance saisi de terreur et d'effroi Ne craignez rien, me dit-il, je vous ai choisi pour remplir une mission : allez et dites au prêtre, votre maître, que je l'attends demain, pour se présenter à mon tribunal, avec Sidoine que vous voyez ici. Soyez fidèle à exécuter cet ordre, si vous ne voulez pas être frappé d'une mort affreuse. » A ces mots, le malheureux prêtre laisse échapper la coupe qu'il portait à ses lèvres et tombe mort en présence de ses convives. »

Revenons à notre saint évêque. Quand le bienheureux Sidoine sentit sa fin approcher et n'avoir plus que quelques jours à vivre, il se fit porter à l'église, où une foule de personnes, hommes, femmes et enfants se rendirent, en versant des torrents de larmes. Cette foule pieuse et affligée le suppliait ainsi : « *Pourquoi, bon pasteur, allez-vous nous quitter ? à qui nous confierez-vous, devenus orphelins ? que sera la vie pour nous, quand nous vous aurons perdu ? qui nous apprendra à servir Dieu de bon cœur ? qui nous le fera craindre avec amour ?* » — « *Ne vous tourmentez point, mes chers enfants*, répondit le St. Évêque que Dieu venait d'éclairer intérieurement, *ne vous laissez point aller à la tristesse et à la crainte ; mon frère Apruncule vit encore ; c'est lui que Dieu destine pour me remplacer ; vous ne perdrez rien.* » Quelques jours après il mourut plein de mérites et de bonnes œuvres, à l'âge de 50 ans, le 20 septembre 488. Il fut enterré dans l'église de St-Saturnin, du côté du midi. Plus tard ses reliques furent transférées dans l'église de Saint-Genès (1).

(1) Grégoire de Tours, *Histoire des Fr.*, liv. II., chap 23.

En 480, St. Sidoine fit une tournée pastorale en Bourbonnais, pour se rendre compte par lui-même de l'état des églises de cette province, qui étaient sous sa juridiction ; il alla, à la prière d'un vieillard qu'il nomme *Germanicus* dans une de ses lettres et dont il fait un grand éloge, visiter l'église de Chantelle, qui était une des plus anciennes du Bourbonnais. Ce fut ce prélat qui établit dans le diocèse de Clermont les processions des Rogations, instituées quelques années auparavant par St. Mamert, évêque de Vienne. Vers ce même temps vivait, dans la ville d'Auvergne, une sainte veuve nommée Eutropie, dont St. Sidoine fait de ses vertus le plus bel éloge. Mortifications, prières, jeûnes, aumônes, étaient pour elle ses plus chères occupations. Dieu la fit passer par les plus grandes épreuves ; elle perdit successivement tous les membres de sa famille et se montra, dans ces circonstances douloureuses, parfaitement soumise à la volonté divine ; pas un murmure, pas une plainte de sa part. On ne sait point en quelle année mourut cette femme forte.

L'abbé Faydit affirme que St. Sidoine composa un nouveau Missel pour son diocèse, en ce qui pouvait être changé, bien entendu, de ce livre sacré. Les messes ajoutées étaient si belles et portaient tellement à la piété, que plusieurs églises des Gaules adoptèrent ce Missel. St. Grégoire de Tours en fit usage dans son diocèse, comme il le dit lui-même dans l'*Histoire des Francs* (1). On prétend que les missels manuscrits de Clermont des XI° et XV° siècles contenaient encore plusieurs de ces messes.

La vie vertueuse de saint Sidoine n'a pu le mettre à

---

(1) liv. II, ch. 20.

l'abri de la critique. Les préjugés, la mauvaise foi, et surtout la haine contre le christianisme ont porté quelques écrivains du 19ᵐᵉ siècle à ternir la mémoire de ce grand homme, qui fut la lumière de son siècle et la gloire la plus pure de l'Eglise d'Auvergne. Mais le savant abbé Gorini a fait justice de ces odieuses calomnies, en démontrant, pièces en main, que ce saint évêque fut le contraire de ce qu'en ont dit quelques auteurs impies et haineux. Voici ce que les Thierry, les Ampère, les Mermet, les Nisard, les Fauriel, les Charpentier, les Michelet, etc. ont reproché à ce grand homme qui fut l'illustration de son siècle. On lui a reproché, mais à faux, d'avoir été plein d'orgueil, d'ambition et de jactance: d'avoir été cruel et dur jusqu'à en venir à l'assassinat ; il s'agit ici de quelques coups de cravache donnés aux violateurs du tombeau de ses pères, pendant qu'il était encore laïque ; d'avoir été un flatteur et un courtisan servile ; d'être arrivé à l'épiscopat par intrigues (ce qui est faux) ; et d'avoir été un mauvais théologien (ce qui l'est encore). Si ces écrivains eussent pris la peine d'étudier à fond les œuvres de ce prélat, ils auraient vu qu'il avait été tout le contraire de ce qu'ils disent. Ces mêmes hommes, habitués à ternir la mémoire de ces illustres évêques qui ont civilisé la Gaule, ont accusé sans fondement aucun, St. Apruncule et St. Quintien d'avoir été des conspirateurs et des traîtres, eux qui furent victimes de ces hommes infâmes dont le vil métier était, de leur temps comme du nôtre, de calomnier, de vilipender et de noircir les ministres de la religion et les honnêtes gens.

Du temps de St. Sidoine le saint abbé Abraham mourut dans la ville d'Auvergne, où il avait définitivement fixé sa demeure. Ce saint était né sur les bords de l'Euphrate, en Asie. Désirant visiter les solitudes d'Egypte, il fut fait prisonnier par les Perses et jeté dans un cachot, où il resta cinq ans dans les fers. Un ange l'ayant délivré de sa prison, il dirigea ses pas vers les plages inconnues de l'Occident et arriva, sans encourir aucun péril dans la ville d'Auvergne, où il se construisit une cellule, qui devint en peu d'années, un monastère. Après avoir édifié les fidèles par sa vie de pénitence et ses nombreux miracles, il mourut saintement, en l'an 478, d'après Dufraisse. Ce saint abbé fut le fondateur, en

Auvergne, de la vie monastique, qui déjà était si florissante en Orient, surtout dans la Thébaïde.

SAINT APRUNCULE, 12ᵐᵉ ÉVÊQUE DE CLERMONT, DE 488 à 493. — Ce prélat naquit à Dijon d'une famille des plus pieuses et des plus honnêtes de cette ville. Son désir de ne servir que Dieu seul le fit entrer fort jeune dans les ordres sacrés. Peu de temps après son ordination, sa science profonde, son zèle pour la gloire de Dieu et ses grandes vertus le firent nommer évêque de Langres. Promu à cette dignité, il se mit en relation épistolaire avec St. Sidoine, évêque d'Auvergne, lequel prédit quelques moments avant sa mort, qu'il aurait pour successeur Apruncule, son frère de Langres. Comme la chose paraissait difficile, pour ne pas dire impossible, on crut que sa prédiction était un effet de la fièvre et du délire, par conséquent on en fit peu de cas ; mais Dieu, dont les desseins sont impénétrables, s'en réservait à lui-même la réalisation. A cet effet, il permit que les chefs du parti bourguignon soupçonnassent le saint évêque de Langres d'être en intelligence secrète avec les Francs, qui leur faisaient alors la guerre. Il n'en fallut pas davantage pour faire juger le prélat digne de mort. Apruncule, instruit qu'on devait l'égorger secrètement, crainte d'émeute, se disposait à attendre avec fermeté la venue des sicaires et mourir glorieusement à son poste : mais ses amis l'en dissuadèrent et lui promirent de le sauver. On fit pour lui ce qu'on avait fait pour St. Paul, à Damas ; on le descendit, à l'aide de cordes, le long des remparts. Echappé ainsi à une mort certaine, le Seigneur lui inspira la pensée de diriger ses pas vers la ville d'Auvergne, où il arriva sain et sauf.

Mais quelle ne fut pas sa douleur et sa surprise,

quand il apprit que le fidèle ami, auprès duquel il venait chercher des consolations et demander asile, n'était plus ! Sa surprise et son étonnement furent plus grands encore quand le clergé et le peuple s'écrièrent : *Voici celui qui doit être notre pontife ; celui que notre saint évêque nous avait prédit dans ses derniers moments.* » Séance tenante, il fut élu évêque d'Auvergne, à la grande satisfaction de tous. Il trouva dans son nouveau troupeau le même amour, le même dévouement que dans ses fidèles diocésains de Langres, dont l'heureuse idée avait empêché un crime. Il gouverna saintement son nouveau diocèse, maintint et établit tout ce qui pouvait procurer la gloire de Dieu et le salut des âmes, et mourut plein de jours et de mérites, l'an 493, après avoir siégé cinq ans dans la ville d'Auvergne. Son corps fut enseveli dans l'église de St-Etienne qui, plus tard, prit le nom de St-Eutrope (1).

Pendant le pontificat de cet évêque, mourut à Clermont, le 15 février 490, une sainte fille nommée Georges. Sa grande mortification, sa profonde humilité, son amour pour la prière touchèrent bien des cœurs et convertirent bien des âmes. Aussitôt après sa mort, la sainteté de sa vie fut attestée par un prodige que l'on n'avait jamais vu. Pendant ses funérailles, qui furent faites en grande pompe et suivies d'une foule immense, « *on vit*, dit l'historien des Francs, *un grand nombre de douces et blanches colombes qui voltigeaient dans les airs et suivaient le cortége funèbre. Arrivées à l'église, elles se perchèrent sur le toit, et après que la cérémonie fut faite, elles voltigèrent de nouveau en suivant le cercueil jusqu'au cimetière. Le corps enseveli, elles s'élevèrent si haut dans les airs qu'elles se perdirent dans l'immensité des cieux.* » (Extrait de Branche).

(1) Grégoire de Tours, *Hist. des Fr.* liv. II, ch. 23.

SAINT EUPHRAISE, 13ᵐᵉ Évêque de Clermont, de 493 à 515. — Sous l'épiscopat de cet évêque, eut lieu un grand événement qui devait totalement changer l'état de la Gaule. Cet événement fut la conversion de Clovis. Le jour où St. Rémy dit au prince franc : « *Mitis, depone colla, Sicamber, adora quod incendisti, incende quod adorasti;* » Courbe le front, bienveillant Sicambre, adore ce que tu as brûlé, et brûle ce que tu as adoré, » le jour, disons-nous, où ces paroles furent prononcées, Clovis jeta les fondements de cette grande monarchie française, qui devait donner à la nation treize siècles de prospérité et de gloire. Ce jour-là, la nationalité barbare de la Gaule disparut avec le culte sanglant des Druides, et la nationalité des Francs, fondée et établie sur la foi du Christ, prit sa place. C'était l'acte indispensable pour préparer la civilisation moderne.

St. Euphraise succéda à St. Apruncule à l'époque où le fils de St. Sidoine était comte de la ville d'Auvergne. Ce saint prélat vécut dans une si grande sainteté, donna de si nombreux exemples de vertus, que de son vivant même, on lui donnait le titre de saint. Vers l'an 507, il reçut dans sa ville épiscopale St. Quintien, évêque de Rodez, qui avait quitté son diocèse pour se soustraire à la fureur des Goths. Ces barbares avaient comploté sa mort. Euphraise lui fit le plus cordial accueil, le logea dans son évêché, se chargea de son entretien et lui fit partager sa table. Ces deux évêques assistèrent ensemble au 1ᵉʳ concile d'Orléans, tenu en 511. St. Euphraise n'ayant pu aller au concile d'Agde, en 506, se fit représenter par un de ses prêtres, nommé Paulin. Au retour d'Orléans, le pontife auvergnat, qui était déjà vieux, se démit de son siége en faveur de St. Quintien. Il passa ensuite les six ans qu'il avait à vivre dans la prière, la mortification et l'humilité. Il mourut plein de mérites et de bonnes œuvres en 517, quatre ans après la mort de Clovis (1).

Ce fut sous l'épiscopat de cet évêque que mourut, dans un monastère placé entre Royat et Chamalières, St. Mart, abbé. Les principales vertus de ce saint étaient la mortification, l'humilité, l'esprit de pénitence, la pureté du cœur et la prière ; vertus qui lui obtinrent de faire de son vivant de nombreux miracles. Il avait quatre-vingt-dix ans quand il quitta ce monde d'épreuves pour aller jouir d'un monde meilleur. A cette même époque, vivaient au monastère de Menat deux religieux d'une éminente sainteté, tous les deux natifs d'Auvergne. Comme ils voulaient vivre dans une plus grande solitude, ils se retirèrent au monastère de Méry, près Orléans. Là ils furent ordonnés prêtres et allèrent ensuite fonder chacun un monastère. L'un s'appelait Avit et l'autre Calais. Avit fonda le sien près de Châteaudun (Eure-et-Loir) et y mourut saintement, fort âgé, vers l'an 530. Le lieu où était ce monastère porte aujourd'hui le nom de St. Avit, c'est une petite commune du canton de Brou. Calais fit bâtir le sien dans la Sarthe ; il porta d'abord le nom d'*Anisula* ; mais après la mort de St-Calais, arrivée vers l'an 540, il prit le nom de St. Calais, qu'il porte aujourd'hui : c'est un chef-lieu d'arrondissement.

Menat, dont les reliques de son monastère avaient été brûlées en 93, possède depuis 1847 une partie de celles de St. Calais, son ancien moine ; elles ont été données par Mgr. Bouvier, évêque du Mans à cette époque.

(1) Grégoire de Tours, *Vitæ Patrum*, chapitre 4.

On les expose tous les ans à la vénération des fidèles, les premiers jours de mars.

SAINT APOLLINAIRE, 14ᵐᵉ ÉVÊQUE DE CLERMONT, 515, 4 mois.

— Ce prélat était fils de Sidoine-Apollinaire et comte de la ville d'Auvergne ; il était marié et avait pour épouse Placidine, femme illustre et de grandes vertus. Il avait un fils nommé Arcade, qui prit sa place et fut comte d'Auvergne. St. Grégoire de Tours rapporte qu'Apollinaire se trouva à la bataille de Vouillé, près Poitiers, à la tête d'une armée nombreuse d'Auvergnats ; il était accompagné de tous les sénateurs de sa province en état de porter les armes. La mélée fut si chaude, et le combat si sanglant, qu'Apollinaire resta presque seul des chefs avec un bien petit nombre de ses guerriers. A son retour en Auvergne, soit qu'il fût dégoûté du monde, soit que son épouse et sa sœur convoitassent pour lui l'épiscopat, ces deux femmes supplièrent St. Quintien de vouloir bien céder sa place à Apollinaire.

Le saint prélat, qui ne tenait point aux choses du monde, céda volontiers son siége à Apollinaire, dont la science d'ailleurs égalait les vertus. Le comte d'Auvergne partit de suite pour aller trouver le roi Thierry et obtenir son agrément ; sa faute fut de porter pour l'obtenir de riches présents. C'est la première trace de simonie que nous trouvons dans notre illustre Eglise d'Auvergne. Il obtint cet agrément, et à son retour il fut sacré évêque. Son épiscopat, acheté de la sorte, fut de courte durée ; quatre mois après son élection il mourut. Les sentiments de piété et de résignation à la volonté divine, qu'il montra dans ses

(1) Grégoire de Tours, *Hist. des Francs*, liv. III, chap. 2.

derniers moments, semblaient dire : Oh ! qu'elles sont trompeuses et fragiles les grandeurs du monde !

Voici ce que St. Grégoire de Tours nous rapporte de ce saint évêque : « Victorius, comte d'Auvergne et prédécesseur de St. Apollinaire dans cette charge, était un homme perdu de vices et mortellement détesté des habitants de la ville d'Auvergne. La crainte d'être massacré dans une émeute, qui de jour en jour devenait plus probable, lui fit prendre le parti de faire un voyage à Rome et d'emmener avec lui comme compagnon de route, le jeune Apollinaire. Quand il fut arrivé dans cette ville, il voulut, comme d'habitude, assouvir ses brutales passions ; mais ayant été pris en flagrant délit, le peuple justement irrité, le massacra dans sa fureur. Apollinaire, que l'on croyait complice, quoiqu'innocent, fut expulsé de la ville et conduit, sous bonne escorte à Milan, pour expier des crimes qu'il n'avait jamais commis, des crimes qui n'étaient même jamais entrés dans sa pensée.

» Fort de son innocence, il se recommande à St. Victor, martyr, qui passait pour délivrer miraculeusement les captifs et les prisonniers qui n'étaient point coupables ; sa conduite édifiante, son entière soumission obtinrent de ses gardes la permission d'aller prier sur le tombeau de ce Saint le jour de sa fête. Pendant sa fervente prière, une voix intérieure sembla lui dire de prendre la fuite, sans avoir rien à craindre. Sur-le-champ il sort de l'église, se procure un cheval à prix d'argent, le monte, traverse la ville, trouve les portes ouvertes, franchit les Alpes, sans difficulté, quoique couvertes de neige, et arrive sain et sauf en Auvergne, en attribuant sa délivrance à ce bienheureux martyr (1). »

(1) Grégoire de Tours, *Gloire des Martyrs*, liv. I, chap. 45.

SAINT QUINTIEN 13ᵐᵉ ÉVÊQUE DE CLERMONT, DE 515 à 527. — Ce prélat naquit en Afrique; il était neveu de St. Fauste, évêque renommé par ses miracles. Quintien était un homme chaste, humble et plein de charité. Son éloquence et ses bonnes œuvres lui attirèrent l'amour et l'estime de tout le monde; aussi fut-il élu évêque de Rodez à l'unanimité des suffrages. Il assista au concile d'Agde en Languedoc, en 506, et à celui d'Orléans, en 511. Dieu, qui veut éprouver les siens et leur préparer une plus belle couronne, permit que cet évêque fût soupçonné par les Goths, alors maîtres de Rodez, d'entretenir des relations secrètes avec les Francs pour leur livrer la ville. Le saint prélat fut donc obligé, pour éviter la mort, de quitter Rodez pendant la nuit et de se rendre, en toute hâte, en Auvergne, où il fut reçu avec le meilleur accueil par St. Euphraise, qui le fit nommer évêque d'Auvergne, quelque temps avant sa mort. St. Quintien, à son tour, se démit de son évêché en faveur de St. Apollinaire. Celui-ci étant mort quatre mois après, St. Quintien le reprit, à la demande de Thierry, roi d'Austrasie et d'Auvergne. On prête dans cette circonstance les paroles suivantes à ce prince : « *Quintien a perdu son évêché de Rodez à cause de nous; il est juste et raisonnable que par nous il possède paisiblement celui d'Auvergne.* » La parole royale n'eut pas sa réalisation; de nouvelles épreuves étaient réservées au saint prélat (1).

Procule, trésorier de l'Eglise, homme dur et avare, dit St. Grégoire de Tours, avait privé Quintien de tous ses revenus; il ne lui laissait même pas de quoi

---

(1) Grégoire de Tours. *Hist. des Francs*, liv III, chap. 2.

vivre ; de sorte qu'il était continuellement dans la gêne et le besoin. Les magistrats, instruits de cet état de misère, où se trouvait l'évêque, forcèrent le trésorier à lui servir tout ce qui lui revenait. Le saint n'avait jamais formulé aucune plainte ; tout ce qu'il dit aux magistrats, ce furent ces quelques mots : « *Si Procule m'a fait souffrir, c'est à Dieu à lui rendre selon ses œuvres.* » Dieu lui rendit en effet. Procule se trouvant dans le château-fort de *Lovolautrum*, Vollore-Ville, à ce que l'on croit, fut massacré au pied de l'autel de la chapelle par les troupes de Thierry. Ce fut, dit l'historien des Francs, l'esclave de Procule (et non St. Quintien, comme l'affirme faussement Michelet), qui livra cette forteresse à l'armée du roi.

Thierry, ce même prince qui avait promis des jours paisibles à St. Quintien, vint assiéger la ville d'Auvergne avec une armée nombreuse. Son dessein était de chasser l'évêque et de réduire la ville en cendres.

Le saint Prélat jeûna, se couvrit du cilice, pria avec tant de ferveur, que Dieu se laissant toucher, jeta dans l'âme de Thierry une terreur si grande, que celui-ci, pris de frénésie, parcourait les rangs de ses soldats comme un homme qui ne se possède plus. Ilpingue, un des premiers de la cour, s'approche de son maître et lui dit : « *Prince illustre, veuillez écouter mes humbles conseils ; la ville que vous assiégez est imprenable ; elle a des murs et des remparts que l'on ne pourra jamais franchir ni abattre. Je m'explique ; je veux dire qu'elle est fortement protégée par les nombreuses églises et par les tombeaux de cette foule de saints qu'elle renferme dans son enceinte. De plus, comme vous le savez, son évêque a un puissant crédit auprès de Dieu ; ainsi laissez ce prélat tranquille et sa ville debout ; et vous vous en trouverez infiniment mieux.* » Ce conseil fut suivi et la ville sauvée (1).

« Hortensius, sénateur et comte d'Auvergne, dit St. Grégoire de Tours, ayant fait saisir un parent de l'évêque, nommé Honorat, le fit jeter comme prisonnier dans une caserne. Le saint évêque en fut instruit et envoya quelques-uns de ses amis pour le réclamer. Cette démarche resta sans succès. Le vénérable vieillard, qui ne pouvait marcher, se fit alors porter à la caserne pour supplier les soldats de lui remettre Honorat. Mais ceux-ci s'étant excusés, répondirent qu'après les ordres reçus, il était impossible d'accéder à sa demande. S'il en est ainsi, dit l'évêque aux gens de sa suite, portez-moi sans retard chez Hortensius. Arrivé au palais, le comte lui fit dire qu'il ne s'y trouvait point. Le prélat, qui savait le contraire, ressentit vivement l'injure et secoua contre les habitants de ce palais la poussière de ses pieds, en disant avec le prophète : *Que cette demeure soit maudite, que ses habitants le soient aussi! Qu'elle devienne déserte et qu'il ne se trouve personne pour l'habiter* ; et tout le peuple indigné d'un pareil affront fait à son évêque, répondait : amen! amen! *Je vous demande, Seigneur,* ajouta le pontife, *que jamais aucun membre de cette famille ne soit promu à l'épiscopat, puisque le chef résiste injustement à un évêque qui réclame les droits de la justice et de l'humanité.*

Sur-le-champ Dieu fit éclater sur cette maison la malédiction prononcée par la bouche de son ministre. Tous ceux qui l'habitaient furent pris d'une fièvre violente qui, au bout de quelques jours, donnait la

---

(1) Grégoire de Tours, *Vitæ Patrum*, chap. 4.

mort. Hortensius, effrayé, alla le troisième jour, se jeter aux pieds de l'évêque, et lui demanda pardon. Le prélat, touché de cet acte de repentir, ordonna à un de ses prêtres d'aller bénir le palais, et à la même heure la maladie cessa.

« Cet évêque, continue St. Grégoire de Tours, avait une grande puissance sur les démons. Un jour où il visitait le monastère de Combronde, on lui apprit qu'il y avait, à peu de distance de la maison, un possédé qui parfois se portait à des actes inouïs. Il envoya deux de ses prêtres pour l'exorciser ; mais ce fut en vain, le démon leur résista et se moqua d'eux. L'homme de Dieu, alors, s'y rendit lui-même, et après avoir prié, il mit ses doigts dans la bouche du possédé et commanda au démon de sortir du corps de ce malheureux, et le démon sortit à l'instant même. Ce saint était tellement puissant auprès de Dieu, qu'il obtenait tout ce qu'il demandait dans ses prières. »

Une année, il y eut au printemps, une si grande sécheresse, que les champs ensemencés et les prairies ne présentaient plus aucune verdure ; tout le monde se voyait à la veille d'une famine affreuse. On était alors près des Rogations, le saint évêque exhorta vivement ses diocésains à prier beaucoup pendant les processions de ces trois jours. La veille de l'Ascension, le saint prélat couvert d'un cilice et prosterné sur la grande place de la ville qu'on croit être celle de Jaude, adresse à Dieu ces paroles de Salomon, en versant un torrent de larmes : « *Seigneur, si les péchés de votre peuple ont fermé le Ciel et qu'il ne tombe point de pluie, exaucez sa prière et pardonnez-lui ses offenses, le jour où il reviendra à vous. Faites qu'une pluie abondante tombe sur ces champs que la sécheresse désole.* » Dieu exauça la prière de l'évêque. A peine la procession fut-elle de retour à l'église qu'une pluie bienfaisante arrosa fortement la terre et fit reverdir les champs (1).

Ce saint mourut, cassé de vieillesse, le 10 novembre 531 ; il fut enterré solennellement dans l'église de St-Etienne. Plus tard ses reliques furent transférées dans l'église de St-Genès. Sous son épiscopat, St. Fidole, qui était natif de la ville d'Auvergne, fut fait prisonnier et emmené captif en Champagne, par l'armée de Thierry. Il fut vendu à St. Aventin, abbé de Troyes, qui le considéra comme son propre fils et eut la consolation de le voir devenir un grand saint, qui fit l'édification de ses religieux.

C'était aussi à la même époque que vivait St. Pourçain, dont nous allons dire quelques mots. Ce saint était issu d'une famille d'esclaves. Comme il allait souvent prier Dieu dans un monastère du Bourbonnais, voisin du lieu de sa demeure, il fut un jour, pour cette raison, traité très-durement par son maître, homme violent et barbare. Dieu le punit sur-le-champ en le rendant aveugle. L'esclave, par ses prières, rendit la vue au maître, et le maître donna à l'esclave la liberté de se faire moine. La vie qu'il mena dans le monastère fut si sainte, si pure et si exemplaire, qu'il devint abbé de la communauté. Il était en grande relation avec St. Protais, moine au monastère de Combronde. On croit aussi qu'il fut en rapports fréquents avec un saint prêtre du monastère de Randan, le prêtre Julien, dont St. Grégoire de Tours fait le plus grand éloge (2).

(1) Grégoire de Tours, *Vitæ Patrum*, chap. 4.
(2) *Vitæ Patrum*, chap. 5, n° 3.

Nous voyons par ces nombreux monastères élevés çà et là sur la terre des Druides, quels progrès avait déjà fait dans nos contrées la religion du Christ.

Quand Thierry saccagea l'Auvergne, en 535, St. Pourçain fit sept à huit lieues de chemin, malgré son grand âge, pour venir des bords de la Sioule sur les bords de la Morge, fléchir la colère du roi et délivrer le pays d'une ruine certaine. On incendiait les villes, les villages, les hameaux, et partout où l'on passait, on ne laissait pas une plante en terre, pas un arbre debout; partout on ne voyait que destruction et image de la mort. Thierry avait placé son campement dans les riches et riantes prairies d'Artonne, situées au-dessous de cette petite ville. C'est là que St. Pourçain se rendit. Avant de voir le roi, qui aurait peut-être fermé l'oreille à ses remontrances et à ses supplications, il opéra dans le camp un grand miracle qui fit céder le prince. Sigevald, général des troupes, ayant prié le moine de déjeûner avec lui, celui-ci s'excuse et dit : « Je veux auparavant réciter mon office et saluer le roi. » Mais du moins, lui dit le général, veuillez bénir le vin qui va servir à mon repas. Le saint fait un signe de croix sur l'amphore, aussitôt le vase se brise et il en sort un hideux serpent. Le roi dormait encore; quand il fut instruit de ce prodige, il se lève, s'habille à la hâte, se dirige vers le saint vieillard, le serre dans ses bras, et à sa prière, il pardonne à l'Auvergne en déposant les armes (1).

Voilà à quoi servaient, dans ces siècles barbares, qui heureusement étaient aussi des siècles de foi, ces moines couverts de bure que notre siècle frondeur a tant honnis. Le saint abbé mourut très-âgé et donna son nom à la

(1) *Vita Patrum*, chapitre 5, n° 3.

ville de St-Pourçain en Bourbonnais, où était son monastère.

SAINT GAL, 16ᵉ Évêque de Clermont, de 527 à 554. Cet illustre prélat naquit en 499, dans la ville d'Auvergne, de la famille sénatorienne des Gal, issue de la noble race d'Evétius Epagate, martyrisé à Lyon, sous Marc-Aurèle, l'an 179. C'était la famille la plus considérée et la plus illustre de toutes les Gaules. Gal était frère de Florent, père de St. Grégoire de Tours ; à ce titre, il se chargea de l'éducation de celui qui devait un jour écrire notre histoire nationale et porter si dignement sur le siége de Tours la crosse et la mitre. Comme l'unique désir de Gal était de consacrer sa vie au service de Dieu, il alla un jour, étant encore enfant, au monastère de Cournon, pour prier l'abbé de lui couper les cheveux et de l'admettre au nombre de ses moines. » *Qui êtes-vous,* lui demanda l'abbé ? — *Je suis,* répondit l'enfant, *le fils du sénateur Georges.* » — *C'est bien, mon bon ami ! mais il faut auparavant que je sache si votre illustre père consent à ce que vous me demandez.* » Le père fut appelé quelques jours après. « *Je désirerais,* dit celui-ci, *que mon fils aîné perpétuât mon nom ; mais si le Seigneur le veut à son service, que sa volonté se fasse ! Faites, si vous le jugez à propos, ce que vous a demandé l'enfant.* » Dès ce moment Gal fut admis dans le monastère de Cournon et y fit d'immenses progrès en science et en piété (1).

St. Quintien, charmé des bonnes manières et de la voix mélodieuse du jeune homme, le demanda à l'abbé, et l'obtint pour en faire le chantre de sa ca-

---

(1) Grégoire de Tours, *Vitæ Patrum*, ch. VI, nº 5.

thédrale. Le bon évêque qui l'aimait comme s'il avait été son propre fils, lui enseigna la théologie et l'ordonna diacre. Quelques années après, Thierry, roi d'Austrasie et d'Auvergne, l'ayant vu et entendu chanter dans la cathédrale, le demanda à l'évêque et l'emmena à Trèves avec plusieurs autres ecclésiastiques, pour former le chant et la musique de sa chapelle royale sur le modèle de la musique et du chant de la cathédrale d'Auvergne. Dans un voyage qu'il fit avec ce prince à Cologne, il brûla le temple d'une divinité païenne que les idolâtres imploraient dans leurs maladies pour obtenir leur guérison. Cet excès de zèle faillit le perdre ; il n'échappa à la mort que grâce à la fermeté du prince.

Peu de temps après, deux évêques moururent, celui de Trèves et celui d'Auvergne ; le clergé et le peuple de ces deux villes demandèrent au roi pour évêque le prêtre Gal, qui opta pour la ville où il avait reçu le jour. A son arrivée en Auvergne, on lui fit une brillante réception, qui pour tout autre, aurait été un sujet d'orgueil ; pour lui elle fut un sujet de méditation sur les grandeurs éphémères du monde. Gal fut un modèle d'humilité, de chasteté et de charité pendant tout le cours de sa vie. Ces sublimes vertus auraient dû lui attirer tous les cœurs ; mais il n'en fut pas ainsi : il eut beaucoup à souffrir de la part de quelques-uns de ses prêtres. Il assista en personne aux quatre conciles d'Orléans, tenus en 533, 535, 541 et 549 ; il présida celui de la ville d'Auvergne, tenu en 535. Ce concile fut réuni pour détruire et anathématiser la simonie, qui depuis quelques années, était devenue la plaie du clergé et le fléau scandaleux du siècle.

Dieu fit plusieurs miracles en faveur de son serviteur, pour montrer au peuple la sainteté de sa vie. Voici, d'après Dufraisse, qui les a tirés de St. Grégoire de Tours, quelques-uns de ces miracles. « Un jour, un incendie des plus violents menaçait de réduire en cendres la ville d'Auvergne ; le prélat sortit de l'église, les saints Evangiles en main, et les présenta aux flammes qui dévoraient tout ; à l'instant, elles furent éteintes. » — « Une année, une peste terrible ravageait d'une manière épouvantable la Provence et le Languedoc ; le saint pria Dieu si ardemment d'épargner son peuple, qu'un Ange lui apparut et lui dit : « Ta prière est exaucée. » En souvenir de cette grâce, le prélat fit vœu d'aller tous les ans, en procession, à St-Julien de Brioude, avec une partie de son clergé. « Un jour, dit toujours le même auteur, le prélat célébrait dans sa cathédrale les saints Mystères ; une hirondelle qui voltigeait dans la nef, laissa tomber une partie de ses excréments sur les saintes espèces ; aussitôt il commanda aux hirondelles qui voltigeaient dans le temple d'en sortir et de ne plus y entrer. Depuis ce moment on ne vit plus dans le lieu saint aucun de ces oiseaux. Cette faveur existait encore du temps de Dufraisse, comme il l'atteste dans son ouvrage (1). Ce chanoine n'était pas crédule cependant.

St. Gal mourut à l'âge de 55 ans, vers l'an 554, emporté par une fièvre si étrange, qu'elle ne laissa aucune partie de son corps sans douleur ; elle fit tomber tous ses cheveux et sa barbe même. Ce fut un dimanche matin, 1er juillet, qu'il rendit sa belle âme à Dieu, en récitant le psaume *Miserere* ; il con-

---

(1) *Origine des Églises*, page 159.

naissait l'heure et le jour de sa mort ; Dieu lui en avait fait la révélation. Il fut évêque pendant 27 ans. Ce prélat fut enseveli dans l'église de St-Laurent. Plusieurs évêques, un grand nombre de prêtres, tous les chrétiens de la ville et les juifs même assistèrent à ses funérailles, tant le saint évêque était aimé et chéri de tous. Sous l'épiscopat de Gui de Latour, l'an 1262, les reliques de St. Gal furent transférées dans l'église de N.-D.-du-Port. A cette occasion, un grand nombre de miracles s'opérèrent, surtout sur ceux qui étaient atteints de la fièvre.

Du temps de St. Gal, un ermite, nommé Emilian, né d'une riche famille d'Auvergne, menait une vie de sainteté et de mortification, dans les forêts de Pontgibaud. Un gentilhomme de la Touraine, nommé Brachio, qui avait l'habitude de chasser dans ces lieux, fit la rencontre du saint ermite ; il fut tellement frappé de ses vertus, qu'il quitta sa vie de plaisirs pour s'attacher à lui. L'union de ces deux hommes, ou plutôt de ces deux saints, fonda dans ce lieu un monastère, qui devint un des plus florissants de la province.

Vers ce même temps, un autre Auvergnat, des plus illustres familles du pays, nommé Frambald, édifiait par ses vertus la province du Maine. Ordonné prêtre par l'évêque du Mans, il quittait de temps à autre sa solitude, à la demande de celui-ci, pour évangéliser les habitants de la contrée. Dieu bénit tellement sa parole, qu'il ramena à la pénitence un grand nombre de pécheurs. Il mourut saintement vers l'an 550.

Sous l'épiscopat de St. Gal, furent tenus le 1er et le 2me concile d'Auvergne, dont nous parlerons plus loin.

CAUTIN, 17me Évêque de Clermont, de 554 à 571. — Jusqu'à ce jour, on n'avait vu briller sur le siége épiscopal d'Auvergne que la science, la sainteté et la vertu ; ici se rencontre un homme qui va y faire asseoir le vice, l'opprobre et l'ignominie. Cet homme est l'archidiacre Cautin, dont nous allons raconter la vie peu édifiante. Après la mort de St. Gal il y eut pour l'épiscopat deux compétiteurs ; l'un appelé Cautin, archidiacre, et l'autre appelé Caton, chanoine de la Cathédrale. « Ces deux hommes, dit St. Grégoire de Tours, étaient indignes de l'épiscopat. Caton était un orgueilleux, rempli de lui-même et de son mérite personnel, défauts rachetés plus tard, sur la fin de sa carrière ; Cautin, dont la conduite équivoque avait attiré sur sa personne le mépris de ses diocésains, était un ivrogne vil, dont l'avarice et la cruauté surpassaient celles des juifs avec qui il était en continuelles relations de négoce. Caton, qui ne savait pas oublier une injure, dit à Cautin, dont il prétendait avoir à se plaindre : « *Si je suis évêque, et je le serai, puisque j'en fais les fonctions, et que j'ai pour moi le clergé et le peuple, je vous ôterai votre charge et vous ne serez plus rien dans mon Église.* »

Effrayé de ces menaces, Cautin résolut de quitter secrètement la ville, pendant la nuit, et d'aller trouver le roi ; il le connaissait déjà. Arrivé à Metz avant les envoyés de Caton, il apprit à Théodebald la mort de son évêque et le pria de le nommer à sa place. Le roi l'ayant fait sacrer par les prélats de sa cour, lui donna de ses chapelains et de ses officiers pour l'accompagner en Auvergne, où il fit au milieu d'eux son entrée triomphale dans la ville. Caton qui avait pour lui le clergé et le peuple, ne voulut point se soumettre ; de là un petit schisme, qui dura tout le temps que ces deux hommes vécurent. Cautin comme évêque, place son siège dans la Cathédrale, et Caton prend pour le sien l'église de St-Pierre *in Castello*. Ce dernier fut soutenu et protégé par Chram, fils de Clotaire, résidant alors dans la ville d'Auvergne. Pour expliquer cette résistance, il est bon de savoir que dans les cinq premiers siècles de l'Eglise, dit l'abbé Faydit, l'ordination d'un prêtre emportait de soi l'exercice de tous les pouvoirs sacerdotaux, de sorte qu'un simple prêtre pouvait baptiser, confesser, administrer les malades validement et licitement, sans approbation épiscopale : ainsi l'avait voulu le St. Siège ; ce ne fut que plus tard qu'il y mit des restrictions, pour arrêter les abus que cette indépendance avait fait naître.

Tant de péchés commis par ces basses intrigues, tant de scandales donnés par les ministres d'un Dieu de paix et de charité attirèrent la colère du Ciel sur le diocèse. Avant de frapper le pasteur et le troupeau comme ils le méritaient, Dieu fit paraître des signes extraordinaires pour toucher les cœurs ; mais ce fut en vain, le mal continua. « Un jour de fête, dit St. Grégoire de Tours, pendant que l'on célébrait l'office du matin, un oiseau semblable à l'alouette, entra dans la Cathédrale et éteignit, en un clin d'œil, tous les luminaires qui s'y trouvaient. La même chose arriva à l'église de St-André pendant l'office de la nuit. On vit dans le ciel trois ou quatre globes lumineux que les paysans d'Auvergne, dans leur effroi, appelaient des soleils ; aux calendes d'octobre le soleil fut tellement obscurci, qu'il ne présentait plus à la vue qu'une masse noire et ténébreuse ; pendant la nuit, le ciel paraissait parfois tout en feu. On vit pendant un an une espèce de comète dont la queue, en forme de glaive sanglant, s'étendait sur l'Auvergne, d'une manière menaçante ; il y eut en même temps des tremblements de terre et divers signes qui jetèrent l'épouvante et la terreur dans tous les esprits (1). »

Sur ces entrefaites la peste, que St. Gal avait par ses prières éloignée de son troupeau, fit tout-à-coup son apparition en Auvergne.

« Le fléau, dit St. Grégoire de Tours, témoin oculaire, et résidant alors dans sa famille, fut si violent et si terrible, qu'il donnait la mort aux pestiférés, le premier, le second, ou le troisième jour au plus tard. On n'a jamais su et on ne saura jamais le nombre de ceux qui furent emportés par cette contagion, tant il fut grand ; il ne se trouvait pas assez d'ouvriers pour faire les bières, ni assez de gens pour porter au tombeau les corps des victimes. *Un jour de dimanche on voulut compter le nombre des morts qui furent portés à l'église de St-Pierre; il s'en trouva près de 300.* » Jugez par-là des ravages de la peste et de la multitude d'habitants que renfermait la ville, puisque le fléau avait commencé sur la fin de l'616 et qu'il ne finit qu'au printemps, époque où il frappa, avant de disparaître, Caton et Cautin, comme pour annoncer la fin de l'expiation (2) et le retour de la miséricorde. »

Voici quelle fut la conduite de Caton et de Cautin pendant toute la durée du fléau. Rentré en lui-même à la vue de tant de maux, Caton resta ferme à son poste et n'abandonna jamais ses ouailles ; il administrait les malades, ensevelissait les morts et offrait tous les jours pour eux le St. sacrifice. Ce fut au milieu de ces nobles et saintes occupations, au milieu de cette vie de dévoue-

(1) Grégoire de Tours, *Hist. des Fr.*, liv. IV, chap. 31.
(2) Grégoire de Tours, *Histoire des Francs*, liv. IV, ch. 31.

ment que la mort vint le frapper. Cautin, au contraire, voulant éviter la peine et fuir le danger, allait de château en château et de village en village pour se soustraire au fléau. Pendant le carême, la peste ayant considérablement diminué et ne faisant plus que de rares victimes, Cautin pensa qu'il pouvait sans danger rentrer dans sa ville épiscopale ; il y rentra. Mais Dieu en jugea autrement, Cautin mourut le Vendredi-Saint, frappé par le fléau, au palais de l'Evêché. Son épiscopat fut de dix-sept ans, dix-sept ans bien longs pour l'Eglise d'Auvergne.

Quoique Cautin n'ait pas été un prélat exemplaire, il y a cependant trois choses à sa louange, dit le chanoine Dufraisse. La première c'est d'avoir institué la fête de St. Austremoine, dont il avait eu révélation de la gloire dans les beaux jours de sa ferveur où il était encore diacre à Issoire ; la seconde d'avoir continué à remplir le vœu de son saint prédécesseur, en allant, tous les ans à pieds en pélérinage à St-Julien de Brioude, avec une partie de son clergé ; la troisième d'avoir eu le courage d'excommunier Eulalie, comte et gouverneur d'Auvergne, homme perdu de débauche et accusé publiquement d'adultère et de parricide. Jacques Branche et le comte de Résie ne sont pas de l'opinion de Dufraisse ; ils attribuent cet acte de vigueur à St. Avit et non à Cautin, par la raison, disent-ils, que celui-ci fut avec Eulalie toujours en bons rapports et en parfaite union.

Voici un trait de mœurs raconté par St. Grégoire de Tours, qui montre à quel excès Cautin poussait la cruauté. Un prêtre nommé Anastase, père de plusieurs enfants qu'il avait eus d'un mariage légitime, avant sa promotion au sacerdoce, avait reçu en propre un fonds de terre de la reine Ste. Clotilde, pour l'aider à élever honorablement sa famille, Cautin chercha tous les moyens possibles pour l'en dépouiller. N'ayant pu arriver à ses fins, il le fit saisir et jeter dans un caveau, qui servait de sépulcre, pour le faire mourir lentement dans les plus affreuse tortures. A force de peines et d'efforts, Anastase qui était parvenu à s'échapper, pendant que ses gardes étaient ivres-morts, alla implorer la protection du roi Clotaire, qui en apprenant cet acte de barbarie, s'écria avec sa cour indignée : Quelle atrocité ! jamais : ni Hérode, ni Néron, n'en ont commis une pareille. »

Le roi manda Cautin à la cour, lui reprocha vivement sa férocité et lui recommanda, sous les plus grandes menaces, de ne faire aucun mal à Anastase. Cautin se retira couvert de honte et de confusion.

On pense que ce fut vers la fin de l'épiscopat de Cautin que vivait St. Paterne, évêque de Vannes. Une vieille tradition des habitants d'Artonne fait mourir ce Saint dans une solitude située à quelque distance de cette petite ville. Aujourd'hui ce lieu porte le nom de Côte-Paterne.

L'église d'Artonne possède une grande partie des reliques authentiques de ce saint évêque ; elles sont renfermées dans une même châsse avec celles de sainte Vitaline. Comme il y avait au VIme siècle, deux évêques qui portaient le nom de Paterne, celui de Vannes et celui d'Avranches, on a cru assez longtemps qu'il s'agissait de ce dernier pour Artonne. La preuve du contraire, c'est que St. Paterne d'Avranches est mort dans son évêché et que St. Paterne de Vannes fut obligé de s'exiler chez les Francs, où il mourut. Voir la vie de ces deux saints, au 15 avril, dans Godescard et autres.

St. Grégoire de Tours, qui, du temps de Cautin faisait partie du clergé d'Auvergne, nous a laissé dans l'*Histoire des Francs* (1), le récit complet de l'enlèvement du prêtre Anastase. On voit dans ce fait tout ce qu'un tyran peut inventer de cruel et d'affreux.

« Toujours attaché de corps et d'âme à l'église d'Auvergne, dit l'historien des Francs, je souffrais étrangement de voir tout ce qui s'y passait, sans pouvoir rien dire ; je ne puis cependant passer sous silence un événement, dont mes yeux ont été témoins ; il est si atroce que je ne puis m'empêcher de frissonner en y pensant. Notre évêque Cautin avait de grands défauts ; il était ivrogne, avare et fripon. Malheur au propriétaire qui l'avait pour voisin ! il achetait toujours sans payer, et il empruntait sans jamais rendre. Il prenait ce qui était à sa convenance ; si le frustré était faible, c'était sans aucune forme de procès ; s'il était puissant, c'était par dol et par ruse.

» Nous avions dans notre ville d'Auvergne un prêtre portant le nom d'Anastase. Il était recommandable par sa droiture et par la fermeté de son caractère ; c'était un homme qui avait été marié avant son entrée dans le sacerdoce. La vertueuse épouse du roi Clovis avait donné à ce prêtre, pour l'aider à vivre, un certain bien dont il jouissait ; les lettres de la reine Clotilde lui en assuraient la propriété pour lui et pour ses enfants. Cautin, qui convoitait cette terre, sans vouloir la payer, faisait un accueil des plus gracieux à Anastase et l'attirait à son évêché le plus souvent possible ; tout fut mis en œuvre pour obtenir ce champ, et les plus belles promesses et les plus belles caresses. Le prêtre Anastase n'osait guère résister en face de son évêque, mais il cherchait dans son esprit quelque honnête défaite, tout en laissant entrevoir un petit rayon d'espérance.

» Voyant qu'il n'y avait rien à obtenir, Cautin entre en fureur, et à la prière il fait succéder la menace. Anastase poussé à bout, refuse formellement. Cautin de plus en plus s'irrite. Faites de moi ce que vous voudrez, dit-le prêtre, mais j'aime mieux souffrir pour un temps, que de voir mes enfants périr de misère. L'évêque indigné de cette résistance, le livre aux ministres de ses injustices, qui le saisissant, le mènent de rue en rue dans la ville,

(1) Livre IV, chap. 12, page 276, édition Migne.

l'accable d'outrages et l'exposent scandaleusement à la risée du peuple. De retour à l'Evêché, Cautin ne se possédant pas de colère, lui adresse ces mots : « Malheureux, ma bonté veut bien encore te laisser l'arbitre de ton sort ; donne-moi ta terre et ton titre, autrement tu mourras de désespoir et de faim dans le plus affreux des cachots. — J'aime mieux mourir, dit le prêtre que d'ôter la vie à mes enfants. »

» Les satellites le saisissent, l'évêque les arrête et fait remarquer à Anastase les tourments qui l'attendent. Celui-ci le regarde avec dédain et mépris, et sans proférer un mot, suit ses bourreaux et marche à la mort. Il y avait dans l'église de St-Cassi un caveau profond ; on y fait descendre Anastase et on l'enferme tout vivant dans un tombeau où se trouvait le cadavre d'un vieillard. Ce crime accompli, les bourreaux se retirent. Déjà Anastase sent les horreurs d'une mort cruelle et violente, tout espoir de vie est anéanti dans son cœur. L'odeur infecte du tombeau se glisse jusqu'au fond de ses entrailles ; son cœur bondit et semble lui échapper ; tour à tour ses forces s'éteignent et se raniment, il souffrait dans ce lieu empesté tout ce que l'on peut souffrir, c'est lui-même qui nous l'a dit.

» Quand tout espoir de délivrance paraissait perdu, Dieu daigna jeter sur le plus malheureux des hommes un regard de miséricorde. Anastase découvre dans son tombeau un levier laissé par mégarde entre la pierre sépulcrale et son couvercle, il le saisit et le faisant agir, il parvient à faire glisser suffisamment la pierre, pour faire une ouverture à laisser passer son corps. Echappé aux étreintes d'une mort certaine, le premier acte de cet autre Jonas fut de se prosterner et de rendre grâce à la bonté divine. Mais comment sortir de ce cachot affreux, la porte est solide, les murs sont épais et des gardes inexorables se trouvent à l'entrée. Heureusement pour le captif que ces hommes, pris de vin et de sommeil, s'étaient retirés.

» Soudain Anastase entend un bruit, c'était à l'aurore ; il pose l'œil sur le jour de la serrure et aperçoit un ouvrier qui passait armé d'une hache et se rendait à la forêt voisine ; il l'appelle et après lui avoir raconté sa navrante aventure, il le prie en grâce de vouloir bien le délivrer.

Le passant épouvanté du récit qu'il venait d'entendre et indigné d'une cruauté semblable exercée contre un ministre de Dieu, saisit des deux mains sa hache et fait voler en éclats le poteau en bois qui servait de gâche aux serrures.

« Rendu à la liberté, Anastase se jette dans les bras de son libérateur, l'embrasse, le remercie, lui recommande le secret, court à son logis, prend les lettres qu'il tient de la reine Clotilde, sort de la ville et marche nuit et jour pour se rendre à la cour de Clotaire, où il portait sa plainte. Quand il eut raconté tous les maux que Cautin lui avait fait subir : « Jamais, dirent indignés les courtisans du roi, jamais l'enfer n'a produit rien de pareil ; jamais on n'a vu quelque chose d'aussi atroce ; Hérode et Néron n'ont pas su inventer cette barbarie! Cautin fut mandé à la cour, le roi le réprimanda vertement ; mais il ne fut point puni comme il le méritait. »

SAINT AVIT, 18ᵐᵉ Évêque de Clermont, de 571 à 594. — Après Cautin, il fallait un saint à l'Eglise d'Auvergne et un saint lui fut donné. Avit rencontra, il est vrai, dans le prêtre Euphraise, fils du sénateur Evode, un concurrent redoutable ; mais sa bonne renommée triompha de tout. Euphraise multiplia en vain ses démarches et ses intrigues, elles échouèrent contre la haute estime que tout le clergé et tout le peuple avaient de l'archidiacre Avit. Euphraise descendait de ce misérable Hortensius que St. Quintien avait maudit. D'un extérieur aussi séduisant que remarquable, il laissait beaucoup à désirer dans sa vie sacerdotale. Il lui manquait, dit St. Grégoire de Tours, deux vertus essentielles qui font l'ornement du prêtre et sa renommée, la chasteté et la charité. Avit, d'une naissance illustre, de l'ancienne famille de ce nom, une des plus puissantes de l'Auvergne, se distinguait par sa science des saintes Ecritures et par sa pureté angélique. Les austérités, les veilles, la prière, les mortifications faisaient ses délices.

Après avoir été élu par le clergé et le peuple, il se rendit auprès du roi Sigebert, qui approuva de grand cœur le choix qu'on avait fait. Il fut sacré à Metz et avant son départ, le monarque voulut recevoir sa première bénédiction. De retour en Auvergne, le premier soin du nouvel évêque fut de ranimer la foi de son troupeau, d'épurer les mœurs de son clergé, et de travailler à la conversion des juifs, dont le nombre était grand dans sa ville épiscopale.

Cette sainte entreprise fut couronnée d'un assez beau succès. Son premier néophyte reçut le baptême la veille de Pâques. Outrés de dépit et de rage par cette conversion, les juifs jetèrent sur les vêtements blancs du nouveau converti, au moment de son passage dans la rue, un vase d'huile infecte. Les catholiques de la ville indignés de ce procédé odieux de la part de gens étrangers qui n'avaient pas droit de cité, voulaient les expulser de la ville ; mais l'évêque les calma et les fit renoncer à ce projet. Le jour de l'Ascension, ces insensés recommencèrent leurs avanies ; la foule alors ne pouvant plus se contenir, se porta à des excès et détruisit de fond en comble la synagogue juive. Le saint évêque en fut très affecté et montra dans cette circonstance tant de douceur, de bonté et de charité pour ces pauvres aveugles, que cinq cents d'entr'eux se convertirent et demandèrent le baptême. Ces infortunés descendants de Jacob reçurent le sacrement de la régénération le lundi de la Pentecôte, en 590. Rien de beau et de touchant comme cette cérémonie ! On était dans le ravissement à la vue de ces cinq cents néophytes, vêtus de blanc, s'avançant en tête, portant à la main un cierge allumé et chantant les louanges de Dieu. Ces conversions exaspérèrent tellement les obstinés de cette nation, qu'ils quittèrent la province pour aller s'établir à Marseille.

Un autre fait digne d'être relaté, c'est la délivrance miraculeuse des malheureux prisonniers que le comte Eulalie, homme cruel et chargé de crimes, détenait injustement dans les fers. Le saint prélat, qui connaissait l'innocence de ces infortunés, demanda à Dieu, par de ferventes prières, qu'il brisât leurs chaînes et leur ouvrît les portes du cachot. Dieu exauça la prière de son serviteur. Deux fois leurs liens furent rompus, deux fois les portes de leur cachot s'ouvrirent ; car le comte les avait fait incarcérer de nouveau au premier prodige ; mais au second, la peur s'étant emparée de lui, et craignant de payer cher une troisième incarcération, il les laissa en liberté (1).

Ce vertueux prélat fit réparer, dans sa ville épiscopale, l'église de St-Antolian, qui tombait en ruines ; elle avait été bâtie vers l'an 544, aux frais de la femme et de la sœur de St. Apollinaire. Vers 575, St. Avit fit bâtir à Thiers, une église en l'honneur de St. Genès, martyr, dont le corps venait d'être découvert par un laboureur, à la suite d'une révélation. Il fit aussi construire l'église de N.-D.-du-Port. Ce temple était riche et de toute beauté ; mais, il fut malheureusement détruit de fond en comble par les Normands, vers l'an 863. St. Grégoire de Tours était le disciple et l'ami de St. Avit ; il était son archidiacre quand il fut appelé à l'épiscopat. Ce fut le 20 août 594, que St. Avit rendit sa belle âme à Dieu, en laissant à son

(1) St. Grégoire de Tours. *Histoire*, IV, 35, V, 14, — Branche.

diocèse les meilleurs souvenirs et les plus beaux exemples de vertus. Il fut enterré dans l'église du Port qu'il avait fait construire. — Ici finit ce que St. Grégoire de Tours, le père de notre histoire nationale, a écrit de si intéressant et de si détaillé sur nos dix-huit premiers évêques. Cet historien mourut la même année que St. Avit. Sous l'épiscopat de St. Avit, furent tenus les 3me et 4me conciles d'Auvergne. (Voir plus loin cet article).

Vers l'an 574, mourut, dans le monastère de Menat, le saint abbé Branchion. Cet homme vertueux était né à Thoringe, en Allemagne, et avait été officier des troupes du roi Thierry avant d'embrasser la vie monastique. C'était aussi à cette époque que vivait dans un ermitage, non loin de Salers, dans la Haute-Auvergne, un anachorète nommé Calupe. St. Avit l'avait ordonné prêtre et était son intime ami, avec St. Grégoire de Tours, écrivain de sa vie. Ces deux prélats lui firent ensemble plusieurs visites, tant ils avaient pour lui d'estime et de vénération. D'ailleurs où les Saints peuvent-ils mieux se trouver qu'en la société des Saints ! Quelle joie pour eux de se communiquer l'amour divin dont leur âme est remplie ! On ne dit point en quelle année mourut St. Calupe.

SAINT DÉSIRÉ, 19me Évêque de Clermont, de 594 à 615. — Désiré était un simple prêtre savant et instruit, dont la vie était un modèle de vertus, quand il fut choisi par le clergé et le peuple pour succéder à St. Avit. Il s'acquitta très-dignement, pendant les 21 ans de son épiscopat, de tous les devoirs d'un bon pasteur vis-à-vis de son troupeau. Ses paroles, ses exemples, ses vertus, tout était un sujet d'édification pour ses diocésains. Après avoir régi saintement son diocèse, il mourut plein de mérites et de bonnes œuvres, le 11 février 615. Il fut enseveli dans un des faubourgs de la ville, près de l'église de St-Allyre, où dans la suite les fidèles bâtirent en son honneur une église qui fut détruite avec plusieurs autres par les Sarrasins, l'an 729 ou 730 (1).

On croit que c'était du temps de ce saint évêque que St. Médulphe quitta les montagnes boisées de Thiers, où il vivait en ermite, pour venir fonder, près d'Artonne, sur les bords de la Morge, un monastère dans un petit village qui, devenu paroisse vers le Xme ou XIme siècle, porte aujourd'hui le nom de St-Myon. C'est l'époque fixée par l'abbé Rougeyron, qui fait vivre St. Médulphe un siècle avant St. Bonnet (2).

Ce fut aussi sous l'épiscopat de St. Désiré que Lénogisile, homme distingué et païen de naissance, quitta l'Allemagne, sa patrie, pour venir embrasser le christianisme dans la ville d'Auvergne. Promu au sacerdoce après sa conversion, il fut nommé curé de Cébazat, où il acquit un grand renom de sainteté. Désirant mener une vie plus parfaite, il se retira dans le Maine, où il fonda un monastère et convertit par ses miracles et ses prédications une foule d'idolâtres. Il mourut le 2 avril 653, à l'âge de 73 ans, et fut enterré dans l'église de son monastère.

SAINT AVOL, 20me Évêque de Clermont, de 613 à 620. — On sait peu de chose de ce prélat, qui tint le siége pendant cinq ans. Sa vie vertueuse et exemplaire le fit mettre par ses contemporains au rang des Bienheureux. Il eut pour archidiacre St. Gal. Ce prélat fut enterré dans l'église de Saint-Allyre, où ses reliques reposaient encore du temps de Dufraisse. Sous l'épiscopat de cet évêque, St. Patrice, issu d'une noble famille de la ville d'Auvergne, se fit religieux. Il passa quelques années dans le monastère de Saint-Pourçain ; puis il alla, avec deux autres moines, fonder un monastère dans une des forêts du Nivernais,

---

(1) *Gallia Christiana*, tome V^e.
(2) *Histoire abb.* page 119.

où il passa le reste de ses jours et mourut saintement dans un âge avancé. (1).

SAINT JUSTE, 21ᵐᵉ Évêque de Clermont, de 620 à 625. — On ne sait rien de ce prélat. Sa vie pure et vertueuse, dit Jacques Branche, l'a fait mettre au nombre des Saints. Il fut enterré comme son prédécesseur, dans l'église de Saint-Allyre ; on y voyait, du temps de Dufraisse, son mausolée et son épitaphe. Sous l'épiscopat de cet évêque, le 20 octobre 620, mourut un saint anachorète, dans le lieu où se trouve aujourd'hui le village d'Aussonce, diocèse de Reims. Cet anachorète était le bienheureux Sandoux, né en Aquitaine. Il avait passé quelque temps en Auvergne, dans une solitude qu'il s'était faite près de la paroisse qui porte aujourd'hui son nom (2).

Vers 622, un jour de dimanche, mourut dans le diocèse d'Amiens, un moine, natif d'Auvergne, appelé Valéry. Sa vie était si édifiante et ses austérités et ses mortifications si grandes, qu'aussitôt après sa mort il fut regardé comme un saint. On l'enterra, comme il l'avait désiré, sur le sommet de la montagne où se trouve aujourd'hui la ville qui porte son nom.

SAINT CÉSAIRE, 22ᵐᵉ Évêque de Clermont, de 625 à 643. — Ce prélat, dit Jacques Branche, était un des hommes les plus vertueux de son siècle ; il avait une si grande science et une si haute renommée de sainteté, que tous les évêques ses voisins le consultaient dans leurs entreprises. St. Désiré, évêque de Cahors, avait pour lui la plus grande vénération. Mais

(1) *Gallia Christiana*, tome V°.
(2) *Annales Bénédictines*, tome III.

où on remarqua le plus toute la profondeur de son savoir et tout le zèle qu'il déployait pour le bien de l'Eglise, ce fut dans le concile de Reims, tenu en 630, selon Dufraisse. Ce prélat, qui pendant 18 ans occupa le siége d'Auvergne, mourut en 643, et fut enterré dans l'église de Ste-Madeleine, au bois de Cros (1).

SAINT GAL, 23ᵐᵉ Évêque de Clermont, de 643 à 655. — Ce prélat, assez désintéressé, eut, on ne sait pour quel motif, quelques démélés avec Anglebert, archevêque de Reims. Il embellit considérablement le tombeau de St. Amable, pour lequel il avait une profonde vénération. Il mourut en odeur de sainteté, après onze ans d'épiscopat, et fut enterré, à ce que l'on croit, dans l'église de Chantoin. On a de lui une lettre qu'il écrivit à Didier, évêque de Cahors, au sujet d'une grande peste qui ravageait Marseille ; il le prie, dans cette lettre, de vouloir bien prescrire dans son diocèse des prières publiques, pour fléchir la colère de Dieu et lui demander d'éloigner de l'Auvergne et du Quercy ce terrible fléau (2).

Dufraisse et Ambroise Tardieu placent ici comme 24ᵐᵉ évêque, Progole, auquel ils donnent un an d'épiscopat. La *Gallia Christiana* et Savaron en font également mention ; mais la *Chronologie des Evêques* n'en parle pas. On prétend que Progole n'était que le coadjuteur de St. Gal, comme *Isicius* l'était de St. Allyre. Jacques Branche le met au nombre des Saints, affirmant que le Martyrologe de Clermont et le Catalogue de St-Allyre lui donnaient ce titre.

(1) *Annales bénédictines*, tome III.
(2) *Annales ecclésiastiques*, tome III, page 172.

SAINT GENÈS, 24ᵐᵉ Évêque de Clermont, de 656 à 662. — Ce prélat, d'une noble et illustre famille, naquit dans la ville d'Auvergne, sous le règne de Clotaire. Son père, sénateur des plus distingués de la province, lui fit donner une brillante éducation, et surtout s'attacha à lui inspirer l'amour de la vertu. Heureux fils d'avoir eu un tel père ! Après la mort de Progole, regardé comme le coadjuteur de St. Césaire, les belles qualités de Genès le firent choisir pour évêque. Cette dignité inattendue effraya tellement son humilité et sa modestie, qu'il pria le clergé et le peuple de vouloir bien procéder à une nouvelle élection et de nommer un autre plus digne que lui. On ordonna trois jours de jeûnes et de prières, pour demander à Dieu de faire connaître sa volonté. La volonté de Dieu était que Genès fût évêque ; Genès fut donc réélu et sacré, malgré son opposition.

Arrivé à l'épiscopat sans l'avoir brigué, il s'acquitta de sa nouvelle charge avec tant de zèle et de piété, qu'il était regardé comme un homme vraiment apostolique et le meilleur des prélats. Il fit disparaître de son diocèse les hérésies de Jovinien et de Novatien, dont le venin subtil s'était glissé dans son troupeau. Il fit refleurir les mœurs parmi le clergé et les fidèles et porta le peuple, par sa vie exemplaire, à fuir le vice et à pratiquer la vertu. Il fonda le monastère de Manglieu, fit bâtir un hôpital dans la ville d'Auvergne et fit construire, dans un de ses héritages, une église en l'honneur de St. Symphorien, martyr d'Autun. Il mourut plein de mérites, le 3 juin 662, et fut enterré dans l'église de St-Symphorien, qui plus tard prit son nom et devint un chapitre. Il s'opéra plusieurs miracles sur son tombeau. Cette église fut détruite par les

Normands, en 858 : reconstruite en 940, elle fut détruite de nouveau en 93 et n'a plus été relevée (1). St. Genès institua dans son diocèse la procession des Rameaux, déjà établie à Rome quelques années auparavant.

SAINT FÉLIX, 25ᵐᵉ Évêque de Clermont, de 662 à 665. — Ce prélat, dont tout le désir était de marcher sur les traces de son saint prédécesseur et de donner le bon exemple à ses diocésains, ne soupirait qu'après la pratique de toutes les vertus. Il occupa le siége épiscopal pendant 3 ans. Il avait une si haute idée de St. Priest, qu'il confia à sa direction le monastère de Chantoin, en le nommant abbé. On ne sait point dans quel mois il mourut. On croit qu'il fut enterré dans l'église de St-Etienne qui, plus tard, prit le nom de St-Eutrope (2).

CARIVALD, 26ᵐᵉ Évêque de Clermont, 665. — Encore simple prêtre, l'archidiacre Carivald, par son ambition et ses intrigues, s'était aliéné le clergé. Ne pouvant compter sur lui, il chercha à gagner le suffrage des laïques par des promesses et à prix d'argent : il fut élu. Les projets du simoniaque étaient donc réalisés ; mais la Providence les mit à néant. Dieu ne permit point à Carivald de jouir longtemps du succès de ses intrigues. L'heure du repentir allait bientôt sonner.

Quarante jours après son élection, il mourut en faisant à Dieu le sacrifice de sa vie et en avouant que les grandeurs et les dignités de ce monde sont de pures illusions. Quelle fragilité que la vie ! Aujour-

(1, *Gallia Christiana*, t. VII. — *Annales Bénédic.* t. 1ᵉʳ, p. 446.
(2) Savaron, *De Sanctis Ecclesiarum*.

d'hui les honneurs et les richesses, demain le dépouillement de tout et le tombeau. Jacques Branche, tout en reconnaissant les défauts de Carivald, le met au nombre des Saints ; il dit que ce prélat ayant fait une rigoureuse pénitence (ce qui doit s'entendre, sans doute, de ses souffrances acceptées avec résignation et amour de Dieu), donna après sa mort des signes non équivoques de sa sainteté. A côté de ses défauts devaient se trouver quelques grandes vertus (1).

SAINT PRIEST, 27me Évêque de Clermont, de 663 à 675. — Ce prélat naquit sous le règne du roi Dagobert, d'une des plus nobles familles de la ville d'Auvergne. Il fut disciple de St. Genès, curé de l'église d'Issoire et enfin abbé du monastère de Chantoin. Les deux grandes vertus qui le distinguèrent le plus, dans ces deux postes, furent sa charité et sa chasteté. Ami du silence et de la solitude, il se livrait continuellement à la prière et à la méditation. Il écrivit, dans ses moments de loisir, des notices sur St. Austremoine, St. Cassi et d'autres Martyrs d'Auvergne. A la mort de Carivald, les grandes vertus de Priest, et surtout sa charité pour les pauvres, le firent nommer d'une voix unanime à l'épiscopat. Arrivé à cette haute dignité qu'il n'avait point ambitionnée, il s'occupa d'instruire ses diocésains, de faire bâtir des églises et des monastères et de doter largement les hôpitaux qu'il faisait construire.

Comme il avait grandement à se plaindre du comte Hector, patrice de Marseille, lequel avait usurpé une partie des biens de son Église, il alla trouver Childéric II, pour le prier de faire rendre au coupable les biens qu'il détenait injustement. Ces biens avaient été

---

(1) *Gallia Christiana*, tome VII.

donnés à l'Evêque par une pieuse dame de la province, fort riche, nommée Claudia. Après la mort de cette dame, le comte Hector enleva sa fille et l'épousa malgré elle. C'était sur ce mariage entaché de violence que le comte Hector fondait ses prétentions. Pendant son voyage, le bienheureux Priest s'arrêta quelques jours dans les Vosges, au monastère de Cloroang. Là, il guérit d'une maladie mortelle Amarin, qui en était abbé, et sauva de la mort un ouvrier maçon, qu'un mur en s'écroulant avait enseveli sous ses décombres. Ces deux miracles touchèrent tellement Amarin, qu'il voulut accompagner le Saint dans son voyage et le reconduire en Auvergne à son retour.

Le roi, après avoir entendu le prélat, porta une sentence de mort contre l'usurpateur. Hector en ayant été instruit, réunit ses complices, et il fut décidé dans leur conciliabule qu'un nommé Radebert et un nommé Ursin iraient attendre l'Evêque à son retour et l'égorgeraient impitoyablement avec ceux de sa suite. La rencontre eut lieu dans les environs de Volvic. Radebert furieux comme un tigre se jeta sur le saint abbé Amarin et l'égorgea ; puis sur le vénérable Evêque, qui tomba à ses pieds percé de coups et enfin sur le prêtre Elide, qui subit le même sort que son vénéré pontife. Ce fut le 25 janvier 670 que ces trois bienheureux furent martyrisés. « *Seigneur*, dit St. Priest, en tombant sous le poignard des assassins, *ne leur imputez pas ce péché, parce qu'ils ne savent ce qu'ils font.* » Ces trois martyrs furent enterrés à Volvic. St. Avit fonda un riche couvent sur leur tombeau et le dota de grands revenus pour y entretenir le service divin (1).

---

(1) Jacques Branche. — *Gallia Christiana*, tome V.

Le triomphe des assassins ne fut pas de longue durée ; Dieu les punit, dit Jacques Branche, selon leurs mérites : Radebert, comme le plus coupable et le principal bourreau, fut frappé d'une maladie inconnue et mourut rongé des vers. Ursin fit une chute de cheval et se rompit tous les membres ; ayant reconnu et détesté sincèrement son crime, il se fit porter sur le tombeau de ces Saints, et obtint sa guérison. Tous ceux qui de loin ou de près avaient coopéré à ce crime et étaient restés dans l'obstination, firent une fin plus ou moins malheureuse. Dieu montrait ainsi que pour les crimes de ce monde, il y a même ici-bas, et cela assez souvent, un autre juge que les juges de la terre (1).

C'était du temps de St. Priest que vivait St. Genès, comte d'Auvergne et patron de Combronde. Ce pieux seigneur fit, par les conseils de ce saint Evêque, bâtir deux monastères de filles que l'on croit être les premiers établis en Auvergne, l'un à Beaumont et l'autre à Marsat ; il en fit aussi bâtir un autre à Chamalières, avec une église, en l'honneur de Ste. Thècle, pour laquelle il avait une grande dévotion. Il avait fait venir de Seleucie, ville d'Asie, une partie du corps de cette Sainte qu'il fit déposer dans une châsse magnifique. St. Genès mourut en 693, du temps de St. Bonnet. On pense que ce fut à Chavanon, tout près de Combronde, qu'il rendit sa belle âme à Dieu. Ce saint fit de nombreux miracles et pendant sa vie et après sa mort (2).

SAINT AVIT II, 28.ᵐᵉ Evêque de Clermont, de 674 à 689. — Ce prélat est le second evêque que la noble et illustre famille sénatorienne des Avit donna à l'église d'Auvergne. Né dans la ville épiscopale, il s'appliqua de bonne heure à l'étude des sciences divines et humaines, dans lesquelles il fit de grands et rapides progrès. Ordonné prêtre, il se fit remarquer par des con-

(1) *Gallia Christ. An. Bened.*, T. X, p. 202. — (2) Jacques Branche.

naissances si étendues, des vertus si éminentes, un zèle si soutenu, qu'on le regardait comme le plus méritant des prêtres ; aussi fut-il élu évêque à l'unanimité des voix. Depuis ce moment jusqu'à sa mort, arrivée en 689, il se montra toujours le fidèle imitateur des grandes vertus de St. Priest. Pendant les quinze ans de son épiscopat, sa vie fut un modèle complet d'édification ; il fit bâtir plusieurs églises, en l'honneur des martyrs et fonda à Volvic un monastère pour perpétuer la mémoire de son saint et vénéré prédécesseur. Ce fut Godon, parent de St. Priest, qui en fut le premier abbé.

Par les soins de St. Avit, les reliques de St. Austremoine furent transportées solennellement d'Issoire au monastère de Volvic. Comme le saint prélat était arrivé au terme de sa carrière, qu'il sentait ses forces s'affaiblir et sa fin approcher, il dit à ceux qui entouraient son lit de douleur : « *Si vous voulez avoir, après ma mort, un bon et digne évêque, nommez mon frère Bonnet, qui est en Provence.* » Il mourut le 21 janvier 389 et fut enterré dans l'église de St-Vénérand, d'où ses reliques plus tard furent transportées dans l'église de St-Allyre (1).

SAINT BONNET, 29ᵐᵉ Évêque de Clermont, de 689 à 699. — St. Bonnet, de la noble et illustre famille des Avit, était frère du précédent. Après avoir été chancelier d'Austrasie, sous le roi Sigebert III, il fut nommé gouverneur de Marseille sous Thierry III, son successeur. Ce fut à ce poste, où il se conduisait plutôt en évêque qu'en magistrat, que les suffrages du clergé et du peuple vinrent le chercher pour en faire un

(1) Jacques Branche, — *Gallia Christiana*, tome XI.

pontife. Cette nomination fut confirmée avec joie par Thierry III, qui vit que celui qu'il avait choisi pour gouverneur de ses sujets avait été jugé digne de l'épiscopat. Bonnet partit de Marseille pour l'Auvergne, où il reçut solennellement la consécration épiscopale. Dès ce moment Bonnet, qui déjà dans le monde n'avait eu à cœur que de conformer sa vie aux maximes de l'Evangile, se donna entièrement à Dieu. Jeûnes, prières, pénitences et oraisons étaient les actes qui remplissaient sa vie de chaque jour. Ces efforts pour arriver à la perfection furent si agréables à Dieu, qu'il donna à son serviteur la puissance d'opérer de nombreux miracles.

Jacques Branche raconte, d'après Surius et Vincent de Beauvais, que ce Saint fut grandement favorisé dans une apparition que lui fit la Ste. Vierge. « Une nuit, c'était la veille de l'Assomption, Bonnet était en oraison dans l'église de St-Michel ; tout-à-coup, au milieu de sa méditation, il entend un concert de chants mélodieux, voit l'église remplie d'une infinité de flambeaux jetant la plus vive lumière et aperçoit au-dessus d'une foule de Bienheureux, la Reine du ciel toute éclatante de beauté ; tout est prêt pour le St. Sacrifice de la messe, mais il manque un officiant. — Qui officiera ? demandent en foule les Anges qui remplissent le sanctuaire. — Ce sera, répond la Ste. Vierge, Bonnet, mon serviteur, que vous voyez ici. A ces paroles, l'humble prélat fut grandement troublé, mais il fut obligé de se revêtir des ornements et de célébrer. Le sacrifice fini, la Ste. Vierge laissa entre les mains du pontife la chasuble qu'elle lui avait donnée. On l'a conservée longtemps à Clermont, comme un trésor venu du ciel. »

Sous l'épiscopat de ce Saint, une grande sécheresse

désolait l'Auvergne ; ses riches et riantes campagnes étaient totalement brûlées. Bonnet eut recours à Dieu, il ordonna comme pénitence un jeûne public et une procession ; à peine la procession était-elle de retour dans l'église de St-Laurent, qu'une pluie bienfaisante arrosa abondamment la terre. Après dix ans d'un saint épiscopat, Bonnet, craignant que son élection n'eût été parfaitement canonique, parce que son frère l'avait désigné aux électeurs, consulta à ce sujet St. Paul Tillon, abbé de Solignac. Le serviteur de Dieu, par un scrupule exagéré sans doute, conseilla à Bonnet, pour se mettre en règle avec les saints canons de l'Eglise, de se démettre de son évêché. Le pieux Evêque obéit humblement et se retira au monastère de Manglieu, où il mena, tout le temps qu'il y passa, une vie plus angélique qu'humaine. Il écrivit contre les hérésies de son temps, et entreprit, malgré son grand âge, d'aller visiter les tombeaux des saints Apôtres, d'où il revint avec des captifs qu'il avait rachetés à Rome. Arrivé en France, il fixa sa résidence à Lyon, réconcilia l'Evêque de cette ville avec le duc de Bourgogne, passa quatre ans encore dans la pénitence et la prière et mourut le 15 janvier 709, à la suite d'un accès de goutte, après avoir eu révélation du jour et de l'heure de sa mort. Son corps fut inhumé à Lyon et transporté dans la ville d'Auvergne onze ans plus tard.

Du temps de ce prélat vivaient St. Ménélée, abbé de Menat, et St. Calmin, fondateur du monastère de Mozat, près Riom (1).

NORDEBERT, 30me Evêque de Clermont, de 699 à 715. — Distingué autant par sa naissance que recom-

___
(1) *Annales Benedictinæ*, — *Gallia Christiana*, tome XI.

mandable par ses talents, Nordebert fut désigné par St. Bonnet lui-même pour lui succéder. Après son élection, le clergé et le peuple envoyèrent une députation au roi pour le prier de confirmer cette élection ; ce à quoi le prince se prêta de bon cœur. Vers l'an 713, Nordebert, qui désirait vivement posséder les dépouilles mortelles de son vénéré prédécesseur, fit demander à Godin, évêque de Lyon, le corps de St. Bonnet. « *Je me garderai bien*, dit le prélat Lyonnais à ceux qui lui faisait cette demande, *de me désaisir d'un trésor aussi précieux, que celui que Dieu m'a confié dans cette circonstance.* » Le moment fixé par la Providence n'était pas encore venu. La nuit même qui suivit ce refus, St. Bonnet apparut en songe à Nordebert, et le réprimanda d'abord du peu de zèle qu'il apportait à bien gouverner son peuple et puis il lui dit : « Quand je voudrai que mes dépouilles mortelles soient transportées en Auvergne, je le révèlerai à celui qui sera alors évêque (1).

BUBUS, 31ᵐᵉ Évêque de Clermont, de 715 à 720. — On ne sait absolument rien de ce prélat, qui, d'après Ambroise Tardieu, occupa pendant cinq ans le siége d'Auvergne. Cette époque est celle de l'obscurité en histoire (2).

PROCULE, 32ᵐᵉ Évêque de Clermont, de 720 à 730. — L'acte le plus remarquable de cet épiscopat fut la translation des reliques de St. Bonnet obtenues de Frald, archevêque de Lyon. Elles furent placées dans l'église de St-Maurice, nouvellement restaurée. Voici comment Procule fut porté à réclamer pour son Eglise

(1) *Acta Sanct. ordin. Bened.*, page 98. — (2) *Gallia Christ.*, t. XI.

ce précieux trésor. St. Bonnet ayant apparu en songe à un prêtre de l'église de St-Maurice, le chargea d'aller dire à Procule que le temps était venu où son corps devait être transporté de Lyon en Auvergne. La mission de ce prêtre remplie, Procule manda les abbés de Manglieu et de Chamalières et les fit partir pour Lyon, avec quelques autres ecclésiastiques distingués, pour négocier cette affaire. Leur réception dans cette ville fut loin d'être brillante : l'abbesse de St-Pierre, où se trouvaient les reliques du Saint, leur refusa formellement l'entrée de son église. La nuit suivante, le saint évêque apparut tout brillant de gloire à l'abbesse et lui dit de remettre son corps aux envoyés de l'évêque de Clermont et de ne garder pour sa communauté que les vêtements dont il était couvert avant sa mort. Le lendemain la chapelle fut ouverte à deux battants et ceux qui avaient été repoussés la veille, y célébrèrent, bien accueillis, les saints Mystères. Le corps du Bienheureux fut remis entre leurs mains, par l'archevêque lui-même. Pendant le trajet, il s'opéra sur la route une foule de miracles par la seule invocation du Saint. Arrivé en Auvergne, les acclamations publiques redoublèrent et on déposa le corps dans l'église de St-Maurice, qui dès ce jour porta le nom d'Eglise de St-Bonnet (1).

THAIDON, 33ᵐᵉ Evêque de Clermont, de 730 à 740. — Le temps de l'épiscopat de Thaidon vit les plus grands malheurs dont ait été affligée l'Auvergne. La seconde année, ou la troisième de son épiscopat, les Sarrasins, sous la conduite d'Abdérame, étant entrés en Auvergne avec une armée formidable, pillèrent et mirent à feu et à sang tout ce qui se rencontra sur

---

(1) *Annales Ecclesiarum Galliarum*, tome 11, page 228.

leur passage : églises, monastères, châteaux, maisons particulières, tout fut détruit et saccagé ; partout on ne voyait que ruines et traces de sang. La ville d'Auvergne et la cathédrale de St-Namace furent réduites en cendres (1).

DESBENNE, 34ᵐᵉ Évêque de Clermont, de 740 à 750. — Ce évêque n'est connu que par les catalogues qui en font une simple mention. Tardieu lui donne dix ans d'épiscopat (2).

ETIENNE Iᵉʳ, 35ᵐᵉ Évêque de Clermont, de 750 à 762. — On ne sait rien de ce prélat. De son temps, l'Auvergne fut pillée, brûlée et saccagée de nouveau par la faute de son comte. Voici ce qui amena ces maux : Vaifre, duc d'Aquitaine, avait dans sa province, usurpé les biens des églises et chassé les prêtres. Ceux-ci s'étant plaints de ces injustes et inqualifiables déprédations, le roi somma le comte de réparer ses injustices. Vaifre n'ayant tenu aucun compte de la sommation royale, Pépin vint en Aquitaine, à la tête d'une puissante armée. Vaifre, épouvanté, lui députa, pour le fléchir, le comte de Bourges et le comte d'Auvergne. La paix se fit ; mais après le départ du roi, Vaifre recommença ses déprédations. Le roi revint ; mais cette fois il poussa vigoureusement l'attaque et s'empara de la ville d'Auvergne et de son château. Les soldats qui la défendaient furent tués ou faits prisonniers. Le roi ordonna, pour punir le comte Blandin, qui avait embrassé la cause de Vaifre, de ravager le pays et de réduire la ville en cendres. Etienne, qui avait eu la douleur d'être témoin de tous ces

(1) Comte de Résie, *Gallia Christiana*. — (2) Catal. anciens.

maux, mourut de chagrin l'année suivante, 762. Il emporta dans la tombe la consolation de ne pas en avoir été l'auteur. Ce fut vers ce temps que les cloches commencèrent à devenir en usage dans les églises. Les premières qui parurent étaient d'une petite dimension (1).

ADEBERT, 36ᵉ Évêque de Clermont, de 762 à 800. — Adebert fut nommé évêque par Pépin, après la prise de Clermont et la mort d'Etienne. Bien qu'on lui donne 38 ans d'épiscopat, on sait peu de choses de lui. Il consacra l'église de Mozat, restaurée par Pépin, et présida à la translation des reliques de St. Austremoine, transférées du monastère de Volvic dans celui de Mozat. Ce fut le roi, entouré des grands de sa cour, qui porta lui-même les ossements du saint Apôtre d'Auvergne. Adebert fit faire une riche châsse pour renfermer les reliques de St. Agricole et de St. Vital. Ce prélat mourut à Mozat et y fut enterré. On ne connaît point l'année de sa mort. Ce fut sous son épiscopat que fut tenu le 5ᵐᵉ Concile d'Auvergne. (Voir cet article plus loin (2).

BERNOWIN, 37ᵐᵉ Évêque de Clermont, de 800 à 810. On ne sait rien de ce prélat, dont il n'est fait aucune mention sur les catalogues des Evêques de Clermont. Cependant ce fut lui qui fit reconstruire l'église de St-Allyre, d'après une pièce de vers trouvée dans une bibliothèque de Rome, au XVIIᵐᵉ siècle. Sous son épiscopat, toutes les églises de France changèrent de rites ; c'est à la piété de Charlemagne et à son profond attachement au Saint-Siége qu'on fut redevable

---

(1) *Gallia Christiana*, tome XI. — Dom Martène, tom III, page 488. — (2) Labbe, *Nouvelle Bibl.*, tome III, page 499.

de cet heureux changement, qui ramenait les Eglises à l'unité liturgique, unité qui fut rompue au XVIIIme siècle par le jansénisme, le philosophisme et le gallicanisme, mais rétablie glorieusement de nos jours par l'épiscopat français. On peut s'éloigner de la source d'eau vive ; mais on y revient tôt ou tard par la force des choses. En 806, sous l'épiscopat de Bernowin, Louis-le-Débonnaire fonda à Ebreuil, en Bourbonnais, un monastère de l'ordre de St. Benoît, qui fut un des plus riches et des plus florissants de la contrée (1).

FRÉDÉGISE, 38me Évêque de Clermont, de 810 à 823. — Remarquable par son éloquence, Frédégise fut très-vertueux et fit beaucoup de bonnes œuvres. St. Jacques l'Hermite, ordonné prêtre par lui, se plaît à lui rendre ce témoignage. « A cette époque, dit Dufraisse (1), deux plaies hideuses rongeaient au cœur le clergé du IXme siècle : c'était l'incontinence et la simonie. Pour remédier à ce scandale public, deux Conciles furent réunis, l'un à Aix-la-Chapelle, en 789, et l'autre à Mayence, en 813. Il fut décidé dans ce dernier, que les prêtres vivraient en commun, astreints à une règle, partout où la chose pourrait se faire. En Auvergne, la cathédrale et tous les chapitres se soumirent à cette sage injonction (3).

SAINT STABLE, 39me Évêque de Clermont, de 823 à 860. — Ce prélat naquit d'une famille pieuse de l'Auvergne ; elle lui fit apprendre avec un soin particulier tout ce qui regardait les sciences divines et humaines, il s'en occupa avec tant d'ardeur qu'il savait, à 18 ans, toute la sainte Ecriture et les Pères de l'Eglise. Il se

---

(1) *Annales Bénédictines*, tome II, page 717. — (2) *Origine des Eglises*, page 445. — (3) *Annales Eccles. Franc.*, t. VII, p. 38.

fit remarquer de bonne heure par une grande innocence, accompagnée du don des miracles. Arrivé à la prêtrise, il fut peu de temps après appelé à l'épiscopat. Sa vie de sainteté et de bonnes œuvres lui attira non-seulement la vénération de ses diocésains, mais encore celle de Charlemagne. Il mourut, à ce que l'on croit, le dernier jour de l'année 860, et fut enterré, dit Dufraisse, dans l'église de St-Allyre ; ce qui le fait présumer, c'est que les religieux de ce monastère faisaient son office avec octave.

Cet évêque, dont l'épiscopat dura 37 ans, assista au Concile de Tusay, près Vaucouleurs, dans le diocèse de Toul. De son temps, tous les chanoines furent obligés, en vertu d'un décret du concile de Mayence, de vivre sous une règle et en communauté. Ceci dura jusqu'à la fin du XII° siècle, où ils furent sécularisés. Sept ans avant la mort de Stable, en 853, la ville d'Auvergne et sa province furent pillées et ravagées de nouveau par la première invasion des Normands. En 825, l'abbaye de Brioude, qui avait été détruite et brûlée par les Sarrasins, fut reconstruite par le comte Bérenger, et richement dotée par Louis-le-Débonnaire. Ce fut du temps de St. Stable que la fête de l'Annonciation, établie depuis les temps apostoliques, devint fête d'obligation pour tous les diocèses de France. A la même époque, ce prélat établit dans son diocèse la fête de la Toussaint, qui venait d'être rendue obligatoire par un décret de Louis-le-Débonnaire. Ce prince voulut que cette fête de l'Eglise triomphante, déjà solennisée à Rome, fut célébrée dans tout son royaume avec pompe et piété (1).

C'était vers ce même temps que vivait à Chaurint,

(1) *Gallia Christiana.* — Baluze, *Capitul.* tome II.

près Billom, une sainte fille, nommée Marcelle, qui se sanctifiait en filant sa quenouille et en gardant son troupeau. Comme elle priait un jour, agenouillée au pied d'un rocher, la Sainte-Vierge de préserver sa famille d'une fièvre pernicieuse qui désolait la contrée, elle succomba à la fatigue et un profond sommeil s'empara d'elle. Pendant cet état, elle eut une vision dans laquelle il lui fut dit que la Mère de Dieu l'avait exaucée. A son réveil, elle vit à ses pieds une belle source d'eau qui avait jailli. Elle comprit que là devait se trouver le remède. En effet, cette eau avait la vertu de guérir de la fièvre tous ceux qui en étaient atteints. Marcelle fut tellement frappée par ce miracle qu'elle se consacra entièrement à Dieu et devint un modèle de sainteté et de vertus. L'église de Chauriat possède en partie les reliques de Ste. Marcelle et en fait la fête le lundi de Pâques.

Savaron, la *Gallia Christiana*, Genod et Tardieu donnent à St. Stable St. Sigon pour successeur immédiat. Dufraisse, au contraire, veut qu'il y ait eu deux évêques entre St. Stable et St. Sigon, un Avit III et un Stable II. Cette divergence d'opinions prouve d'une manière péremptoire que si l'on ne peut être fixé sur le nombre d'évêques qui occupèrent le siège épiscopal d'Auvergne du temps de Charlemagne, qui était, comparativement aux temps qui suivirent, l'époque de la science et des lettres, à plus forte raison, on ne peut savoir si St. Austremoine n'a pas eu plusieurs successeurs dont les noms ignorés ne sont arrivés jusqu'à nous. Comme le chanoine Dufraisse pour soutenir son opinion est seul et qu'il ne fournit d'autres preuves qu'un catalogue défectueux, rejeté par les hommes cités plus haut, nous placerons ici l'épiscopat de St. Sigon.

SAINT SIGON, 40ᵐᵉ Évêque d'Auvergne, de 861 à 868. — Sigon, dont l'origine est restée inconnue, se distingua par sa piété et ses vertus qui lui valurent d'être appelé à l'épiscopat. Il se donna tout entier à la réforme de son diocèse; rien ne fut négligé pour relever les mœurs, que les invasions continuelles de cette époque avaient grandement affaiblies. Il s'oppos comme un mur d'airain à tous les désordres, sans avoir aucun égard au rang et à la dignité des coupables. Comme le pieux évêque avait repris énergiquement Étienne, comte d'Auvergne, dont la vie criminelle et dissolue était connue de tous, le brutal seigneur s'irrita tellement, qu'il chassa le saint évêque de son siége, le priva de ses revenus et mit à sa place un simple clerc, nommé Adon. Cet état de choses dura peu ; le pape Nicolas Ier, instruit de cet acte odieux et sacrilége, força le comte à rétablir sur son siége le prélat. Celui-ci, grâce à l'intervention du Pape, rentra dans tous ses droits. Son premier soin fut de faire reconstruire les églises détruites par les Normands. La première dont il s'occupa fut celle de N.-D.-du-Port, à laquelle il rendit son ancienne splendeur. On croit que les Normands n'avaient point démoli cet édifice, qu'ils s'étaient contentés seulement de l'incendier et que toute la maçonnerie restait encore debout. Sigon assista au concile de Soissons, tenu en 865, et mourut chargé de bonnes œuvres et de mérites, dans un âge bien avancé, le 10 février 868. Il fut enseveli dans l'église du Port, où ses reliques ont été conservées jusqu'en 93, époque où elles furent profanées et détruites par les cannibales de la Révolution (1).

AGILMARE, 41me Évêque de Clermont, de 868 à 891. — Ce prélat naquit en Bourgogne, d'une famille riche et des plus honorables du pays. La première année de son épiscopat, on avait apporté du Poitou dans la ville d'Auvergne les reliques de St. Vivence, pour les soustraire à la fureur des Normands, qui saccageaient alors le pays. Agilmare, qui ne les croyait pas assez en

(1) *Gallia Christiana*, t. XI. — Sirmond, t. III, page 226.

sûreté dans sa ville épiscopale, les fit transporter en Bourgogne, dans une de ses propriétés, où il fit construire un monastère en l'honneur de ce Saint. Cet évêque assista au concile de Châlons, composé de 45 évêques, et tenu en 873; à celui de Pontyon, tenu l'année suivante; à la diète de Pavie, tenue par Charles-le-Chauve en 877, et enfin au 2me concile de Troyes, présidé par le pape Jean VIII, en 878. Le concile terminé, Agilmare eut l'honneur d'accompagner le Pape à Rome. A son retour en France, Hincmar, archevêque de Reims, le chargea de l'administration de quelques biens qu'il avait en Auvergne et en Bourgogne. Bernard, comte de Toulouse, les avait d'abord usurpés; mais ce comte étant mort misérablement et peut-être en punition de ses coupables rapines, l'archevêque rentra en possession de ces biens. On pense qu'Agilmare mourut peu de temps après (1).

Sous cet épiscopat, dit-on, la fête de la Nativité de la Ste-Vierge fut établie dans le diocèse. C'est à la fête de la Nativité de St. Jean-Baptiste, célébrée déjà du temps de St. Augustin, qu'on dut dans l'Église l'institution de cette fête. Quelques écrivains pensent que ce fut du temps d'Agilmare, que Ste. Procule quitta le château du comte de Rodez, son père, qu'elle traversa seule et à pied les montagnes du Rouergue et de l'Auvergne, et qu'elle vint chercher un asile dans un lieu solitaire, sur le territoire du Bourbonnais. Son fiancé, qui s'était mis à sa poursuite, la trouva dans ce lieu. Après avoir fait tout son possible pour la ramener au château de son père, sans avoir pu réussir, il entra dans une si grande fureur, qu'il trancha de son épée la tête de cette vierge, à quelques pas de Gannat. La sainte Martyre, dit la tradition du pays, prit entre ses mains sa tête sanglante et la porta dans l'église de Ste-Croix, où son corps reçut les honneurs de la sépulture chrétienne. Peu de temps après, son tombeau

(1) *Gallia Christiana*, *Acta. Sanct.* ord. Benedic., page 450.

devint un lieu de pèlerinage pour toute la contrée. Sur la fin du IX.me siècle, dit l'abbé Rougeyron (1), un moine de Menat, du nom de Fabrice, vint prier sur la tombe de cette sainte et obtint les grâces qu'il demandait.

JEAN I.er, 42.me Évêque de Clermont, de 891 à 905. — On ne sait absolument rien de cet évêque, auquel on donne 14 ans d'épiscopat. On pense qu'il s'appelait aussi *Herfrède*, d'après une signature apposée à la suite des décrets du concile de Mehun-sur-Loire, tenu en 891 (2).

ADALARD, 43.me Évêque de Clermont, de 905 à 912. — La première année de son épiscopat, Adalard consacra solennellement l'église d'une paroisse appelée Blanède, dans les environs de Brioude. Cet évêque prenait le titre de Sérénité dans quelques actes signés par lui. En 909, ce fut lui qui assista, dans ses derniers moments, St. Géraud, comte d'Aurillac et fondateur de l'abbaye de ce lieu. Ce Saint mourut le 12 octobre, en laissant à la postérité un souvenir ineffaçable des plus grandes vertus. En 910, Adalard souscrivit le testament de Guillaume I.er, comte d'Auvergne, duc d'Aquitaine et fondateur de la célèbre abbaye de Cluny. Ce pieux comte ne mourut que longtemps après Adalard, celui-ci finit ses jours en 912 (3).

ARNAULD, 44.me Évêque de Clermont, de 912 à 938. — La seconde et troisième année de l'épiscopat de cet évêque, les Normands firent une seconde invasion en Auvergne; la ville fut prise, pillée, brûlée et la province fut ravagée et saccagée d'un bout à l'autre.

---

(1) *Notice sur l'abbaye de Menat.* — (2) Labbe, *Conciles*, t. XI. — (3) Baluze, *Capitulaires*, tome II, page 152.

Le pieux comte d'Auvergne, Guillaume 1er, leva des troupes à la hâte, poursuivit ces barbares qui étaient chargés de butin et de richesses, les atteignit sur les frontières du Limousin, leur livra bataille et leur tua près de 12,000 hommes (1). Quelques années après cette défaite, Arnauld songea à réparer les dégâts faits aux monastères et aux églises. Dans ce but il s'entendit avec les seigneurs du pays et de concert avec eux, il fit rebâtir l'abbaye et l'Eglise de Saint-Allyre, avec un grand nombre d'autres qu'on avait détruites ou brûlées. En 916, fut fondé en Auvergne le monastère de Sauxillanges, qui fut un des plus florissants de la province. Arnauld, dans différents actes, prend le titre de Pape, titre qui à cette époque, était pris par un grand nombre d'évêques. Le Pape Grégoire VII abolit cet abus, et ne permit plus désormais de donner ce titre qu'aux pontifes romains. On ignore la date de la mort de ce prélat (2).

À partir de cette époque, les duchés et les comtés qui avaient été concédés jusque là pour un certain temps ou pour la vie du titulaire, selon le bon plaisir des rois, devinrent des dignités héréditaires. Le plus grand nombre des archevêques et évêques de France, prirent le titre de duc ou de comte, ou de seigneur des villes de leurs sièges. Les rois approuvèrent volontiers ces titres qui devenaient le contre-poids de l'autorité des ducs et des comtes séculiers. Les évêques d'Auvergne prirent le titre de seigneur de leur ville et le conservèrent jusqu'en 1557, époque où Catherine de Médicis le leur enleva à son profit. En 915 ou 916, sous l'épiscopat d'Arnauld, Aimer 1er, seigneur et comte de Bourbon, fonda le prieuré de Souvigny en Bourbonnais. Cette maison religieuse devint une des plus célèbres du pays (3).

(1) Froissard. — (2) Mabillon, *de Re diplomatica*, page 63. — (3) *Origines des Eglises*, page 153.

BEMARD, 45ᵐᵉ Évêque de Clermont, de 938 à 940. — Ce prélat était, dit-on, abbé de la Cathédrale quand il fut nommé évêque. Il occupa le siége deux ans et consacra à Issoire l'église de l'abbaye de Saint-Austremoine, construite par l'ordre de Gilbert, qui en était le premier abbé. On ne sait rien autre chose de ce prélat. De son temps, dit Dufraisse, les chanoines de Saint-Allyre et quelques autres du diocèse quittèrent la vie canoniale, pour embrasser la règle de St. Benoît (1).

ETIENNE II, 46ᵐᵉ Évêque de Clermont, de 940 à 970. — Étienne se distinguait par sa haute noblesse; il était fils de Robert, vicomte d'Auvergne. Il fut d'abord abbé du monastère de Conques, dans le diocèse de Rodez, puis évêque d'Auvergne. Il donna, en 945, l'abbaye de Saint-Germain-Lembron au monastère de Saint-Julien de Brioude. Ce legs fut fait par l'évêque dans le but de satisfaire, pour son propre compte, à la justice divine; c'est la teneur de la charte de donation. Le 2 juin 946, il consacra son église cathédrale, détruite du temps de Pépin et rebâtie sous les successeurs de ce prince. En 950, Raymond, comte d'Auvergne, étant mort, Louis d'Outremer donna le comté à Guillaume, Tête-d'Étouppe; mais les seigneurs d'Auvergne n'ayant point voulu le reconnaître, se déclarèrent en faveur du fils de Raymond. Le roi, pour les forcer de mettre à exécution ses volontés, vint en Auvergne avec une nombreuse armée. Les seigneurs résistèrent pendant cinq ans; mais l'évêque, beaucoup mieux avisé, comprit l'inutilité de la résistance et fit sa soumission.

(1) *Annales Benedictines*, tome III, page 507.

Cet acte d'habile diplomatie permit à l'évêque de réparer dans sa ville épiscopale les ruines que les deux sanglantes invasions des Normands y avaient accumulées. A cet effet il fit un appel à tous ceux qui voulaient venir habiter la ville en leur donnant la faculté d'y bâtir et de se loger comme ils l'entendraient. De là l'origine de ces noires et petites rues tortueuses dont on se plaint encore aujourd'hui. Cet évêque fit un voyage à Rome pour y visiter les tombeaux de St. Pierre et de St. Paul ; il en apporta de précieuses reliques dont il enrichit son église cathédrale. Il mourut en 970. Ce prélat, dont l'épiscopat fut de 30 ans, se distingua par ses vertus et ses nombreux travaux. Il fut si habile dans l'administration de son diocèse, qu'il parvint à recouvrer les biens de son église que les malheurs du temps avaient fait perdre (1).

BÉGON, 47ᵐᵉ Évêque de Clermont, de 970 à 1010. — Comme son illustre prédécesseur, ce prélat était abbé de Conques, quand il fut sacré évêque d'Auvergne. Son épiscopat fut un des plus longs ; il occupa pendant quarante ans le siége. En 980, il souscrivait à une donation faite par le prêtre Géraud, à l'abbaye de Saint-Allyre. En 990, il assista au sacre de Gausbert, évêque de Cahors. Dans l'acte qui fut dressé à ce sujet, on rappelle que l'évêque doit être demandé par le clergé et le peuple, de crainte que, si cette formalité était omise, le prélat ne fût méprisé et haï. En 1002, Bégon, de concert avec les évêques de Toulouse, du Puy, de Viviers, de Rodez, etc., publia une charte de trève et de paix pour faire cesser les brigandages qui désolaient son diocèse et les diocèses voisins. A cette

(1) Comte de Résie. Dom. Martène. *Thes. Anc. t.* III, p. 135.

époque malheureuse la religion seule pouvait arrêter les crimes. Sans elle la France aurait été plus que barbare; c'est l'état où elle se trouverait replongée si un jour notre patrie, la fille aînée de l'Eglise, venait à perdre d'une manière définitive les lumières de la foi (1).

En 994, St. Maïeul, abbé de Cluny, s'étant rendu au monastère de Souvigny en Bourbonnais, pour y faire, d'après la règle, une visite, mourut en odeur de sainteté dans ce lieu et y fut enterré. Bégon fit élever sur sa tombe, un autel qu'il consacra. En 1010, année de la mort de Bégon, Guy, comte d'Auvergne, donna l'abbaye de Thiers au moine Pierre, qui, après avoir reçu la prêtrise, en devint abbé. Bégon fut un prélat qui remplit saintement et dignement ses devoirs d'évêque; aussi gouverna-t-il avec sagesse l'Eglise d'Auvergne pendant son long épiscopat.

A cette époque vivait Gerbert, qui fut d'abord moine au monastère de St. Géraud d'Aurillac, abbé de Bobio, en Lombardie, archevêque de Reims, puis de Ravenne en Italie, et enfin pape, en 999, sous le nom de Sylvestre II. On lui attribue l'invention de la première horloge, réglée par le balancier. On prétend aussi que ce fut lui qui introduisit en France l'usage des chiffres arabes inventés par les Sarrasins. Bégon, mourut en 1010, dans un âge très-avancé, après un épiscopat de 40 ans. Dufraisse n'est pas de l'avis de Gonod; il le fait mourir en 968.

ETIENNE III, 48ᵐᵉ Evêque de Clermont. — De 1011 à 1014. — Cet évêque, dont l'épiscopat ne dépassa pas une durée de trois ans, était fils de Guy, comte d'Auvergne. Il confirma la donation que son père avait faite à l'abbaye de Thiers et mourut assassiné en 1013. Il tomba sous les coups d'un assassin, qui lui donna la mort, on ne sait pour quel motif, au

(1) *Annales Benedictinæ*, tome III, page 660.

moment où il allait faire une visite à une de ses tantes, nommée Légarde.

Par un de ces prodiges de la grâce qu'on rencontre quelquefois, son meurtrier fut touché d'un vrai repentir et se fit moine au monastère de Cluny, où il passa le reste de ses jours à détester son forfait (1).

JEAN IV, 49ème Évêque de Clermont. — De 1014 à 1015. — On ne sait rien de Jean IV, qui n'a fait que passer : Savaron et Dufraise le mettent au nombre des évêques de Clermont. Mais la *Gallia Christiana* et Hugues Dutemps n'en disent mot.

ÉTIENNE IV, 50ème Évêque de Clermont. — De 1015 à 1025. — Ce prélat était fils de Guillaume III, comte d'Auvergne et petit neveu de l'évêque Étienne III. La seconde année de son épiscopat, il reçut du pape Benoît VIII une lettre très-énergique contre ceux qui détenaient les biens de l'abbaye de Cluny ; tous les évêques d'Aquitaine et de Bourgogne en reçurent une pareille. Dans cette lettre, le Souverain-Pontife chargeait d'imprécations tous les coupables. De nos jours un tel langage paraîtrait étrange à beaucoup d'hommes ; cependant ces actes de sévérité étaient parfois nécessaires. Il fallait à tout prix arrêter les déprédations et les brigandages, dont l'Église était la proie et la victime. Au reste, le moyen employé par le Souverain-Pontife avait pour antécédent le langage que Dieu avait fait tenir à plusieurs de ses prophètes. En 1025 Étienne consacra l'église du prieuré de la Voûte, qui aujourd'hui fait partie du diocèse du Puy.

(1) Comte de Résie. — Labbe, *Nouvelle bibliothèque*, tome II, page 735.

Une chose à la louange de ce prélat fut son courage et sa fermeté à excommunier Ponce, fils de Guillaume V, comte d'Auvergne. Il avait répudié sa femme pour en épouser une autre. Comme il ne voulait point rester sous le coup de l'excommunication, il alla à Rome, exposa au pape le fait d'une tout autre manière qu'il était en réalité et obtint ainsi d'être relevé de l'excommunication. A cette nouvelle, Etienne écrivit à Rome, rétablit les choses dans leur vérité aux yeux du Souverain-Pontife, qui déclara publiquement et solennellement avoir été trompé et l'absolution reçue de la sorte, être sans effet. Du temps de cet évêque le monastère de St-Flour fut construit et la vigile de la Toussaint devint obligatoire pour tout le diocèse de Clermont (1).

RENCON, 31-me Evêque de Clermont. — De 1028 à 1053. — Ce pieux et zélé prélat était-né dans le Rouergue, d'une famille noble de ce pays ; il était frère de Raingarde, mère de St. Robert, premier abbé de la Chaise-Dieu. Il se trouvait doyen de l'église Cathédrale de Bourges, quand il fut appelé en 1028 à l'évêché d'Auvergne. Il assista à un concile de Limoges, tenu en 1031, et à un synode de Bourges qui eut lieu en 1040. Dans une vieille charte de 1032, souscrite par Guillaume V, Comte d'Auvergne, on trouve qu'un nommé Gérald, homme fort riche, avait donné une partie de ses biens à l'Eglise. Cette donation, dit l'acte, fut faite dans un but de pénitence et d'expiation. On voit ici combien étaient vives et profondes les croyances religieuses de cette époque. En 1044, le comte d'Auvergne donne à l'Eglise Cathé-

---

(1) *Annal. Bened.* t. IV, p. 196 — Baluze, t. II, p. 30.

drale toute la partie occidentale de la ville qui lui appartenait.

En 1046 Rencon engagea vivement Robert, son neveu, à faire bâtir un monastère à la Chaise-Dieu ; il l'obtint sans peine, avec les bonnes dispositions du jeune moine. En 1052, il partit pour Rome, afin de visiter le tombeau des Apôtres et de présenter ses hommages au Souverain-Pontife. À son retour de la ville sainte, il eut la joie de bénir le monastère et de consacrer l'église que son neveu avait fait construire. Rencon ordonna de célébrer la fête de l'Assomption, dans son diocèse, avec la plus grande solennité possible.

L'auteur de la *Chronologie des Evêques de Clermont* se trompe en disant que ce prélat établit la fête de l'Assomption dans son diocèse. Cette fête, dont la naissance remonte au concile d'Ephèse, était déjà fixée au 15 août en 600 et célébrée dans tout le monde catholique, sous le pontificat de Grégoire-le-Grand. Rencon, qui était le modèle des évêques, donna au chapitre de sa Cathédrale tout ce qu'il possédait sur les paroisses de Pompiniat (Châteaugay), Cournon, Chauriat et Champeix. Il mourut après un épiscopat de 24 ans, le 17 septembre 1053. On a découvert son tombeau en 1618 dans un champ qui se trouvait au-dessous du couvent des Capucins.

Ce fut sous l'épiscopat de Rencon que St. Odilon, 5ᵉ abbé de Cluny, né en Auvergne de la noble et illustre famille des Mercœurs, mourut, en 1049, à Souvigny, en Bourbonnais, à l'âge de 87 ans. C'est lui qui établit la Commémoration des morts adoptée ensuite dans toute l'Eglise.

En 1030, une grande famine désola la France. Le

fléau dura 3 ans ; des pluies continuelles empêchèrent les moissons et les autres fruits de la terre d'arriver à leur maturité. La faim fit commettre des atrocités sans nom. La mortalité fut si grande, que les vivants suffisaient à peine pour enterrer les morts. L'Eglise par ses nombreux monastères, vint au secours des pauvres qui, sans la charité inépuisable des religieux, seraient morts de faim, l'évêque se montra charitable à l'excès ; il vendit jusqu'aux vases sacrés pour les secourir. On voit ici, comme on l'a vu et comme on le verra dans tous les temps, que les monastères et les couvents, les religieux et les religieuses sont pour le peuple utiles à quelques chose. Du temps de cet évêque, le chapitre d'Artonne fut fondé par Guillaume, seigneur de Thiers (1).

ÉTIENNE V, 52ᵐᵉ Évêque de Clermont. — De 1053 à 1077. — Etienne était fils d'Armand, vicomte de Polignac ; il fut d'abord prévôt de l'église du Puy et ensuite évêque de Clermont. En 1073, il abandonna ce siége pour celui du Puy, qui se trouvait vacant alors. Cette singulière conduite porta la perturbation et dans l'église de Clermont et dans celle du Puy. Le pape Grégoire VII en ayant été instruit, manda l'évêque à Rome et l'admonesta comme il le méritait. Etienne lui promit de renoncer à l'évêché du Puy ; mais sorti de Rome, il oublia la promesse qu'il avait faite. Le Pape justement indigné d'une pareille conduite, excommunia l'évêque et le déposa dans un concile tenu en 1075. Le sixième concile de Clermont ayant eu lieu en 1077, la sentence du Pape fut confirmée

(1) *Gallia Christiana*, tome XI, page 261. — *Nova Biblioth.* tome 1, page 197.

et la déposition du prélat maintenue. Évêque endurci, dont l'étrange conduite semblait vouloir faire revivre Cautin (1).

Pendant qu'Etienne attirait sur sa tête les foudres de l'Eglise, le fondateur de la Chaise-Dieu préparait la sienne pour recevoir la couronne de l'immortalité. L'an 1067, il mourut de la mort des saints. Avant d'embrasser la vie monastique, après laquelle il soupirait depuis longtemps, il était chanoine de l'église de St. Julien de Brioude. C'était avec deux hommes élevés dans les camps, Etienne et Dalmate, qui pensaient comme lui, qu'il jeta les fondements de la Chaise-Dieu, devenue plus tard si florissante.

Ce que l'Eglise d'Auvergne perdait en considération par la conduite indigne d'un pasteur, elle le gagnait par le dévouement d'un moine dont la vie brillait des plus éminentes vertus; ce moine était Etienne de Muret, fils d'un vicomte de Thiers. Ce religieux ayant fait le voyage de Rome et obtenu du pape Grégoire VII le privilège de fonder un nouvel ordre monastique, il se retira sur la montagne de Muret, en Limousin. Là il fit construire un couvent qui eut bientôt un grand nombre de moines, dont la vie édifiante offrait aux fidèles une image frappante des anachorètes de la Thébaïde. Après la mort de ce saint Abbé, ses moines furent obligés de s'établir dans un lieu appelé Grandmont voisin de leur demeure. De là, leur ordre prit le nom de Grandmontain. Etienne de Muret fut canonisé par Clément III, en 1188. Trois monastères de ce nouvel ordre furent établis en Auvergne; un à Thiers, un à Chavarroux et un autre à Chavanon, près Combronde (2). En 1772 ces trois couvent furent supprimés par Clément XII.

DURAND, 53ᵉ Évêque de Clermont, de 1077 à 1095. — Successeur immédiat de St. Robert, Durand était abbé de La Chaise-Dieu depuis 1067, quand on vint le chercher, dans la retraite, pour en faire un évêque.

---

(1) Baluze, *Histoire générale*, tome I, page 23.
(2) Jacques Branche, *Vie des Saints d'Auvergne*.

C'était un homme vertueux, plein de bonne volonté et de bons désirs, mais faible de caractère. Quoique sorti d'un monastère, il n'eut pas toujours les sympathies des communautés religieuses. En 1081, il assista au concile d'Issoudun. Sous son épiscopat, les chanoines de St-Cerneuf de Billom, ayant pillé et profané l'église de St-Loup de cette ville, le pape Urbain II, qui en fut instruit, écrivit à l'Evêque de Clermont pour lui témoigner sa surprise de ce qu'il n'avait point sévi contre les chanoines. Il lui ordonna de le faire; mais on ne sait point s'il le fit, l'histoire n'en dit rien. Il eut pour compétiteur à l'épiscopat Guillaume de Chamallières, dont l'élection était déjà faite ; mais elle fut cassée dans le sixième concile d'Auvergne, comme entachée de dol et de simonie.

Durand donna aux moines de Cluny l'abbaye de Mozat ; mais comme il avait avec eux quelques démêlés, au sujet de celle de Moissat, leur projet était de le faire déposer par le pape Urbain II, quand il vint à Clermont pour la tenue du grand concile. Le pape anéantit le projet en choisissant son hôtel à l'Evêché. Le prélat en ressentit une grande joie et une vive satisfaction. Cependant les mouvements qu'il s'était donnés pour recevoir le Souverain-Pontife et la peine qu'il prit pour préparer tout ce qui était nécessaire à la célébration du concile, lui occasionnèrent une maladie si violente, qu'il mourut le lendemain de l'arrivée du Pape, 16 novembre 1095. Ses funérailles furent magnifiques ; le Pape y assista à la tête de 150 évêques et de presque toute la noblesse de France. Les autres assistants pris dans tous les rangs de la société s'élevaient à près de 100,000 personnes. Durand avait consacré l'église de Bredon, près de Murat, appartenant aujourd'hui au diocèse de St-Flour. Avant et après la mort de cet évêque, deux conciles ont été tenu à Clermont, le 7ᵐᵉ et le 8ᵐᵉ. Voir cet article (1).

GUILLAUME DE BAFFIE, 54ᵉ Évêque de Clermont, de 1095 à 1104. — Quand Urbain II nomma évêque Guillaume de Baffie, ce dernier était alors doyen du chapitre de Chamalières ; il descendait par sa mère de la maison des comtes d'Auvergne. Ce fut le vœu du clergé et du peuple qui le désigna au Pape. Bien qu'il eût été nommé sur la fin de l'année 1095, il ne reçut l'onction épiscopale qu'au mois de mars 1096. Le pape Urbain II, par une bulle datée de Viterbe le 14 des calendes de mai (18 avril) 1097, confirma aux chanoines de la cathédrale de Clermont le droit d'élire leur évêque ; droit dont ils jouirent jusqu'au concordat de François 1ᵉʳ ; de plus il reconnut, qu'après le métropolitain, c'était à l'évêque de Clermont, qu'appartenait la préséance sur tous les évêque de la première Aquitaine

Guillaume de Baffie donna au chapitre de sa cathédrale, dit Gonod, un revenu de cent fromages de Besses, livrables au 1ᵉʳ dimanche de l'Avent de chaque année, et fonda pour les chanoines un repas donné dans le réfectoire commun, le jour de la Pentecôte. Ce prélat réprima plusieurs abus qui s'étaient glissés dans l'abbaye de Sauxillanges, fit construire une église à Viverols et mourut le 13 janvier 1104, d'après Dufraisse. Il assista au concile de Tours tenu en 1096 et au 9ᵐᵉ d'Auvergne, tenu en 1101. On ne sait rien autre chose de lui (2).

PIERRE ROUX, 55ᵐᵉ Évêque de Clermont, de 1104 à

---

(1) Dom Rivet, tome VIII, page 424. — *Gallia Christiana*.
(2) *Gallia Christiana*, tome 11, pages 79 et 263.

1111. Ce prélat était d'Auvergne ; mais on ne sait point quelle était sa charge quand il fut appelé à l'épiscopat. En 1106 il reçut le pape Pascal II, qui visita Clermont et consacra l'église de St-Allyre. Ce prélat, comme c'était alors l'usage et pour ainsi dire de nécessité, avait à sa disposition de nombreuses troupes pour défendre au besoin, les biens de son église ; car certains seigneurs de cette époque étaient de vrais pillards. Sous son épiscopat, il arriva un grand scandale dans l'église de Mauriac (Cantal), laquelle dépendait de l'abbaye de St-Pierre-le-Vif, au diocèse de Sens. Un nommé Pierre, doyen de cette église, homme dur et barbare, avait fait mettre en prison un chapelain et lui avait fait crever les yeux, parce que celui-ci l'avait cité à comparaître devant Arnaud, abbé de St-Pierre-le-Vif, comme coupable d'avoir lésé ses droits. Le doyen méprisa l'autorité de l'abbé et ne comparut point devant lui. Richard, évêque d'Albano et légat du St-Siége, qui alors se trouvait à Cluny, fut instruit de cet acte d'insoumission ; il écrivit à Pierre Roux de punir sévèrement le coupable et de le frapper d'excommunication ; l'évêque promit, mais il n'en fit rien. Arnaud se rendit alors lui-même à Mauriac pour régler cette déplorable affaire ; mais le doyen lui déclara fièrement qu'il n'avait d'autre juge que son évêque. L'abbé l'excommunia, lui et ses adhérents. Ceux-ci se moquèrent de sa sentence et se livrèrent à de nouvelles insultes. L'abbé nomma alors un nouveau doyen. Pierre ne se possédant plus de colère, entra à main armée dans le monastère, souilla l'église de sang et faillit tuer l'abbé et le nouveau doyen. Arnaud informa l'évêque de ce qui venait de se passer, et lui demanda la permission de réconcilier l'Eglise. L'Evêque refusa ; et sur les plaintes d'Arnaud, il fut censuré vivement par les évêques de Bourges, de Bordeaux et d'Angoulême qui tenaient alors une assemblée à Evaux-en-Combrailles. Ces trois prélats lui ordonnèrent d'excommunier Pierre et ses complices ; mais l'évêque n'en tint aucun compte. Il fallut une lettre comminatoire du légat, et un ordre sévère du roi, pour le faire agir. Quelle faiblesse dans cet évêque si toutefois il n'était pas complice !

En 1110, Pierre Roux assista au concile de Fleury et se réconcilia avec l'abbé de St-Pierre-le-Vif, qui s'y trouvait. A son retour il tomba gravement malade et mourut le 19 octobre 1110 (1).

AIMERIC, 56me évêque de Clermont, de 1111 à 1150. — Il y a encore divergence ici pour le successeur de Pierre Roux. Savaron et Dufraisse prétendent que ce fut Etienne VI ; Gonod veut que ce soit Aimeric.

Il est assez étrange de voir Savaron et Dufraisse, qui sont dans l'incertitude pour classer les évêques du douzième siècle, venir ensuite nous citer les noms des premiers successeurs de St. Austremoine, avec les dates fantastiques qu'ils leur ont gratuitement assignées.

Aimeric était abbé de la Chaise-Dieu quand il fut nommé à l'évêché de Clermont ; il occupa le siège près de 40 ans. En 1123, Guillaume IV, comte d'Auvergne, s'empara, à son retour de la Terre-Sainte, de l'église cathédrale de Clermont, au détriment de l'évêque. Celui-ci ayant imploré le secours de Louis-le-Gros, ce prince vint en Auvergne en 1126, à la tête d'une forte armée, pour forcer le comte à rendre ce qu'il avait usurpé. Cinq ans après, Guillaume, soutenu

---

(1) *Annales Benedictines*, tome V, page 532.

par le comte de Poitiers, recommença ses déprédations. Le roi vint de nouveau et le força enfin à rentrer dans le devoir. Le pape Calixte II vint à Clermont en 1120, et le pape Innocent II en 1130. Pierre-le-Vénérable, abbé de Cluny, qui vivait alors, fut chargé par le pape Eugène III d'une mission très-délicate auprès de l'évêque de Clermont. Il s'agissait de faire mettre en liberté un militaire retenu en prison depuis deux ans. — L'histoire ne dit point si l'abbé de Cluny réussit dans sa mission. Ce qui fait incliner pour la négative, c'est que l'évêque accusé par l'abbé d'avoir méconnu les devoirs de son ministère fut mandé à Rome par Innocent II et refusa de s'y rendre.

Voici le tableau que fait d'Aimeric Pierre-le-Vénérable, dans une lettre adressée au Souverain-Pontife Eugène III : « Ceux qui ont précédé dans l'épiscopat cet évêque remplissaient leurs devoirs ; mais voilà près de 20 ans que les fidèles de ce vaste diocèse sont comme s'ils n'avaient point de pasteur. En effet, comment appeler évêque celui qui se borne à administrer les sacrements de l'Ordre et de la Confirmation ? Comment peut-il se dire, en agissant de la sorte, le gardien vigilant et fidèle du troupeau qui lui est confié ? Il laisse son peuple se diviser et en venir à s'entr'égorger. Les chefs de camp, les simples militaires, les habitants de la campagne, les laïques de tout rang et de toute condition, disent à haute voix ce que disait autrefois un prophète à un méchant roi d'Israël : *J'ai vu tout Israël dispersé sur les montagnes, comme des brebis errantes, qui n'ont point de pasteur.* » Si on lui demande de rendre la justice contre des malfaiteurs, ou il la refuse, ou il la vend. Il est accablé d'affaires et il n'en résoud aucune. Sous un pareil évêque, les moines se trouvent, et pour le spirituel et pour le matériel, sans aucun secours (1). » Il termine ce tableau par un *taceo graviora*, pour montrer qu'il ne dit pas tout ce qu'il a à dire. Cet évêque, dit Dufraisse, eut cependant du bon ; il travailla de toutes ses forces à extirper de son chapitre le népotisme qui s'était emparé de tous les chanoines ; il n'en vint pas à bout, mais ce ne fut pas sa faute. Il mourut le 18 avril 1150.

Ce fut sous son épiscopat que Guillaume V, comte d'Auvergne, fonda l'abbaye de St-André de Clermont et la dota richement. A la même époque, le prieuré de St-Hilaire-la-Croix fut fondé ; il fut annexé plus tard à la congrégation de St-Lazare, de Paris. L'hôpital de Montpensier fut donné à ce prieuré, à condition qu'il y entretiendrait 12 chanoines réguliers. En 1124, Aimeric interdit un prêtre pour avoir tué un voleur à son corps défendant. Ceci montre ce qu'était la discipline ecclésiastique à cette époque.

Pierre-le-Vénérable, dont nous avons déjà parlé, était né en Auvergne, de la riche et illustre maison de Montboissier. Il fut élevé dans le monastère de Sauxillanges. Devenu abbé de Cluny, il fit, par sa fermeté et sa vie de vertus, refleurir l'ordre de cette maison, que l'abbé Pontius avait laissée dans un état de schisme et de relâchement. Il mourut en 1157, à l'âge de 65 ans. Sa vie avait été si exemplaire et ses intentions si pures, qu'il fut mis au nombre des Saints. Les 10me et 11me conciles d'Auvergne furent tenus sous l'épiscopat d'Aimeric. Voir cet article (2).

ÉTIENNE VI, 57me Évêque de Clermont, de 1150 à 1170. — Ce prélat était fils de Béraud, seigneur de

(1) *Annales Benedictinæ* tome V, page 556.
(2) Baluze, *Hist. génér.*, t. 1er, 58 ; II, 57. — *Gallia Christiana*.

Mercœur. Il eut à lutter fortement contre les comtes d'Auvergne, pour défendre les biens de son église. Guillaume VII et Guillaume VIII, l'oncle et le neveu, s'unirent pour commettre une foule de brigandages sur les terres des églises d'Auvergne et du Velay. En 1164 le pape Alexandre III, qui était venu à Clermont, força Guillaume VIII à restituer les biens qu'il avait usurpés. Cette restitution n'était que simulée. Aussitôt le Pape parti, Guillaume VIII, Robert, son fils, et le comte du Puy, son neveu, recommencèrent leurs déprédations. Le Pape instruit de ce manque de foi et de cette basse dissimulation, excommunia sur-le-champ les deux comtes d'Auvergne et le vicomte de Polignac, par une bulle datée de Paris, le 20 mars 1163. A cette nouvelle, le cauteleux Guillaume alla trouver le Pontife à Tours et lui fit de si belles promesses que le Pape le releva de son excommunication (1). Mais ayant violé de nouveau ses engagements en recommençant ses brigandages, les évêques de Clermont et du Puy songèrent alors à aller trouver en personne Louis-le-Jeune et à lui exposer de vive voix l'état déplorable de leurs églises. Le roi, indigné de la conduite de ce comte, vint en Auvergne, à la tête d'une armée nombreuse et fit prisonniers les deux comtes et le vicomte de Polignac. Ces trois seigneurs n'obtinrent leur liberté qu'après avoir donné au roi des marques suffisantes d'un repentir sincère. En 1166, St. Thomas, évêque de Cantorbéry, persécuté et chassé d'Angleterre, vint chercher un asile à Clermont. Il mena une vie si sainte et si édifiante dans cette ville, qu'en souvenir de ses vertus, on fit tracer à Montferrand, sur les vitraux de l'église des Cordeliers, les

---

(1) Duchesne, tome IV, page 133.

principales circonstances de sa vie et surtout son glorieux martyre. Etienne VI, après avoir passé par beaucoup de tribulations pour la défense des biens de son église, mourut le 26 janvier 1169 (1).

Ce prélat, dit l'abbé Faydit, fit construire l'église de St-Amable, de Riom, et l'enrichit des reliques de ce Saint. Ce qui le porta à faire bâtir cette église, c'est qu'étant assiégé dans le château de Riom par le comte d'Auvergne, il obtint, par l'intercession de St. Amable, d'être délivré sans encourir aucun mal. On essaya de prendre d'assaut le château ; mais ce fut impossible, sans savoir pourquoi. On tenta alors de l'incendier, mais sans plus de succès. Chose surprenante ! les flammes se tournèrent avec impétuosité contre les assaillants qui effrayés, prirent la fuite et l'abandonnèrent.

Du temps d'Etienne VI, fut fondé le monastère de Courpière, de l'ordre de Fontevrault ; le prieur de ce couvent partageait avec l'évêque de Clermont la souveraineté sur cette ville. En 1147, sous le même épiscopat, fut fondée la Chartreuse de Port-Ste-Marie, près des Ancizes, dans la vallée de la Sioule. C'est à un seigneur de la maison de St-Quintin, près Ebreuil en Bourbonnais, que l'on doit cette fondation. Le dernier abbé de ce monastère fut Dom Gerle, le fameux membre de l'Assemblée nationale, en 1789. Peu de temps après cette fondation, les moines de Clairvaux (ordre de St-Bernard), s'établirent en Auvergne. Cinq maisons y furent fondées ; savoir : à Montpeyroux, à Belle-Aigue-en-Combraille, à N.-D.-de-Fénier, près Ardes, à Mégemond, près Vodable, et enfin à l'Eclache, paroisse de Prondines.

En 1152, mourut St. Gilbert, premier abbé de Neu-

(1) Baluze, *Histoire génér.*, tome I, page 63.

fontaines (Ordre des Prémontrés), près St-Pourçain, en Bourbonnais. C'était, selon les uns, un gentilhomme italien établi en Auvergne, et selon d'autres, un riche et illustre Auvergnat, qui avait accompagné Louis-le-Jeune dans sa croisade, en 1147, et qui à son retour, embrassa la vie monastique. Il eut la joie de voir son épouse Pétronille et Poncia, sa fille unique, se faire religieuses au monastère de l'Echelle, près St-Pourçain (1).

Sous l'épiscopat d'Etienne VI, fut tenu le 12ᵐᵉ concile d'Auvergne. Voir cet article.

PONCE, 58ᵐᵉ Évêque de Clermont, de 1170 à 1190. — St. Bernard avait donné à l'abbaye de Clairvaux une si grande réputation, bien méritée du reste, qu'après la mort d'Etienne VI, les chanoines de la cathédrale de Clermont allèrent choisir leur évêque dans le cloître de cette maison et élurent Ponce, qui en était abbé. C'était un homme d'une grande piété et d'une charité sans bornes. Sa vie tout entière se résume par ce vers qui, après sa mort, fut gravé sur sa tombe : « *Vestibat nudos, simulque pascebat egenos* : il vêtissait les malheureux et nourrissait les indigents. » Ce prélat fut chargé de missions importantes, qui toutes réussirent à souhait. En voici quelques-unes : En 1173, aidé par l'évêque de Viviers, il rétablit la paix entre l'évêque du Puy et le vicomte de Polignac. La même année, il fut chargé par le pape Alexandre III de négocier auprès d'Henri II, roi d'Angleterre, la liberté des filles de Louis VII, retenues captives par le monarque anglais. En 1177, l'empereur Frédéric le députa au pape Alexandre III ; cette mission eut pour résultat la réconciliation des deux souverains. En 1181, un concile fut tenu au Puy : le vicomte de Polignac, qui avait pillé, brûlé la ville de

(1) Jacques Branche, *Vie des Saints d'Auvergne*.

Brioude et massacré une partie de ses habitants, y fut appelé. On le contraignit à réparer le mal qu'il avait fait et à se soumettre à la pénitence qui lui fut imposée. A cet effet, il se rendit à Brioude, au commencement de septembre, entra dans la ville sans armes et pieds nus, se présenta comme un coupable à l'église, où il fut frappé de verges par les prêtres et conduit ensuite comme un criminel à l'autel de St-Julien. Il se rendit de là au chapitre, où s'étant entièrement mis à la discrétion des chanoines, il leur céda le château de Cusse, avec ses dépendances et ses domaines.

Ce fut à cette époque que les chanoines réguliers de la Cathédrale de Clermont demandèrent à être sécularisés. Ceux d'entr'eux qui désirèrent garder la règle, obtinrent pour demeure le monastère de Chantoin. Les religieuses qui l'habitaient le cédèrent pour aller s'établir au village de Chazal, dépendance du Pont-du-Château. Ces religieux vécurent longtemps dans une grande régularité ; mais le relâchement s'étant introduit parmi eux, il s'en suivit des dérèglements qui les firent remplacer en 1650, par des Carmes-Déchaussés, dont la maison subsista jusqu'à la tourmente révolutionnaire. En 1182, Ponce fonda le chapitre de Cournon, composé d'un doyen, d'un chantre et de 8 chanoines, et mourut le 2 avril 1189, vivement regretté de ses diocésains (1).

GILBERT, 59ᵐᵉ Évêque de Clermont, de 1190 à 1195. — On ne sait rien de Gilbert avant sa promotion à l'épiscopat. Ce fut un homme faible et peureux, qui ne sut pas défendre les prérogatives de l'épiscopat.

(1) Dom Martène, t. I, *An. Cister.*, t. III, p. 42.—*Gallia Christ.*

Le jour de son élection, il fit aux chanoines de la Cathédrale, par un serment irréfléchi, une concession qui compromettait gravement ses droits épiscopaux. Le pape Clément III, instruit de la chose, le réprimande d'une manière sévère et le relève de son serment. Voici quelle était cette concession ; chaque chanoine de la Cathédrale avait le droit de jeter et de lever l'interdit d'une église une fois l'an, et cela à l'insu de l'évêque et du chapitre. L'extension de ce droit n'était autre chose qu'un grave abus réprouvé et condamné fortement par le pape Célestin III.

Gilbert eut ensuite des démêlés avec Arnaud, abbé de St-Allyre, démêlés pour lesquels le Pape chargea Hélie, archevêque de Bordeaux, de les mettre d'accord. Ce prélat mourut le 25 août 1195. Ce fut lui qui, le premier, prit le titre d'*Evêque de Clermont*, jusque là tous ses prédécesseurs avaient pris le titre d'*Evêques d'Auvergne* (1).

ROBERT, 60me Évêque de Clermont, de 1195 à 1227. — Ce prélat, fils de Robert IV, comte d'Auvergne, était doyen de l'église cathédrale d'Autun, quand le chapitre de la Cathédrale de Clermont le choisit pour évêque. Son premier acte fut de consacrer, en 1197, l'église de l'abbaye du Bouchet, fondée par Robert, son père. Peu après des querelles de famille éclatèrent entre l'évêque et son frère, Guy II, comte d'Auvergne. Ce dernier pillait les églises et les monastères ; l'évêque, pour s'opposer à ses déprédations, leva des troupes, ravagea ses terres et les mit en interdit. Henri de Sully, archevêque de Bourges, qui tenait à rétablir la bonne harmonie dans cette famille,

---

(1) *Gallia Christiana*, tome III.

les réconcilia, en 1199. La guerre s'étant rallumée entre les deux frères en 1209, plus forte que jamais, l'évêque fut fait prisonnier. A cette nouvelle, Philippe-Auguste, roi de France, envoya des troupes en Auvergne, sous la conduite de Guy de Dampierre, seigneur de Bourbon, et de Renaud, archevêque de Lyon, oncle des deux rivaux. Ces troupes ravagèrent tout sur leur passage, s'emparèrent des places fortes et firent mettre l'évêque en liberté (1).

Comme les Albigeois ravageaient le Languedoc et égorgeaient impitoyablement les Catholiques, l'évêque de Clermont et Géraud de Cros, natif d'Auvergne et archevêque de Bourges, levèrent des troupes en 1215, pour disperser les fanatiques, devenus la terreur du Midi. En 1217, Robert prête serment de fidélité à Philippe-Auguste; le roi en retour de cette reconnaissance de suzeraineté, augmente les domaines de l'évêque. Robert assista au concile de Bourges, en 1220. Il est le premier évêque de Clermont qui ait fait approuver son élection par le Métropolitain. Après avoir gouverné sagement son diocèse pendant 32 ans, il devint archevêque de Lyon, où il mourut le 6 janvier 1234. Jacques Branche dit que ce prélat fut un homme très-vertueux et plein de zèle pour la gloire de Dieu et le salut des âmes. Comme tous les prédestinés, il passa par de rudes et de nombreuses épreuves, causées, en grande partie, par son propre frère. Du temps de cet évêque, le nombre des chanoines fut élevé à 40 par le pape Innocent III. Les frères mineurs s'établirent à Montferrand et les pères Dominicains ou Jacobins à Clermont (2).

(1) Baluze, *Histoire génér.* tom. III, page 71.
(2) *Gallia Christiana*, tome XI, page 674.

HUGUES DE LA TOUR, 61ᵐᵉ Évêque de Clermont, de 1227 à 1250. — Neveu du précédent évêque et fils d'Albert, seigneur et baron de la Tour, et de Marie d'Auvergne, Hugues était prieur de l'abbaye de Sauxillanges, quand il fut appelé à succéder à son oncle. En 1236, ce prélat érigea en abbaye le couvent des Bénédictines de Cusset, qui jusqu'alors avait été un simple couvent fondé vers l'an 886 et dépendant de l'abbaye de St-Martin de Nevers. Il établit en même temps une collégiale à Cusset, composée de 12 chanoines, qui étaient à la nomination de l'Abbesse, laquelle présidait au chœur, avant que son ordre fût cloîtré. En 1242, St. Louis, qui faisait la guerre à Raymond, comte de Toulouse, chargea l'évêque de Clermont de conduire un corps d'armée contre le comte, sur les frontières du Querey. Le comte fut vaincu dans le combat et obligé de remettre à Hugues les châteaux qu'il détenait.

En 1239, le 3 juin, il y eut une éclipse de soleil sur les onze heures et demie du matin, qui jeta un grand effroi non-seulement dans les campagnes d'Auvergne mais encore à Clermont. Les rayons de cet astre furent complètement détruits. On se trouva pendant trois quarts d'heure dans une obscurité assez profonde. A une chaleur excessive succéda un froid assez sensible qui dura tout le temps de l'éclipse.

En 1243, l'archevêque de Bourges fit suspendre et interdire l'évêque de Clermont, par le Saint-Siége, pour n'avoir point assisté au concile provincial, et ne s'y être pas fait représenter. Mieux avisé en 1245, il assista au concile de Lyon. En 1246, la construction du couvent des Dominicains ou Jacobins fut terminée. La même année, le pape Innocent IV accorda des indulgences en faveur de la construction du couvent des frères Minimes de Brioude. A cette même époque, il fut établi à Verneuil, près Saint-Pourçain en Bourbonnais, un chapitre de 20 prébendés, sous la protection d'Archimbaud IX, seigneur de Bourbon. L'église de ce chapitre sert aujourd'hui au culte paroissial. Hugues de la Tour assista à la dédicace de la Sainte-Chapelle de Paris, en 1248. Le 2 août de la même année, il s'embarqua avec St. Louis, pour la croisade en Terre-Sainte et mourut en Egypte, le 28 décembre 1249, plein de résignation à la volonté de Dieu. Ce prélat fut vertueux ; St. Louis l'avait en grande estime et vénération. C'est à lui que revient la gloire d'avoir jeté les fondements de la Cathédrale actuelle de Clermont, sur les plans de Jean Deschamps, célèbre architecte de cette époque. Ce fut sous ce prélat, 1242, que furent créés les vicaires-généraux. Le premier fut Guillaume de Cébazat, doyen de la Cathédrale de 1242 à 1263 (1).

GUY DE LA TOUR, 62ᵐᵉ Évêque de Clermont, de 1250 à 1286. — Guy était dominicain à Clermont, depuis l'âge de 15 ans, quand St. Louis le désigna, à l'âge de 19 ans, pour remplacer son oncle. Le chapitre l'élut et il fut sacré en 1253, par Pierre de Colémédio, archevêque de Rouen. Il était fils d'Albert de la Tour et de Béatrix Coloniac ; il est le second des évêques de Clermont qui ait fait approuver son élection par l'archevêque de Bourges. En 1254, il reçut dans son église, avec une pompe toute royale, St. Louis revenant de la Terre-Sainte. Il eut quelques différends

---

(1) *Histoire générale du Languedoc*, tome III, page 436. — Dufraisse, *Origine des Eglises*, page 497.

avec Robert V, comte d'Auvergne. Il fut décidé, dans les arrangements qu'on prit à ce sujet, que les habitants de Clermont devaient jurer sur l'Evangile soumission et fidélité à l'évêque, et que s'il y avait violation de leur part, ils seraient sévèrement punis.

En 1262, il y eut à Clermont des fêtes splendides. St. Louis, accompagné de presque toute la noblesse de son royaume, vint y célébrer le mariage de son fils, Philippe le Hardi, avec Isabelle d'Aragon. La cérémonie eut lieu le 28 mai, jour de la Pentecôte; ce fut l'évêque de Clermont qui donna la bénédiction nuptiale au fils de St. Louis. En 1267, le pape Clément IV, censura fortement ce prélat pour avoir enlevé quelques terres au monastère d'Obasine en Limousin, et l'année suivante, il refusa de le nommer à l'archevêché de Lyon. En 1269, Guy pria St. Louis de prendre sous sa protection la cité de Clermont et reçut de ce monarque beaucoup de reliques précieuses pour son église, entr'autres une épine de la couronne de N. S. Ce fut à cette occasion qu'il établit, en 1269, la fête de la Susception de la sainte couronne d'épines qui depuis cette époque a toujours été célébrée le 4 mai, dans le diocèse. En 1278, cet évêque assista au concile d'Aurillac. En 1283, il écrivit au Pape en faveur des chanoines d'Alby, qui désiraient être sécularisés. La même année, Simon de Beaulieu, archevêque de Bourges, fit, en qualité de métropolitain, une visite dans le diocèse de Clermont. Guy mourut le 28 février 1286, à Ouzoir, dans le diocèse d'Auxerre. Ses restes mortels furent transportés à Clermont et ensevelis dans la Cathédrale (1).

(1) Mabillon, page 338. — *Gallia Christiana*, tome II, page 340.

Il y eut sous cet épiscopat deux conciles d'Auvergne, le 13ᵐᵉ et le 14ᵐᵉ. Voir cet article.

L'église cathédrale, dont les fondements avaient été jetés par Hugues de la Tour, se bâtissait assez rapidement ; mais les fonds destinés à cette œuvre s'épuisaient de jour en jour : le Pape permit de faire une quête dans toute l'Aquitaine. Le produit de cette quête, les dons de St. Louis et ceux des nombreux seigneurs qui l'avaient accompagné à Clermont, permirent d'achever, moins la partie du couchant construite de nos jours, cette belle et magnifique cathédrale que nous admirons aujourd'hui.

En 1260 les habitants de Clermont firent construire un couvent pour y mettre des Cordeliers, qui établirent une maison de leur ordre à Riom, en 1280, près des portes de Layat, hors de la ville. Il y eut une opposition de la part des chanoines de St-Amable et des officiers municipaux ; mais Jean, duc de Berry, en triompha : le couvent fut bâti en 1359, sur une propriété donnée par Michel Bardon en 1350, et l'église fut consacrée en 1362.

Voici une intéressante description de l'intérieur de la Cathédrale faite par Dufraisse. Dans l'ancienne cathédrale, bâtie aux 9ᵐᵉ et 10ᵐᵉ siècles et consacrée par Etienne II, évêque de Clermont, il n'y avait que sept autels et six chapelles ; dans celle d'aujourd'hui, bâtie du temps de St. Louis et sous l'épiscopat de Guy de la Tour, il y a dix-sept chapelles et dix-huit autels ; chaque chapelle a son autel, savoir : le maître-autel du chœur consacré à l'Assomption de la Ste-Vierge, patronne de la Cathédrale et du diocèse ; la chapelle directement au chevet de l'église dédiée à St. Jean-Baptiste, du côté du septentrion ; sept chapelles qui sont en partant de l'orient à l'occident : la 1re celle de Ste Marie-Madeleine et des saints martyrs Vital et Agricole ; la 2me, celle de St. Austremoine ; la 3me celle de St. Georges, martyr, puis la sacristie ; la 4me celle des Sts Patrons des anciennes cathédrales ; la 5me celle de St. Martin, évêque de Tours ; la 6me, celle de St. Eustache ; la 7me, celle de St. Étienne. Du côté du midi se trouvent neuf chapelles, dont la 1re, en partant de l'orient à l'occident, est celle de Ste Anne et de St. Jacques ; la 2me celle de St. Bonnet ; la 3me, celle de Ste Foy et de Ste Marguerite ; la 4me, celle de Ste Agathe ; la 5me, celle de St. Arthême ; la 6me, celle de St. Pierre et de St. Paul ; la 7me, celle de Ste Catherine ; la 8me, celle de St. Julien ; la 9me, celle de Ste Barbe. Tels étaient les noms des chapelles à l'époque où vivait Dufraisse (1685).

Au rétablissement du culte (1802), ces chapelles changèrent de vocables. Voici ceux qu'on leur désigna et sous lesquels elles se trouvent aujourd'hui. La chapelle du chevet de l'église, derrière le grand autel, est dédiée au Sacré-Cœur de Jésus ; la 1re du côté du nord en partant de l'orient au couchant est dédiée à St. Arthême ; la 2me à Ste Catherine ; la 3me, à N.-D. du Rosaire, puis la grande sacristie du Chapitre ; la 4me, n'a pas encore de vocable ; la 5me à St. Louis ; c'est là où on fait les offices de la paroisse ; la 6me n'a pas encore de vocable ; la 7me, sans vocable également, renferme les fonts-baptismaux. Les chapelles du midi à partir de celle du Sacré-Cœur, tirant sur le couchant, sont dédiées : la 1re, à N.-D. de Pitié ; la 2me, à N.-D. de la Bonne Mort ; la 3me, à St. Antoine ; la 4me, à Ste Anne ; la

5ᵐᵉ à St. Pierre; la 6ᵐᵉ à N.-D. de l'Assomption; la 7ᵐᵉ à St. Jean-Baptiste; la 8ᵐᵉ à Sᵗ. Austremoine; la 9ᵐᵉ n'a pas encore de vocable et la 10ᵐᵉ à Ste Zite (1), patronne des domestiques, née en Italie.

Avant la grande Révolution, Clermont avait neuf églises paroissiales. La Cathédrale conservée, Delarbre curé refusa le serment. Le Port conservé, Fournet curé refusa le serment. St. Eutrope, église nouvelle, aujourd'hui dédiée au saint Cœur de Marie, Cabanes curé prêta le serment. St. Cassi, église détruite, Le Masson curé refusa le serment. St. Cirgues, église détruite, Geneix curé refusa le serment. St. Bonnet, église détruite, Segrettier curé refusa le serment. St. Adjutor, église détruite, Blateyron curé refusa le serment; St. Genès, église détruite remplacée par celle des Carmes, Petit curé prêta serment. St. Pierre, église détruite remplacée par celle des Minimes, Monestier curé prêta serment.

ADÉMARE DE CROS, 63ᵐᵉ Évêque de Clermont, de 1286 à 1298. — Né à Clermont, d'une riche et illustre famille de cette ville, Adémare était chantre de la Cathédrale, quand il fut appelé à l'épiscopat. Il inspirait tant de confiance, que Robert II, comte de Clermont et dauphin d'Auvergne, en avait fait son exécuteur testamentaire. Quoiqu'il n'eût pas encore reçu tous les ordres, il prit possession de son évêché le jour de Noël 1286, prêta en même temps au roi serment de fidélité et se fit sacrer, après avoir reçu la prêtrise, par Simon de Beaulieu, archevêque de Bourges. Son sacre se fit dans l'église des Génovéfins de Chantelle en Bourbonnais, au mois de février 1287.

(1) Renseignements donnés par un homme d'église.

Comme on n'avait point signifié au roi la vacance du siége, l'évêque et le chapitre de la Cathédrale furent condamnés à payer au prince une amende de mille livres. Simon de Beaulieu, archevêque de Bourges, continua, sous ce prélat, à faire dans le diocèse de Clermont, les visites métropolitaines qu'il avait commencées sous Gui de Latour. Les procès-verbaux de ces visites écrits en latin existent encore et donnent d'assez intéressants détails (1).

En 1286, bien qu'il ne fût pas encore sacré, Adémare assista au concile de Bourges comme suffragant. En 1288, il obtint du pape Nicolas IV une indulgence d'un an et 40 jours en faveur de ceux qui visiteraient la Cathédrale aux fêtes de la Ste-Vierge et pendant les jours des octaves de ces mêmes fêtes. L'année suivante, il fut excommunié par le même pape, pour avoir négligé de payer, comme le pontife lui en avait imposé l'obligation, les dettes de ses prédécesseurs, dont le montant s'élevait à cinq cents livres. Après être resté plus d'un an dans ce malheureux état, il fut, en 1291, relevé de l'excommunication et absous de l'irrégularité qu'il avait encourue, en célébrant les saints Mystères et en exerçant ses fonctions épiscopales. En 1290, il assista au concile de St-Léonard-le-Noblet; à celui d'Aurillac, en 1294 ; à celui de Clermont, en 1295. Il mourut le 17 octobre 1297 et fut enterré dans le chœur de la Cathédrale, du côté de l'épitre, joignant les degrés du maître-autel. Le 15ᵐᵉ et le 16ᵐᵉ conciles d'Auvergne furent tenus sous son épiscopat. (Voir plus loin cet article).

Louis IX, roi de France, ayant été canonisé par le pape Boniface VIII, sa fête fut mise au nombre de

(1) *Gallia Christiana*, tome XI, page 91.

celles des Saints de l'Eglise; elle fut solennisée dans le diocèse pour la première fois, le 25 août 1297.

JEAN III, 64ᵐᵉ Évêque de Clermont, de 1298 à 1301. — Ce prélat, de la noble et riche famille des Aycelin de Montaigu, près Billom, était abbé de l'Eglise-Cathédrale, quand il fut appelé à l'épiscopat par le suffrage de ses confrères. Il prit possession de son évêché le jour de Pâques 1298 et mourut le 1ᵉʳ juillet 1301. Il fut enterré dans le chœur de la Cathédrale, à côté de son prédécesseur. C'est tout ce que l'on sait de Jean Aycelin, qui fut, pendant son court épiscopat, en parfaite union avec son chapitre. Vers ce temps Philippe-le-Bel, qui avait la guerre avec l'empereur d'Allemagne, le roi d'Angleterre et les Flamands, demanda et exigea des évêques de la province ecclésiastique de Bourges des secours en argent. On fit une imposition sur les biens ecclésiastiques, pour pouvoir fournir les sommes que ce monarque exigeait. De là surgirent les démêlés regrettables qui eurent lieu, peu de temps après, entre Philippe-le-Bel et le pape Boniface VIII. Sous l'épiscopat de Jean III fut fondé à Clermont le couvent de Ste-Claire. Incendié plusieurs fois, ruiné et pillé pendant les guerres de la Ligue, il fut reconstruit à neuf les premières années du XVIIIᵐᵉ siècle et vendu en 93 par la Révolution (1).

PIERRE DE CROS, 65ᵐᵉ Évêque de Clermont, de 1301 à 1304. Ce prélat occupa le siége deux ans et huit mois. Ce fut à la recommandation du pape Boniface VIII que le roi le nomma à l'évêché de Clermont, en 1301. Il prit possession de son siége le 3 février 1302. Il assista à l'assemblée des prélats de France qui se

(1) *Gallia Christiana*, tome XI, page 125.

tint au Louvre le 13 juin 1303. Le roi lui accorda de grands privilèges, en retour des subsides qu'il lui avait procurés pour mener à bonne fin les guerres qu'il avait à soutenir dans ce moment. Au nombre de ces privilèges, Philippe-le-Bel renouvela celui que les Évêques de Clermont avaient depuis 1044 de battre monnaie en leur nom. Ce droit subsista jusqu'en 1532, époque où François Ier le supprima dans toutes les provinces du royaume. La monnaie des Évêques avait d'un côté une croix avec ces mots : *Urbs Arverna*, et de l'autre l'image de la Ste-Vierge avec cette légende : *Sancta Maria*. Pierre de Cros mourut le 25 septembre 1304, et fut enterré dans le chœur de la Cathédrale, sous une tombe en cuivre jaune placée où le diacre chante l'Évangile. Ce prélat, qui était un homme de science, avait été disciple de St. Thomas d'Aquin. Ce grand docteur, en mourant, lui avait légué ses écrits et l'avait chargé d'achever la *Somme* qu'il n'avait pas eu le temps de finir lui-même. La vie de cet évêque ayant été trop courte, le désir du saint docteur ne put être exécuté. Après la mort de Pierre de Cros, le siège de Clermont resta vacant trois ans. Ce furent deux élections irrégulières et annulées, dans lesquelles la crosse et la mitre étaient disputées par un dominicain, Bernard de Gannias, et par un chanoine, Rolland, prévôt du Chapitre qui causèrent cette vacance (1).

Vers cette époque, la nouvelle du martyre de St-Verny ayant été portée en Auvergne, les vignerons de cette province le prirent pour patron. Voici en quelques mots son histoire. Né en Alsace, d'une honnête famille de vignerons, son père et sa mère,

---

(1) *Gallia Christiana*, tome XI, page 135.

qui étaient d'excellents chrétiens, l'élevèrent avec soin dans la pratique de la vertu et de l'amour de Dieu. A l'âge de treize ans, comme il venait de travailler la vigne, il fut accosté par un juif qui, par ses caresses, l'attira dans un lieu solitaire éloigné de toute habitation. Là, en haine de la religion du Christ, il lui donna la mort en le crucifiant comme St. Pierre, la tête en bas. Son martyre eut lieu vers la fin du XIIIme siècle. Les vignerons d'Auvergne célèbrent sa fête le dimanche qui suit le 19 avril.

AUBERT, 66e Évêque de Clermont, de 1307 à 1328. — Neveu de l'évêque Jean Aycelin, Aubert était chanoine de Clermont et archidiacre de Chartres, quand il fut désigné pour évêque. Ce choix fut fait par le pape Clément V. Ce qui détermina ce pontife à le nommer, c'est qu'Aubert avait eu, dans les deux élections irrégulières qui s'étaient faites, les voix des chanoines qui n'avaient point voté pour les intrigants. Le Pape pria le monarque de faire au prélat la remise des droits de régale, ce qui fut obtenu. Aubert Aycelin prit possession de son évêché le 18 novembre 1308. L'année suivante le Pape le nomma avec d'autres prélats de France pour informer contre les Templiers. Il s'acquitta de cette pénible mission à l'aide de plusieurs juges qu'on lui adjoignait. Soixante-onze chevaliers de cet ordre appartenant à 17 commanderies qui se trouvaient en Auvergne, en Bourbonnais et dans le Limousin, subirent des interrogatoires à Clermont, au palais de l'évêché, et puis à Paris. Parmi ces 71 chevaliers, il y avait 52 Auvergnats, dont l'un, Jean Dalmas, était né à Artonne. Un de ses petits neveux était seigneur de Montdésir en 1600.

On reprochait à cet ordre, plus séculier que religieux,

des crimes épouvantables, tels que la profanation des choses saintes, l'adoration du démon mêlée à des rites abominables, la sorcellerie, la pédérastie, etc. Y avait-il quelque chose de fondé dans ces accusations? on n'a pu encore le savoir positivement. Ce qui pourrait porter à le croire, c'est que les débris de cet ordre ont formé cette redoutable société secrète connue de nos jours sous le nom de *franc-maçonnerie*. En 1311 Aubert assista au concile de Vienne en Dauphiné et à son retour il fit la translation des reliques de St. Allyre. En 1316, le pape Jean XXII établit par une bulle les Carmes à Clermont, à la place des frères de la Pénitence, qui menaient une vie par trop relâchée, pour ne pas dire scandaleuse.

En 1317 le même pape détacha du diocèse de Clermont 300 et quelques paroisses de la Haute-Auvergne pour former le diocèse de St-Flour. Aubert Aycelin eut pendant son épiscopat quelques démêlés avec son chapitre ; il fut décoré du *pallium* et mourut à Billom, en 1328. Le 17ᵐᵉ concile d'Auvergne fut tenu à Clermont du temps de cet évêque (voir plus loin cet article). Ce fut sous l'épiscopat d'Aubert qu'on établit dans le diocèse la Fête-Dieu, devenue obligatoire pour tout l'univers catholique, par une bulle d'Urbain IV, datée de 1262 (1).

ÉTENDUE DU DIOCÈSE DE CLERMONT
du 1ᵉʳ siècle à 1317

L'évêché de Clermont est compté au nombre des plus anciens des Gaules ; pendant longtemps il a été un

(1) *Gallia Christiana*, tome II, page 317. — Baluze, *Histoire générale*, II, page 419.

des plus étendus du royaume. A son origine il comprenait toute l'Auvergne, c'est-à-dire le Puy-de-Dôme et le Cantal. De plus il avait sous sa juridiction l'arrondissement de Brioude (Haute-Loire) et une grande partie du Bourbonnais. Le reste de cette dernière province était divisé entre les diocèses de Bourges et d'Autun. L'évêché de St. Austremoine avait près de mille paroisses, quand le pape, Jean XXII, en 1317, en détacha 308 paroisses pour former un nouveau diocèse, dont le siége fut placé à Saint-Flour. Ce diocèse aujourd'hui a pour circonscription le département du Cantal. Voici la chronologie des 41 évêques de St-Flour qui ont occupé, depuis son érection, le siége épiscopal de cette ville (1).

1° Raimond de VÉHENS, prieur de St-Flour, premier évêque de cette ville, prit possession de son siége le 12 juillet 1318. L'année suivante il fut transféré à l'évêché de St-Papoul, et en 1327, le 18 décembre, il fut créé cardinal de la Sainte Église Romaine. On ne dit point en quelle année il mourut.

2° Henri de FEUTRIÈRE, issu d'une noble et riche famille de Bourgogne et abbé de Cluny, fut élu en 1319 et mourut le 29 janvier 1320. Il fut enterré dans la cathédrale; son tombeau se trouve dans la chapelle de St. Pierre.

3° ARCHAMBAUD, abbé du monastère d'Aurillac, fut élu évêque de St-Flour le 11 mars 1320. Il institua, en 1341, à la demande d'Armand de Chateauneuf, seigneur de Méléra, une collégiale dédiée à la sainte Vierge. Elle fut desservie par dix-huit chanoines. On ne dit rien de la date de sa mort.

4° Dieudonné de CANILLAC succéda à Archambaud le 25 mars 1346. Ce prélat permit, en 1356, aux prêtres

(1) *Gallia Christiana*, tome II. — *France ecclésiastique*.

de Murat d'ériger dans cette ville un chapitre composé de huit chanoines, qui devaient être natifs de l'endroit, autant que possible.

5° Pierre d'ESTAING, de l'illustre maison de ce nom, était moine de St-Victor de Marseille, quand il fut nommé évêque de St-Flour, en 1361. Le couvent des Dominicains de cette ville fut bâti en 1367. Ce prélat devint la même année archevêque de Bourges. En 1370, il fut créé cardinal et mourut à Rome en 1377, évêque de Ferrare et d'Ostie. Sous son épiscopat, en 1363, un cultivateur du village de Villedieu, canton de St-Flour, découvrit en labourant son champ, une image de la Ste-Vierge. On fit bâtir sur ce lieu une église qui devint une collégiale composée de six chanoines.

6° Pierre de RAUSSAN fut le premier prêtre séculier qui devint évêque de St-Flour, en 1367.

7° Ponce DE ROCHEFORT fut élu le 7 avril 1373, et mourut vers l'an 1383.

8° Pierre DE VISSAC, né d'une ancienne et noble famille d'Auvergne qui avait la seigneurie d'Arlanc, était moine de la Chaise-Dieu, quand il fut appelé à l'épiscopat. En 1394 il fut transféré au siége de Lavaur.

9° Hugues DE MAGNAC prit possession du siége le 3 juin 1396 et passa de cette église à celle de Limoges en 1402 : il était conseiller du roi.

10° Géraud DU PUY occupa le siége de St-Flour une dizaine d'années.

11° Bertrand DE CADONNE assista, en 1415, au concile de Constance, en qualité de délégué du roi de Chypre. En 1424 il fut transféré au siége d'Uzès.

12° Jacques LE LOUP, d'une illustre famille d'Auvergne, était prieur du monastère de St-Pourçain en Bourbonnais, quand il fut élu évêque, le 20 mai 1427. Ce prélat assista, en 1441, aux Etats de la haute et basse Auvergne qui se tinrent à Issoire. Il mourut en 1451, après avoir embelli considérablement sa cathédrale, à ses propres frais.

13° Pierre DE MONTGON était prieur de St-Flour, quand il devint évêque de cette ville, en 1452. Ce prélat institua une collégiale de prêtres communalistes dans l'église de St-Ilpize (Haute-Loire), appartenant alors, avec l'arrondissement de Brioude, au diocèse de St-Flour.

Cet évêque se démit de son évêché en 1463, en faveur de son frère, et mourut le 23 novembre de la même année.

14° ANTOINE DE MONTGON, frère du précédent, était bénédictin, quand il fut appelé à l'épiscopat, en 1463. Le 2 mars 1472 il consacra son église cathédrale, pour laquelle lui et son frère avaient employé une partie de leur fortune. Il mourut en 1482 et fut enterré à côté de son frère. Sous son épiscopat, les chanoines du chapitre de St-Flour furent sécularisés par une bulle de Sixte IV.

15° CLAUDE DE DOYAC, était prévôt de Clermont et abbé de la Vallette, quand il fut élu évêque, en 1483. Ce prélat ne fut pas heureux dans sa nouvelle dignité. On contesta son élection et son sacre fait seulement par deux évêques et un abbé. Il mourut peu de temps après et fut enterré à Cusset, en Bourbonnais, lieu de sa naissance.

16° CHARLES DE JOYEUSE fut élu le 10 septembre 1483. Son élection fut confirmée par le pape Sixte IV. Il consacra l'église et l'abbaye de Pébrac, en 1496, fit quelques ordinations au mois de mars 1500, et mourut peu après.

17° LOUIS DE JOYEUSE, neveu du précédent, fut élu évêque le 1er novembre 1501 et gouverna cette église jusqu'en 1533. Il assista à l'assemblée qui se tint à Clermont en 1510, pour régler les coutumes d'Auvergne.

18° JEAN BURLOUD, natif de Bourg en Bresse fut élu en 1543. On ne sait point à quelle époque il cessa de gouverner cette église.

19° BALTHAZAR DE JARENTE fut d'abord premier président de la Cour des Aides d'Aix. Il devint évêque de Vence, puis de St-Flour, en 1544, et passa ensuite à la métropole d'Embrun, en 1551. Il mourut le 27 juin 1565.

20° ANTOINE DE LÉVIS, seigneur de Château-Morand, près St-Martin-d'Estreaux (Loire), permuta son archevêché d'Embrun avec le précédent et devint ainsi évêque de St-Flour, où il mourut en 1558.

21° JEAN-PAUL DE SELVE fut élu en 1558 et mourut en 1570. On ne sait pas autre chose de lui.

22° PIERRE DE LA BAUME fut élu en 1571, prêta serment à son chapitre le 1er septembre 1576 et assista au concile de Bourges, en 1584. Il donna sa démission en 1592.

23° Antoine D'URFÉ, fut nommé, mais il ne fut point sacré. Obligé de quitter St-Flour, qui ne voulait point le recevoir, il fut tué, en se rendant chez son frère, d'un coup de fusil par les gardiens du château qui ne l'avaient point reconnu. Après sa mort, Pierre de La Baume gouverna de nouveau l'église de St-Flour.

24° Raimond BOUCHON fut élu en 1599, prêta serment de fidélité au roi, le 24 juin même année et mourut en juillet 1602.

25° Charles de NOAILLES fut élu en 1610, fut sacré en 1614 et assista aux trois assemblées du clergé qui eurent lieu à Paris en 1613, 1626 et 1645. Il passa au siège de Rodez en 1646. Ce fut lui qui harangua Louis XIII dans l'assemblée de 1636.

26° Claude AUVOY fut désigné pour St-Flour, mais il passa au siège de Coutances avant d'être sacré.

27° Jacques de MONTROUGE était aumônier de la mère de Louis XIV. Lorsqu'il reçut ses bulles en 1647 pour l'évêché de St-Flour, il avait été déjà désigné en 1643 pour l'évêché de Pamiers. Le 1er juillet 1661 il fut transféré à l'évêché du Puy, où il resta peu. Il reprit le siège de St-Flour, où il mourut le 20 avril 1664.

28° Armand de BÉTHUNE fut nommé par le roi, le 1er juillet 1661 ; mais n'ayant point été sacré avant le retour du précédent, il fut sacré le 12 juillet 1665 pour l'église du Puy.

29° Jérôme de la MOTHE HOUDANCOURT fut nommé en mai 1664 et sacré le 17 août suivant. Il mourut le 29 mai 1693, après 29 ans d'épiscopat passés dans la plus exacte résidence.

30° Joachim d'ESTAING SAILLANS, comte de Lyon et prieur de St-Irénée, fut élu en 1693 et sacré le 3 janvier 1694. Il fut un des présidents de l'assemblée du Clergé de France en 1715. Il mourut le 13 avril 1742, doyen des évêques de France, à l'âge de 90 ans.

31°. Paul de RIBEYRE, né dans le diocèse de Clermont en 1692, fut sacré le 12 août 1742 et mourut en 1776, âgé de 84 ans.

32° Hippolyte de BOUTEVILLE fut sacré le 6 octobre 1776, et transféré à l'évêché de Grenoble en 1779.

33° Claude-Marie RUFFO fut sacré le 29 janvier

1780. N'ayant pas voulu prêter serment pendant la Révolution, il sortit de France en 1792. Rentré dans sa patrie après la tourmente révolutionnaire, il fut, à l'époque du concordat, nommé chanoine de St-Denis.

34° Jean-Éléonore MONTANIER de BELMONT fut sacré en 1802 et mourut à Paris en 1808. De 1808 à 1820, plusieurs évêques ont été nommés successivement à cette église, sans pouvoir en prendre possession.

35° Louis-Siffrein-Joseph DE SALMON, conseiller au parlement de Paris, interponce du pape Pie VI auprès de Louis XVI jusqu'à sa mort, chargé de pouvoirs spirituels pour toute la France pendant la Révolution, administrateur apostolique, en 1800, des diocèses de Rouen, d'Evreux, de Bayeux et de Coutances, appelé à Rome en 1806, évêque in *partibus*, auditeur de rote, rappelé en France en 1817, fut nommé évêque de St-Flour en 1820 et mourut le 15 juin 1829.

36° François-Marie-Édouard DE GUALY, né à Millau, diocèse de Rodez, le 24 octobre 1786, fut sacré le 30 novembre 1829 et transféré au siège archiépiscopal d'Albi, le 18 mars 1833.

37° Jean-Pierre-Marie CADELAN, né le 1ᵉʳ novembre 1788, vicaire-général d'Albi, fut sacré le 26 novembre 1833 et mourut le 17 avril 1836.

38° Frédéric-Gabriel-François-Marie de MARGUERIE, né le 8 mars 1802, à Ste-Marguerite-des-Loges, diocèse de Bayeux, fut sacré le 26 novembre 1837 et transféré à Autun le 15 octobre 1851.

39° Jean-Baptiste-Paul-Marie LYONNET, né à St-Étienne (Loire), le 12 juin 1801, fut sacré le 25 avril 1852 et transféré à Valence le 3 août 1857, puis à Albi, le 4 décembre 1864. Il y est mort en 1876.

40° Pierre-Antoine LAMOUROUX de POMPIGNAC, né à St-Flour le 2 juillet 1802, vicaire-général du diocèse, fut nommé évêque le 24 juin 1857, préconisé le 3 août et sacré le 28 octobre. Il est mort en mai 1877.

41° Monseigneur BADUEL, curé de N.-D. de Villefranche, dans le diocèse de Rodez, a été élu en 1877 (1).

Le diocèse de St-Flour contenait autrefois 295 pa-

---

(1) *France Ecclésiastique*, évêques de St-Flour, 1858.

roisses, partagées en cinq archiprêtrés, qui étaient : St-Flour, Aurillac, Brioude, Langeac et Blesle ; les trois derniers font partie du diocèse du Puy. On y comptait huit collégiales : St-Flour, St-Julien-de-Brioude, Aurillac, Auzon, Murat, Langeac, Chaudes-Aigues et Mont-Salvy ; trois abbayes d'hommes et trois de femmes et plusieurs prieurés. Aujourd'hui il renferme 24 cures, 286 succursales et 207 vicariats. La population du diocèse est de 247,665 habitants.

Outre ces paroisses de la haute Auvergne, Clermont avait encore 128 paroisses du Bourbonnais qu'il a conservées jusqu'en 1822, époque où Moulins devint église épiscopale, par une bulle de Pie VII, datée du 6 octobre même année. Il faut noter que tout le diocèse de Moulins tel qu'il se trouve formé aujourd'hui par le département de l'Allier, a été uni au diocèse de Clermont de 1802 à 1822. Voici les noms des 128 paroisses du Bourbonnais qui avaient de tout temps fait partie du diocèse de Clermont. Nous ajoutons à ces paroisses le nom du patron.

CANTON DE GANNAT. — Gannat, *sainte Procule* ; Bègues, *saint Agnan* ; Biozat, *saint Symphorien* ; St-Bonnet-de-Rochefort, *saint Bonnet* ; Charmes, *Nativité de N.-D.*; Jenzat, *saint Martin* ; Mayet-d'École, *saint Barthélemy*; Mazerier, *saint Saturnin* ; Monteignet, *sainte Anne* ; Poëzat, *saint Julien* ; Saulzet, *saint Julien*.

CANTON D'EBREUIL. — Ebreuil, *saint Eutrope* ; Chouvigny, *saint Roch* ; Vicq, *saint Maurice* ; Sussat, *saint Bonnet*; La Lizolle, *N.-D. et saint Pierre* ; Nades, *saint Fiacre* ; Veauce, *saint Louis*.

CANTON DE CHANTELLE. — Etroussat, *saint Georges* ; St-Germain-de-Salles, *saint Germain*.

Canton d'Escurolles. — Escurolles, *Nativité de N.-D.*; Brout-Vernet, *saint Gervais*; Brugheas, *saint Martin*; Cognat, *sainte Radegonde*; St-Didier, *saint Didier*; Espinasse, *saint Clément*; Hauterive, *saint Louis*; St-Pont, *sainte Anne*; St-Rémy, *saint Rémy*; Serbannes, *saint Jean*; Vendat, *saint Louis*; Vesse, *saint Lauriau*.

Canton de St-Pourçain. — St-Pourçain, *saint Julien et saint Pourçain*; Bayet, *saint Marcel*; Branssat, *saint Georges*; Cesset, *saint Fiacre*; Lafeline, *saint Martin*; Louchy, *saint Pourçain*; Marcenat, *Nativité de N.-D.*; Montord, *saint Laurent*, Paray-sous-Briaille, *saint Maurice*; Saulcet, *saint Julien*; Verneuil, *saint Pierre*.

Canton de Souvigny. — Souvigny, *saint Mayeul et saint Odilon*; apport, *saint Marc*; Besson, *Assomption de N.-D.*; Bresnay, *saint Barthélemy*; Chemilly, *saint Denis*.

Canton du Montet. — Châtel-de-Neuvre, *saint Laurent*; Contigny, *Nativité de N.-Dame*; Meillard, *sainte Madelaine*; Monétay-sur-Allier, *saint Fiacre*.

Canton de Dompierre. — St-Pourçain-sur-Besbre, *la Pentecôte*; Vaumas, *saint Anne*.

Canton du Donjon. — Loddes, *saint Bonaventure*; apport, *saint Pierre*; Montaiguet, *sainte Anne*; Montcombroux *saint Jean*.

Canton de Neuilly-le-Réal. — Neuilly, *St. Julien*; Bessay, *St. Martin*; Chapeau, *St. Barthélemy*; la Ferté-Hauterive, *St. Pierre-ès-Liens*; St-Gérand-de-Vaux, *St. Roch*; St-Loup, *St. Loup*; Montbeugny, *St. Roch*; St-Voir, *St. Vrat*.

Canton de Jaligny. — Jaligny, *St. Hippolyte*; Bert, *St. Laurent*; Châtel-Perron, *St. Pierre*; Chavroche, *St.*

Michel ; Cindré, *St. Pierre* ; St-Léon, *St. Côme et St. Damien* ; Liernolles, *Ste. Catherine* ; Sorbier, *Nativité de N.-D.* ; Thionne, *St. Simon* et *St. Jude* ; Treteau, *St. Maurice* ; Trezelles, *St. Barthélemy* ; Varennes-sur-Têche, *Nativité de N.-D.*

CANTON DE CUSSET. — Cusset, *St. Saturnin* ; Abrest, *St. Bonnet* ; Busset, *la Fête-Dieu* ; La Chapelle, *St. Côme et St. Damien* ; Creusier-le-Vieux, *St. Martin* ; Creusier-le-Neuf, *St. Front* ; Mariolles, *Nativité de N.-D.* ; Molles, *Décollation de St. Jean* ; Le Vernet, *St. Georges* et la *Nativité de N.-D.* ; St-Yorre, *St. Ferréol* ; Vichy. *Assomption de N.-D.*

CANTON DU MAYET-DE-MONTAGNE. — Le Mayet, *St. Genès* ; Arronnes, *St. Pierre* ; Châtel-Montagne, *St. Genès* ; St-Clément, *St. Denis* ; Ferrières, *St. Fiacre* ; la Chabanne, *Nativité de N.-D.* ; Lavoine, *idem* ; St. Nicolas-des-Biefs, apport, *Pentecôte*, patron *St. Nicolas* ; Nizerolles, *St. Barthélemy* ; la Prugne, *Nativité de St. Jean-Baptiste.*

CANTON DE LA PALISSE. — La Palisse, *Nativité de St. Jean* ; Andelaroche, *St. Roch* ; Arfeuilles, apport, *Assomption*, *St. Pardoux*, patron ; Barrais, *St. Julien* ; Billezois, *St. Roch* ; le Breuil, *St. Blaise* ; Chatelus, *St. Cyr* et *Ste Julitte* ; St-Christophe, *St. Christophe* ; Droiturier, *Ste Croix (invention)* et *St. Nicolas* ; St-Etienne-de-Vic, *St. Etienne* ; Isserpent, *St. Bonnet* ; Périgny, *St. Pierre* ; Laval, *St. Pierre* ; St-Prix, *St. Prix* ; Servilly, *Nativité de N.-D.*

CANTON DE VARENNES. — Varennes, *Nativité de St-Jean* et *Exaltation de la Ste Croix* ; Billy, *St. Cyr* ; Boucé, *Assomption* ; Créchy, *St. Germain* ; St-Félix, *St. Félix* ; St-Gérand-le-Puy, *St. Julien* ; St-Germain-des-Fossés, *Visitation* ; Langy, *St. Sulpice* ; Magnet,

St. Joseph ; Montaigut-le-Blin, *Ste. Anne* ; Montoldre, *St. Eloi* ; Rongères, *la Pentecôte* ; Sanssat, *St. Claude* ; Seuillet, *St. Roch*.

Aujourd'hui l'évêché de Moulins, formé du département de l'Allier, a 31 cures, 274 succursales et 74 vicariats. La population est de 376,164 habitants. Le siége de Moulins a été occupé par deux évêques ; ANTOINE DE PONS, ancien chanoine et grand-vicaire de Clermont, de 1822 à 1849, et PIERRE DE DREUX-BRÉZÉ, chanoine de Paris, qui siége actuellement depuis 1850. Cet évêché rétabli en 1817 ne fut occupé qu'en 1822, par suite de l'opposition et du mauvais vouloir des Chambres. Peu de temps avant la Révolution, l'infortuné Louis XVI avait fait ériger Moulins en évêché et y avait nommé Louis des Gallais ; mais ce prélat ne put, au milieu des troubles révolutionnaires, prendre possession de son siége ; il fut nommé à l'archevêché de Bourges en 1817 (1).

Le diocèse de Clermont est formé aujourd'hui par le département du Puy-de-Dôme. Il a 53 cures, 448 succursales, 223 vicariats, 37 aumôneries et une population de 576,409 habitants. Ce diocèse est encore un des plus importants de France, sous bien des rapports.

ARNAULD II, 67ᵐᵉ ÉVÊQUE DE CLERMONT, DE 1328 à 1337. — Issu de la noble famille des Comminges et allié à la maison des comtes d'Auvergne, Arnauld était évêque de Lombez, dans le Gers, quand il fut appelé, en 1328, à l'évêché de Clermont, en vertu d'une bulle du pape Jean XXII. Il prit possession de son nouveau siége le 18 février de la même année et prêta serment de fidélité au roi le jour de son sacre. Ce prélat eut

(1) France Ecclésiastique, *Evêques de Moulins*.

avec Philippe VI une conférence secrète, au sujet d'un voyage d'outre-mer, et mourut en 1336. On pense que ce fut lui qui établit dans le diocèse la fête de la Sainte-Trinité, rendue obligatoire par le pape Jean XXII (1).

RAYMOND DES PRÉS, 68ᵐᵉ Évêque de Clermont, de 1337 à 1340. — On ne sait rien de ce prélat avant son élection, qui eut lieu en 1337. Il prêta serment de fidélité au roi le 29 septembre 1338, et le suivit dans quelques-unes de ses expéditions, comme s'il avait fait métier des armes. Raymond, qui avait plus l'esprit du siècle que l'esprit ecclésiastique, fut loin d'être exemplaire dans sa conduite. Il usurpait les droits de l'Eglise, anéantissait ses libertés et foulait aux pieds les devoirs sacrés qu'elle impose par ses canons. Ce prélat eut de grands démêlés avec son clergé, surtout avec les chanoines de sa cathédrale. Les choses furent poussées si loin de part et d'autre, qu'il y eut dans le diocèse cessation d'offices, du 25 mai au 10 juillet 1339. D'où venait cette cessation ? était-ce l'évêque qui avait jeté un interdit sur son clergé ? étaient-ce les prêtres qui se refusaient à continuer de faire les offices ? Cette cessation n'eut-elle lieu qu'à Clermont, ou fut-elle étendue dans tout le diocèse ? C'est ce que ne disent point Gonod et le comte de Résie, qui se contentent de mentionner ce fait sans l'éclaircir.

Raymond des Prés, que La Mure croit forézien, mourut le 1ᵉʳ avril 1340, à Avignon, où il était allé défendre un procès qu'il avait contre son chapitre pour affaire de juridiction (2).

ETIENNE AUBERT, 69ᵐᵉ Évêque de Clermont, de 1340

---

(1) *France ecclésiastique*, *Gallia Christiana*, tome II.
(2) *Gallia Christiana*, tome II.

à 1342. — Né dans la paroisse de Beissat, canton de La Courtine, diocèse de Limoges, Aubert fut d'abord professeur de droit à Toulouse, puis évêque de Noyon et enfin transféré à l'évêché de Clermont, par une bulle de Benoît XII. Philippe de Valois le chargea de traiter des affaires très-importantes qui regardaient l'Etat; il s'en acquitta au mieux. En 1342, il fut créé cardinal-évêque d'Ostie par Clément VI, devint grand-pénitencier et fut appelé le 18 décembre 1352 à succéder à ce pontife sur la chaire de St-Pierre, sous le nom d'Innocent VI. Devenu pape, il fonda la chartreuse de Villeneuve, près d'Avignon, travailla avec ardeur à réconcilier le roi d'Angleterre et mourut le 12 septembre 1362. Il fut enterré dans la Chartreuse qu'il avait fondée, comme il en avait témoigné le désir. Ce prélat eut pour grand-vicaire, en 1341, Jean Ségurano, chanoine de Bourges (1).

PIERRE D'ANDRÉ, 70ᵐᵉ Évêque de Clermont, de 1342 à 1347. — Né à Clermont vers 1315, Pierre d'André fut d'abord garde des sceaux de France, puis évêque de Noyon, d'où il fut, sur la fin de 1342, transféré au siége de Clermont, devenu vacant par la démission d'Aubert. On ne sait point la raison pour laquelle ce prélat ne prêta serment à son chapitre qu'en 1345. Il obtint des lettres du roi en 1343 contre les habitants de Riom, qui avaient sans droit aucun emprisonné un clerc. En 1344, Clément VI accorda une indulgence en faveur de ceux qui contribueraient à l'achèvement de la Cathédrale. En 1347, ce prélat fut condamné à payer une amende pour avoir établi un marché à Clermont sans l'autorisation du roi. La même année, il fut

(1) Gallia Christiana, tome XI. Vie des Papes, tome VII, p. 75.

transféré à l'archevêché de Cambrai, où il mourut en 1368, après avoir occupé ce dernier siége 21 ans. Cet évêque combla de ses bienfaits les pères Dominicains. Ceux-ci longtemps après sa mort lui en gardaient une vive reconnaissance ; ils célébraient tous les ans un anniversaire solennel pour le repos de son âme (1).

Ce prélat avait eu pour vicaire-général et official Guillaume de Grisac, qui devint pape sous le nom d'Urbain V. Voici ce que l'on raconte de lui pendant qu'il était official. Il eut un différend au sujet des prétentions du chapitre avec Gilbert de Chalançon, chanoine dudit chapitre. Celui-ci, dans la chaleur de la dispute, s'emporta vivement, abattit de la tête de l'official son bonnet et le foula aux pieds. « *Vous vous repentirez un jour de votre emportement*, dit Guillaume de Grisac, *et votre chapitre pourra bien déchoir de cette autorité dont il est si fier et si jaloux.* » « Eh bien ! répliqua le chanoine avec ironie, *quand vous serez pape, vengez-vous.* » Quelques années après, (1362), de Grisac devint pape sous le nom d'Urbain V. Alors se rappelant la violence de Chalançon, il le priva de ses bénéfices, à l'exception de son canonicat qu'il lui laissa pour vivre, et enleva au chapitre par une bulle tous les droits qu'il s'était arrogés. Eugène IV rétablit ces droits. Plus tard, ils causèrent de nouveaux démêlés entre les évêques et le chapitre. Urbain V était né dans le diocèse de Mende ; il voulait rétablir le St-Siége à Rome, mais étant resté à Avignon malgré la défense de Ste Brigitte, il tomba dangereusement malade et mourut le 19 décembre 1370. Ce pape était un homme vertueux ; après sa mort il s'opéra plusieurs miracles sur son tombeau (2).

(1) Savaron, *Origines de Clermont*, p. 197. — (2) Comte de Résie.

PIERRE D'AIGREFEUILLE, 71ᵐᵉ Évêque de Clermont, de 1347 à 1357. — Né dans le Limousin, d'une des plus nobles familles de ce pays, Pierre d'Aigrefeuille était abbé de la Chaise-Dieu, quand il fut élu évêque de Clermont par le Chapitre de l'église cathédrale de cette ville. En 1350, il eut quelques démêlés avec le roi au sujet des redevances qu'il réclamait, sous peine d'excommunication, pour son joyeux avènement à l'épiscopat. En 1357, il fut transféré à l'évêché d'Uzès par une bulle d'Innocent VI. On prétend qu'il occupa aussi les siéges de Vabres et de Mende, mais sans en avoir de preuves certaines. On ne sait point en quelle année il mourut. Sous son épiscopat, en 1352, Guillaume Flotte fonda une maison d'Augustins à Ennezat. Ce prélat eut pour grand-vicaire, de 1350 à 1352, Guillaume de Ulme et en 1353 Jean Fournier (1). En 1349, la peste noire sévit fortement à Clermont, pendant plusieurs semaines. Il y eut beaucoup de décès.

JEAN III, 72ᵐᵉ Évêque de Clermont, de 1357 à 1373. — Né en Bourgogne, de la noble et riche famille des Meillou, Jean III était évêque de Châlon-sur-Saône, quand il fut transféré, en 1357, à l'évêché de Clermont. Pendant tout son épiscopat, la grande préoccupation des habitants de l'Auvergne fut de se délivrer de la domination des Anglais, devenue grandement à charge au pays. Il y eut dans ce but, trois assemblées de notables tenues à Clermont en 1358 et 1359, dans lesquelles Jean de Meillou prit une part très-active ; il engagea son clergé à fournir des subsides pour la délivrance du pays. Les subsides furent généreusement et patriotiquement accordés. L'évêque, de son côté,

---

(2) *Gallia Christiana*, tome III, page 671.

emprunta cinq mille livres pour augmenter les subsides. Malgré ces suprêmes efforts, il n'eut pas la consolation de voir son diocèse affranchi de ces étrangers ; il mourut le 23 décembre 1375, et fut enterré dans le chœur de la Cathédrale, près des degrés de l'autel. Aussi habile politique que sage et religieux prélat, Jean de Meillou fut un des grands évêques d'Auvergne ; il gouverna le diocèse et la province au milieu des plus grandes difficultés qu'il sut admirablement aplanir, bien qu'il eût à traiter avec les Anglais d'une part et avec les routiers de l'autre. Ce prélat eut pour grands-vicaires Guyotfort et Jean Fournier (1).

HENRI DE LA TOUR, 73ᵐᵉ Évêque de Clermont, de 1376 à 1415. — Fils de Bertrand IV, seigneur de la Tour, Henri fut d'abord chanoine de Clermont, puis archidiacre de Paris en 1375, et enfin évêque de Clermont en 1376. Le jour de son sacre, 23 mars, même année, il prêta serment de fidélité au roi. En 1382, il eut la joie de voir Jean, duc de Berry, jeter les fondements de la Sainte-Chapelle de Riom, qui existe encore. En 1385, il eut la douleur d'apprendre qu'une jacquerie auvergnate causait de grands maux dans le pays. La campagne fut ravagée ; et comme toujours, ce fut aux prêtres et aux nobles que s'en prit la tourbe des révolutionnaires. La Limagne fut entièrement dévastée par les brigands et ne dut son salut qu'aux nombreuses troupes envoyées en Auvergne par le pieux duc de Berry (2).

En 1387, le roi ordonna aux habitants de Clermont de prêter serment de fidélité à leur évêque. En 1392

(1) *Gallia Christiana*. — (2) Comte de Résie.

et 1393, Henri de la Tour assista aux Etats des trois Ordres tenus à Clermont pour aviser d'en finir avec la domination anglaise. A la même époque, il obtint de Charles VII des secours pour ses diocésains, que les guerres des Anglais avaient réduits à la dernière misère. La ville de Lezoux, une des plus maltraitées par l'ennemi, obtint du roi et de l'évêque de grands priviléges. En 1407, St. Vincent Ferrier prêcha l'Avent et le Carême à la Cathédrale de Clermont ; il toucha tellement les cœurs, qu'il fit de nombreuses conversions. Le Chapitre et les Dominicains se partagèrent comme une relique la chaire dont il s'était servi. En 1410, les habitants de St-Flour, qui s'étaient mal conduits pendant la guerre, furent condamnés par le roi à reconstruire le château d'Alloyse, qu'ils avaient démoli, et à payer à l'évêque de Clermont une somme de six mille livres. Ce prélat mourut le 7 mai 1415, après avoir gouverné sagement l'Eglise d'Auvergne et triomphé avec une rare habileté des difficultés nombreuses dont son épiscopat fut rempli (1).

En 1385, Louis II, duc de Bourbon, fit un pélerinage à N.-D. d'Orcival, pour accomplir un vœu, qu'il avait fait pendant la guerre des Anglais. Ce même duc fonda à Vichy, en 1410, un couvent de religieux Célestins, qui fut supprimé par un bref du Pape en 1777, à la suite d'un abus de droit d'asile, qui avait provoqué à violer la clôture du couvent. Les pauvres, pour qui les moines étaient des pères, perdirent beaucoup par cette suppression. Ce fut aussi du temps de Henri de la Tour, que la fête de la Visitation de la Ste-Vierge fut établie dans le diocèse. Ce prélat eut

(1) *Gallia Christiana*, tome XI, page 97.

pour grands-vicaires Pierre de Murat, doyen de Bourges, Bertrand de Montclar et Jean de Saint-Cirgues, d'Artonne.

MARTIN GOUGE, 74ᵐᵉ Évêque de Clermont, de 1415 à 1444. — Ce prélat, originaire de Bourges, fut lieutenant général des finances du duc de Berry, après la mort de Jean Gouge, son frère. C'était un homme d'une vaste intelligence, grand orateur, charitable à l'excès et faisant de la piété ses plus chères délices ; il fut un pasteur selon le cœur de Dieu. Nommé évêque de Chartres en 1408, le roi lui fit donner une somme pour qu'il eût de la vaisselle d'argent le jour de son sacre ; ce fut à titre de services rendus à l'Etat que le roi lui fit cette gratification. En 1415 il fut transféré de l'évêché de Chartres à celui de Clermont. Le duc de Berry, qui l'avait en grande estime, l'éleva aux premières charges de sa maison, le fit son chancelier et lui donna place dans ses conseils. Il fut député auprès du duc de Bretagne en qualité d'orateur du roi. Par suite des deux partis qui s'étaient formés à la cour, celui d'Orléans et celui de Bourgogne, contre lequel il s'était déclaré, son hôtel de Paris fut confisqué et lui fait prisonnier, le 12 janvier 1418. Sa captivité ne fut pas longue ; l'arrivée du Dauphin, à la tête d'une nombreuse milice, le fit mettre en liberté. En 1421, il devint chancelier de France et du Dauphiné ; il conserva sept ans cette charge. En 1440, Charles VII, qui se trouvait à Aigueperse, se rendit à Clermont pour y tenir en personne les Etats de la province. La ville de Clermont fit au roi une réception des plus brillantes et des plus enthousiastes. Charles VII, charmé de cet accueil, passa 13 jours dans cette ville. L'évêque parla énergiquement contre les seigneurs révoltés, et le roi, à la suite de son discours, obtint un subside. Martin Gouge de Charpai... sentant sa fin approcher, fit son testament le 8 octobre et mourut le 25 novembre 1444, au château de Beauregard. On transporta son corps à Clermont ; il fut enterré à l'entrée du chœur de la Cathédrale. Quoique mêlé aux événements politiques de son époque, Martin Gouge s'occupa de l'accomplissement de tous ses devoirs d'évêque et de l'administration de son diocèse, avec autant de sagesse que de distinction. Sous son épiscopat, la fête de N.-D. des Sept-Douleurs fut établie dans le diocèse. En 1423, Jean de Bourbon, comte de Montpensier, fonda l'abbaye de Ste-Claire d'Aigueperse. Ste. Colette en fut la première abbesse ; elle y resta deux ans ; elle passa ensuite en Savoie et mourut à Gand, le 6 mars 1447. Les chanoines de la Cathédrale, selon leurs habitudes, cherchèrent à empiéter sur les droits de l'évêque, le jour même où le prélat devait leur prêter le serment ; mais Martin Gouge sut contenir leurs prétentions dans de justes bornes par son inflexible fermeté. Cet évêque eut pour grands-vicaires, de 1419 à 1430, Jean Chardon, et, en 1440, Simon des Escures, doyen du Chapitre (1).

JACQUES DE COMBORN, 75ᵐᵉ Évêque de Clermont, de 1444 à 1474. — Issu d'une des plus illustres maisons d'Auvergne, Jacques de Comborn naquit à Treignac, dans le Bas-Limousin. Il avait été chanoine et prévôt du Chapitre de la cathédrale de Clermont, et était chanoine et comte de l'église de Lyon, quand il fut appelé à l'épiscopat, le 23 décembre 1444. Son élection approuvée en mai 1445 par le pape Eugène

---

(1) *Gallia Christiana*, tome VIII, page 180.

IV, il fut sacré en 1446. A son arrivée en Auvergne, les habitants de Clermont lui prêtèrent serment et lui remirent en même temps les clefs de la ville. En 1463, Louis XI demanda aux trois Etats d'Auvergne une somme de 8,000 livres, qui lui furent accordés pour payer le duc de Bourgogne. Cet évêque fit des statuts pour les prêtres de son diocèse, embellit considérablement sa cathédrale, fit reconstruire l'église du St-Sépulcre, fondée, dit-on, du temps de St. Austremoine, fit rebâtir le couvent des Jacobins, qu'un incendie avait détruit, consacra l'église des Carmes, le 2 avril 1472, et mourut après trente ans d'épiscopat, le 19 février 1474. Ce prélat fut un homme charitable et paisible, qui aimait avant tout la justice et la droiture ; aussi traita-t-il facilement avec son chapitre et quelques religieux de son diocèse plusieurs différends que lui avaient laissés ses prédécesseurs. Il gouverna avec sagesse son diocèse et mena à bonne fin toutes les entreprises qu'il fit. On le compte au nombre des prélats les plus distingués qui ont occupé le siège de St. Austremoine (1).

En vertu d'une ordonnance de Louis XI, dont la dévotion pour la Sainte-Vierge est connue, Jacques de Comborn prescrivit, par un mandement adressé à son clergé, de faire sonner l'*Angelus* trois fois le jour dans tout son diocèse. En 1458, la fête de la Transfiguration fut établie en Auvergne. Elle fut chômée d'abord, mais à cause des travaux des moissons et de la fête de St. Laurent, elle redevint bientôt simple fête, où il était permis de vaquer à ses travaux. Pendant toute la durée de cet épiscopat, ce fut Jean de Mailet, abbé de Chantoin, qui fut grand-vicaire (2).

(1) Jacques Branche. — (2) *Gallia Christiana*, tome XI.

ANTOINE D'ALLEMAND, 76ᵐᵉ Évêque de Clermont, de 1474 à 1476. — Antoine d'Allemand, dont ne disent pas mot Savaron et Dufraisse, était évêque de Cahors, affirme Gonod, quand il passa, en vertu d'une bulle de Sixte IV, à l'évêché de Clermont, en 1474. Deux ans après, on ne sait pour quelle raison, il se démit de son évêché entre les mains du même pape et reprit très-probablement celui de Cahors. Sous son épiscopat, la Ste-Chapelle d'Aigueperse fut fondée par Louis de Bourbon, comte de Montpensier. Aujourd'hui, ce petit monument porte le nom d'église de St-Louis. Ce prélat eut pour grand-vicaire Pierre Robin, chanoine de la Cathédrale (1).

CHARLES Iᵉʳ, 77ᵐᵉ Évêque de Clermont, de 1476 à 1488. — Ce prélat était le troisième fils de Charles Iᵉʳ de Bourbon, duc du Bourbonnais et d'Auvergne. Né au château de Moulins-sur-Allier, en 1434, il fut d'abord chantre de l'église de Lyon et abbé de l'Ile-Barbe dans la même ville. Il eut pour bénéfices ecclésiastiques, en 1462, l'abbaye d'Issoire, et en 1471 les prieurés de St-Pourçain et de Souvigny en Bourbonnais. En 1445, ayant à peine 12 ans, il fut nommé à l'archevêché de Lyon, par le pape Eugène IV, et tint cette église en commende jusqu'à ce qu'il fût en état de gouverner. En 1450, il fit son entrée publique à Lyon; mais il ne fut sacré qu'en 1470.

Ayant été créé cardinal en 1476 par Sixte IV, il fut nommé légat d'Avignon et évêque-administrateur du siège de Clermont, dont il prit possession par procuration le 10 mars 1476, et par lui-même le 24 octobre 1479. Toutes ses préoccupations pendant ses douze

(1) Dom Martène, tome III, page 516.

ans d'épiscopat, comme administrateur, furent d'empêcher le roi d'accorder des franchises et des priviléges à la ville de Clermont, dont il voulait rester l'unique seigneur et maître absolu, tant qu'il vivrait. Cet amour de la domination a toujours été la pierre d'achoppement d'un grand nombre. Il est triste de voir un prélat d'une extraction si élevée, n'être pas satisfait des prérogatives et de la puissance qu'il avait déjà. Cet évêque, plutôt né pour les armes que pour la crosse, mena, tout cardinal qu'il était, une vie beaucoup plus laïque que sacerdotale. Il mourut à Lyon le 13 septembre 1488, à l'âge de 54 ans. Sous son épiscopat, en 1478, il y eut en Auvergne un grand tremblement de terre qui précéda deux fléaux : une horrible famine qui sévit fortement en 1481, et une peste affreuse qui ravagea Clermont et emporta ses habitants par milliers. Ce prélat eut cinq grands-vicaires, parmi lesquels on comptait le prévôt de la Cathédrale, l'abbé de Chantoin et le prieur de Maringues (1).

CHARLES II, 78ᵐᵉ Évêque de Clermont, de 1488 à 1503. — Le 2 octobre 1488, dix-neuf jours après la mort de Charles de Bourbon, le Chapitre de la cathédrale nomma évêque Guillaume de Montboissier, bien que Charles VIII, roi de France, lui eût signifié de surseoir à l'élection. Le roi, irrité fortement contre le Chapitre, cassa cette élection et nomma un autre Charles de Bourbon, qu'il traitait de cousin. C'était un enfant naturel de Renaud de Bourbon, archevêque de Narbonne, qui lui-même était fils naturel de Charles Iᵉʳ, duc du Bourbonnais et d'Auvergne : conséquence humiliante et déplorable de la déchéance

(1) *Gallia Christiana*, tome IV, page 76.

de l'homme. Il faut cependant ne pas laisser ignorer que Renaud eut ce fils naturel avant sa promotion aux saints ordres : circonstance importante omise par Gonod, dans *la Chronologie des Evêques de Clermont*, et judicieusement notée par le comte de Résie. Une bulle de Rome, datée du 26 septembre 1488, lui conféra l'évêché de Clermont, et une autre, du 24 décembre suivant, le dispensa de son vice de naissance. Charles II prit possession de son évêché le 28 février 1489. Ce prélat mena une vie plus édifiante que son prédécesseur, fit beaucoup de bien à son église et embellit considérablement le château de Beauregard, où il mourut le 22 février 1504, à l'âge de 43 ans. Il fut enterré au milieu de la grande nef de la Cathédrale, sous une tombe en cuivre jaune, qui se voyait encore avant 93. Sous son épiscopat, on ajouta une octave à la fête de la Toussaint, établie du temps de St. Stable. Ce prélat consacra en 1498 la chapelle du couvent de la Chartreuse de Port-Ste-Marie, construite par ordre de Gilbert de Lafayette, seigneur de Pontgibaud. Il eut Claude de Lage, abbé d'Issoire, et Chatard Gauthier pour grands-vicaires (1).

JACQUES D'AMBOISE, 79ᵐᵉ Évêque de Clermont, de 1505 à 1516. — Ce prélat, dont la famille avait donné plusieurs grands hommes à l'Eglise et à l'Etat, était frère de Georges d'Amboise, cardinal-archevêque de Rouen, qui fut premier ministre sous Louis XII. Quand le chapitre de l'église cathédrale de Clermont l'appela par ses suffrages à l'épiscopat (15 mars 1505), il était abbé de Cluny. C'était un homme savant et pieux, qui gouverna sagement et avec zèle l'église d'Auvergne.

(1) *Gallia Christiana*, tome IV, page 78.

Il fit de sages règlements pour le clergé de son diocèse. En 1507 il convoqua tous ses prêtres, curés et vicaires, pour leur montrer la nécessité et l'urgence de faire couvrir en plomb la Cathédrale. Chacun promit de donner au prorata des revenus de son bénéfice : le prélat contribua lui-même pour une somme considérable, et les réparations se firent à la satisfaction de tous. Cette toiture fut faite avec tant de solidité, que depuis elle a résisté à tous les ouragans. De plus il fit ajouter un clocher à la Cathédrale, fit faire de nouvelles et belles stalles et donna à son chapitre de magnifiques ornements pour les cérémonies du culte (1).

En 1510, par ordre de Louis XII, les députés des états de la province d'Auvergne, les évêques de Clermont et de St-Flour s'assemblèrent, au mois de juin, dans le couvent des pères Jacobins de Clermont, pour rédiger les coutumes d'Auvergne. Voici les noms des personnes qui se trouvèrent à cette assemblée sous la présidence d'Antoine Duprat, chancelier du parlement de Paris. Pour le clergé : Jacques d'Amboise, évêque de Clermont ; Louis de Joyeuse, évêque de St-Flour ; les abbés de la Chaise-Dieu, de Mozat, de Menat, d'Ebreuil, de Manglieu, de Féniers, d'Issoire, d'Aurillac, de Maurs ; le grand prieur d'Auvergne, les prieurs de Sauxillanges, de Lavoûte, de St-Pourçain, etc. — Pour les notables de la province : le comte de Montpensier, le comte d'Auvergne, MM. d'Aubigny, de Blot, de Canillac, de Montgascon, de Polignac, de Ravel, de Combronde, de la Roue, d'Alègre, de Montboissier, de Lafayette, de Langeac, de Montmorin, de Laqueuille, de Florac, de Chazeron, de Tournelle, de Busset, de Lastic, d'Apchon, de Pestel, de Bauclair, etc. Jacques

---

(1) *Gallia Christiana*, tome IV, page 110.

d'Amboise mourut à Paray-le-Monial, dans le diocèse d'Autun, le 27 décembre 1516 et fut enterré dans l'abbaye de Cluny, où il avait été abbé. Ce prélat avait fait construire, en face de l'évêché, au sud de la Cathédrale, la belle fontaine d'architecture gothique, qui en 1808 fut transportée sur la place Delille. Elle a aujourd'hui disparu pour faire place à une fontaine de conception bizarre. Elle se trouve actuellement près de l'hôtel de la division militaire (1).

THOMAS DUPRAT, 80ᵐᵉ Évêque de Clermont, de 1517 à 1528. — Né à Issoire, Thomas Duprat était frère du cardinal-chancelier de ce nom et fils d'Antoine Duprat, seigneur de Verrières. En 1512 il fut nommé chanoine de la cathédrale de Clermont et le 25 mars 1517, le Chapitre le choisit pour évêque : cette nomination fut agréée par le Pape et par le roi. Il fut sacré à Tours, dans l'église collégiale de St-Venant. Ce prélat fit de grandes réparations à son palais épiscopal et aux châteaux de Beauregard et de Mauzun. D'un abord doux, affable, bienveillant, il protégea, avec cette haute intelligence qui le distinguait, les sciences et les arts ; il aima tendrement les pauvres, pour lesquels il fut un véritable père, et détesta les flatteurs, les ambitieux et les intrigants qu'il regardait comme le fléau de la société. En 1520, les grands jours furent tenus à Montferrand. Ce prélat, qui avait été chargé par François Iᵉʳ d'accompagner la fille de Louis XII en Italie, où elle allait pour épouser le duc de Ferrare, tomba malade à Modène et y mourut, le 19 novembre, 1528, à l'âge de 40 ans. Ses funérailles furent des plus simples : il fut enterré dans l'église de St-Laurent de

(1) Comte de Résie. — *Gallia Christiana*.

cette ville, sans sonnerie et sans autres luminaires qu'une simple lanterne. En cela on ne fit qu'observer à la lettre ce qu'il avait prescrit par son testament (1). Thomas Duprat avait fait faire à Clermont de grands travaux pour la conduite et la distribution des eaux de cette ville. Ce fut ce prélat qui établit dans le diocèse la fête de la Présentation de la Ste-Vierge. Sur la fin de son épiscopat, on vit paraître le premier bréviaire imprimé à l'usage du diocèse. Il avait été imprimé à Paris, chez Jean Petit. Jusque là on s'était servi de bréviaires manuscrits. En 1520, ajoute Ambroise Tardieu, Pierre d'Albon, évêque de Stabilion *in partibus*, consacra solennellement, à Artonne, plusieurs autels dans l'église collégiale de St-Martin de cette ville. Pierre d'Albon était évêque auxiliaire de Thomas Duprat.

GUILLAUME DUPRAT, 84ᵐᵉ Évêque de Clermont, de 1529 à 1560. — Cet évêque était fils d'Antoine Duprat, chancelier de France, lequel, après la mort de Françoise Veiny d'Arbouze, son épouse, se fit prêtre et devint cardinal-archevêque de Sens. Guillaume était abbé du monastère de Mozat, mais seulement sous-diacre et âgé de 22 ans, quand il fut élu, le 17 février 1529, pour succéder à son oncle. Gonod a commis une erreur dans la *Chronologie des Evêques de Clermont* en faisant élire Guillaume le 27 février 1528, puisque ce même auteur ne fait mourir Thomas que le 19 novembre de la même année. Comme Guillaume n'avait pas l'âge requis par les canons, il fallut trois ou quatre lettres pressantes de François 1ᵉʳ pour décider les

(1) *Gallia Christiana*, Anselme, *Maison de France*, tome VI, page 453.

chanoines à faire cette élection : ce fut la dernière qu'ils firent ; le concordat passé entre Léon X et François 1er leur enleva ce pouvoir pour le transmettre exclusivement aux rois de France. Ce prélat, qui fréquentait la cour de François 1er, portait une longue barbe, à l'exemple du roi et de ses courtisans. Comme les canons prescrivaient aux ecclésiastiques d'être entièrement rasés et que lui tenait à garder sa barbe, il demanda au pape Jules III la permission de la porter, ce qui lui fut accordé par un bref de ce pontife (1).

Voici comment on raconte la prise de possession de Duprat, le 2 janvier 1535 (2). — « *Le prélat arriva sur la fin de décembre de Paris et descendit au château de Beauregard ; le Chapitre en fut informé et aussitôt il lui députa quatre chanoines et un des syndics pour lui souhaiter la bienvenue et le complimenter. Pendant ce temps, on fit de grands préparatifs à Clermont ; quand le prélat eut appris que tout était prêt, il se rendit comme c'était d'usage, au monastère de St-Allyre, où il reçut, pendant quelques jours, la visite de tous les dignitaires ecclésiastiques et civils de Clermont. Cette cérémonie achevée, Guillaume Duprat, revêtu du rochet, du camail et de la soutane violette, ayant sur sa tête le chapeau vert avec glands d'or et cordons de soie, monta un coursier blanc richement caparaçonné et entra dans la ville par la porte des Gras, accompagné de 300 ecclésiastiques en surplis et bonnets carrés, de tous les dignitaires de la ville, d'un grand nombre de seigneurs de la province et d'une foule de gens venus de tous côtés.* »

« *Arrivé à l'entrée de la Cathédrale, le grand-chantre*

(1) *Gallia Christiana*, tome IV.
(2) Hilarion De Coste, *Recueil*, etc. page 300.

lui fit une harangue en 'atin, à laquelle Duprat répondit dans la même langu . Le prélat ayant ensuite prêté le serment d'usage, le chantre s'approcha, lui ôta son chapeau et son camail, le revêtit d'une riche chape en drap d'or, lui mit sur la tête la mitre, le bâton pastoral à la main et on entra ainsi dans la Cathédrale en chantant le *Te Deum*. Arrivé dans le chœur, le chantre le conduisit sur le siége épiscopal qu'on avait préparé et lui déclara qu'il était en possession de sa dignité. »

En 1538 ce prélat fit, des trois petits hôpitaux de Clermont, un grand hôpital beaucoup plus sain et plus commode pour les pauvres malades; il fut construit au bas de la rue des Gras. En 1543 il fonda à Paris le collége de Clermont, dans lequel il créa des bourses pour les étudiants de son diocèse.

En 1545 il fut désigné par le roi François Ier pour assister au concile de Trente, où il signala son zèle pour la foi catholique. Il combattit vivement les erreurs luthériennes et calvinistes et montra un grand attachement pour les pères Jésuites, considérés par lui comme les plus fermes soutiens du catholicisme. Son coup d'œil était juste. Il se trouva aux sept premières sessions du concile ; la peste, qui commençait à se faire sentir dans la ville de Trente, le força à revenir en France au mois de mars 1547. Le concile ayant été repris en 1550, Duprat y fut député de nouveau, mais il paraît qu'il ne s'y rendit pas et s'en fit dispenser par le Pape. Il appela les pères Jésuites dans son diocèse, leur fit construire un collége à Billom, un autre à Mauriac, dans la haute Auvergne, et leur donna de plus son collége de Paris (1).

(1) Anselme, *Maison de France*, tome II, page 454.

En 1557, la reine Catherine de Médicis dépouilla ce prélat du titre de comte d'Auvergne et des revenus qui y étaient attachés, sous prétexte qu'elle descendait, par sa mère, des comtes d'Auvergne et qu'elle en était l'héritière. Bien que les évêques de Clermont eussent joui en paix de cette possession pendant 300 ans, elle gagna son procès ; il n'en pouvait guère être autrement : c'était le pot de fer qui luttait contre le pot d'argile. Guillaume Duprat assista aux États-Généraux tenus à Paris, le 5 janvier 1557. Il mourut dans son château de Beauregard, le 23 octobre 1560, à l'âge de 63 ans, avec la réputation bien méritée d'un prélat plein de zèle, de lumière et de charité. Il fut d'abord enterré à Beauregard, dans le couvent des Minimes, qu'il avait fondé, et plus tard on transporta son corps au collège de Billom, dont il avait été le bienfaiteur. Ce qui prouve qu'il fut un évêque selon le cœur de Dieu, c'est qu'il fit beaucoup de bonnes œuvres pendant sa vie et qu'à l'approche de la mort, il donna le reste de ses biens aux pauvres de l'Hôtel-Dieu, pour lesquels il avait toujours eu la plus tendre affection et la plus constante sollicitude. C'est un des grands évêques qui ont occupé le siège de Clermont. Ce prélat fit imprimer à Lyon, en 1531, une seconde édition du bréviaire ; la première indubitablement avait dû être très-restreinte. Guillaume Duprat eut pour grand-vicaire Étienne Mauguin, qui conserva ce titre sous les évêques Salviati, de St-Nectaire et de Larochefoucauld.

Un arrêt du 22 mars 1547 nous montre que le concile de Trente était bien nécessaire et que les mœurs de cette époque avaient grand besoin d'être réformées. Cet arrêt défendait aux prêtres, sous peine d'une forte amende, de fréquenter des lieux suspects et de parcourir les rues, pendant la nuit, armés d'épées et de bâtons. Le même arrêt défendait encore aux prêtres, dans les lieux où ce bizarre usage se pratiquait, de danser dans les rues au son du tambourin, pendant qu'un prêtre nouvellement ordonné chantait sa première messe. A côté de ces singularités assez choquantes, nous trouvons l'opiniâtreté de l'hérésie. Un nommé Jean Brugière, natif de Fernoël, fut brûlé vif, comme hérétique obstiné sur la place d'Issoire, en 1548. Un arrêt du parlement de Paris, en date du 3 mars 1547, l'avait condamné à ce supplice s'il restait dans l'obstination. On avait cru, par cette mesure extrême, arrêter l'hérésie, mais il n'en fut rien ; elle continua comme toutes les œuvres sataniques à prendre une effrayante extension (1).

Par une coïncidence singulière, 247 ans après le supplice de cet hérésiarque, qui fut le premier en Auvergne livré au bourreau, un autre Jean Brugière, prêtre selon le cœur de Dieu, fut le premier, en 1793, qui monta courageusement sur l'échafaud révolutionnaire, pour la foi et la défense de cette même religion qu'avait reniée son homonyme et peut-être un de ses parents (2).

BERNARD II, 82.ᵉ Évêque de Clermont, de 1561 à 1567. — Né à Florence en Italie, Bernard était fils de Jacques Salviati et de Lucrèce de Médicis, sœur de Léon X. Il fit d'abord partie de la milice de St-Jean de Jérusalem, puis ayant embrassé l'état ecclésiastique, il devint aumônier de Catherine de Médicis, ensuite

(1) *Recueil d'arrêts notables*, liv. 1, art. 8. — (2) Comte de Résie.

évêque de St-Papoul et enfin cardinal-évêque de Clermont, en 1561. Nous ne savons rien de son épiscopat, si ce n'est qu'il se démit de son évêché, en 1567, en faveur d'un de ses grands-vicaires, Antoine de St-Nectaire, et qu'il mourut à Rome le 15 mai 1568, un an après sa démission ; il fut enterré dans l'église de Ste-Marie de la Minerve (1). Sous l'épiscopat de cet évêque, en 1564 et 1565, la peste, ce fléau exécuteur de la justice divine, sévit d'une manière effrayante dans la Basse-Auvergne, après avoir ravagé la haute, quelques années avant. Issoire perdit près de 3000 personnes, Riom plus de 4000. Aigueperse, qui dans la relation du voyage de Charles IX, avait été qualifiée de longue et belle ville, vit périr presque tous ses habitants. On peut juger de là comment furent traités les autres localités. Artonne, dit-on, échappa au fléau et attribua son salut à la protection de St. Martin qui, lorsqu'il y était venu bien des siècles auparavant, avait guéri tous les malades qui s'étaient présentés à lui (2).

ANTOINE DE SAINT-NECTAIRE, 83ᵐᵉ Évêque de Clermont, de 1567 à 1584. — Ce prélat, qui sortait de l'illustre famille des seigneurs de Clavelier et de Fontenelle, était vicaire-général du diocèse, quand, sur la demande de son évêque démissionnaire, il fut nommé par le roi à l'évêché de Clermont. Il prit possession de son siége le 12 novembre 1570: Il assista aux Etats de Blois en 1576. A peine promu à l'épiscopat, de St-Nectaire eut la douleur de voir son diocèse troublé par les déplorables guerres religieuses de cette époque. L'Auvergne, qui était foncièrement ca-

---

(1) *Gallia Christiana.* (2) Comte de Résie.

tholique, s'y trouva engagée par l'infâme conduite des protestants, qui avaient obtenu, par l'édit de pacification de 1576, la ville d'Issoire, comme place de sûreté. Ces audacieux sectaires, qui auraient dû laisser en paix un diocèse où le plus grand nombre n'avait pas renié la foi de ses pères, ravageaient le pays, pillaient les biens ecclésiastiques et profanaient les églises. Pour se défendre de ces pillards, qui terrorisaient le pays, le clergé du diocèse demanda au roi la permission de lever des troupes; cette autorisation accordée, il forma une petite armée de quatre mille hommes.

Au printemps de 1577, cette petite armée se réunit à celle que le duc d'Anjou amenait en Auvergne, pour faire le siége d'Issoire. Le blocus de la ville dura trois semaines ; et après bien des résistances, des attaques et des sorties, la ville fut prise par les catholiques, le 12 juin 1577. En mémoire des capitaines catholiques qui avaient perdu la vie dans cette affaire, des tableaux furent appendus aux colonnes de la Cathédrale contenant la liste de leurs noms. Antoine de Saint-Nectaire, après avoir été témoin des horreurs de cette malheureuse époque, mourut au château de Beauregard, le 15 septembre 1584. Les Grands Jours furent tenus par le parlement à Clermont, depuis le commencement de septembre jusqu'au 15 novembre suivant. Cet évêque fit reconstruire la chapelle de N.-D. de Vassivière, détruite pendant les guerres des Anglais et eut pour grand-vicaire François de Terssat de Lambres (1).

FRANÇOIS DE LA ROCHEFOUCAULT, 84me Évêque de

---

(1) *Gallia Christiana*, tome X.

CLERMONT, DE 1585 à 1609. — François de Larochefoucauld, second fils de Charles Ier, comte de Randan, fut nommé par le roi à l'évêché de Clermont à l'âge de 26 ans, le 7 octobre 1585. Ce jour-là il prit possession de son siége par procureur. Ce fut le 3 février suivant qu'il vint occuper par lui-même son siége épiscopal. François embrassa, avec son frère comte de Randan et gouverneur d'Auvergne, le parti de la Ligue. Les deux frères convoquèrent à ce sujet les états de la province à Billom, le 20 avril 1589. L'évêque parla énergiquement en faveur de son parti et les députés s'engagèrent dans la chapelle du collége à le défendre vigoureusement. Clermont, St-Pourçain et Issoire résistèrent fortement à ce parti et restèrent attachés au roi, que le Pape ne reconnaissait pas encore. Henri IV ayant eu le bon sens d'abjurer ses erreurs, la Ligue, qui n'avait plus raison d'être, perdit rapidement la faveur que de fortes convictions religieuses lui avaient un moment donnée dans le pays.

L'évêque, qui était le défenseur de la Religion et non l'ennemi du pouvoir, se rendit auprès d'Henri IV, lui fit sa soumission et le reconnut pour roi.

En 1602, un incendie des plus violents menaçait de réduire Clermont en cendres; tous les moyens employés pour l'éteindre restèrent sans résultat. On eut recours à l'intercession de St. Arthème et on porta sa châsse dans la ville avec une grande piété. Partout où les reliques du Saint passaient, on voyait le feu s'éteindre de lui-même (1).

Larochefoucauld renouvela les Statuts de son diocèse,

---

1) Dufraisse, *Origine des Eglises*, page 136.

les publia et les déclara obligatoires dans un synode tenu à Clermont, le 21 octobre 1599. Le pape Paul V, instruit de tout ce que faisait ce prélat pour détruire l'hérésie et faire recevoir en France le concile de Trente, lui envoya, en 1607, le chapeau de cardinal. En 1608, il fit imprimer un Rituel pour son diocèse. Louis XIII, qui faisait grande estime du cardinal de Larochefoucauld et qui désirait l'avoir plus près de sa personne, lui fit quitter, en 1610, l'évêché de Clermont pour celui de Senlis. Cet évêque travailla beaucoup pour la réforme des ordres de St-Augustin et de St-Benoît. Ses efforts furent couronnés de quelques succès. Il mourut dans son abbaye de Ste-Geneviève-du-Mont, le 14 février 1645, à l'âge de 87 ans, et en prononçant ces paroles : « *In te, Domine, speravi, non confundar in æternum.* » Toute sa vie fut une vie de mortification, de charité et de prières. On raconte une touchante anecdote de ce prélat, dont le nom fut populaire. Un jour, des marchands de grains de Clermont vinrent à Billom, où l'évêque était depuis quelques jours en villégiature, pour lui demander à acheter son grain. « *Vous arrivez trop tard, Messieurs, leur dit-il en souriant. Voici les marchands qui depuis longtemps me l'achètent.* » Et ce disant, il leur montra une foule de pauvres qui emportaient d'énormes morceaux de pain. Ce prélat eut pour grand-vicaire Claude Thierry, aumônier du roi et doyen de la Cathédrale.

Les vertus de cet homme de bien, sa piété bien connue et la pureté de ses mœurs n'ont pu le mettre à l'abri des reproches et des injures des Jansénistes, qui lui ont fait un crime d'avoir fait du bien aux Jésuites et d'avoir montré trop de zèle contre le docteur Richer, qui était un hérétique de leur secte.

Les Capucins s'établirent à Billom, en 1599 ; à Thiers, en 1606 et à Issoire en 1608 (1).

Sous cet épiscopat, fut martyrisé par les Huguenots Jacques Salez, né à Lezoux, d'une famille honnête qui tenait hôtel dans cette ville. Il fit ses études chez les Pères Jésuites de Billom. A dix-sept ans il entra dans leur compagnie, fit son noviciat dans leur maison de Verdun, en Lorraine, fut ordonné prêtre à 29 ans, et fut reçu docteur en théologie à 32 ans. Sa dialectique serrée et pressante contre les protestants, lui attira de ce côté d'implacables ennemis. Étant au collège de Tournon, le père provincial l'envoya avec un frère, qui était aussi d'Auvergne, à Aubenas, pour y combattre l'hérésie. Jacques Salez fut au comble de ses vœux en voyant briller devant lui la palme du martyre. « *Adieu, mon frère*, dit-il à un religieux, en sortant du collège de Tournon, *adieu, priez pour nous comme pour des personnes qui s'en vont à la mort. Adieu, mon fils*, dit-il à un novice, *nous ne nous reverrons plus qu'au ciel.* » On aurait dit qu'il connaissait le genre de mort qu'il devait subir. Un gentilhomme protestant le menaçait de son pistolet, il lui dit : « *Ce ne sera pas vous qui nous donnerez la mort, elle nous sera donnée dans la rue, à l'heure marquée par la Providence.* » En effet, il fut égorgé dans la rue, avec le pieux frère Auvergnat qui l'accompagnait, le 7 février 1593. Leurs meurtriers firent tous une fin détestable, et il s'opéra sur le tombeau de ces martyrs plusieurs miracles (2).

ANTOINE ROSE. 85ᵐᵉ Évêque de Clermont, de 1609 à 1614. — Antoine Rose, qui avait le titre de docteur de Paris, de la maison de Navarre, était originaire de Chaumont-en-Bassigny, et se trouvait évêque de Senlis quand il permuta d'évêché avec François de la Rochefoucauld, en vertu d'une bulle du pape Paul V. Cette permutation causa une grande joie à l'évêque de Senlis

---

(1) *Gallia Christiana*, tome X. — Jacques Branche.
(2) Jacques Branche, *Vie des Saints d'Auvergne*.

et à son chapitre, dans ce sens qu'elle mettait fin à leurs vieux démêlés. Antoine Rose prit possession de son nouveau siège, le 23 juillet 1610. Sa joie fut de courte durée ; il eut avec son nouveau chapitre les mêmes difficultés qu'il avait eues avec son ancien. Il mourut à Orléans, le 31 janvier 1614, en allant à Paris pour y soutenir un procès. C'est tout ce que l'on sait de lui. La première année de son épiscopat, les Capucins s'établirent à Clermont. En 1613, Claude Thierry, doyen du chapitre de la Cathédrale, fonda à Maringues les Récollets (1).

JOACHIM D'ESTAING, 86me Évêque de Clermont, de 1614 à 1650. — Ce prélat, fils de Jean d'Estaing et de Gilberte de la Rochefoucauld, était chanoine-comte de Lyon et abbé du monastère d'Issoire, quand le roi le désigna, en 1614, pour être évêque de Clermont. Il prit possession, par procureur, le 12 décembre de la même année et par lui-même le 3 avril 1615. Il assista aux États généraux en 1614. Comme une maladie d'yeux l'avait presque rendu aveugle, on lui donna pour coadjuteur Jean de Mallevau, évêque d'Olonnes. Joachim mourut au château de Mauzun, le 11 septembre 1650, et fut enterré dans la nef de la Cathédrale, le 20 du même mois. Ce fut ce prélat qui fixa au 15 mai la fête de N.-D. du Port, en reconnaissance de la cessation miraculeuse d'un froid excessif qui désolait l'Auvergne au milieu du mois de mai 1614. On ne voyait presque pas de verdure dans les champs ; l'herbe était grillée et toutes les plantes dépérissaient sur pied (2). Joachim d'Estaing eut des démêlés avec son chapitre, au point que celui-ci lui ayant fermé

(1) *Gallia Christiana*, t. X, p. 446. — (2) Le comte de Résie.

les portes de sa cathédrale, le prélat les fit enfoncer à l'aide d'un bélier. En 1640, un *Te Deum* ayant été chanté dans la cathédrale, le vicomte de Polignac, qui voulait occuper la place du roi, en fut empêché par le prélat. On voit que Joachim d'Estaing savait, au besoin, faire acte d'autorité.

L'épiscopat de cet évêque est remarquable par le grand nombre de couvents qui s'établirent en Auvergne, et surtout à Clermont. On compte de ce nombre celui des Pères de l'Oratoire, en 1618 ; ceux des Ursulines, en 1620 ; des Minimes, en 1630 ; des Carmes Déchaussés, en 1633 ; des Religieuses hospitalières, en 1642 ; leur maison est la caserne actuelle de la rue des Jacobins ; celui des Bernadines en 1647 ; leur maison est le Petit-Séminaire d'aujourd'hui. Ce fut à cette époque que les Bénédictines de l'Eclache, paroisse de Prondines, vinrent, à la suite d'un incendie de leur couvent, s'établir à Clermont, dans la rue qui porte aujourd'hui le nom de l'Eclache. En 1620, Antoine Rusé, marquis d'Effiat, établit les Capucins à Gannat, et fonda à Effiat, avec un collége tenu par les prêtres de l'Oratoire, un hôpital qui existe encore aujourd'hui. En 1630, les religieuses de la Visitation s'établirent à Billom et les moines de l'ordre de St-Etienne-de-Grammont à Thiers. Ce prélat eut pour grand-vicaire Jacques Pereyret, natif de Billom, et homme de grands talents.

Un arrêt du Conseil d'Etat du 26 juillet 1644, défendit aux Récollets de s'établir à Riom, sous prétexte que cette ville renfermait déjà un grand nombre de religieux mendiants. En 1631, la province d'Auvergne fut ravagée par la peste noire. Clermont surtout eut grandement à souffrir. Les pères Capucins, dont le

couvent était de date récente (1608), montrèrent un
dévouement admirable pendant tout le temps du fléau.
Tout le monde fuyait la ville, et eux portaient, au
péril de leur vie, les derniers sacrements aux malades ;
ils ne les abandonnèrent pas un instant. Cette noble
et héroïque conduite attira sur cet ordre de nombreuses
sympathies. La pieuse veuve d'Antoine Legras de Montferrand institua, de concert avec St. Vincent de Paul,
la Congrégation des filles de la Charité (1633). Joachim
d'Estaing publia, en 1620, des statuts synodaux dans
lesquels il s'était glissé des fautes si notables, que son
successeur fut obligé d'en interdire l'usage, et de faire
paraître une édition corrigée. Ce fut sous l'épiscopat
de cet évêque, en 1637, qu'une dame Gravier, dont le
mari avait été conseiller du roi, fonda à Vichy un
couvent de capucins qui n'a été supprimé qu'à la
grande Révolution. Ces pères, qui avaient laissé à Vichy de bons souvenirs, furent sincèrement regrettés (1).

LOUIS D'ESTAING, 87ᵐᵉ Evêque de Clermont, de
1651 à 1664. — Ce prélat, frère du précédent, avait
été abbé de Belle-Aigue (ordre de Citeaux), et était
aumônier d'Anne d'Autriche, mère de Louis XIV, quand
il fut nommé par le roi à l'évêché de Clermont. Il fut
sacré à Paris, au mois d'août 1651, et prit possession
de son siége le 10 octobre suivant. Sa première pensée
fut de porter la réforme dans son diocèse. Le relâchement du clergé causait des scandales qui menaçaient d'atteindre la foi du peuple. « On voyait, dit
une ordonnance de l'Official de Clermont, datée du
12 décembre 1651, un grand nombre d'ecclésiastiques
n'ayant pas l'esprit de leur état, parcourir les rues en

(1) *Gallia Christiana*, — Branche, — Dufraisse.

habits laïques, sans tonsure, ni soutane, fréquenter les jeux publics, les tavernes et les brelans; aller faire du vil négoce aux foires et aux marchés; tenir dans leurs maisons des femmes suspectes et de mauvaise vie; s'abonner à toutes sortes de vices et d'excès, au point que quelques-uns d'entr'eux s'oubliaient jusqu'à administrer les sacrements sans pouvoirs, ni permission (1). »

Pour remédier à ces maux, le prélat se servit d'un de ses grands-vicaires, Jacques Peyreret, docteur en Sorbonne, grand-maître et professeur au collége de Navarre, à Paris. C'était un homme d'un grand savoir et d'une grande habileté dans les affaires. Il agit avec tant de prudence et avec tant de fermeté tout à la fois, qu'il obtint du clergé une conduite plus régulière. Pour mener à bonne fin cette réforme heureusement commencée, l'évêque établit à Clermont un grand-séminaire, qu'il confia à la direction des prêtres de St-Sulpice. Ce grand-séminaire fut placé, en 1653, dans l'établissement des Bénédictins de St-Allyre, que ceux-ci cédèrent au prélat. En 1775, il fut transféré à l'est de la ville, dans les beaux bâtiments qui devaient servir de petit-séminaire, et qui, depuis 1791, servent de caserne. Le Petit-Séminaire, par cette translation, alla occuper le local abandonné par le grand. En 1653, Louis d'Estaing fit paraître corrigés les *Statuts synodaux* de son frère, dont nous avons déjà parlé. En 1656, il fit imprimer un *Rituel* pour le diocèse. Peu de temps avant, il avait fait imprimer un nouveau *Missel* et un nouveau *Bréviaire*.

Ce prélat mourut à Clermont, dans son palais épis-

(1) *Archives départementales.*

copal, un samedi 15 mars 1664, à l'âge de 63 ans, et fut enterré dans l'église du Séminaire dont il était le bienfaiteur (1). Ce fut sous cet épiscopat, en 1656, que les Augustins furent établis à Clermont. Leur couvent, dont il ne reste aujourd'hui aucun vestige, se trouvait en bas de la place St-Hérem. En 1658, l'hôpital général de Clermont fut fondé. Ce fut aussi vers ce même temps que deux maisons de Bénédictines s'établirent en Bourbonnais, l'une à St-Pourçain et l'autre à Souvigny. A la même époque, les prêtres de la Congrégation du St-Sacrement fondèrent à Thiers une maison où ils enseignaient la philosophie et les belles-lettres. En 1663, les pères Jésuites quittèrent Montferrand pour s'établir à Clermont, où ils ouvrirent un collége qui fut des plus florissants.

GILBERT VEINY D'ARBOUZE, 88ᵐᵉ Évêque de Clermont, de 1664 à 1682. — Ce prélat, né le 15 janvier 1608, au château de Villemont, paroisse de Vensat, était fils de Gilbert Veiny d'Arbouze, lieutenant-général des armées du roi et seigneur de St-Genès-du-Retz. Il fut le dernier abbé régulier de ... Il était à la tête de cette abbaye, quand il fut nommé par le roi, le 9 avril 1664, à l'évêché de Clermont. Sacré à Paris, le 21 septembre de la même année, il prit possession de son siége le 30 novembre suivant. Sous son épiscopat, eut lieu à Clermont la tenue des *Grands Jours*, du 26 septembre 1665 au 1ᵉʳ février 1666. L'arrêté pris dans cette assemblée touchant les affaires ecclésiastiques, était que des juges commis par la Cour visiteraient les abbayes, les monastères, les prieurés, les cures et les chapelles, pour savoir si le

(1) *Gallia Christiana*. — Dufraisse, *Origine des églises*.

service divin y était célébré, les fondations accomplies, les sacrements administrés, et si les chanoines assistaient aux offices. Les monastères qui n'étaient fondés que depuis 30 ans et qui n'avaient point de lettres patentes étaient supprimés. Cet arrêté souleva de vives et légitimes réclamations dans le clergé. C'était empiéter sur le droit sacré des évêques, c'était s'ingérer dans des choses purement spirituelles qui ne regardaient que les ministres de la religion.

Cela ne doit pas trop étonner, c'est toujours de cette manière que les philosophes, les libres-penseurs et les impies entendent les libertés de l'Eglise (1).

En 1667, un petit incident qui aurait pu devenir une grosse affaire eut lieu ; mais il fut promptement étouffé. Voici de quoi il s'agissait : un grand nombre de prêtres du diocèse s'étaient ligués contre les gros décimateurs ; ils avaient à leur tête le curé de St-Genès de Clermont et celui de St-Pierre de Mâcon, lesquels avaient adressé une circulaire à tous les curés de France pour les engager à se plaindre et à plaider contre les prélats, les abbés et les chapitres. L'évêque de Clermont, instruit de ces menées, en prévint le roi, qui appela à la Cour les deux curés, les força à renoncer à leur projet et à demander pardon à leurs évêques. En 1666 la maison de refuge des Filles Repentantes fut fondée à Clermont et la direction en fut donnée aux Sœurs de St-Joseph. En 1674, mourut dans cette ville sœur Marie Poret, du tiers-ordre de St-Dominique. Sa vie avait été un exemple quotidien de mortifications et de bonnes œuvres. Gilbert Veiny d'Arbouze mourut au château de Beauregard, le dimanche matin, 19 avril

(1) *Recueil des Arrêts des Grands Jours*.

1682, à l'âge de 74 ans ; il fut enterré le mercredi suivant dans l'église du séminaire. Ce prélat eut pour grand-vicaire Claude Laborieux (1).

Après la mort de cet évêque, le siége resta vacant jusqu'en 1687. Il y eut en 1684 deux évêques nommés successivement : de Tilladet, évêque de Mâcon, qui ne put obtenir ses bulles de translation ; et de St-Georges, chanoine et comte de Lyon, qui, avant d'avoir pris possession de l'évêché de Clermont, fut nommé à l'archevêché de Tours ; mais n'ayant pu obtenir ses bulles, il resta à Lyon. Il faut dire que Veiny d'Arbouze fut un saint prélat, qui a laissé à son diocèse un bon souvenir de ses vertus et de ses bienfaits.

Nous avons de cet évêque un compte-rendu assez curieux sur ses visites pastorales de 1665 à 1675. Pendant ces dix ans, il visita 180 églises, où il trouva 229 ciboires, 288 custodes pour porter le St. Viatique, 167 ostensoirs, 298 calices, 399 reliquaires ; parmi ces différents vases sacrés, 215 n'étaient pas en argent, et parmi les reliquaires, 321 étaient en cuivre ou en étain. Il y avait de plus 601 autels où on pouvait dire la messe ; 123 chapelles domestiques ou autres ; et 996 cloches. Plusieurs églises étaient couvertes en chaume ; elles avaient des lambris en planches, un dallage en terre battue, et des croisées sans vitres, les ornements et le linge étaient à l'avenant. Cette grande pauvreté et ce dénuement des églises étaient la conséquence forcée de leur dévastation et de leur pillage causés en Auvergne par les guerres de religion, faites par les protestants (2).

FRANÇOIS BOCHART-DE-SARON-CHAMPIGNY, 89ᵐᵉ Évêque de Clermont, de 1687 à 1715.

— Issu d'une famille distinguée dans la magistrature, François Bochard de Saron-Champigny était chanoine de la ca-

(1) *Gallia Christiana*. — Dufraisse, *Origine des Eglises*.
(2) *Statistique des tournées pastorales*.

thédrale de Paris, quand il fut nommé par le roi à l'évêché de Clermont, au mois de mai 1687. Il fut sacré le 31 août 1692 et fit son entrée solennelle à Clermont le 18 décembre de la même année. On ne dit point pour quelle raison son sacre n'eut lieu que cinq ans après sa nomination. Le chanoine Dufraisse, qui vivait à cette époque, dit que ce prélat était un homme de mérite, de science, de sagesse et de vertu : il n'ajoute pas autre chose de lui. François Bochart de Saron-Champigny mourut le 11 août 1715, à Clermont, et fut enterré dans la Cathédrale. Ce fut du temps de ce prélat que la fête de l'Immaculée Conception fut établie dans le diocèse. Pendant cet épiscopat les grands-vicaires furent Claude Laborieux et Jean Court (1).

Le siége resta vacant deux ans ; on y nomma Louis d'Entraigue, aumônier du roi, qui préféra l'évêché de Lectoure ; puis on l'offrit à Camille Le Tellier, bibliothécaire du roi, qui ne voulut point accepter à cause de ses infirmités et de son âge. Sous l'épiscopat de Saron, Jean Gaschier, lieutenant criminel de Clermont, donna sa maison, du nom de *Château-Gaillard*, pour y établir un hôpital tenu par les frères de la Charité. Ce pieux fondateur y mourut et laissa aux pauvres tout ce qu'il possédait : sa fortune était assez considérable. Cet hôpital sert aujourd'hui de local pour la bibliothèque de la ville. L'hôpital de St-Joseph près de St-Allyre, tenu par les sœurs de St-Vincent-de-Paul, fut fondé la même année, par des dons particuliers. En 1702 Charles de Ribayre et Delaire, présidents de la cour des Aides, établirent les sœurs de Nevers, qui depuis se sont répandues dans le diocèse. Sous cet épiscopat, il fit en 1705, une si grande chaleur, qu'un

(1) *Gallia Christiana*. — Dufraisse, — Gonod, *Chronologie*.

thermomètre qui servait depuis 30 ans se rompit par suite de la dilatation du mercure. Ce n'était pas une chaleur ordinaire, c'était une chaleur sénégalienne. Par contre, en 1709, il y eut un hiver des plus rigoureux, qui dura 12 semaines. La misère était à son comble. Les établissements religieux furent d'un grand secours aux nombreux malheureux qui mouraient de faim.

Voici quelques détails des tournées pastorales de ce prélat, de 1698 à 1703. Pendant ces cinq ans, De Saron-Champigny a fait la visite de 725 églises, dans lesquelles il a trouvé 747 ciboires, 723 custodes pour porter le St. Viatique, 671 ostensoirs, 1113 calices, 1461 reliquaires. Parmi les vases sacrés il n'y en avait que 57 qui n'étaient pas en argent ; parmi les reliquaires, il y en avait 1047 qui étaient en cuivre ou en étain. On comptait 2757 autels où on pouvait dire la messe ; 545 chapelles domestiques et 2109 cloches. On voit que pendant un court espace de temps, les églises d'Auvergne étaient sorties de cet état de misère où elles avaient été réduites et qu'elles avaient fait des progrès considérables dans leur ameublement et leur ornementation (1).

Un usage condamné par les théologiens et très-condamnable en lui-même, subsistait encore en Auvergne du temps de ce prélat : c'était de célébrer des messes sèches, c'est-à-dire sans consécration et sans communion. Voici en quoi elles consistaient et dans quelles circonstances elles étaient célébrées : Le prêtre se revêtait de tous les ornements sacerdotaux, puis commençait la messe qu'il poursuivait avec les cérémonies ordinaires jusqu'à l'offertoire, en ayant soin d'omettre tout ce qui avait rapport au sacrifice : ainsi il n'y avait sur l'autel, ni calice, ni hostie. Le prêtre ne disait point de secrète ; mais il disait ou chantait la préface et le Sanctus; de là il passait tout à coup au *Pater*, disait le *Pax Domini*, l'*Agnus Dei*, et aussitôt arrivant aux oraisons de la postcommunion, il terminait comme pour les messes ordinaires. Cette sorte de messe, qui n'était en quelque sorte qu'une dérision du

(1) *Statistique des tournées pastorales.*

plus saint et du plus auguste des mystères, se disait le soir aux enterrements qui n'avaient pu se faire dans la matinée. Trait de mœurs tiré de Becquillot (1).

MASSILLON, 90ᵐᵉ Évêque de Clermont, de 1717 à 1742. — Jean-Baptiste Massillon, fils d'un notaire d'Hyères, en Provence, né le 24 juin 1663, entra à l'âge de 18 ans dans la congrégation de l'Oratoire, fut ordonné prêtre en 1692, professa les belles lettres et la philosophie jusqu'en 1696, prêcha à la cour l'Avent de 1699 et les Carêmes de 1701, 1704 et 1708. Voici l'éloge que lui fit Louis XIV, après avoir entendu son premier Avent. « *Mon père, quand j'ai entendu les autres prédicateurs, j'ai été très-content d'eux ; pour vous, toutes les fois que je vous ai entendu, j'ai été très-mécontent de moi.* » Un jour un de ses confrères lui dit qu'il avait prêché admirablement bien. *Eh ! mon Père*, lui répliqua Massillon, *n'en parlons pas ; le diable me l'a déjà dit plus éloquemment que vous.* » Comme il aimait à prendre ses ébats, sans que la décence en fût pourtant jamais blessée, M. de Crozat, chez qui il se trouvait, lui dit un jour : « *Mon Père, votre morale m'effraie ; mais votre façon de vivre me rassure.* »

Nommé par le Régent à l'évêché de Clermont, le 7 novembre 1717, Massillon fut préconisé à Rome, en mai 1718, par Clément XI et sacré à Paris, le 31 décembre de la même année. En 1719, il devint membre de l'Académie Française. Ayant pris possession de son évêché le 29 mai de la même année, il ne sortit plus de son diocèse que pour aller à St-Denis, en 1721, prononcer l'oraison funèbre de la duchesse d'Orléans, mère

(1) *Dictionnaire de Liturgie*, page 395, édition **Migne**.

du Régent. Massillon était un de ces hommes à belle prestance et à aimable figure, reproduisant ce type de grandeur, de dignité, de bonté affable que nous offrent si souvent les portraits du grand siècle. En le voyant, on reconnaissait en lui le grand orateur, le pasteur vigilant et l'homme de bien (1).

Quoiqu'on lui ait reproché d'avoir eu la faiblesse de donner au licencieux Dubois, pour le faire admettre à la prêtrise, une attestation de sa main, et ce qui est plus grave encore, de l'avoir consacré évêque, ce fut cependant un homme de bien attaché sincèrement au saint Siége, et qui fit tous ses efforts pour faire acquiescer le cardinal de Noailles aux décrets du Souverain-Pontife. Ses nombreux bienfaits ont laissé en Auvergne le meilleur des souvenirs. En 1728, il écrivit, avec une sainte liberté, au cardinal De Fleury, alors premier ministre, pour le prier de lui venir en aide, par suite d'un hiver rigoureux qui avait plongé l'Auvergne dans la plus profonde misère ; il obtint ce qu'il avait demandé. En 1731, il établit près de la barrière actuelle de Fontgiève, le séminaire de St-Austremoine, dit de la Chasse, pour servir de retraite aux prêtres infirmes et âgés. Les motifs qu'il fit valoir pour obtenir du roi l'autorisation de fonder cette maison font honneur et à ses sentiments religieux et au bon naturel de son cœur. Cet établissement si utile fut détruit par la grande Révolution, qui, si le bras de Dieu ne l'avait promptement comprimée, n'aurait laissé partout que désolation et ruine.

Comme bon nombre de fêtes chômées avaient dégénéré en jours de débauche et de licence, ce prélat, par un mandement du 29 août 1736, déclara que les fêtes

(1) *Biographie chrétienne*, édition Migne.

de St. Jacques et de St. Philippe, de St. Jacques, apôtre, de St. Laurent, de St. Barthélemy, de St. Louis, de St. Mathieu, ne seraient plus chômées et d'obligation. La fête de St. Louis pourtant continuerait de l'être, là où il y aurait un baillage ou autre justice. Sous son épiscopat, le célèbre père Bridaine donna à Clermont une mission qui produisit dans la ville des fruits abondants de salut. La clôture se fit sur la place de Jaude, où l'illustre prédicateur fit entendre sa voix tonante à un auditoire composé de cinq à six mille personnes fondant en larmes. Ce prélat détruisit, à force de fermeté et d'énergie, des processions très anciennes et très-indécentes, qui se faisaient à certains jours, dans plusieurs paroisses de son diocèse ; processions qui ne représentaient autre chose qu'un reste de paganisme et de barbarie (1).

Massillon mourut le 28 septembre 1742, au château de Beauregard, à l'âge de 79 ans. Ce prélat, qui manifesta à sa dernière heure les plus grands sentiments de piété, donna par testament tout ce qu'il avait aux pauvres de l'Hôtel-Dieu, à l'exception de son patrimoine, qu'il laissa à sa famille. Comme presque tous les évêques de son époque, il fit imprimer pour son clergé un *Rituel*, un *Missel* et un *Bréviaire*. Dans les offices, plusieurs fêtes furent supprimées : telles que celle de Ste. Vitaline, etc. On adopta, à la place des anciennes hymnes, celles de Santeul et de Coffin. Elles étaient plus coulantes et plus harmonieuses ; mais elles avaient une odeur assez forte de jansénisme.

Massillon eut pour grands-vicaires Jean-Baptiste de Champflour, abbé de la Cathédrale, et Paul de Ribeyre,

---

(1) Gonod, *Chronologie des Evêques.*

qui mourut évêque de St-Flour, en 1776. Deux ans avant la mort de Massillon, en 1740, un hiver presque aussi rigoureux que celui de 1709, causa en Auvergne une excessive cherté de grains et de toutes les denrées. La détresse fut grande parmi les malheureux ; heureusement les ordres religieux leur vinrent en aide.

Pendant son épiscopat, Massillon visita 853 églises de de son diocèse; il y trouva 862 ciboires, 858 custodes pour porter le St-Viatique, 819 ostensoirs, 1369 calices, de tous ces vases sacrés il n'y en avait que 4 qui n'étaient pas en argent. Parmi les reliquaires dont le nombre s'élevait à 1762, il y en avait 1249 qui étaient en cuivre ou en étain ; il y avait 3067 autels où on pouvait dire la messe. Le nombre des chapelles domestiques était de 593; pour le nombre de cloches, qui avait encore augmenté, il n'en n'est point fait mention (1).

FRANÇOIS-MARIE DE LA GARLAYE, 91ᵐᵉ Évêque de Clermont, de 1742 à 1776.

— Ce prélat, né au château de La Garlaye, près d'Arval, dans le diocèse de Nantes, le 22 novembre 1700, descendait d'une des plus illustre et des plus nobles familles de la Bretagne ; il était comte de Lyon et chanoine dignitaire de la primatiale de cette ville, quand il fut nommé, en 1742, à l'évêché de Clermont. Sacré le 24 février 1743, il prit possession de son siège le 18 septembre de la même année. Ce prélat, dont la figure était agréable et le port majestueux, avait une science solide et passait pour être le premier théologien de son diocèse. Il fut administrateur ; tout ce qu'il entreprit, il le fit avec zèle et sagesse. En 1773, il supprima par un mandement l'obligation de chômer les jours de fêtes de St. Etienne, de la Nativité de St. Jean-Baptiste, du lundi de la

(1) *Statistique des tournées pastorales.*

Pentecôte, de St. Louis et de St. Austremoine. Les fêtes patronales furent transférées au dimanche suivant. Le motif qui porta cet évêque à faire ces suppressions venait des nombreux abus qui avaient lieu parmi le peuple à l'occasion de ces fêtes. En outre, le philosophisme railleur et l'impiété croissante ne les respectaient plus. On sentait à cette époque qu'il se préparait un cataclysme social, pour un avenir prochain (1). Ce prélat eut pour grands-vicaires François Moranges, Victor Pelissier de Féligonde, Jean Chardon du Ranquet, et André Gontier.

On a reproché à cet évêque d'avoir été trop économe et de n'avoir pas mené un train selon son rang ; mais quand on saura que le fruit de ses épargnes passait secrètement dans le sein des pauvres et des malheureux, on louera en lui, comme une vertu sublime, ce que l'on taxait légèrement de parcimonie. Ce charitable prélat mourut le 5 juin 1776, âgé de 76 ans. Ce ne fut qu'après sa mort que l'on connut ses immenses aumônes, tant son humilité les avait tenues secrètes. Il donna par testament 150,000 francs à l'hôpital général de Clermont, 25,000 à l'hospice de St-Joseph et 25,000 à l'hospice de Billom. Il fit imprimer, pour l'usage de son clergé, un *Cérémonial de chœur*, un *Missel* et un *Bréviaire*, en 1774, deux ans avant sa mort. Il donna pour raison que son désir était de perfectionner l'office divin dans son diocèse, ce que Massillon n'avait déjà que trop fait avant lui. On lui a reproché d'avoir passablement écourté les leçons du Bréviaire, d'y avoir souvent mutilé des passages de l'Ecriture sainte. Ce fut ce prélat qui établit dans le diocèse la fête du Sacré-Cœur ; il la fixa au second dimanche de juillet.

(1) Gonod, *Chronologie*.

Cette date fut un plagiat sur l'église de Paris, regardée par l'église de Clermont et par plusieurs autres de France, comme leur revérende Mère. Rome avait fixé cette fête au lendemain de l'octave de la fête-Dieu ; Paris voulut se singulariser et la fixa au deuxième dimanche de juillet (1).

Dans ses tournées pastorales, De La Garlaye visita 193 églises, dans lesquelles il trouva 193 ciboires, 194 custodes pour porter le St. Viatique, 193 ostensoirs, 214 calices, le tout en argent ; il trouva 335 reliquaires, dont 265 étaient en cuivre ou en étain ; il compta 675 autels où l'on pouvait dire la messe et 159 chapelles domestiques ou publiques. Pour le nombre de cloches, il n'en est pas dit mot ; mais ce que l'on sait, c'est que ce nombre augmentait au lieu de diminuer (2).

FRANÇOIS DE BONAL, 92ᵐᵉ Évêque de Clermont, de 1776 à 1800. — Ce digne prélat, né le 9 mai 1734, au château de Bonal, près Penne, dans le diocèse d'Agen, assista comme député du 2ᵐᵉ ordre à l'assemblée du clergé, en 1759, et devint vicaire-général et grand archidiacre de l'évêque de Châlon-sur-Saône. En 1776 il fut nommé à l'évêché de Clermont et sacré le 6 octobre de la même année. Ce prélat, de mœurs austères et de sentiments élevés, était le père des pauvres, auxquels il distribuait tous ses revenus. On voyait dans son port majestueux et énergique une de ces belles figures qui respirent la bonté, la douceur et la paix, mais que rien ne saurait faire fléchir dans l'ordre de la conscience et du devoir. Il multiplia, pour le bien de son clergé et celui de son diocèse, les visites pastorales, les conférences ecclésiastiques et les synodes diocésains. Son zèle, sa fermeté et son dévouement

---

(1) *Biographie moderne.*
(2) *Statistique des Tournées pastorales.*

brillèrent avec un grand éclat dans les divers mandements qu'il ût. Mais où ces qualités furent remarquées le plus, ce fut dans celui qu'il donna en janvier 1789, où il stigmatisait la licence de la presse et annonçait en langage prophétique tous les crimes atroces qui devaient bientôt souiller et ensanglanter la France.

Député aux Etats-Généraux pour le clergé du baillage de Clermont, avec M. Thourin, curé de Vic-le-Comte, il y montra tant de dignité et de caractère, qu'il força ses ennemis même au respect et à l'admiration. Mais où il fit preuve d'une fermeté inébranlable, malgré toutes les menaces et les injures que des hommes en délire vomissaient contre lui, ce fut dans la séance du 11 février 1790, quand il exprima son opinion sur les ordres religieux, et dans celle du 9 juillet de la même année, lorsqu'en faisant sa déclaration au sujet du serment civique, il s'exprima en ces termes :

« *Ici, Messieurs, en me rappelant tout ce que je dois à César, je ne puis me dissimuler tout ce que je dois à Dieu. Oui, dans tout ce qui concerne les objets civils, politiques et temporels, je me trouverai fondé à jurer de maintenir la Constitution ; mais une loi supérieure à toutes les lois humaines me dit de professer hautement que je ne puis comprendre dans le serment civique les objets qui dépendent essentiellement de la puissance spirituelle; que toute feinte à cet égard serait un crime, que toute apparence qui pourrait la faire présumer serait un scandale de ma part, indigne d'un ministre de Dieu.*

On n'a pas oublié la réponse qu'il fit à Target, quand celui-ci venant dans la Chambre, le 27 mai 1789, de la part de Mirabeau, dire aux membres de l'Assemblée de se réunir au tiers-état, au nom du Dieu de paix : « *Le Dieu de paix*, répondit-il, *est aussi le Dieu de l'ordre et de la justice.* » Quand il fut question, dans la séance du 15 septembre 1790, de voter la suppression du costume ecclésiastique, De Bonal s'y opposa avec énergie et ajouta : « *On déchirera mon habit sur mon corps avant de me le faire abandonner.* » Le 12 juillet 1790, il vota contre *la Constitution civile du clergé*, œuvre satanique, assemblage monstrueux d'impiété et d'hérésie. Dans la séance du 2 janvier 1791, n'ayant pu obtenir qu'on retranchât dans la formule du serment ce qui anéantissait les droits spirituels de l'Eglise, il refusa son serment avec une noble fermeté et quitta la Chambre pour ne plus y reparaître. Si tous les membres du clergé se fussent conduits comme le pieux et courageux évêque de Clermont, les jacobins auraient été vaincus, et avec eux cette révolution sanglante qui a fait commettre tant de crimes. Toutes les réformes se seraient faites sans bruit et pas une goutte de sang n'aurait été versée (1).

Le 1er février 1791, l'évêque de Clermont adressa une lettre pastorale à ses diocésains, pour les détourner de prendre part au schisme par l'élection sacrilége et anti-canonique qu'on leur proposait. Cette mesure, comme on devait s'y attendre dans ce temps de trouble, fut sans effet. Un Oratorien du collége d'Effiat, nommé Périer, fut élu évêque constitutionnel, le 15 février 1791. De Bonal protesta vivement contre cette élection schismatique, par une lettre pastorale du 30 avril. Périer ne fut pas heureux avec cette prétendue dignité acquise au prix de sa conscience et de sa foi. Sa nouvelle église était exclusivement formée de gens qui méritaient le bagne ou qui en sor-

(1) *Biographie chrétienne.*

taient. Les neuf dixièmes des Catholiques d'Auvergne restèrent inébranlablement attachés à Mgr. de Bonal, leur véritable évêque, bien qu'il eût été forcé de sortir de France pour aller manger le pain de l'exil sur une terre étrangère (1).

Les Catholiques restés fidèles à l'Eglise, et c'était la grande majorité, refusaient courageusement le ministère des prêtres intrus, auxquels ils faisaient cette application de l'Evangile : « *Celui qui n'entre pas par la porte dans la bergerie des brebis, mais qui y monte par un autre endroit, est un voleur et un larron.* » Que de peine se donna le malheureux Périer pour recruter un clergé digne de son troupeau ! Il ramassa dans la fange du schisme, ce que la révolution y avait traîné de taré et d'impur. Pauvre clergé ! qui, après quelques semaines de fonctions, n'inspirait à l'évêque intrus que regrets amers et profond dégoût. Au début du schisme, on aurait dit que la divine Providence voulait éclairer ces misérables jureurs en frappant dans leurs rangs des coups redoublés. Chastagnon, chantre de l'église de Vertaison, remplissait sa charge au moment, où le curé intrus célébrait une messe sacrilège pour sa prise de possession ; tout-à-coup il le voit tomber mort au pied de l'autel, quelques instants avant la consécration. Ce châtiment effrayant aurait dû le toucher, il n'en fut rien ; il combla le vide en acceptant la place. Les remords fatiguaient ces prêtres sacrilèges, mais ils ne les convertissaient pas, tellement ils étaient endurcis (2).

On dit que quand le malheureux Périer connut les bassesses et les vices des prêtres de sa nouvelle église, il eut un profond regret et une véritable douleur de

(1) *Notice sur Périer.* — (2) Barruel, *Histoire du clergé.*

se trouver à la tête d'un pareil cl… …. Il est possible qu'il en fut ainsi ; Périer, en effet, ne déploya jamais contre les prêtres restés fidèles à l'Eglise cette férocité impie qui caractérisait plusieurs de ses collègues intrus. Comme un des moins compromis de sa secte, il fut un des quatorze évêques constitutionnels présentés au Concordat, par le jacobin Fouché, ministre du premier consul, et admis, quoique avec peine et répugnance, par la Souverain-Pontife. Les circonstances de ces temps malheureux demandaient à l'Eglise d'en agir ainsi, pour le bien de la religion. Périer fut nommé, en 1802, évêque d'Avignon et de Nîmes. Ces deux diocèses se trouvaient réunis. C'est à Avignon que Périer mourut. Dieu veuille qu'il ait renié ses égarements et qu'il soit mort dans la pénitence et un sincère repentir (1).

Revenons au pieux évêque de Bonal, qui n'a trahi ni sa conscience, ni son Dieu. Louis XVI, qui l'avait en grande estime et en sainte vénération, lui écrivit, en 1792, de sa prison du Temple, pour lui demander s'il devait faire publiquement ses Pâques. De Bonal, après avoir consulté plusieurs de ses frères dans l'épiscopat, l'engagea à différer cet acte de religion à cause des suites regrettables qu'il pourrait avoir. Comme tous ceux qui avaient eu le courage de refuser le serment, l'évêque de Clermont fut obligé de quitter la France, pour ne point exposer sa tête à rouler sur l'échafaud. Arrêté en 1795, au Texel, en Hollande, par l'armée française, dont la marche rapide n'avait pas laissé aux malheureux exilés le temps de fuir, il fut conduit à Breda, où on le condamna à la déportation, après lui avoir fait subir d'assez mauvais traitements. Il resta

(1) *Notice sur Périer*.

quelque temps à Altona, passa ensuite à Fribourg, en Suisse, de là à Constance, et enfin à Munich, où il fut un des signataires de l'*Instruction sur les atteintes portées à la Religion*, que les évêques réfugiés dans ce pays publièrent le 15 avril 1798. De Bonal mourut à Munich, le 3 septembre 1800, dans de grands sentiments de piété et de résignation à la volonté de Dieu. Il était âgé de 66 ans. Il fut enterré avec tous les honneurs dûs à son rang, dans le couvent des pères Capucins de cette ville. Avant de mourir, il dicta son testament spirituel, monument précieux de sa foi et de sa piété. Sa sollicitude pastorale ne le quitta pas un instant; il adressa de son exil à ses diocésains plusieurs lettres pastorales, pour les prémunir contre le schisme et l'hérésie. Ce prélat eut pour grands-vicaires Joseph Micolon de Blanval, né à Ambert, Martial de Champflour, Antoine de Pons, qui devint évêque de Moulins, Nicolas de la Mousse et l'abbé de Gévaudan, qui fut grand-vicaire de Mgr. de Dampierre (1).

Voici le résumé de ses tournées pastorales, pendant que la France était soumise à son roi. Il fit la visite de 378 paroisses, dans lesquelles il trouva 378 ciboires, 378 custodes pour porter le saint viatique, 378 ostensoirs, 668 calices, le tout en argent. Parmi les reliquaires, dont le nombre s'élevait à 747, 207 étaient en argent. Il y avait 278 chapelles domestiques ou publiques, 1163 autels où on pouvait dire la messe; 47 établissements de charité, 18 hôpitaux, 9 couvents d'hommes, 10 de femmes (2); tout cela disparut et fut dévoré par la Révolution. Rien cependant ne fut perdu, les chefs et les meneurs de cette épouvantable tourmente en profitèrent largement; ils devinrent millionnaires de ruinés qu'ils étaient auparavant. Pour ce peuple naïf que ces scélérats avaient égaré et indignement trompé, il n'en fut que plus pauvre et plus misérable; il venait de perdre tous ces précieux asiles que la religion chrétienne tenait ouverts à toutes les infortunes.

(1) *Biographie chrétienne*. — Gonod, *Chronologie*.
(2) *Statistique des tournées pastorales*.

Par un juste châtiment du Ciel, le clergé schismatique ne jouit pas longtemps des faveurs qu'il avait obtenues par l'apostasie ; le 10 novembre 1793, tous les cultes furent abolis. On vit alors les scènes les plus hideuses et les plus révoltantes. Partout on ne rencontrait plus que des bûchers où brûlaient les livres d'églises, les chaires à prêcher, les confessionnaux, les ornements sacrés, les reliques des saints et autour de ces flammes sacriléges, une populace ivre d'impiété et de sang dansait et folâtrait, en blasphemant le Dieu de ses pères. Pendant ces jours de malédiction, on mutilait les statues des saints, on brisait les croix, on fondait les cloches, on volait les vases sacrés, on abattait les clochers, on détruisait les églises, on en faisait des granges et des écuries destinées aux plus vils usages. C'était le règne de Satan parvenu à son apogée (1).

Clermont vit le plus grand nombre de ses églises tomber sous le marteau de la Révolution. La Cathédrale, cette œuvre de richesse et d'élégance, ce monument de gloire et de célébrité pour Clermont faillit être détruite. La municipalité de cette ville, composée de tout ce qu'il y avait de plus sot et de plus impie, votait la destruction de cet édifice, quand deux généreux citoyens se présentèrent dans l'assemblée de ces Vandales et les firent renoncer à leur projet. Ces deux hommes, dignes de la reconnaissance publique et de l'estime de tous les gens de bien, étaient M. Verdier de Latour, ancien bénédictin de St-Allyre, et M. Deval, architecte de la ville.

« Citoyens, dit le premier, au lieu de détruire cet édifice, nous pouvons l'utiliser à merveille. Quel lieu

(1) Lamothe-Langon, *Histoire de la Révolution*

plus convenable pourrions-nous trouver pour tenir nos assemblées populaires? les chapelles peuvent admirablement servir pour les réunions de chaque section et la grande nef pour les réunions générales. »
— De son côté M. Deval s'exprima ainsi : « Permettez, citoyens, que je vous parle comme architecte ; il vous faudrait une somme énorme pour démolir ce monument, et puis où mettriez-vous les matériaux ? toutes les places de Clermont ne pourraient les contenir. Songez donc un peu aux difficultés insurmontables qui se présenteraient devant vous. » Ces considérations frappèrent ces hommes de ruines et de sang et la Cathédrale resta debout. On se contenta d'abattre les deux clochers du midi, de détruire les sculptures des deux portiques, nord et sud, et de briser en partie les riches statues en pierre qui garnissaient les niches. Le magnifique jubé construit par Martin Gouge fut démoli. L'Eglise de N.-D. du Port ne fut préservée d'une ruine complète que, parce que MM. d'Aubière et Ricbignat, qui l'avaient achetée, s'opposèrent comme propriétaires à sa destruction (1).

CHARLES-ANTOINE-HENRI DE DAMPIERRE, 93me ÉVÊQUE DE CLERMONT, DE 1802 à 1833. — Ce prélat naquit au château de Ham, près Ste-Ménéhould (Marne), diocèse de Chalons, le 8 août 1746. Son père le mit de bonne heure au célèbre collége de Juilly (Seine-et-Marne), tenu alors par les Oratoriens. A seize ans ses humanités étant faites, il entra au séminaire de St-Sulpice, à Paris, où il devint peu après le cathéchiste de la paroisse de ce nom et fut reçu ensuite docteur en Sorbonne. Peu de temps après avoir reçu la

(1) Gonod, *Chronologie des Evêques.*

prêtrise, c'était en 1772, Mgr. de Juigné, évêque de Châlons, le prit pour grand-vicaire. Il avait alors 26 ans. Quand ce prélat fut transféré au siége de Paris, en 1781, il l'emmena avec lui, il fut grand-vicaire de Paris et chanoine de Notre Dame pendant 10 ans. Ayant refusé de prêter serment en 1791, il se retira, pour éviter la mort, à Châlons, son pays natal, dans l'espoir d'y trouver un abri. Son espérance fut déçue ; il fut pris comme prêtre réfractaire et détenu dans les cachots de cette ville jusqu'en 1794. Au mois de juillet il fut conduit à Paris, pour y être jugé, c'est-à-dire pour y être égorgé. Heureusement il arriva le 29 juillet, le lendemain de l'exécution de Robespierre, et au lieu de monter sur l'échafaud, comme cela serait arrivé, si le tyran n'avait été mort, il fut retenu en prison jusqu'au 15 novembre, où il fut mis en liberté. Dès ce moment il exerça à Paris, avec prudence et secrètement, ses fonctions de grand-vicaire.

En 1802, le premier consul le nomma à l'évêché de Clermont. Son sacre eut lieu à Paris le 2 mai même année. En entrant dans son diocèse Mgr. de Dampierre n'eut rien de plus à cœur que de réparer les maux causés par la révolution. Son premier soin fut d'établir un grand et petit-séminaire pour former à la science et à la vertu les jeunes gens qui aspiraient au sacerdoce. Il releva partout où il put les communautés religieuses que la Révolution dans sa rage avait détruites. On vit les Ursulines, les dames de la Miséricorde, les religieuses de St-François de Sales, de St-Vincent-de-Paul, celles de Nevers et du Bon Pasteur relever peu à peu leurs maisons, pour continuer cette grande œuvre de dévouement dont l'Église a seule le secret. Ce bon prélat établit encore les Frères de la doctrine chrétienne ; il avait le projet de fonder une maison pour les prêtres infirmes ; mais dans d'autres conditions que celle décorée aujourd'hui de ce nom. Il ne put réaliser ce projet. Toutes ces œuvres furent fondées au frais de l'évêque, qui prit plus d'une fois sur ses propres biens. Ce prélat avait une taille majestueuse, une figure noble et vénérable qui attirait tout à la fois le respect et l'admiration. Ce qui le rendait encore plus digne de vénération, c'est qu'il avait porté pour Jésus-Christ, les chaînes de la persécution (1).

En 1804 il fut décoré et nommé baron de l'empire. En 1811, le 5 août, il assista à un concile national que Napoléon avait réuni à Paris. L'Empereur visait à jouer le rôle de Constantin et de Charlemagne, seulement ce n'était pas de la même manière ; ceux-ci, c'était pour protéger la religion et la faire fleurir ; lui, c'était pour molester de plus en plus le Pape : mais il fut trompé dans son attente. Aussitôt le concile ouvert, la grande majorité des membres, dont faisait partie l'évêque de Clermont, résista noblement aux volontés du despote. En 1814, ce prélat fut nommé par Louis XVIII membre de la commission qui devait s'occuper des affaires de l'Eglise. Les travaux de cette commission furent arrêtés par les Cent-Jours. En 1815, le 18 janvier, il fit, sur l'invitation du chapitre métropolitain de Paris, la cérémonie de réconciliation de l'église de St-Denis, dont les tombeaux avaient été profanés pendant la Terreur. En 1817, il fonda une mission diocésaine qui fit beaucoup de bien et qui exista jusqu'aux fameuses journées de 1830, qui semblèrent un instant devenir un nouveau 93 (2).

Ce prélat eut la satisfaction de voir plusieurs de ses

(1) *Biographie chrétienne.* — (2) *Biographie chrétienne.*

prêtres appelés à l'épiscopat. Ce fut d'abord Legroing de la Romagère (1819), pour le siége de St-Brieuc ; Micolon de Guérines (1822), pour le siége de Nantes ; l'abbé Molin (1822), pour le siége de Viviers ; l'abbé D'Orcet (1823), pour le siége de Langres ; l'abbé de Pons (1823), pour le siége de Moulins ; l'abbé Giraud (1830), pour le siége de Rodez : et un autre dont le nom nous a échappé pour le siége de Gap. Le diocèse de Moulins fut distrait de celui de Clermont par une bulle du 16 octobre 1822 et par une ordonnance royale du 30 même mois. Antoine de Pons fut sacré le 13 juillet 1823. L'évêque de Clermont signa le mémoire rédigé en 1828 par les évêques de France contre les Ordonnances de juin même année. Il eut la douleur de voir chasser les pères Jésuites de leur florissant collége de Billom. Cette mesure impie et inique reçut son châtiment aux journées de juillet 1830. Ce prélat, dont la piété, la bienveillance, la sagesse, la modération et la charité faisaient un homme accompli, mourut le 8 juin 1833, à l'âge de 87 ans, après avoir gouverné son diocèse pendant 31 ans (1). Il est enterré dans une chapelle de la Cathédrale, du côté de l'épitre, où l'on voit adossé au mur son mausolée en marbre blanc, gravé en lettres d'or. Ce prélat a donné à son clergé un *Missel*, un *Antiphonier*, un *Graduel*, un *Rituel* et un *Bréviaire*, avec des variations bien entendu ; ces changements apportés par chaque évêque montrent combien il était nécessaire et urgent de revenir à la liturgie romaine.

LOUIS-CHARLES FERON, 94ᵉ Évêque de Clermont de 1833 à 18 — Né dans le diocèse d'Evreux, à

---

(1) Gonod, *Chronologie des Évêques*.

St-Grégoire-de-Vièvres (Eure), le 30 novembre 1793, Louis-Charles Féron fut ordonné prêtre en 1817. Après son ordination, il fut nommé professeur de morale au Grand-Séminaire et on lui donna en même temps, vu le manque de prêtres, une petite paroisse de la banlieue à desservir. En 1822, il échangea sa chaire de morale pour la cure de la cathédrale d'Evreux. Quelques années après, Louis-Philippe le désigna pour l'évêché de Rodez et pour celui du Mans; mais il refusa. En 1833, celui de Clermont lui ayant été offert, il l'accepta, sur les instances de Mgr. de Quélen. Nommé par le roi le 13 novembre même année, il fut préconisé à Rome le 20 janvier 1834 et sacré à Paris le 16 mars suivant. Au commencement de décembre 1838, cet évêque fit preuve d'un grand courage et d'une rare fermeté, qui depuis ont fait place à une prudence excessive, vertu qu'il n'a cessé de recommander à ses prêtres dans toutes les circonstances. Nous voulons parler ici de l'affaire Moutlosier, à laquelle certains hommes haut placés donnèrent plus de retentissement qu'elle n'aurait dû avoir.

Le comte de Montlosier, pair de France, qui avait fait, en 1826, un ouvrage des plus violents contre la religion, sous le nom de *Mémoire à consulter*, étant tombé malade en novembre 1838, l'évêque lui fit une visite et le pria de rétracter ses écrits; le comte s'y refusa et mourut à Clermont, le 6 décembre suivant, dans cet état d'obstination. Le prélat, comme c'était son devoir, défendit à ses prêtres de donner la sépulture ecclésiastique au « *cadavre du noble pair*, » pour nous servir du langage de M. de Cormenin. Il faut voir si les libres-penseurs de Clermont jetèrent les hauts-cris ! L'évêque sur-le-champ fut dénoncé au ministre par les cinq grandes autorités de la ville, maire, préfet, général, procureur, receveur des finances. Ces messieurs, dans leur zèle effaré et au nom des saintes libertés gallicanes, firent condamner l'évêque par le Conseil d'Etat. Ce que l'on désirait, c'était de le voir mettre aux gémonies ; la peur cependant les arrêta. Ah ! s'il s'était agi d'un cadavre ordinaire, il n'y aurait pas eu tout ce remue-ménage.

C'était vraiment curieux ; les gens de bon sens et d'esprit se demandaient s'ils ne rêvaient pas en voyant condamner ridiculement un évêque, parce qu'il avait rempli son devoir et avait agi selon sa conscience. Cette maladroite mesure du gouvernement parut si étrange à tout le monde, qu'un célèbre écrivain de Paris, de Cormenin, qui était loin cependant d'être un homme de sacristie, prit la défense de l'évêque et fit ressortir, dans une petite brochure mordante et pétillante d'esprit (1) tout ce qu'il y avait dans cette condamnation d'injuste, de ridicule, d'absurde, de despotique et d'odieux. Le gouvernement de Louis-Philippe voulait du scandale, il en eut, mais à ses dépens. Le public s'arrachait des mains la petite brochure parisienne qui en quelques jours arriva à sa 17ᵐᵉ édition. « N'était-ce pas en effet curieux, disait avec son ferme bon sens le judicieux de Cormenin, de voir un évêque redressé dans la doctrine et la discipline de son église par des hommes qui ne savent absolument rien en religion, mais en revanche, qui savaient au juste de combien de doigts il aurait fallu raccourcir les jupes des danseuses de l'Opéra. » Chose digne de remarque : le maire qui, pour la sépulture du noble Comte, avait parodié les cérémonies de la religion sur la place de

---

(1) *Défense de l'Evêque de Clermont.*

Jaude et à l'église de St-Pierre, vit trois ans plus tard, sur cette même place, devant cette même église, la foule ameutée contre lui faire brûler son mobilier et démolir sa maison ; il reçut ainsi le prix de sa révolte contre l'autorité des ministres de Dieu.

Au mois d'octobre 1850, un concile provincial fut tenu à Clermont; il dura du 8 au 22 ; il était composé de tous les évêque de la Province : pour Bourges, le *Cardinal Dupont*, métropolitain ; pour Clermont, *Louis-Charles Féron ;* pour Limoges, *Bernard Buissas* ; pour le Puy, *Auguste de Morlhon*; pour St-Flour, *François de Marguerie* ; pour Tulle, *Léonard Bertaud.* L'acte le plus remarquable du concile fut l'adoption obligatoire de la liturgie romaine pour la Province ecclésiastique de Bourges (1). L'évêque de Clermont, dont la visite *ad limina* n'avait pas encore eu lieu, profita des fêtes de la cinquantaine de prêtrise de Pie IX pour se rendre à Rome; il y fut parfaitement accueilli. En 1863 Napoléon III, qui était venu à Clermont, pour visiter les ruines de *Gergovia*, nomma l'évêque officier de la légion d'honneur. Le 28 janvier 1864 tous les catholiques de Clermont et de l'Auvergne furent plongés tout-à-coup dans la tristesse et le deuil ; l'antique statue de *N.-D.-du-Port* venait d'être enlevée de sa niche par des mains sacrilèges. L'impiété était le seul motif de cette action détestable. En 1865, le rit clermontois fit place au rit romain, qui devint obligatoire pour tout le diocèse. Cette excellente mesure, qui d'abord produisit quelques mécontentements, a réuni depuis l'approbation universelle. Au reste, reprendre le rit romain, c'était à la lettre, l'histoire de l'enfant prodigue revenant à la maison paternelle.

(1) *Courrier de la Limagne*, 18 octobre 1850.

Dans la désastreuse année de 1870, l'évêque fit vœu, au nom de son diocèse, de donner à sa Cathédrale une magnifique statue de bronze représentant la Ste-Vierge, dans l'espoir que cette *auguste Mère de Dieu* préserverait l'Auvergne de l'invasion prussienne et que les enfants du pays rentreraient sains et saufs, après la guerre, dans leur foyer. Les désirs de l'Evêque ayant été exaucés, le vœu a été rempli et la statue porte le nom qu'elle avait avant 93, *Notre-Dame du Retour*.

Le 4 mai 1873, nouvelle consolante, grande joie pour Clermont, la statue miraculeuse de *N.-D. du Port* venait d'être retrouvée. La personne qui l'avait soustraite, cédant à un fait qui avait le caractère du miracle (la statue versait des larmes), l'avait remise secrètement à M. Chardon, grand-vicaire. Une procession des plus splendides, composée de deux cents ecclésiastiques en habits de chœur, eut lieu à cette occasion, le dimanche 18 mai ; toutes les maisons étaient pavoisées ; le soir elles illuminèrent à l'exception d'un très-petit nombre. Le 20 juin 1875 la fête fut infiniment plus brillante, l'archevêque de Bourges, Mgr. de Latour d'Auvergne, assisté, de plusieurs évêques, dont faisait partie Mgr. Mermillod, l'illustre exilé de Genève, officia pontificalement sur la place Delille, au milieu d'une foule immense et couronna, au nom du St-Père, la statue miraculeuse. Depuis le grand concile des *Croisades*, disait la foule émue, Clermont n'a point vu dans ses murs une pareille fête (1).

A part l'affaire Montlosier, qui a fait voir que Mgr. Féron savait, au besoin, montrer une grande fermeté, l'évêque de Clermont a été un homme indulgent,

---

(1) *Semaine religieuse de Clermont*, juin 1875.

conciliant, pacifique. Si quelqu'un a aimé à dire, et peut-être un peu trop : *Non innovetur*... et le mettre en pratique, c'est bien ce prélat.

Pendant près d'un demi-siècle qu'il occupe le siège de St. Austremoine, beaucoup de choses avantageuses pour le diocèse se sont faites. Les Pères Jésuites (1856) se sont établis à Clermont ; les Maristes à Riom, colléges et missions ; les Pères du St.-Esprit à Cellule ; un bon nombre de maisons de Frères et de Religieuses ont été fondées dans les paroisses pour l'instruction de la jeunesse ; une cinquantaine de succursales ont été érigées : une foule d'églises ont été considérablement réparées ou reconstruites à neuf, et enfin beaucoup de presbytères convenables et parfois même élégants, se sont élevés là où étaient auparavant de misérables masures. De tous ces établissements, constructions et reconstructions, ce qu'il y a de plus remarquable, c'est l'achèvement de la cathédrale dû à l'initiative et à la persévérance de Mgr. Féron; aussi l'achèvement de cet édifice sera-t-il pour ce prélat un titre de gloire.

JEAN-PIERRE BOYER, 95ᵐᵉ Évêque de Clermont, de 18   à   — L'âge et les infirmités de Mgr. Féron lui ont fait donner un coadjuteur avec future succession. Ce coadjuteur est Mgr. *Jean-Pierre Boyer*, né à Paray-le-Monial, diocèse d'Autun, le 27 juillet 1829. Il a été préconisé dans le consistoire du 15 juillet 1878. Léon XIII lui a donné le titre d'évêque d'Evarie *in partibus infidelium*. Il était doyen de la faculté théologique d'Aix, quand Mgr. Forcade, archevêque de cette métropole, lui a donné dans cette ville, le 24 août 1878, l'onction épiscopale. *Mgr. Boyer* a fait son entrée à Clermont, sans cérémonie officielle, le 11 septembre, et a commencé à exercer ses fonctions pastorales en présidant la retraite ecclésiastique du diocèse, qui a eu lieu du 15 au 20 septembre. Ce prélat, que l'Auvergne doit être fière de posséder et qu'elle peut appeler l'*Evêque du Sacré-Cœur*, est un homme de science et de grands talents. Espérons que son épiscopat égalera en durée celui de Mgr. Féron, et que la science, la sagesse et les vertus de cet évêque feront briller d'un nouvel éclat l'Eglise d'Auvergne, qui a eu tant de saints et de dignes prélats.

LES 18 CONCILES D'AUVERGNE

PREMIER CONCILE. Cette assemblée de prélats fut tenue dans la ville d'Auvergne, en 535, sous l'épiscopat de St. Gal. Quatorze évêques y assistèrent. Ceux de Reims, de Trèves, de Langres, de Limoges, de Châlon-sur-Saône, de Lodève, de Rodez, de Viviers, de Mende, de Metz, de Verdun, de Cologne et de Windisch. Il fut présidé par Honorat, archevêque de Bourges. Après avoir prié pour la prospérité du règne de Théodobert et le salut des peuples, on décréta : 1° qu'aucun évêque ne proposerait d'affaires particulières dans le concile, avant d'avoir traité ce qui regardait la discipline et les mœurs ; 2° que l'épiscopat ne devait pas être un objet d'ambition, mais de mérite ; 3° qu'un évêque ne pouvait être sacré qu'après l'élection faite par le clergé, les fidèles et approuvée par le Métropolitain ; 4° que les clercs ne devaient et ne pouvaient recourir à la puissance séculière pour décliner la juridiction des évêques ; 5° que ceux qui favoriseraient ou approuveraient les mariages entre juifs et chrétiens seraient excommuniés ; 6° que les mariages étaient défendus entre consanguins et alliés ; 7° que les prêtres et les diacres mariés avant leur ordination ne devaient avoir aucun commerce avec leurs femmes, sous peine de suspense et d'interdiction ; 8° que les évêques, les prêtres et les diacres ne pouvaient avoir dans leur habitation que leur mère, grand'mère, sœur, nièce, s'il y avait nécessité, et qu'ils ne doivent recevoir ni religieuse, ni servante dans leur chambre à coucher ; 9° qu'aux principales fêtes il leur est interdit de célébrer dans des oratoires privés (1).

DEUXIÈME CONCILE. Il fut tenu en 549, sous le même épiscopat. Dix évêques y assistèrent : ceux de Bourges, de Vienne, de Trèves, d'Eauze, de Besançon, de Châlon-sur-Saône, de Martigny en Valais, de Glandève, d'Aix et de Nîmes. Le but de ce concile était de donner une plus grande autorité aux 84 canons du concile d'Orléans, surtout dans le midi des Gaules. Voici les principaux décrets de ce concile : 1° défense de lancer des excommunications pour des fautes légères ; 2° défense aux évêques, aux prêtres et aux diacres de recevoir chez eux des femmes étrangères, même celles attachées au service de leurs parentes ; 3° défense aux clercs de se marier, sous peine d'être déchus de leur rang, d/posés de leurs fonctions et privés de leurs bénéfices ; 4° défense aux évêques d'ordonner un esclave, ou un affranchi, sans le consentement de son maître ; 5° défense de remettre en servitude celui qui est affranchi ; 6° défense d'ordonner un laïque avant un an d'épreuve ; 7° défense de sacrer un évêque sans l'approbation du roi et l'élection du clergé et du peuple ; 8° défense d'aliéner les biens des églises, des monastères et des hôpitaux (2).

TROISIÈME CONCILE. — Ce fut St. Avit Ier qui réunit ce concile dans sa ville épiscopale, en 586, quinzième année de son épiscopat. Il fut présidé par St. Sulpice, archevêque de Bourges, assisté de ses suffragants, pour régler des droits de juridiction entre Innocent, évêque de Rodez, et Ursicin, évêque de Cahors, au sujet de quelques paroisses en litige placées entre les deux diocèses (3).

QUATRIÈME CONCILE. Il fut tenu peu de temps après le troisième, sur les confins de l'Auvergne, du Velay

---

(1) Labbe, *Conciles*, t. IV, p. 505. — (2) Labbe, *Conciles*, t. V, p. 402.
(3) Grégoire de Tours, *Histoire des Francs*, liv. IV, chap. 35.

et du Rouergue, pour régler entre évêques la conduite à tenir envers Eulalius, comte d'Auvergne, et Tétradie, son épouse, qui l'un et l'autre vivaient publiquement dans le désordre, le scandale et l'adultère ; ils avaient poussé l'infamie si loin, qu'ils avaient chacun de leur côté, contracté de nouvelles unions qui furent déclarées nulles et illégitimes par le concile. Cet Eulalius, dit St. Grégoire de Tours qui vivait à cette époque, était un homme perdu de vices, un débauché qui vivait en concubinage, avant que sa femme se séparât de lui. La rumeur publique l'accusait d'avoir étranglé sa mère, d'avoir tué Virus, son neveu ; Emérius, cousin d'une religieuse qu'il avait enlevée pour en faire sa femme, et un nommé Socratius que le public regardait comme son frère naturel. Le concile fit remettre à Eulalius l'or et l'argent que Tétradie lui avait enlevé et déclara illégitimes les enfants qu'elle avait eus avec des étrangers (1).

CINQUIÈME CONCILE. Il fut tenu en 764, sous l'épiscopat d'Adebert. Ce fut à la prière du roi Pepin qu'il fut réuni. Un grand nombre d'évêques y assistèrent. Volvic fut choisi pour le lieu de réunion. Quand on eut traité différentes questions, Pepin demanda la parole et l'obtint ; il s'éleva fortement contre les hérétiques qui attaquaient le mystère de la Ste Trinité et prononça le bannissement de ceux qui s'obstineraient à rejeter cette vérité fondamentale de la religion. Ce roi, généreux autant que ferme, donna de grandes sommes pour réparer les églises qui avaient été dévastées et fit de grands présents aux monastères qu'on avaient pillés. Dans ce concile, il fut arrêté que l'on transporterait à Mozat les reliques de St. Austremoire, qui se trouvaient alors à Volvic (2).

SIXIÈME CONCILE. Il fut tenu à Clermont, en 1077, sous l'épiscopat d'Etienne V. Ce fut Hugues, évêque de Die et légat du Pape, qui le présida.

On renouvela l'excommunication portée contre Etienne pour avoir quitté de sa propre autorité l'évêché de Clermont pour s'emparer de celui du Puy. On déposa en même temps Guillaume de Chamalière, pour avoir occupé

(1) Grégoire de Tours, *Histoire des Francs*, livre X, chapitre 8.
(2) *Annales Bénédictines*, tome II, page 203.

le siège de Clermont quatre ans, comme simoniaque et usurpateur. On nomma à sa place Durand, abbé de la Chaise-Dieu (1).

SEPTIÈME CONCILE. Il fut tenu sous l'épiscopat de Durand, à Brioude, l'an 1094. Les archevêques de Lyon, de Narbonne, d'Auch y assistèrent avec plusieurs autres évêques et abbés. On y régla les différends, qui existaient entre Rodulphe, évêque de Tours, et les religieux de Marmoutiers, dont le couvent était près de cette ville (2).

HUITIÈME CONCILE, c'est le grand concile des Croisades, tenu en 1095. Il fut présidé par le pape Urbain II. Treize archevêques, deux cent-cinq évêques ou abbés portant crosse et mitre y assistèrent. Le Pape arriva à Clermont le 15 novembre; le 17 il présida les funérailles de l'évêque Durand, entouré de tous les prélats, et d'une foule immense; le 18 il fit l'ouverture du concile. Jamais Clermont n'avait vu dans ses murs une assemblée si imposante. La première chose dont on s'occupa dans le concile ce fut de la Croisade, but principal de la réunion. Elle fut acclamée par une espèce d'entraînement général. Le premier qui parla d'aller secourir les chrétiens d'Orient et de délivrer le tombeau de Jésus-Christ, fut *Pierre l'Ermite*. C'était un petit homme, d'un extérieur peu agréable au premier aspect; il portait une longue barbe, et un habit fort grossier; mais sous cette apparence peu favorable se trouvaient un grand cœur, une âme pleine de feu, un génie transcendant et une éloquence animée d'un grand enthousiasme. Il fit un tableau émouvant de l'état affreux où se trouvaient les chrétiens de Terre-Sainte; après lui le Pape prononça un discours des plus éloquents, où il démontra le devoir et l'obligation pour les Chrétiens d'Occident d'aller au secours et à la délivrance de leurs frères d'Orient, atrocement persécutés. Ces deux grands hommes émurent tellement la foule immense qui les écoutait, que de toutes les poitrines s'échappa ce cri qui devint le signal de la guerre sainte: *Deu lo volt! Deu lo volt! Dieu le veut! Dieu le veut!* On s'occupa aussi dans ce concile, qui se termina le 28 novembre, des immunités de l'Eglise et de la discipline ecclésiastique.

(1) *Gallia Christiana*, tome XI, page 261.
(2) Labbe, *Conciles*, tome X, page 400.

Voici les principaux points qui y furent traités : Philippe 1er, roi de France, y fut excommunié pour avoir répudié Berthe, sa femme, et avoir épousé la femme du duc d'Anjou. On confirma la suprématie de l'archevêque de Lyon comme primat des Gaules. On établit le jeûne de la veille de l'Assomption et le petit office de la Ste-Vierge, à laquelle on consacra, en même temps, le samedi de chaque semaine. Après cela on décréta ce qui suit. 1° défense aux moines, aux clercs et aux femmes de violer la *Trêve de Dieu*, en quelque temps que ce soit; 2° défense aux clercs de porter des armes; 3° défense de choisir pour évêque une personne qui n'aurait pas reçu au moins le diaconat; 4° défense d'exiger quelque chose pour les sépultures; 5° défense à ceux qui sont dans les ordres d'avoir des concubines, ou de demeurer avec d'autres femmes que celles permises par les canons; 6° défense de recevoir d'un laïque une dignité ecclésiastique; 7° défense aux rois et aux princes de donner l'investiture d'un bénéfice et aux laïques d'avoir d'autres chapelains que ceux donnés par l'évêque; 8° défense d'absoudre ceux qui retiennent le bien d'autrui; 9° défense de faire gras pendant le carême; 10° défense de communier sous une seule espèce, à moins de ne pouvoir le faire autrement; 11° défense de poursuivre un ennemi qui se réfugie auprès d'une croix; on peut l'en tirer, mais sans lui faire de mal, pour le mettre entre les mains de la justice; 12° défense, sous peine d'anathème, de piller les biens des évêques, des clercs et d'arrêter ou de mettre en prison un évêque. Le voyage de Terre-Sainte peut servir de pénitence, pourvu qu'il ne soit pas fait par honneur, ambition ou argent. Après ce concile, le Pape resta quelques jours à Clermont; il en profita pour consacrer l'église de Sauxillanges et pour aller visiter Brioude, St-Flour et Aurillac (1).

NEUVIÈME CONCILE. Son ouverture eut lieu à Clermont, le jour de la Pentecôte 1101, sous l'épiscopat de Guillaume de Baffie; il fut présidé par Richard, évêque d'Albano et légat du St-Siége. On ne sait point de combien d'évêques il était composé, ni quels furent les sujets qu'on y traita (2).

(1) Labbe, *Conciles*, p. 506 et suivantes. — (2) *Gallia Christiana*.

DIXIÈME CONCILE. Il fut tenu à Clermont, sous l'épiscopat d'Aimeric. Il fut présidé par le légat du Pape, Pierre de Léon, qui quelques années après devint antipape, sous le nom d'Anaclet. On ignore quels sujets furent traités dans ce Conciles (1).

ONZIÈME CONCILE. Cette assemblée fut tenue à Clermont, au mois de novembre 1130, sous le même évêque. Ce fut le pape Innocent XI, retiré en France, qui le présida ; un grand nombre d'évêques y assistèrent. L'anti-pape Anaclet, dont nous avons parlé plus haut, y fut anathématisé et excommunié. On y dressa treize canons pour le maintien de la discipline ecclésiastique et des droits de l'Église. En voici le résumé : 1° Si quelqu'un a été ordonné par simonie, qu'il soit privé de sa dignité, le son bénéfice et regardé comme infâme ; 2° que les prêtres, diacres et sous-diacres qui se seraient mariés après leur ordination, ou qui auraient eu des concubines, soient traités de la même sorte ; 3° défense aux moines de se livrer à l'étude des lois civiles et de la médecine ; 4° injonction aux laïques qui possèdent des églises de les restituer aux évêques, sous peine d'excommunication ; 5° *Trêve de Dieu* depuis le mercredi soir jusqu'au lundi matin ; de l'Avent à l'octave de l'Épiphanie ; et de la Quinquagésime à l'octave de la Pentecôte ; 6° interdiction aux guerriers d'aller à des foires et à des fêtes servant de rendez-vous pour se battre ; 7° anathème contre celui qui met la main sur un clerc, ou sur un moine ; 8° défense de transmettre un bénéfice à un parent dans les ordres ; 9° défense de se marier entre consanguins ; 10° défense aux prêtres et aux moines de se livrer au trafic ; 11° défense aux moines de remplir les fonctions d'avocat ; 12° anathème à ceux qui emploient l'incendie comme moyen de vengeance ; 13° ceux coupables de ce crime seront excommuniés et privés de la sépulture ecclésiastique. Ils ne seront absous qu'après les dommages réparés et un an de pénitence faite, en guerroyant contre les Turcs et les Maures d'Espagne (2).

DOUZIÈME CONCILE. Il fut tenu à Clermont, en 1162, sous l'épiscopat d'Étienne VI. Ce fut le pape

---

(1) Labbe, *Conciles*, t. X, p. 212. — (2) Labbe, *Conciles*, t. X, p. 227.

Alexandre III qui le présida ; un grand nombre de Cardinaux et d'Evêques italiens, qui avaient suivi le Pape, venu en France chercher un asile, y assistèrent, ainsi qu'un grand nombre de Prélats français. L'objet unique de ce concile fut d'excommunier l'anti-pape, Victor, l'empereur Frédéric Barberousse et leurs adhérents. Le schisme, ainsi soutenu par la puissance impériale menaçait de frapper l'Eglise au cœur même. Si elle n'avait pas eu pour elle les promesses divines, elle aurait été probablement détruite (1).

TREIZIÈME CONCILE. Il fut tenu à Clermont en 1263, sous l'épiscopat de Guy de Latour. Le but de ce concile, où assistaient tous les évêques suffragants de Bourges, réunis par les ordres du pape Urbain IV, était de régler les prétentions de l'évêque de Clermont sur les religieux de la Chaise-Dieu. Ce fut dans le couvent des Jacobins que l'assemblée tint ses réunions (2).

QUATORZIÈME CONCILE. Il fut tenu à Aurillac, en 1278, sous le même épiscopat. Guy de Sully, archevêque de Bourges, le présida ; il était composé des évêques de Clermont, de Limoges, d'Alby, de Mende et de Rodez. L'objet du concile était de mettre fin aux nombreux abus qui résultaient des moyens employés pour se soustraire aux juridictions (3).

QUINZIÈME CONCILE. Ce fut en septembre 1294, sous l'épiscopat d'Adémare, que fut tenu ce concile. Aurillac fut encore le lieu de la réunion. Cinq évêques y assistèrent ; ceux de Clermont, de Cahors, de Mende, d'Alby et de Rodez. Ce fut l'official de l'archevêque de Bourges qui le présida. Il s'agissait de délibérer sur les subsides ecclésiastiques que réclamait impérieusement Philippe-le-Bel pour la guerre de Flandre. Ce concile ne produisit qu'un médiocre résultat (4).

SEIZIÈME CONCILE. Il fut tenu à Clermont, en 1295, sous le même épiscopat. L'objet du concile était le même qui avait été traité à Aurillac l'année précédente. On ignore le nombre d'évêques qui assistèrent à ce concile. Ce qu'il y eut d'important et surtout de satisfaisant pour Philippe-le-Bel, c'est que les subsides qu'il avait demandés

(1) *Savaron*, p. 68. — (2) *Gallia christiana*, t. XI, page 340.
(3) *Dom Martène*, t. IV, p. 189. — (4) *Dom Martène*, t. IV. p. 231.

lui furent enfin accordés. Le monarque en fut reconnaissant ; il accorda à l'évêque de Clermont plusieurs privilèges pour la peine qu'il s'était donnée à obtenir ces subsides (1).

DIX-SEPTIÈME CONCILE. Il fut tenu à Clermont, en 1319, sous l'épiscopat d'Aubert Aycelin. Ce concile, dont aucun historien ne fait mention, si ce n'est *Nicolas de Blanval*, qui en a trouvé les documents dans les archives de l'évêché, eut pour objet de régler les prétentions réciproques de l'évêque de Clermont et de son chapitre, de fixer définitivement les limites du diocèse de St-Flour, érigé deux ans auparavant et enfin de mettre à la raison certains ecclésiastiques dont la cupidité et les dérèglements étaient de véritables scandales qui faisaient rougir les honnêtes gens (2).

DIX-HUITIÈME CONCILE. Grâce à la chute de Louis-Philippe et au vrai libéralisme de la majorité des membres de l'Assemblée nationale, en 1849, l'église de France avait recouvré sa liberté et ses droits ; elle en profita pour tenir des Conciles qui refermèrent la discipline ecclésiastique et les liens de l'unité. Comme toutes les autres métropoles, Bourges tint son concile. Clermont comme plus central, fut choisi pour lieu de réunion ; tous les évêques de cette province ecclésiastique assistèrent à ce concile. Il fut présidé par le cardinal Dupont, archevêque de Bourges ; l'ouverture et la clôture se firent à la Cathédrale. Ce concile dura 14 jours, du 8 octobre 1850 au 22 ; toutes les séances se tinrent au Grand-Séminaire de Montferrand, où logeaient les Pères du Concile et leur suite. Quatre cents prêtres environ en habits de chœur et plus de 20,000 fidèles étrangers à la ville assistaient à la cérémonie d'ouverture, qui commença à neuf heures du matin pour finir à deux heures et demie du soir. La procession, présidée par les évêques partit du Petit-Séminaire au chant grave des litanies des Saints, dont la répétition faite avec ordre dans le lointain des rangs, ravissait l'âme. On traversa la *place Delille*, on suivit celle d'*Espagne*, on prit ensuite la *rue des Notaires* et on entra dans la Cathédrale par la porte du nord.

(1) *Dom Martène*, t. IV, page 217.—(2) *Nicolas de Blanval*.

Les populations d'Auvergne venues en foule à Clermont contemplaient profondément émues et avec admiration un spectacle qui rappelait les grands siècles de foi du moyen-âge. Clermont se crut pour un moment revenu aux jours de gloire de son passé si religieux. La grande voix de Mgr. Berthaud remplissant la Cathédrale entretenait du haut de la chaire les Prélats des grands devoirs qu'ils avaient à remplir et montrait à son auditoire que la foi catholique, malgré les efforts de l'enfer et du siècle, n'était pas encore morte parmi les peuples. Les cérémonies achevées, la procession sortit de la Cathédrale par la porte du midi. Elle prit la *rue Royale*, passa par la *rue St-Genès*, *rue St-Esprit*, longea le *Lycée*, traversa l'ancien *Marché aux planches* tourna devant la *Caserne* et rentra ensuite au Petit-Séminaire ; il était deux heures et demie (1).

Dans ce Concile on s'occupa de condamner les principales erreurs philosophiques de notre siècle, de donner des règlements de discipline et d'administration aux ecclésiastiques et surtout de décréter pour toute la province ecclésiastique de Bourges l'obligation de reprendre la liturgie romaine qu'un *gallicanisme* doublé de jansénisme nous avait fait abandonner. Qui le croirait? il a fallu pour le diocèse de Clermont quinze ans de maturation pour se décider à entrer dans le giron de la liturgie, et l'église de Moulins qui n'avait pas les mêmes ressources le fit en six mois.

Cette question de liturgie, mal comprise, a assez fait de bruit à cette époque pour que nous en disions un mot ici. On a cru généralement qu'en reprenant le rit romain, c'était abandonner l'ancienne liturgie des Gaules : on était dans l'erreur. Cette erreur était si répandue en ce moment, qu'une partie du clergé de Lyon en faisait un argument de résistance, quand le *Cardinal de Bonald* imposa à son clergé la reprise du rit romain. Nous avons entendu nous-mêmes sortir de la bouche de quelques prêtres lyonnais, peu au courant de cette importante question, ces plaintives paroles : « *N'est-ce pas bien malheureux!* Voilà qu'on nous enlève l'ancienne liturgie de Saint Pothin et de Saint Irénée. » Et ce n'était pourtant,

(1) *Courrier de la Limagne*, n°ˢ d'octobre 1850.

grand Dieu ! que celle du fameux *Montazet*. En effet, la liturgie gallicane établie par les fondateurs de nos Eglises, n'a été suivie que jusqu'à la fin du VIIIme siècle. Elle avait beaucoup d'analogie avec les liturgies orientales, parce que tous les fondateurs de nos Eglises étaient venus de l'Asie. Les Souverains Pontifes, de qui ils tenaient leur mission, avaient toléré leur rit.

Vers l'an 800, *St. Chrodegand*, évêque de Metz, fut le premier à établir le rit romain. Peu de temps après, Charlemagne, le grand génie de ce siècle, le rendit obligatoire pour tout son empire. Alors disparut le rit gallican, à l'exception de quelques cérémonies que l'Eglise de Lyon conserva avec l'autorisation du Saint-Siège. Les Jansénistes, en donnant, vers la fin du XVIIme siècle, aux Eglises de France une nouvelle liturgie qu'ils appelaient *gallicane*, se trompaient et trompaient le public ; car le savant Dom Mabillon, qui avait fait les plus minutieuses recherches, ne put rien découvrir de l'ancien rit gallican. Ce que les novateurs nous donnaient dans leurs *Bréviaires* et leurs *Missels*, comme liturgie gallicane, n'était qu'un pur arrangement de leur invention. Il est vrai de dire, pour être juste, que les *hymnes* et les *proses* de leur composition, étaient d'une plus pure et d'une plus belle latinité que les anciennes ; mais cela n'était qu'un accessoire de peu d'importance. Les autres avaient pour elles l'onction et l'orthodoxie ; de plus, c'étaient les prières approuvées par l'Eglise-Mère (1).

Nous avons à dire, en terminant la question des Conciles, quelques mots de l'*Assemblée du clergé* tenue à Clermont, en mars 1789. Les séances eurent lieu dans la chapelle de l'Evêché, sous la présidence de Mgr. de Bonal. 135 prêtres, chanoines, curés ou religieux, formaient cette réunion. On y dressa *les Instructions pour les députés de l'ordre du clergé aux Etats-Généraux*. Ces instructions se composaient de 48 articles d'une grande modération et sagement rédigés. On y indiquait les moyens de mettre fin aux abus, de faire régner la justice et d'améliorer le sort des malheureux. Si le *Tiers-Etat* n'avait pas eu une si grande haine pour le clergé et la noblesse, il eût adopté un plan semblable, et les réformes se se-

---

(1) Dom Guéranger. *Liturgies.*

raient faites paisiblement et sans commotion funeste. Mais ce n'était pas là ce que le *Tiers-État* désirait ; il voulait arriver au pouvoir, et pour cela, il lui fallait de la désorganisation et du désordre. Il déchaîna, à cet effet, les mauvaises passions, et une fois déchaînées, il eut de la désorganisation et du désordre au-delà de ses souhaits.

Quand cette vénérable assemblée, dans sa dernière session, eut formulé ses vœux pour le bonheur et le repos de la France, elle termina par ces profondes et remarquables paroles : « Éclairés par les principes d'une saine morale sur les causes de la décadence des empires, instruits par la foi de nos pères, nous sommes amenés à reconnaître que les révolutions qui frappent ou menacent la constitution des États les mieux affermis, ne sont pas l'effet des combinaisons aveugles du hasard, ni le résultat d'une politique purement humaine. Nous reconnaissons que les événements qui conduisent aux catastrophes sont tracés et préparés comme châtiments dans les décrets éternels de Dieu. Nous reconnaissons que ce souverain Maître de toutes choses règle et soumet à son gré les destinées de l'univers. Nous reconnaissons que celui qui commande aux flots soulevés d'une mer orageuse, peut aussi calmer le bouillonnement des passions et l'effervescence des esprits. C'est donc vers ce Maître infiniment grand que nous devons tourner nos regards, nos pensées et nos vœux, pour que sa main puissante, qui, depuis tant de siècles protège la monarchie de saint Louis, la rende inébranlable dans ses fondements, redoutable au dehors et florissante au dedans. Nous demandons gloire pour le roi, prospérité pour son règne et union des esprits pour la justice, le bien et la paix. »

Hélas ! aucun de ces vœux ne se réalisa ; la France, coupable de forfaiture envers Dieu, méritait d'être punie, elle le fut (1).

ÉGLISES DE CLERMONT DÉTRUITES EN 1793

1° Saint-Cassi. Cette église se trouvait dans le faubourg *St-Allyre*, elle fut vendue ; en 1794, 12,000

(1) *Compte-rendu de cette assemblée.*

francs, à un meunier de Clermont, qui en fit d'abord une usine et puis une grange. Le dernier curé de cette église fut *Thomas Le Masson*, prêtre charitable et exemplaire, qui refusa de prêter le serment en 1791. — 2° Saint-Cirgues. Cette église était placée dans le faubourg de *Fontgiève*. Elle fut vendue le 22 août 1793 à vil prix, à un marchand de fromages, qui en fit une écurie et une auberge. Le dernier curé de cette église fut *Mathieu Geneix*, prêtre entièrement à son devoir, qui refusa de prêter le serment en 1791; il fut nommé curé à *St-Eutrope* en 1802, et mourut en 1809. — 3° Saint-Bonnet, et Saint-Frankol. Cette église était située sous la *Poterne*, dans la rue des *Trois-Ponts*. Elle fut vendue en 1793; aujourd'hui elle sert à une fabrique de confiserie. Le dernier curé de cette église fut *Joseph Segrettier*, qui eut la fermeté et le courage de refuser le serment en 1791. — 4° Saint-Adjuteur. Cette église se trouvait au faubourg des *Gras*, dans la rue qui porte aujourd'hui le nom de St-Adjuter. Cette petite église mal bâtie fut vendue le 23 février 1794, 1,100 francs, à un maçon de Clermont, qui en fit une grange. Le dernier curé de cette église fut *François Blateyron*, qui refusa en 1791 de prêter serment. — 5° Saint-Genès. Cette église, qui occupait la plus grande partie de la place *Désaix*, fut entièrement démolie en 1797, pour faire à la place un marché à légumes. Cette église avait un chapitre dont le dernier abbé était le chanoine *Morin*. Le dernier curé de cette paroisse fut *Jean Petit*, qui eut la faiblesse de prêter serment à la constitution civile du clergé. En 1802, cette paroisse ayant été rétablie, elle prit le nom de *St-Genès-les-Carmes*, à cause de l'église des pères Carmes qui fut affectée au culte de cette paroisse. — 6° Saint-Pierre.

Cette église se trouvait sur la *place St-Pierre*, qui sert aujourd'hui de marché aux légumes. Elle avait un chapitre qui eut pour dernier abbé *Antoine Laporte*. Cette église fut vendue le 9 août 1792, au prix de 5000 francs à un avoué de Clermont, qui la fit raser en 1796 jusqu'aux fondements ; on en fit alors une place. Le dernier curé de cette église fut *Jean-Baptiste Monestier*, qui prêta serment en 1791 et devint un des plus fougueux révolutionnaires de Clermont. En 1802 la paroisse de *St-Pierre*, dont le titre fut conservé, prit le nom de *St-Pierre-les-Minimes*, à cause de l'église de ces religieux qui lui fut donnée pour l'exercice de son culte. — 7° SAINT-REMY. Cette église fut vendue le 12 février 1791, 828 francs, à un tanneur de Clermont. C'était alors une simple chapelle formée par le chœur seul de l'ancienne église. — 8° SAINT-JACQUES-DE-RABANESSE. Cette petite église fut entièrement détruite en 1793 par les vandales de l'époque. — 9° NOTRE-DAME D'ENTRE-SAINTS. Cette église, que l'on faisait remonter jusqu'au temps de St. Austremoine, était le plus ancien sanctuaire de Clermont. Elle se trouvait au faubourg de *St-Allyre*. Dévastée plusieurs fois pendant ses quinze ou seize siècles d'existence, elle fut complètement détruite par la révolution en 1796. — 10° SAINT-JULIEN. Cette église, qui n'était qu'un prieuré dont le dernier prieur fut *l'abbé Delarbre*, curé de la Cathédrale en 1802, fut vendue le 21 juillet 1792, 1,650 francs, à un marchand de Clermont, qui la fit raser jusqu'à terre en 1802. Elle se trouvait placée au quartier de *Jaude*, dans une grande prairie.

Les Chapelles détruites à Clermont pendant la Révolution furent la chapelle de l'ancien palais épiscopal, démolie de fond en comble les premières années de la tourmente révolutionnaire ; la chapelle de *St-Nicolas*, qui fut vendue en 1791 et convertie en salle d'audience pour le *tribunal de Commerce*. La chapelle de *St-Barthélemy*, à la place St-Pierre, démolie en 1793. La chapelle de *N.-D. de Jaude*, rasée en 1791. Elle se trouvait à un coin de la place qui porte ce nom. La chapelle d'*Alègre*, abattue en 1796, pour ouvrir la rue qui tourne au nord-ouest de la Cathédrale. La chapelle de *N.-D. de Beaurepaire*, qui se trouvait sur l'ancien chemin de Clermont à Royal. Elle sert aujourd'hui de poudrière à la ville.

COMMUNAUTÉS RELIGIEUSES DE CLERMONT.
en 1879.

L'ouragan de la Révolution passé, Clermont, comme toutes les autres villes de France, présentait tous le dehors d'une ville païenne ; pas un seul établissement religieux pour indiquer que la population de cette ville était chrétienne; tout était à créer et à mettre en ordre. Mgr. de Dampierre se mit courageusement à l'œuvre ; mais ce qui pressait encore le plus, c'était la formation d'un clergé suffisant pour les besoins du culte. Les établissements de piété ne vinrent qu'après. L'ère sanglante des proscriptions passée, le premier habit religieux qui parut à Clermont fut celui des *Filles de St-Vincent de Paul*. Grâce à la tolérance de M. Monestier, maire de cette ville, elles avaient pu, en portant l'habit laïque, continuer leurs services pendant les plus mauvais jours de la Révolution. En 1806, *l'abbé Micolon de Guérines*, grand-vicaire et plus tard évêque de Nantes, fit acheter, par *MM. d'Aubière, du Ranquet et Bellaigue de Bughas*, l'ancien couvent de St-Allyre. Le 13 janvier 1807 il y installa une petite communauté d'*Ursulines*, dont l'existence légale fut reconnue en 1810 par un décret de l'empereur. — En 1811, les *Religieuses de St-Joseph*, dites *du Bon-Pasteur*, fondèrent leur Maison-mère à Clermont dans l'ancien couvent des *Ursulines*, connu aujourd'hui sous le nom du Bon-Pasteur.

En 1817, *les Frères de la Doctrine chrétienne* appelés à Clermont furent entretenus et nourris par des souscriptions volontaires. Grâce à la générosité de leurs bienfaiteurs, ils purent, en 1824, fonder un noviciat dans la partie sud des bâtiments de l'ancien couvent des Jacobins. — En 1820, les *Sœurs de Nevers* vinrent s'établir à Clermont. Leur maison se trouve dans la *rue du Sauvage*, en face de l'Église de N. D. du Port. Elles ont une école et une salle d'asile. — Le 16 juin 1824, quatre religieuses Visitandines du couvent de Brioude vinrent fonder à Clermont une maison de leur ordre. Ce fut dans la partie septentrionale de l'ancien couvent des Jacobins qu'elles se logèrent. En 1844, cette maison religieuse a été reconnue par l'Etat comme établissement d'utilité publique. — En 1836 les *Dames de la Miséricorde* de Billom, maison-mère fondée en 1806 et approuvée par un décret du gouvernement du 14 décembre 1810, vinrent s'établir à Clermont. Leur maison se trouve dans l'ancien bâtiment des *Carmes-Déchaussés*, à côté de la maison de retraite des Missionnaires diocésains.

En 1836, les *Sœurs de l'Assomption*, appelées à Clermont par l'abbé *Mestre*, curé de St-Pierre-les-Minimes, fondèrent l'asile du *Bois-de-Cros* pour les aliénés des deux sexes. En 1840, l'abbé Mouillaud, curé de N.-D. du Port, fonda la maison des *Sœurs de N.-D. de Bon Secours*. Ces religieuses, dont la maison se trouve dans la rue des Aimés, s'occupent de servir les malades. Elles sont reconnues et autorisées par décret du gouvernement. — En 1846, les *Sœurs du Sauveur*, appelées *Sœurs Bleues* à cause de la couleur de leur habit, s'établirent sur la paroisse de St-Eutrope, dans un local de la *rue Neuve-Ste-Claire*. Elles s'occupent d'enseignement et d'œuvres de charité. — En 1856, le 12 décembre, les *Pères Capucins* s'établirent à Clermont. Leur couvent est placé à l'angle du cours Sablon, en face du Jardin des Plantes. Leur chapelle est sévère et simple tout à la fois ; c'est tout-à-fait le style qui convient à un monastère.

En 1860, le 28 mai, les *Pères Jésuites* fondèrent à Clermont une maison de noviciat, à l'angle de la rue Bansac et de l'avenue Centrale. Leur chapelle en style roman est faite avec goût. On y remarque de magnifiques vitraux représentant tous les *Saints de leur ordre*. — Les *petites Sœurs des pauvres*, dont la congrégation prit naissance en Bretagne dans la paroisse de St-Servan en 1840, vinrent s'établir à Clermont, le 21 mai 1861. Elles se logèrent d'abord comme elles purent dans une habitation plus que modeste. Peu de temps après, elles prirent possession de la maison Champfleury, dans le quartier des Bughes. Elles ont fondé un asile où elles soignent les vieillards. —

En 1859, l'abbé *de Meydat* fonda le couvent des *Sœurs de l'Immaculée Conception*, rue Sous-la-Tour-N.-D.. Ces religieuses prirent possession de leur maison le 8 décembre 1864. Cette nouvelle congrégation a pour but de donner dans leur maison des retraites aux dames du monde et de former des filles vertueuses pour servir en condition ; c'est l'œuvre des domestiques.

Voici les noms des maisons religieuses qui furent détruites à Clermont par la tempête révolutionnaire de 93. *L'abbaye des Bénédictins de St-Allyre*, dont la fondation remontait au cinquième siècle. Le dernier abbé de ce monastère fut *Gabriel Tandeau*, conseiller au parlement de Paris. — *L'abbaye de St-André* cordr.. des Prémontrés). Ce monastère fut fondé en 1124, par *Pierre de Chamalières*, prévôt de la Cathédrale. Le dernier abbé fut le comte *de Scey de Montbéliard*, aumônier de Louis XV. — *L'abbaye de Chantoin*, fut un monastère de femmes du III° au XII° siècle ; de religieux Augustins du XIIme au XVIIme siècle, et un couvent de Carmes-Déchaussés du XVII° siècle à 1789. Le dernier prieur fut *Antoine Morget*, né à Mozat, près Riom, en 1756. — Le couvent des *Pères Dominicains*, dits Frères Prêcheurs ou Jacobins. Ce couvent fut fondé en 1219. Bientôt il devint un des plus célèbres de Clermont. Le dernier prieur fut *Jacques Jarton*, né à Clermont. — Le couvent des *Franciscains*, *Frères Mineurs* ou *Cordeliers*. La maison de ces religieux fut fondée en 1284, par *Guichard de Beaujeu*, seigneur de Montpensier. *Antoine Barry* fut le dernier supérieur et père gardien de ce couvent. — Le couvent des *Carmes anciens*, dont l'institut, dit-on, remonte au prophète *Elie*. Ce couvent fut fondé à Clermont en 1288. Le dernier prieur fut *Jérôme Rouderon*, qui assista à l'assemblée du clergé, en 1789. — Le couvent des *Capucins*. Ces Pères s'établirent à Clermont, en 1613 ; à cause de leur dévouement et de leur charité, on les avait en grande vénération.

Le dernier père gardien fut *Michel Bellanis*, mort âgé de 80 ans. — Le couvent des *Oratoriens*. Ces Pères fondèrent leur maison à Clermont, en 1618 ; ils avaient en France 75 établissements des plus florissants. — Le couvent des *Minimes*. Ces religieux furent installés à Clermont en 1620. Le dernier provincial fut *Antoine Combret*, et *Guillaume Compte* fut le dernier supérieur de la maison de Clermont. — Le couvent des *Augustins-Déchaussés*. Cette maison fut fondée en 1656 ; ces Pères étaient chargés du soin des prisons et servaient d'aumôniers à plusieurs communautés religieuses de Clermont. Le dernier prieur fut *François-Xavier Portal*. — Le couvent des *Pères Jésuites*. Cette maison fut fondée en 1663.

L'abbaye de Ste-Claire. Elle fut fondée en 1298. *Marie-Françoise Deschamp* fut la dernière abbesse. — Le couvent des *Ursulines*. Cette maison religieuse fut fondée en 1629. Des 20 supérieures qui passèrent dans cette maison, *Madeleine Ternier* fut la dernière en 1791. — Le couvent des *Hospitalières*. Ces filles de l'ordre de St. Augustin s'établirent à Clermont, en 1642. 26 supérieures passèrent dans ce couvent ; *Hélène de St-Régis de Carmantrand de la Roussille* fut la dernière en 1791. — L'abbaye des *Bernardines de l'Eclache*. Ces religieuses de l'ordre de Citeaux fondèrent leur maison à Clermont, en 1647. Elles eurent successivement six supérieures, dont *Jeanne-Marie de Combres de Bressolles* fut la dernière en 1791. — Le couvent des *Religieuses de l'ordre de St-Bernard*. Elles s'établirent à Clermont à peu près à la même époque que les précédentes. *Anne Riberolles*, morte à l'âge de 86 ans, en 1792, fut la dernière supérieure. — Le couvent des *Visitandines*. Ces religieuses vinrent à

Clermont, en 1649. Leur première supérieure fut *Anne-Charlotte de Chålus de Cordès*, la dernière fut *Maria Jérôme de la Farge*. — Il y avait encore à Clermont les *Sœurs de St-Vincent-de-Paul*, établies en 1640. Elles étaient chargées de desservir l'Hôtel-Dieu. Les *Frères de la Charité*, établis en 1696, desservaient l'Hôpital. — Les *Sœurs de Nevers*, appelées en 1703, déployaient leur dévouement dans la paroisse de Notre-Dame-du-Port et les *Sœurs de St-Joseph*, établies en 1666, s'occupaient du Refuge.

FÊTES PROPRES AU DIOCÈSE DE CLERMONT

A la reprise du rit Romain, certains esprits s'alarmaient et s'imaginaient qu'il ne serait plus possible de fêter les Saints particuliers aux diocèses. Ces esprits peu éclairés étaient complètement dans l'erreur. Le Souverain-Pontife n'a jamais refusé aux évêques d'approuver un Propre pour leurs diocèses, après que la *Sacrée Congrégation des Rites* a examiné ce Propre.

Voici les fêtes propres accordées au diocèse de Clermont par Pie IX : 1er décembre, St. Eloi, *semi-double ad libitum*, c'est-à-dire que cette fête n'est jamais transférée ; quand il y a empêchement de la célébrer, elle devient *simple* et on en fait commémoraison. — 9 décembre, St. Nectaire, prêtre et confesseur, *double*. C'est un des compagnons de St. Austremoine. Quand l'Immaculée Conception tombe le dimanche, on la célèbre le lundi 9, et alors la fête de St. Nectaire est remise au 12. — 22 décembre, St. Véné-

...and, confesseur et évêque de Clermont, *double*. — 1er janvier, mémoire de St. Odilon, abbé de Cluny, mort à Souvigny en Bourbonnais. — 3 janvier, mémoire de Ste Geneviève. — 10 janvier, mémoire de St. Guillaume, confesseur et archevêque de Bourges, mort en 1209. — 15 janvier, St. Bonnet, confesseur et évêque de Clermont, *double-majeur*. — 24 janvier, St. Arthème, confesseur et évêque de Clermont, *double-majeur*. — 26 janvier, St. Priest, évêque de Clermont, et ses compagnons martyrs, *double-majeur*. — 15 février, Ste George, vierge, morte à Clermont, *double*. — 9 février, St. Etienne de Grammont, confesseur, né à Thiers, *double*. — 17 février, Ste Jeanne de Valois veuve, *double*. — 18 février, St. Sigon, confesseur et évêque de Clermont, *double*. — 21 février, St. Avit II, confesseur et évêque de Clermont, *double*. — 25 février, St. Cerneuf, martyr et patron de Billom, *semi-double ad libitum*. — 14 avril, St. Mart, abbé, mort à Clermont, *double*. — 24 avril, St. Robert, abbé de la Chaise-Dieu, *double*. — 4 mai, la Susception de la Ste Couronne d'épines, en mémoire d'une partie de cette relique donnée par St. Louis à l'évêque *Guy de Latour*, *double-majeur*. — 14 mai, St. Apruncule, confesseur et évêque de Clermont, *double*. — 15 mai, St. Cassi et St. Victorin, martyrs ; le premier fut converti par St. Austremoine et le second par St. Cassi ; c'était un prêtre des idoles, *double*. — 1er juin, St. Flou, confesseur et évêque de Lodève, *double*. Le même jour on fait mémoire de St-Médulphe, confesseur et patron de St-Myon ; ce saint naquit dans les montagnes de Thiers. — 3 juin, St. Genès, confesseur et évêque de Clermont, *double*. Le même jour on fait mémoire de Ste Clotilde, reine de France. — 5 juin, St. Allyre, confesseur et évêque de Clermont, *double*. — 7 juin, mémoire de St. Gilbert abbé, au lieu de *semi-double, ad libitum*, depuis que la fête de St. Boniface, évêque et martyr, a été fixée à ce jour. — 8 juin, St. Mari, prêtre confesseur, compagnon des travaux de St. Austromoine, *double*. — 15 juin, St. Abraham, abbé, mort à Clermont, *double*. — 16 juin, St. Jean-François Régis, confesseur, religieux de la compagnie de Jésus et professeur quelque temps au collége de Billom, *double*. — 28 juin, St. Irénée, martyr, deuxième évêque de Lyon, primat des Gaules, *double*, — Le premier dimanche libre de juillet, mémoire de tous les Souverains Pontifes canonisés, *double-majeur*. — 3 juillet, St. Cal, confesseur et évêque de Clermont, *double*. — 7 juillet, St. Martial, apôtre du Limousin, confesseur et évêque de Limoges, *double*. — 21 juillet, St. Carilèphe, confesseur, né en Auvergne, *semi-double ad libitum*. — 22 juillet, mémoire de St. Ménélée, abbé du monastère de Ménat. — 16 août, St. Roch, confesseur, *double*. — 19 août, Ste Philomène, vierge et martyre. C'est la grande thaumaturge du 19ᵐᵉ siècle, à laquelle le curé d'Ars rapportait tous ses succès dans le ministère, *double*. — 28 août, St. Julien, martyrisé à Brioude, *double-majeur*. — 4 septembre, St. Avit Iᵉʳ, confesseur et évêque de Clermont, *double*. — 18 septembre, mémoire de St. Ferréol, martyr. — 25 septembre, St. Rustique, confesseur et évêque de Clermont, *double*. — 26 septembre, Ste Thècle, vierge et martyre à Icone. L'église de Chamalières possède une partie notable de ses reliques, *semi-double ad libitum*. — 12 octobre, St. Gérauld, confesseur et comte d'Aurillac, *semi-double ad libitum*. — 19 octobre, St. Amable, prêtre, confesseur et patron de Riom, *double*. — 22 octobre, St. Népotien, confesseur et évêque de Clermont, *double*. — 27 octobre, St. Namace, confesseur et évêque de Clermont, *double*. — 29 octobre, St. Genès, martyr, patron de Thiers, immolé dans ce lieu, *double*. — Le dimanche dans l'octave de la Toussaint, St. Austremoine, apôtre d'Auvergne, premier évêque de Clermont, *double de 1re classe*, avec octave. — 5 novembre mémoire de Tous les Saints d'Auvergne, *double de 2me classe*. Dans les leçons du second nocturne de cette fête on lit les noms suivants : Notre illustre Eglise vénère en ce jour de solennité, pour les martyrs, les saints Antolian, Limine, Maxime, Luce baptisé par St. Austremoine, Donat, Sabin et Agape avec six mille autres, dont les noms ne sont connus que de Dieu, martyrisés en Auvergne ; pour les confesseurs pontifes de Clermont, les saints Urbique, Légonne, Eparque, Avol, Juste, César, Gal II, Félix et Stable ; pour les simples confesseurs morts en Auvergne ou nés dans cette province, les saints Mamet, Antonin, Sirénat, Amand, prêtres et compagnons de St. Austremoine, Tigride, frère de St. Allyre, et Juste, son archidiacre ; pour les moines, les saints Emilian, Brachion, Savinian, Vincence, Evode, Maximin, le bienheureux Pierre de Pébrac, le sénateur Injurieux, Scholastique, son épouse, connus sous le nom des *deux Amans*, Calmin, duc d'Auvergne, et Namadie, son épouse, fondateurs du monastère de Mozat, et Genès, comte d'Auvergne et patron de Combronde; Pour les vierges, les saintes Vitaline, patronne d'Artonne, Florine la martyre, Légance, Claire, Véra, Suporine, Bonnite, Sacre et la bienheureuse veuve Eutropie, contemporaine de St. Sidoine.

Quant aux Saints qui sont nés en Auvergne et morts ailleurs, on compte St. Privat, martyr et évêque de Mende, St. Avit, moine de Menat, les saints Valérie, Fidole, Frambald, Léobard, Pierre-le-Vénérable, abbé de Cluny, Gonzald et Adeline, fondateur du couvent de Burgos en Espagne. De plus on honore dans cette fête les reliques des Saints qui se trouvent en Auvergne, principalement celles de St. Agricole et de St. Vital, martyrs, des saints Taurin, Brice, Adjutor, Dizain, Adrier, Mayeul, et de Ste Flamine, vierge martyre et patronne de Davayat. — 13 novembre, St. Quintien et St. Euphraise, confesseurs et évêques de Clermont, *double*. — 17 novembre, St. Grégoire de Tours, confesseur pontife, né en Auvergne, *double*. — 24 novembre, mémoire de St. Pourçain, abbé et confesseur. — 26 novembre, St. Stanislas Kostka, confesseur et religieux de la compagnie de Jésus, *double*.

Outre les fêtes que nous venons d'énumérer, le diocèse de Clermont a encore obtenu du Souverain-Pontife l'autorisation de célébrer toutes les nouvelles fêtes de Notre-Seigneur et de la sainte Vierge établies dans ces derniers temps.

ETAT ANCIEN ET ACTUEL
DES
PAROISSES DU DIOCÈSE DE CLERMONT (1).

Avant 1789, le diocèse avait 15 archiprêtrés ; Ardes, Bertignat, Billom, Blot-l'Eglise, Clermont, Collanges, Espinasse, Herment, Issoire, Le Cendre, Loubeyrat, Menat, Merdogne, Rochefort et Sauxillanges. Artonne l'é-

(1) *Statistiques des paroisses avant et après* 1789.

tait du temps de St. Grégoire, mais depuis il n'en a plus été question. — Aujourd'hui il n'y en a plus que cinq, qui sont : Ambert, Clermont, Issoire, Riom et Thiers.

L'archiprêtré de Clermont compte, dans son ressort, 148 églises, dont six occupent le premier rang : la Cathédrale, Notre-Dame-du-Port, Orcival, St-Cerneuf de Billom, Herment, St-Saturnin. Au second rang, on en compte quinze : Montferrand, St-Genès-les-Carmes, St-Eutrope, Ste-Marie de la Visitation, Royat, Aulnat, Pont-du-Château (Ste Martine), Bourglastic, Chauriat, Cournon, Heume-l'Eglise, Gergovie, Beaumont, Plauzat, la Ste-Chapelle de Vic-le-Comte, qui sert actuellement d'église paroissiale. Le nombre d'églises neuves pour cet archiprêtré est de 24.

Les doyennés ou cantons de l'arrondissement de Clermont sont (1) :

— 1 — CLERMONT	Port (3).	— 4 — MONTFERRAND.	Rouillat-Bas.
Cathédrale (3),	St-Eutrope (2).	(3).	St-Sandoux (1).
St-Genès-les-Carmes (3).	Aubière (1).	Aulnat (1).	St-Saturnin (1)
Beaumont (1).	Opmes.	Blanzat.	Saulzet-le-Froid.
Beaune.	Pérignat.	Cebazat.	Le Vernet (1).
Boisséjour.	Romagnat (1),	Gerzat (1).	— 6 —
Ceyrat (1).	Sauzet-le-Chaud.	Malintrat.	BILLOM.
Saint-Genès-Champanelle. (1).	— 3 — CLERMONT	Sayat (1).	St-Cerneuf (2).
Laschamps.	St-Pierre-les-Minimes. (3)	— 5 — ST-AMAND-TALLENDE (1).	Bongheat (1).
Manson.	Chamalières.	Aydat.	Bort.
Nadaillat.	Chanat.	Chadrat	Eglise-Neuve (1).
Theix.	Durtol.	Chanonat.	Saint-Jean-de-Glaine.
— 2 — CLERMONT	Nohanent.	Cournols.	St-Julien-de-Coppel. (1)
Notre-Dame du	Orcines (1).	Fohet.	St-Loup-de-Billom.
	Royat (1).	Jussat.	
	Ternant	Montredon.	
		Olloix.	

(1) NOTA. Les arrondissements sont en grandes majuscules, les cantons en petites et les succursales en lettres ordinaires, les chiffres placé entre parenthèse après le nom des paroisses indique le nombre des vicaires de ces paroisses.

Montmorin.
Mauzun.
Neuville.
Pérignat-ès-Allier.
Tinlhat.
— 7 —
BOURG-LASTIC (1).
Briffons.
St-Julien-Puy-l'Avèze.
Lastic.
Messeix (1).
Savennes.
St-Sulpice.
— 8 —
HERMENT.
Pérol.
Prondines.
Sauvagnat.
Tortebesse.
Verneughéol.
— 9 —
PONT-DU-CHATEAU (2).
(Ste-Martine).
Cournon (1).
Dallet (1).
Lempdes (1).

Lussat-Lignat (1).
Martres-d'Artières (1).
— 10 —
MONTON (1).
Authezat.
Le Cendre.
Corent.
Le Crest (1).
Gergovie.
Martres-de-Veyre (1).
Orcet.
Plauzat (1).
La Roche-Blanche (1).
La Sauvetat.
Soulasse.
Tallende.
Veyre.
— 11 —
ORCIVAL (1).
MONT-DORE (1).
Allagnat.
Aurières.
La Bourboule.
St-Bonnet près Orcival (1).
Ceyssat.
Cohex.

Gelles (1).
Heume-l'Eglise.
Saint-Jean-les-Monges.
Laqueuille (1).
St-Martin-de-Tours.
Mazaye.
Murat-le-Quaire (1).
Nébouzat (1).
Olby (1).
Perpezat (1).
Saint-Pierre-Roche (1).
Rochefort. (1)
Vernines.
— 12 —
TOURS (1).
Ceilloux.
St-Dier (1).
Domaize (1).
Estandeuil.
Fayet.
St-Flour.
Saint-Jean-des Ollières (1)
Sugères (1).
Trézioux (1).
— 13 —
VERTAIZON (1).

Beauregard.
St-Bonnet-près-Chauriat.
Bouzel.
Chas.
Chauriat (1).
Espirat.
Mezel (1).
Moissat-Haut (1).
Moissat-Bas.
Ravel-Palmeranges.
Reignat.
Vassel.
— 14 —
VIC-LE-COMTE (2).
Busséol.
St-Georges-ès-Allier (1).
Isserteaux (1).
Laps.
Manglieu (1).
St-Maurice (1).
Mirefleurs (1).
Parent.
La Roche-Noire.
Sallèdes (1).
Yronde et Buron (1).

L'archiprêtré d'Ambert compte, dans son ressort, 57 églises, dont trois sont mises au premier rang : Ambert, Arlanc et St-Anthême. On en place neuf au second rang : Beurières, St-Bonnet-le-Bourg, Brousse, Condat, Dore-l'Eglise, Fournols, St-Germain-l'Herm, Monestiers, Olliergues. Le nombre des églises neuves dans cet archiprêtré est de 4, quelques autres ont été réparées presque totalement.

ÉTAT DES PAROISSES.

Les doyennés ou cantons de l'arrondissement d'Ambert, sont :

— 1 —

AMBERT (4).
Champétières.
St-Ferréol-des-Côtes.
La Forie.
Job-et-la-Tour-Goyon (2).
Marsac (1).
St-Martin-des-Olmes (1).
N.-D. de Mons.
Thiolières.
Valcivières.

— 2 —

ST-AMAND-ROCHE-SAVINE (1).
Bertignat (1).
St-Eloy.
Grandval.

Le Monestier.

— 3 —

ST-ANTHÈME (2).
La Chaulme.
St-Clément.
Grandrif (1).
St-Romain.

— 4 —

ARLANC (3).
St-Allyre (1).
Beurières (1).
Chaumont.
Dorauges (1).
Dore-l'Eglise (1).
Mayres.
Novacelles.
St-Sauveur.

— 5 —

CUNLHAT (2).

Auzelles (1).
Brousse (1).
La Chapelle-Agnon (1).
Montboissier.

— 6 —

ST-GERMAIN-L'HERM (1).
Aix-la-Fayette.
St-Bonnet-le-Bourg.
St-Bonnet-le-Chastel (1).
Ste-Catherine-Dufraisse.
Le Chambon.
Condat.
Echandelys (1)
Fayet-Ronnayes (1).
Fournols (1).

— 7 —

OLLIERGUES (1).
Le Brugeron (1).
St-Gervais.
Marat (1).
St-Pierre-la-Bourlhonne.
Vertolaye.

— 8 —

VIVEROLS (1).
Baffie.
Eglisolles (1).
St-Just-de-Baffie (1).
Medeyrolles.
Saillant (1).
Sauvessanges (1).

L'archiprêtré d'Issoire compte, dans son ressort, 112 églises, dont deux au premier rang : St-Paul-d'Issoire et St-Nectaire, et neuf au second rang : Ardes, Besse, le Breuil, Le Chambon, Chastraix, Collanges, Coudes, St-Pardoux et Tauves. Le nombre des églises neuves dans cet archiprêtré est de 11.

Les doyennés ou cantons de l'arrondissement d'Issoire, sont :

— 1 —

ISSOIRE.
ST-PAUL (3).
Aulhat.
St-Babel (1).
Bergonne.
Le Broc.
Coudes.

Flat et St-Privat.
Meilhaud.
Montpeyroux.
Orbeil.
Pardines.
Perrier.
Sauvagnat.
Solignat.

Vodable.
St-Yvoine.

— 2 —

ARDES (1).
St-Allyre-ès-Montagne.
Anzat-le-Luguet (1).

Apchat.
Augnat.
La Chapelle-Marcousse.
Chassaigne.
Dauzat.
La Godivelle.
St-Hérem.
La Meyrand.

Madriat.
Mazoire.
Rentières.
Roche-Charles.
Le Saulzet.
Ternant.

— 3 —

BESSE (2).
St-Anastaise.
Le Chambon. (1).
Compains.
St-Diéry.
Eglise-Neuve-d'Entraigues (1)
Espinchal.
Murol et Beaune-le-Froid.
St-Pierre-Colamine.
Valbeleix.
St-Victor.

— 4 —

BRASSAC (1).
Auzat-sur-Allier.
Esteil.
Champagnat-le-Jeune.
La Chapelle-s.-Usson.

Saint-Jean-St-Gervais.
Jumeaux (1).
St-Martin-d'Ollières.
La Montgie et Malhat (1).
Pealière et Val-sous-Château.

— 5 —

SAINT-GERMAIN LEMBRON (1).
Antoing.
Beaulieu.
Boudes.
Le Breuil.
Chalus.
Collanges.
St-Gervazy.
Gignat.
Mareugheol.
Mauriat et Charbonnier.
Nonette et Orsonnette.
Vichel.
Villeneuve.

— 6 —

NESCHERS (1).
CHAMPEIX (1).

Chadeleuf.
Chainat.
Chidrac.
St-Cirgues.
St-Vincent.
Courgoul.
St-Floret et Clémensat.
Ludesse.
Montaigut-le-Blanc.
St-Nectaire.
Régnat.
Saurier et Creste.
Tourzel et Ronzières.
Verrières et Grandeyrol.

— 7 —

SAINT-PARDOUX LATOUR (1).
Bagnols (1).
Chastreix (1).
St-Donat.
Saint-Genès-Champespe.
Gros.
Picherande.
Latour-d'Auvergne.

Trémouille.

— 8 —

SAUXILLANGES (1).
Bansat et St-Martin-des-Plaines.
Brenat.
Chaméane.
Eglise-Neuve-des-Liards.
St-Etienne-sur Usson.
St-Genès (1).
S-Jean-en-Val.
Parentignat et Varennes.
Les Pradeaux
St-Quentin.
St-Remy-de-Chargnat.
Usson.
Le Vernet (1).

— 9 —

TAUVES (2).
Avèze.
Labessette (1).
Larodde (1).
St-Sauve (1).
Singles (1).

L'*archiprêtré de Riom* compte dans son ressort 140 églises, dont six sont mises au premier rang : St-Amable, la Ste-Chapelle de Riom, Mozat, Artonne, Bellaigue (*servant à des usages profanes*), et Miremont. Au second rang, on en place douze : Aigueperse, Combronde, Ennezat, le Marthuret, St-Hilaire-la-Croix, Marsat, Menat, Montpensier, St-Myon, St-Gervais, Thuret et Volvic. Le nombre d'églises neuves, dans cet archiprêtré, est de 35.

ÉTAT DES PAROISSES.

Les doyennés ou cantons de l'arrondissement de Riom, sont :

— 1 —
RIOM.
(St-Amable) (3)
Châteaugay (1)
Marsat et St-Genès-l'Enf.
Mozac.
Volvic (2).

— 2 —
RIOM.
(Notre-D.-du-Marthuret)(3).
St-Bonnet-Lachamps (1).
Cellule.
Châtel-Guyon (1).
Le Cheix-de-Morge.
Enval.
St-Hippolyte.
Menetrol.
La Moutade.
Pessat-Villeneuve.

— 3 —
AIGUEPERSE (3).
St-Agoulin.
Artonne (1).
Aubiat (1).
Bussières-et-Pruns.
Chaptuzat.
Effiat (1).
St-Genès-du-Retz.
Montpensier.
Sardon.
Thuret (1).
Vensat (1).

— 4 —
COMBRONDE (1).
Beauregard-Vandon.
Champs.
Davayat.
Gimeaux.
St-Hilaire-la-Croix.
Jozerand.
Montcel.
St-Myon.
Prompsat.
Teilhède.
Yssac-la-Tourette.

— 5 —
ENNEZAT (1).
St-Beauzire (1).
Chappes.
Chavaroux.
Clerlande.
Entraigues.
St-Ignat (1).
Ste-Laure.
Martres-sur-Morge.
Varennes-sur-Morge.

— 6 —
ST-GERVAIS (2).
Ayat.
Biollet.
Charensat (1).
Ste-Christine.
Espinasse.
Gouttières.
St-Julien-la-Geneste.
St-Priest-des-Champs (1).
Sauret-Besserves.

— 7 —
MANZAT (1).
St-Angel.
Charbonnières-les-Varennes (1).
Charbonnières-les-Vieilles (1).
Château-Neuf-Comps.
St-Georges-de-Mons (1).
Lachaux.
Loubeyrat (1).
Queuilhe.
Sautsire.
Vitrac.

— 8 —
MENAT (1).
Blot-l'Eglise (1).
St-Gal.
Marcillat.
Neuf-Eglise.
St-Pardoux.
Pouzol.
St-Quintin.
St-Rémy-de-Blot (1).
Servant (1).
Teilhet.

— 9 —
MONTAIGUT (1).
Ars.
Buxières.
La Crouzille.
Durmignat.
St-Eloy (1).
Moureuille.
La Peyrouse (1).

Virlet.
Youx-Ladoux.

— 10 —
PONTAUMUR (1).
St-Avit.
La Celle.
Combraille.
Condat et Bard (1).
St-Étienne-des-Champs.
Fernoël.
Giat (1).
St-Hilaire-les-Monges.
Landogne.
Miremont (1).
Montel-de-Gelat (1).
Puy-St-Gulmier-St-Gendes.
Tralaigues.
Villossanges.
Voingt.

— 11 —
PONTGIBAUD (1)
Bromont-Lamothe (1).
Chapdes-Beaufort (1).
Cisterne.
La Forêt.
La Goutelle.
Saint-Jacques-d'Ambur.
Montfermy.
St-Ours (1).
St-Pierre-le-Chastel.
Pulvérières.
Les Roches.

— 12 —
PIONSAT (1).
Bussières.
La Cellette.
Château-sur-Cher.
St-Hilaire.

St-Maignier.
St-Maurice (1).
Le Quartier.
Roche-d'Agou.
Vergheas.
— 13 —
RANDAN (1).

St-André-le-Coq.
Bas et Lezat.
Beaumont.
St-Clément de Régnat.
Combarnazat.

Mons.
St-Priest-Bramefant.
St-Sylvestre.
Villeneuve-les-Cerfs.

L'archiprêtré de Thiers compte, dans son ressort, 43 églises, dont cinq au premier rang : St-Genès de Thiers, Augerolles, Le Moutier, Ris et Sauviat. Au second rang il y en a huit : Bulhon, Culhat, Châteldon, Dorat, Lezoux, Maringues, Luzillat et Paslières. Le nombre des églises neuves, dans cet archiprêtré, est de 13.

Les doyennés ou cantons de l'arrondissement de Thiers, sont :

— 1 —
THIERS.
(ST-GENÈS) (4)
Saint-Jean, à Thiers.
Le Mouthiers, à Thiers.
Dorat.
Escoutoux (1).
— 2 —
CHATELDON (1).
Lachaux.
Paslières et Noalhat (1).
Puy-Guillaume (1).

Ris (1).
— 3 —
COURPIÈRE (2).
Ste-Agathe.
Aubusson.
Augerolles (2).
Olmet (1).
La Renaudie (1).
Sauviat.
Sermentison (1)
Vollore-Montagne.
Vollore-Ville (1).

— 4 —
LEZOUX (2).
Bulhon.
Charnat.
Crevant.
Culhat (1).
Saint-Jean-d'Heurs.
Lempty.
Neyronde.
Oriéat.
Peschadoire.
Seychalles.
Vinzelles.
— 5 —
MARINGUES.

Joze et Tissonnières (1).
Limons.
Luzillat et Vialles (1).
— 6 —
SAINT-RÉMY
Arconsat (1).
Celles (2).
Chabreloche.
Palladuc.
Saint-Victor et Montvianaix (1).
Viscontat (1).

On compte dans le diocèse un grand nombre de chapelles, réparties ainsi : la ville épiscopale en a 16, Riom 7, Ambert 5, Thiers 4, Issoire 3, Billom 3, Aigueperse 1, Effiat 1, St-Saturnin 1, et Cellule 1.

Autrefois le diocèse comptait 28 chapitres; depuis le concordat de 1802 il n'existe plus que celui de la Cathédrale. Voici les noms des lieux où se trouvaient ces anciens chapitres : Aigueperse, Artonne, Besse, Billom, Le Broc, Cébazat, Clermont, quatre : la Cathédrale, Notre-Dame-du-Port, St-Genès, St-Pierre ; Chamalières, Cournon, Ennezat, Herment, Laqueuille, Lezoux, Mareugheol, Montferrand, Pont-du-Château, Riom, trois : St-Amable, Notre-Dame-du-Marthuret, la Ste-Chapelle ; Orcival, St-Germain-Lembron, deux : St-Germain et St-Clément (ce dernier n'existait plus longtemps avant 89). Thiers, Vertaizon et Vic-le-Comte.

Dans la nomenclature des paroisses que nous allons donner, on sera probablement surpris de voir des Abbayes, des monastères, des chapitres et même des seigneurs laïques nommer à plusieurs cures les titulaires et ne laisser à l'Ordinaire du diocèse que le droit de donner l'institution canonique, institution qu'il ne pouvait refuser que rarement et dans des cas d'une extrême gravité. Pour expliquer ces nominations qui aujourd'hui nous apparaissent anormales, il faut se rappeler que ces paroisses avaient été fondées par ces abbayes, ces monastères, ces chapitres, ou par les ancêtres de ces seigneurs laïques, qui avaient droit de faire ces nominations. Ce droit tirait sa force d'une espèce de concordat fait entre les évêques et les fondateurs de ces églises.

AIGUEPERSE, *Aqua sparsa*. Cette ville, canton de l'arrondissement de Riom, possède deux églises. — La paroissiale, fondée en 1016, était très-petite. Au XIIIe siècle, on y ajouta le chœur et le transept. Elle fut consacrée le 25 août 1480 ; elle s'écroula dans la nuit du 23 au 24 février 1727 et fut rebâtie en 1734. Érigée en collégiale l'an 1253, par le chapitre de Thiers, elle conserva ce titre jusqu'en 1789. C'est une église à trois nefs, à laquelle M. Imberdis, curé actuel, a fait ajouter une travée et un élégant frontispice. Elle a une belle sonnerie, composée de trois cloches. Cette église est sous le vocable de Notre-Dame et a pour patron *St. Quintien*. Elle possède un tableau de St. Sébastien, qui est de toute beauté. En contemplant ce chef-d'œuvre, on croit assister à la mort du martyr. — La Ste-Chapelle, dite église de St-Louis, parce qu'elle est sous son vocable, fut fondée par Louis de Bourbon, comte de Montpensier, en 1475. Ces deux églises sont classées comme monuments historiques. Avant 93 cette ville avait un couvent de Clarisses fondé en 1421, par Ste Colette, un d'Ursulines, fondé en 1630; un des Dames de la Miséricorde, fondé en 1685, et deux Sœurs des Religieuses de Nevers, appelées en 1714, pour soigner les pauvres de l'hôpital. En 93 tout disparut. Aujourd'hui, cette ville a des sœurs de Nevers pour l'hôpital; pour les écoles, des frères de la Doctrine chrétienne et des religieuses de la Miséricorde (1). Le curé qui jadis faisait partie des chanoines, était à la nomination du chapitre de Thiers. — Population 2697 habitants.

Aix-Lafayette, *Aixiensis*, canton de St-Germain-l'Herm. Eglise romane, dont la fondation remonte à l'an 1060. Elle fut modifiée au 15ᵐᵉ siècle; elle avait et a encore pour patron *St. Julien*. Le curé était nommé par les Bénédictins de Sauxillanges, qui avaient fondé, en 1114, un prieuré dans ce lieu. Les religieuses de N.-D. de Chabriat y ont actuellement une école. — Population 695 h.

Allanchat, *Alhanases*, canton de Rochefort. Eglise romane du XIᵐᵉ siècle, dont la plus grande partie est moderne. Elle avait et a pour patron *St. Martin*. Le

(1) Grâce à M. l'aumônier des Dames de la Miséricorde de Billom et à une sœur de St-Joseph, nous pouvons indiquer toutes les paroisses du diocèse où se trouvent des religieuses de la Miséricorde et du Bon Pasteur. Nous avons le regret de ne pouvoir dire la même chose des religieuses du Puy et de Lamontgie. Les personnes à la tête de ces établissements n'ont pas jugé à propos de nous répondre.

curé était nommé par l'évêque. Aujourd'hui cette commune a deux paroisses, dont la nouvelle porte le nom de Ceyssat et a pour patron St. Roch. — Population 786 habitants.

AMBERT, *Ambertensis*, chef-lieu d'arrondissement. L'église est un monument classé comme monument historique. Elle est sous le vocable de *St. Jean-Baptiste* et a pour patrons *St. Côme et St. Damien*. Bâtie à deux reprises, cette église a une partie romane et une partie gothique, non achevée ; elle a 32 colonnes mesurant soixante pieds de hauteur, et seize chapelles à son pourtour. Cette église fut commencée en 1471 et finie en 1518. Guillaume Duprat en fit la consécration en 1551. Avant 1729, la paroisse était desservie par les Bénédictins de Chaumont, qui jouissaient de ce droit depuis 1496. Ambert avait plusieurs couvents ; un de Templiers supprimé en 1369 ; un d'Ursulines fondé en 1592, au petit château des Ecures, un de Récollets fondé en 1619 composé de douze religieux et un de Minimes, qui avait un hôpital fondé en 1755. En 1790 tout cela disparut. Aujourd'hui Ambert possède un hôpital, un couvent d'Ursulines, un de Dominicaines (*maison-mère*), un établissement de frères de la Doctrine Chrétienne et un de Sœurs de St-Joseph (*Bon-Pasteur*). — Population 6725 habitants.

ANTOINGT, *Antoingensis*, canton de St-Germain-Lembron. Eglise romane, dont la fondation remonte à 1219 ; elle dépendait de l'abbaye de Chantoin, qui a eu le droit de nomination du curé jusqu'en 1789. Cette église avait et a encore pour patron *St. Gal*. Chantoin possédait un prieuré dans ce lieu, sous le vocable du même saint. Population 668 habitants.

ANZAT-LE-LUGUET, canton d'Ardes. L'église est un édifice sans intérêt ; le chœur est du XIVe siècle ; elle possède une cloche de 1647. Elle avait et a pour patronne *Notre-Dame (Assomption)*. Les seigneurs de ce lieu nommèrent les curés de cette église jusqu'en 1789. Population, 1504 habitants.

APCL..., canton d'Ardes. L'église remaniée au XIVe siècle, est un édifice roman des plus communs et sans valeur. Elle ...ait et a pour patron *St. Médard*. Le curé était nommé par le prieur de La-Voûte (*Haute-Loire*), qui avait dans ce lieu un prieuré sous le vocable de St. Médard. Population, 700 habitants.

ARCONSAT, canton de Thiers. Eglise du XIXe siècle, sans rien de remarquable. Elle avait et a encore pour patron *St. Blaise*. Le curé était à la nomination de l'évêque. Cette paroisse a aujourd'hui une école tenue par les Religieuses du Bon-Pasteur. Depuis quelques années, on a distrait d'Arconsat Chabreloche, qui forme actuellement paroisse et commune. La population d'Arconsat est de 1419 habitants, celle de Chabreloche 670 habitants.

ARDES, *Radiatum*, canton de l'arrondissement d'Issoire. L'église est un édifice de seconde classe, datant du XIIIe siècle ; elle a pour patrons *St. Dizaint* et *St. Adrier*. Le premier était évêque; le second était le prêtre qui porta à Ardes, du temps des ravages des Normands, les ossements du saint évêque. Après la mort de ce saint prêtre, Ardes fit bâtir son église sous le vocable de ces deux bienheureux et les prit pour patrons. En 93, la châsse qui renfermait leurs reliques fut détruite, mais des personnes pieuses purent soustraire à la profanation les ossements de ces Saints. Ardes les possède encore. C'est sur cette paroisse que se trouve la célèbre chapelle de *Notre-Dame de Vassivières*. La statue de la Ste-Vierge, qui orne cette chapelle, passe neuf mois dans l'église de Besse, à cause des neiges qui, pendant la plus grande partie de l'année, couvrent la montagne où cette chapelle se trouve. C'est le premier dimanche de juillet qu'on monte en procession cette statue à sa chapelle, et c'est le dimanche après la saint Mathieu qu'on la descend à Besse avec la même cérémonie. Aux processions, il y a toujours foule immense. Ardes était archiprêtré et avait un prieuré. L'archiprêtre et le prieur étaient à la nomination de l'abbé de

Manglieu. Il y avait dans cette paroisse une communauté de prêtres qui devaient être nés à Ardes. Il y avait aussi un Chapitre et un couvent de Récollets. Aujourd'hui il y a un hospice, des Frères de l'Instruction et des Religieuses de la Miséricorde. Population, 1412 habitants.

ARLANC, *Arlincus*, canton de l'arrondissement d'Ambert. L'église, fondée en 1558, est un édifice de transition à trois nefs, avec clocher moderne, surmonté d'une flèche très élevée. Elle avait et a pour patrons *St. Pierre* et *St. Mari*. Ce n'est point du compagnon de St. Austremoine qu'il s'agit ici, c'est d'un jeune diacre et martyr de ce nom, né au village de Choupeires, paroisse de Beurières. Mari fut massacré par les Huguenots à Arlanc, vers 1563, au moment où il s'opposait à la profanation des vases sacrés de l'église du bourg. Arlanc avait un prieuré qui datait de 960, et un couvent d'Ursulines fondé en 1656. Le curé était à la nomination du prieur. Aujourd'hui cette ville a pour ses écoles des Frères de la Croix et des Religieuses du Bon-Pasteur. Population, 3830 habitants.

Aas, canton de Montaigut. L'église est un édifice du XVIIe siècle, très-simple et sans valeur. Elle a pour patron *St. Marcel*. Le curé était à la nomination de l'abbé d'Ebreuil. Population, 6?? habitants.

ARTONNE, *Arthona*, canton d'Aigueperse. Eglise romane du XIe siècle; elle a subi des modifications aux XIIIe et XIVe siècles. Elle a trois nefs et sept chapelles, qui sont autour du sanctuaire et du bas-chœur ; elle possède une sonnerie des plus harmonieuses, mais un piteux clocher. Du temps de St. Grégoire de Tours, Artonne avait une église sous le vocable de l'archange *Gabriel*, dont il n'est plus parlé ensuite. A la même époque, le curé avait le titre d'archiprêtre : mais on ne sait pas s'il le conserva longtemps. Avant 93, Artonne avait deux églises, celle du Chapitre, dont la fondation était de 1048, sous le vocable de *St. Martin*, et celle de la paroisse dédiée à *St. Jean-Baptiste*. Cette dernière fut complètement démolie en 93. On admire dans l'église de St-Martin, devenue aujourd'hui l'église paroissiale, les trois chapelles carrées du fond, avec leurs fenêtres à colonnes à chapitraux de la plus ancienne époque romane, leurs vitraux de date récente, la superbe colonnade qui entoure l'autel et la belle ferronnerie du moyen-âge, allant d'une colonne à une autre et renfermant le sanctuaire. Cette paroisse a pour patron *St. Jean-Baptiste* et pour patronne *Ste. Vitaline*.

Voici ce que de Sivry dit d'Artonne, dans son *Dictionnaire des pèlerinages* (édition Migne) : « Cette ville était très-florissante sous les Romains ; son nom lui vient d'un autel consacré à Jupiter tonnant. Mais ce qui la rend encore plus célèbre, c'est le séjour qu'y firent plusieurs Saints. » On y voyait jadis, dans une chapelle qui porte le nom de Ste. Vitaline, le tombeau de cette vierge. St. Martin le vint visiter en 390, pour y faire ses dévotions. En 535, Artonne fut honoré de la visite de St. Pourçain, venu cassé de vieillesse dans ce lieu, pour implorer la clémence du roi Thierry, qui avait juré la ruine de l'Auvergne. On prétend aussi que St. Paterne, évêque de Vannes, avait cherché une solitude à Artonne et qu'il y mourut vers l'an 555, ou 565. On possède dans une châsse en cuivre doré une partie considérable des reliques de ce Saint et de celles de Ste. Vitaline. Le curé d'Artonne faisait partie du Chapitre avant 93 et était à sa nomination. Voici la liste des curés qui ont passé dans cette paroisse depuis 1650 :

Rontet, (1650-1656) ; B. Bathias, (1656-1665) ; Pitavy, (1665-1714) ; Rodier, (1714-1716 ; Jean Bischon, (1716-1730), Blatterie, (1730-1740) ; Gardine, (1740-1765) ; Grégoire Furyès, (1765-1791) ; Rozier, curé intrus, (1791-1793) ; Treilhes Antoine, (1803-1807) ; Pastor Arnauld, (1807-1833) ; Pochebonne, (1833-1834) ; Pierre-Irénée Sibaud, (1834-1875).

L'église d'Artonne a besoin d'un clocher et de plusieurs réparations ; mais ce qui a déjà été fait par le zèle et les soins de *M. Béal*, curé actuel, fait espérer que tout se fera avec le temps. Il y a dans cette église cinq vitraux assez remarquables, dont trois ont chacun un paysage des mieux réussis. Les Sœurs du Bon-Pasteur, appelées dans cette paroisse par l'*abbé Sibaud*, ont une maison d'éducation qui, après avoir végété assez longtemps, est devenue des plus prospères, sous la direction intelligente de la supérieure actuelle, Sœur *Hélène Lepeytre*. Le local, qui appartient à la Communauté, est un des plus grands et des plus beaux bâtiments d'Artonne ; il offre tous les agréments voulus : fontaine, jet d'eau, air pur, jardins, vue magnifique sur la vaste plaine de la Limagne et sur les montagnes qui l'entourent. Population, 1804 habitants.

Aubiat, *Albiacum*, canton d'Aigueperse. Eglise du XI° siècle à trois petites nefs, dans la partie inférieure. Dans le principe, elle a dû servir de chapelle au château, dont elle paraît être une dépendance. Elle a pour patronne *N.-D. (Nativité)*. Le curé était nommé par le chapitre de la Cathédrale. Aubiat avait un prieuré sous le vocable de Notre-Dame, qui dépendait du chapitre de St-Amable de Riom. Le comte de Mons et son gendre, le comte de Bonnevie, ont le projet de faire construire une nouvelle église. — Population 1,253 habit.

Aubière, *Alberia*, canton de Clermont. L'église est un édifice du XIV° siècle, avec un clocher moderne. Elle avait et a pour patron *St. Martin*. Le curé était à la nomination de l'abbé de la Chaise-Dieu. Cette paroisse avait autrefois une maison de prêtres communalistes. Le Petit-Pérignat, qui jadis faisait partie d'Aubière, forme aujourd'hui paroisse et commune. Sa population est de 440 habitants. Aubière a des Religieuses de St-Joseph (Bon-Pasteur). — Population 2,767 hab.

Aubusson, canton de Courpière. L'église est du XV° siècle et n'a rien d'intéressant dans sa simplicité. Le clocher est moderne ; l'ancien fut détruit en 93. Elle avait pour patron *St. Saturnin* ; aujourd'hui elle a *St. Blaise*. Le curé était nommé par l'évêque. En 1614, il y avait une maison de prêtres communalistes. — Population, 729 habitants.

Augerolles, *Augerolis*, canton de Courpière. L'église, qui est fort belle, est un édifice historique classé du XII° siècle, sous le vocable de *Ste-Croix*. Le clocher est moderne. Elle avait pour patron *St. Georges*; aujourd'hui c'est l'*Exaltation de la Ste Croix* qu'elle a pour patronne. Le curé était à la nomination du prieur du lieu, dont la maison dépendait de Cluny. Aujourd'hui cette paroisse a des Frères de l'Instruction chrétienne et des Religieuses de la Miséricorde. — Population, 2,603 habitants.

Augnat, canton d'Ardes. Eglise en partie romane et en partie gothique, XV° siècle. Elle avait et a pour patronne *Ste Marthe*. Le curé était nommé par l'évêque. Avant 93, cette église avait quatre cloches d'une grande valeur, qui ont été brisées et fondues à cette déplorable époque, pour en faire des gros sous et des pièces de canon. — Population, 391 habitants. On a distrait de cette paroisse Madriat, qui est devenue succursale.

Aulhat, canton d'Issoire. Eglise de transition et en bon état, sans rien de remarquable. Clocher moderne de forme carrée. Cette paroisse avait et a pour patron *St. Pierre*. Le curé était à la nomination de l'abbé d'Issoire, qui avait dans ce lieu un petit prieuré en 1561. — Population, 404 habitants.

Aulnat, *Aulnatensis*, canton de Clermont. L'église et le chœur sont du XI° siècle. Le clocher et les trois nefs, piliers carrés, sont modernes (XIX° siècle). Le curé était à la nomination des Carmes déchaussés de Chantoin. Cette église avait et a pour patron *St. Rustique*, qui y était curé avant d'être évêque d'Auvergne. Cette paroisse a aujourd'hui une école tenue par les Frères de la Doctrine Chrétienne, et une autre par les Religieuses de la Miséricorde de Billom. — Population, 1338 habitants.

Aurières, canton de Rochefort. Petite église moderne très-simple, détachée de Vernines. Elle a pour patronne *Ste. Anne*. Cette paroisse a des Religieuses du Puy. — Population, 503 habitants.

Authezat, *Altuziacus*, canton de Veyre-Monton. L'église est du XIV° siècle : le clocher est carré. Avant 89, une statue miraculeuse de la Ste-Vierge y attirait à chacune de ses fêtes une foule de pèlerins. Marie était la patronne de cette église ; elle l'est encore sous le nom de *N.-D. d'Août (Assomption)*. Le curé était à la nomination du chapitre de la Cathédrale. On a distrait de cette paroisse la Sauvetat. — Population d'Authezat, 561 habitants.

Auzat, canton de Jumeaux. Eglise ogivale, remaniée à diverses époques, sans rien offrir de remarquable. Elle avait pour patron *St. Gérauld* ; elle a aujourd'hui *St. Saturnin*. Le curé était à la nomination de l'abbé d'Aurillac, qui possédait un prieuré dans ce lieu. On a distrait de cette paroisse Esteil. Auzat a des Sœurs de N.-D. de Lamoutgie (fondation 1861). — Population 1744 habit.

Auzelle, canton de Cunlhat. Eglise de transition, XV° siècle, sans rien de remarquable. Elle avait et a pour patron *St. Blaise*. Le curé était nommé par le seigneur du lieu. Cette paroisse est la patrie du P. Gaschon, né le 30 août 1732, et mort en odeur de sainteté, aumônier de l'hôpital d'Ambert, le 27 novembre 1815. Auzelle a des Sœurs de St-Paul-de-Chartres. — Population, 2,025 habitants.

Avèze, canton de Tauves. L'église, qui est un petit édifice roman sans grande valeur, possède, en revanche, la plus belle sonnerie du diocèse. Une des cloches date de 1511. Cette église avait et a pour patronne *N.-D. (Assomption)*. Le curé était présenté par le chapitre de la Cathédrale et nommé par le prieur de Port-Dieu, en Limousin, lequel possédait dans ce lieu un petit prieuré sous le vocable de Ste. Marie. — Population, 832 habitants.

Ayat, canton de St-Gervais. L'église est du XV° siècle, très-simple et sans intérêt. Elle possède une cloche de 1669, fêlée depuis longtemps. Elle avait et a pour patron *St. Hilaire.* Le curé était nommé par l'abbé de Menat, qui avait dans ce lieu un prieuré. — Population, 586 habitants.

Aydat, canton de St-Amand-Tallende. On prétend que la maison de campagne où St. Sidoine trouvait ses délices, était dans ce lieu. L'église est un édifice du XI° siècle, sous le vocable de *St. Barthélemy.* Elle avait et a pour patron *St. Sidoine.* Le curé était à la nomination du chapitre du Port et l'église dépendait de celle de Tallende. Il y avait une maison de Templiers, fondée en 950 et supprimée en 1300, elle fut donnée aux chevaliers de St-Jean de Jérusalem. Cette commune a trois autres succursales, qui sont : Fohet, dont l'église est du XV° siècle, sans valeur, avec modifications modernes. Elle a pour patron *St. Julien.* Montredon, dont l'église est moderne, XIX° siècle. Elle a pour patron *St. Jacques*, Rouillat-Bas, dont l'église est aussi du XIX° siècle. Le patron est *St. Jacques.* — Population d'Aydat, 1567 habitants.

Baffie, *Baffia*, canton de Viverols. L'église, qui était du XV° siècle, a été remplacée par une église moderne, sans caractère. Elle avait et a pour patron *St. Nicolas.* C'étaient les Minimes de Chaumont qui nommaient le curé. Baffie a des sœurs de N.-D de Lamontgie (1860). — Population, 658 habitants.

Bagnols, canton de Latour. Eglise du XI° siècle, avec chœur du XVI°. Elle avait et a encore pour patron *St. Pierre*, Le curé était nommé par le prieur de

Port-Dieu en Limousin, qui possédait dans ce lieu un prieuré sous le vocable de *St. Pierre*. Bagnols a une école de Frères de St-Gabriel. — Population, 1830 habitants.

Bansat, *Bansiacus*, canton de Sauxillanges. Eglise du XI⁰ siècle ; elle appartenait au prieuré de Sauxillanges. Le patron était *St Julien*, il l'est encore. Le curé était nommé par l'abbaye de la Chaise-Dieu. — Population, 519 habitants.

Bas-et-Lezat, canton de Randan. Eglise moderne, qui avait et a encore pour patron *St. Robert*. Le curé était nommé par l'évêque. — Population, 539 habit.

Beaulieu, canton de St-Germain-Lembron. Eglise du XIV⁰ siècle, remaniée à diverses époques. Elle appartenait au prieuré de Sauxillanges, qui nommait le curé. Elle avait et a pour patron *St. Martin*. — Population, 733 habitants.

Beaumont, *Belmontensis*, canton de Clermont. Cette commune avait deux églises paroissiales dans le principe : une chapelle abbatiale du XII⁰ siècle, patron *St. Pierre* ; l'autre du XI⁰ siècle, patronne *N.-D.-de-la-Rivière*. Les deux curés étaient nommés par l'abbesse de Beaumont, dont l'abbaye fut supprimée en 1790. Elle était composée alors de douze religieuses. L'église actuelle est romane, XI⁰ siècle, avec nef moderne. Elle a pour patron *St. Pierre*. Beaumont a des Religieuses de la Miséricorde. — Population, 1515 hab.

Beaumont, canton de Randan. Eglise romane et de transition en très-mauvais état. Elle a pour patron *St. Pierre-ès-Liens*. — Le curé était à la nomination de l'évêque. Population, 586 habitants.

Beaune, canton de Clermont. Eglise distraite de St-Genès-Champanelle et construite au XIX⁰ siècle. Elle a pour patronne *N.-D. (Visitation)*. — Population, 309 habitants environ.

BEAUREGARD, *Bellumregardum*, canton de Vertaizon. Eglise moderne, ayant l'autel tourné à l'ouest. En 1560, cette paroisse avait une communauté de prêtres. Le curé était à la nomination du chapitre de Lezoux. Les patrons de cette église étaient et sont encore *St. Etienne* et *St. Arentin*, mort moine et abbé dans le diocèse de Troyes, en 540. Beauregard possède une partie de ses reliques. On fait la fête de ce Saint le 10 novembre. Les Evêques de Clermont avaient un château dans cette paroisse ; il fut vendu pendant la Révolution. Guillaume Duprat y avait fondé un couvent de Minimes en 1560. - Population, 1473 habitants.

BEAUREGARD-VENDON, canton de Combronde. Eglise moderne avec clocher en flèche, bâtie sur l'ancienne qui était du XI° siècle ; elle avait et a pour patron *St. Gal*. Le curé était nommé par l'évêque. — Population, 785 habitants.

BERGONNE, canton d'Issoire. Eglise romane du XII° siècle, qui avait pour patron *St. Gal*; aujourd'hui elle a *St. Jacques*. Le curé était à la nomination des Carmes Déchaussés de Chantoin, qui possédaient dans ce lieu un prieuré. — Population, 277 habitants.

BERTIGNAT, canton de St-Amand-Roche-Savine. Eglise du XIV° siècle, avec clocher carré; elle a été agrandie en 1835. Elle avait et a pour patron *St. Priest*. Le curé, qui avait le titre d'*archiprêtre du Livradois*, était à la nomination de l'évêque. Bertignat a des Religieuses du Bon-Pasteur. — Population, 1751 habitants.

BESSE, *Bessa*, canton de l'arrondissement d'Issoire. Eglise du XI° siècle avec clocher moderne, sous le vocable de *St. André*, qui en est aujourd'hui le patron. En

1060 cette église fut donnée à Cluny. En 1498, par une bulle du 12 juin, elle fut érigée en collégiale composée de prêtres communalistes, dont le nombre était de 60 au début et de 12 au XVIIe siècle. Le curé était depuis 1286 nommé par le chapitre de la Cathédrale. Besse a des Frères de la Croix pour son école de garçons, et pour son hospice et son école de filles des Sœurs de la Miséricorde. — Population, 1931 habitants.

BEURIÈRES, *Bere...ia*, canton d'Arlanc. Église romane du XIIe siècle, très-remarquable dans ses détails, avec clocher carré moderne. Elle était sous le vocable de *Ste-Marie*, qui en est aujourd'hui la patronne. Le curé était à la nomination du prieur de Sauxillanges. Beurières a des petits Frères de Marie et des Religieuses du Bon-Pasteur. — Population 1355 habitants.

BILLOM, *Billomus*, canton de l'arrondissement de Clermont. Cette commune avait autrefois quatre paroisses : *St-Cerneuf*, dont l'église est un édifice classé des XIe et XIIe siècles, à trois nefs, avec crypte bien conservée. Elle avait un chapitre qui remontait à Charlemagne. Le curé était à la nomination dudit chapitre, qui était composé de 31 chanoines. — *St-Loup*, dont l'église romane a été restaurée en 1835. Le clocher démoli en 93 a été reconstruit. Le curé avait le titre d'*archiprêtre* et était nommé par l'évêque. — *St-Saturnin*, dont l'église appartenait au prieuré de Sauxillanges. — *St-Michel*, dont l'église fut détruite en 1131. — *St-Saturnin* subit le même sort pendant la grande Révolution. Billom avait une Université catholique fondée en 1475 par Guillaume Duprat. La direction en fut confiée aux Pères Jésuites. Elle était une des plus florissantes de France. Aujourd'hui elle est remplacée par un collège ecclésiastique séculier, dont on peut dire avec Virgile: *Quantum mutatus ab illo !* Aux Jésuites la palme des sciences !

C'est à Billom que s'établirent, en 1599, les premiers Capucins venus en Auvergne. En 1620, un couvent de Bénédictines y fut fondé, et en 1650 un de Visitandines. Billom a aujourd'hui deux paroisses, *St-Cerneuf* et *St-*

Loup, et une succursale à Tinlhat, dont l'église est romane et de transition. Elle a pour patron *St. Amand*, évêque de Rodez. Dans ces derniers temps, on a construit une chapelle en l'honneur de *N.-D. de la Salette*, au sommet du *Turluron*. Il y avait et il y a encore à Billom une confrérie de Pénitents Noirs, qui fait une procession dans la ville, pendant la nuit du Jeudi-Saint, chaque année; tous les détails de la Passion y sont représentés. Billom a des Frères de la Doctrine Chrétienne, des Religieuses de la Miséricorde, (*maison-mère* qui a 46 établissements dans le diocèse), et des Sœurs de St. Vincent de Paul. — Population, 4336 habitants.

Biollet, canton de St-Gervais. Eglise romane fondée en 1077, sous le vocable de *St. Pierre*, qui en est aussi le patron. Le curé était à la nomination du chapitre de Chamalières. — Population, 1088 habitants.

Blanzat, *Blanzacum*, canton de Clermont. L'église de ce lieu appartenait, en vertu d'une bulle de 1365, à l'abbaye de St-Allyre. Le 5 août 1741, la foudre tomba sur le clocher pendant qu'on sonnait; quatre personnes furent tuées. L'église actuelle est l'ancienne chapelle du château reconstruite récemment. L'autel et l'église sont tournés au nord. Le curé était nommé par l'abbaye de St-Allyre, qui avait un prieuré dans ce lieu. Le patron de l'église et du prieuré était *St. Pardoux*, qui l'est encore pour l'église. Blanzat a des Frères de la Doctrine Chrétienne et des Religieuses de la Miséricorde. — Population, 1182 habitants.

Blot-l'Eglise, canton de Menat. L'église est une curieuse construction, sans caractère déterminé. Le curé avait le titre d'*archiprêtre* et était à la nomination de l'abbé de la Chaise-Dieu. Cette église avait pour patron *St. Gal*; elle a maintenant *St. Rock*. — Population, 1223 habitants.

Bongheat, canton de Billom. Eglise romane du XIIIe

siècle, sans intérêt. Elle avait et a encore pour patron St. Julien. Le curé était à la nomination de l'abbé de Manglieu, qui avait un prieuré dans cette paroisse. Bongheat à des Religieuses de la Miséricorde. — Population, 741 habitants.

Bort, *Boortense*, canton de Billom. Eglise du XIe siècle, à une seule nef, avec clocher moderne ; l'ancienne flèche fut abattue en 93. Cette église avait pour patron *St. Barthélemy* : aujourd'hui elle a *St. Pourçain*. Le curé était à la nomination du prieuré de Moissat, auquel cette église avait été donnée en 1075, par Guillaume, vicomte de Thiers ; une bulle de 1165 la donna ensuite au monastère de Mozat. Bort a des Sœurs de N.-D. de Lamoulgie (1864). — Population, 943 habit.

Boudes, *Bustacensis*, canton de St-Germain-Lembron. Eglise romane du XIIIe siècle, peu élevée. Elle avait et a pour patron *St. Loup*. Le curé était nommé par l'abbé de la Chaise-Dieu, qui avait un prieuré dans cette paroisse. — Population 611 habitants.

La Bourboule, canton de Rochefort. Eglise détachée de Murat-le-Quaire, nouvellement érigée : c'est un édifice moderne assez simple, qui a pour patronne *Notre-Dame*. La Bourboule deviendra importante à cause de ses eaux thermales, excellentes pour les maladies de peau. — Population, 673 habitants.

BOURG-LASTIC, canton de l'arrondissement de Clermont. Eglise du XIe siècle, bâtie, dit-on, par les moines de Port-Dieu, en Limousin, lesquels y établirent un prieuré. Le portail du sud est remarquablement beau. On a ajouté à cette église deux chapelles. Elle avait et a encore pour patron *St. Fargheau*, martyr et diacre de St. Irénée. Le curé était à la nomination du prieur de l'endroit. Le dimanche, 2 septembre 1877, on a érigé dans cette paroisse un magnifique monument en l'honneur de la Ste-Vierge. On a détaché de cette paroisse St.

Sulpice pour en faire une succursale et une commune. Bourg-Lastic a des Religieuses de la Miséricorde. — Population, 1740 habitants.

Bouzel, *Buxon*, canton de Vertaizon. Eglise romane du XI° siècle, dont les diverses modifications ont enlevé tout intérêt. Elle avait et a encore pour patron *St. André*. Le curé était nommé par le prieur de Moissat. — Population, 614 habitants.

Brassac, canton de Jumeaux. Eglise du XI° siècle, considérablement modifiée. Elle avait pour patronne la *Ste Vierge*. Aujourd'hui elle a *St. Pierre* pour patron. L'évêque nommait le curé. — Population, 1904 habitants.

Brenat, *Brennacus*, canton de Sauxillanges. Eglise ogivale du XIII° siècle. Elle avait et a encore pour patron *St. Barthélemy*. Le curé était nommé par le monastère de Sauxillanges, qui avait fondé un prieuré dans ce lieu en 1096. — Population, 648 habitants.

Le Breuil, *Ebrebenensis*, canton de St-Germain-Lembron. Cette paroisse avait autrefois trois églises, l'une sous le vocable de *St. Rémy*, une autre sous le vocable de *St. André*. Ces deux églises ont été détruites. La troisième qui existe date du XI° siècle et mérite d'être étudiée avec soin. Le portail est un chef-d'œuvre. La cloche est de 1646; la plus grosse fut brisée et fondue pendant les guerres de religion. Cette église a pour patrons *St. Côme* et *St. Damien*. Le curé était nommé par l'abbé de St-André de Clermont, qui avait un prieuré dans ce lieu. — Population, 601 habitants.

Briffons, canton de Bourg-Lastic. L'ancienne église, d'une forme élégante, était sous le vocable de *Ste Madeleine*. Elle fut construite par les Bénédictins de

Port-Dieu, en Limousin, qui avaient un prieuré dans ce lieu. Le curé fut nommé par ces moines jusqu'en 1719, puis ce fut le petit-séminaire de Clermont qui nomma jusqu'en 1789. L'église actuelle, sans caractère et sans valeur, a pour patron *St. Roch*. — Population, 856 habitants.

Le Baoc, *Borisucus*, canton d'Issoire. Eglise romane n'ayant rien de remarquable, clocher moderne. En 1546, cette église devint collégiale, sous le vocable de *N.-D. (Assomption)* qu'elle prit pour patronne et qu'elle a encore. Le chapitre était composé de dix chanoines et d'un doyen ayant le titre de curé. C'était l'abbaye de la Chaise-Dieu qui le présentait, et l'évêque qui le nommait. Avant 93, l'église paroissiale se trouvait dans le village des Grézins. C'était un petit édifice roman du XV° siècle, qui sert de grange maintenant. — Population, 911 habitants.

Baomont-Lamothe, canton de Pontgibaud. Eglise du XI° siècle, qui a été remplacée par une nouvelle en 1841. Elle avait et a pour patron *St. Martin*. Le curé était à la nomination du Petit-Séminaire de Clermont. Les Bénédictins avaient un prieuré dans ce lieu, qui fut réuni à celui de Montferrand en 1347. On a détaché de cette paroisse La Goutelle, pour en faire une succursale et une commune. — Population, 1024 habitants.

Brousse, canton de Cunlhat. Eglise des XI° et XVI° siècles, avec remaniements. Elle avait et a pour patron *St. Martin*. Le curé était à la nomination de l'abbé de Manglieu. La nouvelle succursale de Montboissier a été détachée de cette paroisse. Brousse a des Religieuses de la Miséricorde. — Population, 1749 habitants.

Le Bauchon, canton d'Olliergues. Eglise moderne,

ayant pour patron *St. Jean-Baptiste (Nativité)*. Le curé était nommé par l'évêque. — Population, 1198 habitants.

Bulhon, canton de Lezoux. L'Eglise est l'ancienne chapelle du château. C'est une construction romane des plus remarquables ; elle est à trois nefs et a 22 mètres de long. Elle avait et a encore pour patrons *St. Agricole* et *St. Vital*. Cette église fut donnée en 1030 à l'abbaye de la Chaise-Dieu, qui y fonda un prieuré, passant pour un des plus beaux et des plus riches d'Auvergne. Ce fut St. Robert, dit-on, qui en fut le fondateur. Le prieur de ce lieu avait seul le droit de nommer le curé. Il y avait sur le territoire de cette paroisse une chapelle dédiée à *N.-D. du Beau-Pommier*. Elle fut détruite de fond en comble en 93. Un des destructeurs de ce petit édifice, plus religieux qu'impie, sauva, à l'insu de ses farouches compagnons de travail, la sainte image, qui après le rétablissement du culte, fut placée dans l'église de Bulhon, où elle reçoit aujourd'hui les hommages des fidèles. — Population, 530 habitants.

Bussol, canton de Vic-le-Comte. Eglise sans importance à lambris plat ; elle avait et a encore pour patron *St. André*. Le curé était nommé par l'abbé de la Chaise-Dieu. — Population, 282 habitants.

Bussières, canton d'Aigueperse. Eglise romane du XIme siècle, à trois nefs et assez bien conservée. Elle avait et a pour patrons *les Glorieux Martyrs*, qu'on croit être les *Sts. Innocents*. Cette paroisse a des Religieuses du Tiers-Ordre de St. François. — Population, 790 habitants.

Bussières, canton de Pionsat. Eglise romane du XIme siècle, très-simple, ayant pour patron *St. Bonnet*. Le curé était nommé par l'abbé d'Ebreuil. — Population, 605 habitants.

BUXIÈRES, canton de Montaigut. Eglise romane du XIIe siècle, remplacée par une construction du XVIIIe siècle sans caractère et sans valeur. Le patron était *St. Pardoux*; il l'est encore. — Population, 454 habitants.

CÉBAZAT, *Cebasiacum*, canton de Clermont. Eglise partie du XIe et partie du XIIIe siècles, avec clocher moderne ; l'ancien fut abattu en 93. Cette église dépendait du chapitre de la cathédrale. Elle avait et a encore pour patron *St. Etienne, 1er martyr*. En 1302, on y fonda un chapitre sous le vocable du patron; il était composé d'un doyen et de douze chanoines qui nommaient le curé. En 1297, on fonda un hôpital sous le nom de *Domus Dei*, d'où est venu le nom d'Hôtel-Dieu. Cébazat a des Frères de la Croix et des Religieuses de la Miséricorde. — Population, 1896 habitants.

CAILLOUX, canton de St-Dier. Eglise romane du XVIe siècle, dans laquelle on remarque une chaire en pierre assez curieuse. Elle avait et a pour patronne *N.-D. (Assomption)*. Le curé était à la nomination de l'évêque. La Chaise-Dieu y avait un petit prieuré. — Population, 828 habitants.

CELLES, *Cella*, canton de St-Rémy. Eglise du XVe siècle, dans le genre de celle de St-Rémy. Elle dépendait du chapitre de Thiers, qui avait seul le droit de nommer le curé. Le patron était *St. Julien*; il l'est encore. Celles a des Sœurs de la Miséricorde de Coutances. — Population, 3093 habitants.

LA CELLE, canton de Pontaumur. Eglise du XVIIe siècle, reconstruite avec les matériaux de l'ancienne, bâtie en 1285. Le curé était à la nomination de l'évêque. Elle avait et a pour patron *St. Patrocle*. La

Celle a des Religieuses de N.-D. de Chabriat de Lamontgie (1860). — Population 478 habitants.

La Celette, canton de Pionsat. Eglise du XVII° siècle, très simple, remplaçant une ancienne église romane. Par une bulle du pape Pascal II, datée de 1118, elle fut donnée à l'abbaye d'Ebreuil, qui nommait le curé. Elle avait et a pour patron *St. Pierre-ès-liens.* — Population 502 habitants.

Cellule, canton de Riom. Eglise romane du XII° siècle, remaniée à diverses époques. Elle avait et a pour patron *St. Saturnin* et pour patronne *Ste. Anne.* Le curé était à la nomination de l'abbaye de Menat, qui avait un prieuré dans ce lieu. On a détaché de cette paroisse la Moutade et le Cheix pour en faire des succursales. Cellule a un Petit-Séminaire tenu par les Pères du St-Esprit ; il a aussi des Religieuses de la Miséricorde. — Population, 949 habitants.

Le Cendre, *Lissandrum,* canton de Veyre-Monton. Eglise du XIII° siècle, remplacée par une église moderne (XIX° siècle). Elle avait et a pour patron *St. Pierre.* Le curé, qui avait le titre d'*archiprêtre,* était à la nomination de l'évêque. — Population, 556 habitants.

Ceyrat, canton de Clermont. Eglise romane moderne, qui avait et a pour patron *St. Martin (Translation).* Elle fut donnée à la Cathédrale en 970 et l'Evêque la donna, en 1219, aux Carmes Déchaussés de Chantoin, qui nommaient le curé. — On a distrait de cette paroisse Boisséjour, pour en faire une succursale. Eglise du XV° siècle sans valeur. Elle a pour patronne *N.-D. (Nativité).* Ceyrat a des Religieuses de la Miséricorde de Billom. – Population, 1316 habitants.

Chabreloche, canton de Thiers. Eglise moderne, distraite de la paroisse d'Arconsat. Elle est sous le vocable *du Sacré Cœur de Marie.* C'est la Ste-Vierge qui est en même temps patronne. — Population, 492 habitants.

Chadeleuf, canton de Champeix. Eglise du XIIIᵉ siècle, sans valeur. Elle avait et a pour patronne *Ste. Amandine.* Le curé était nommé par l'abbé d'Issoire. Population 395 habitants.

Chalus, *Castellucius,* canton de St-Germain-Lembron. L'Eglise est l'ancienne chapelle du château. Elle est du XIᵉ siècle. Elle avait et a pour patronne *Ste. Marie-Madeleine.* Cette église fut donnée, en 1100 à l'abbaye de la Chaise-Dieu, qui nommait le curé. L'abbaye d'Issoire avait dans ce lieu un prieuré, qui fut détruit en 1790. — Population, 388 habitants.

CHAMALIÈRES, *Camelaria,* canton de Clermont. Cette paroisse possédait cinq églises, fondées, dit-on, par St. Genès, comte de Combronde, en 670, savoir : l'église de *St-Pierre* disparue de vétusté, en 1683 ; l'église de *St-Victor,* qui servait à des usages profanes en 1608 ; l'église de *St-Paul,* unie à la collégiale en 1630 ; l'église de *Ste-Cécile* et l'église de *N.-D.* qui commença par avoir un monastère au VIIᵉ siècle et devint au XIIᵉ une collégiale composée d'un doyen, d'un curé et de dix chanoines. Cette église, la seule qui existe aujourd'hui, fut rebâtie au XIIIᵉ siècle sur un oratoire dédié à *Ste. Croix.* Elle est classée comme monument historique. Elle avait et a pour patronnes *N.-D.* (*Nativité*) et *Ste. Thècle,* dont elle possède les reliques dans une châsse émaillée du XIIᵉ siècle, représentant le martyre de cette Sainte. — Population, 1401 habitants.

Le Chambon, canton de St-Germain-l'Herm. Petite église du XVᵉ siècle, rebâtie sur les restes d'une ancienne église romane. Elle avait et a pour patron *St. Pierre.* Le curé était nommé par l'abbaye de la Chaise-Dieu. — Population, 686 habitants.

Le Chambon, canton de Besse. Eglise romane du XIᵉ

siècle ; le clocher fut abattu en 93. On a conservé deux cloches du XV⁰ siècle. Elle a un baptistère si beau, qu'il est classé comme monument historique. Le patron était autrefois *St. Pierre* ; aujourd'hui le patron est *St. Etienne*. Le curé était à la nomination du chapitre de Laqueuille. Cette paroisse a des Religieuses de la Ste-Enfance de Jésus du Puy. — Population, 1025 hab.

CHAMÉANE, *Casa Meana*, canton de Sauxillanges. Eglise romane sans caractère, donnée en 905 au monastère de Sauxillanges. Elle avait et a encore pour patron *St. Pierre-ès-Liens*. Le curé était nommé par l'abbaye de la Chaise-Dieu, qui avait un prieuré dans ce lieu. — Population, 504 habitants.

CHAMPAGNAT-LE-JEUNE, canton de Jumeaux. Eglise romane, terminée par une abside demi-circulaire. Le curé était nommé par l'évêque. Le patron était *St. Martin* ; aujourd'hui elle a *St. Barthélemy*. — Population, 708 habitants.

CHAMPEIX, *Campellis*, canton de l'arrondissement d'Issoire. Cette commune avait deux paroisses : l'église de St-Jean, dont le curé était nommé par le prieuré de Sauxillanges, et l'église de Ste-Croix, dont le curé était à la nomination de l'abbé d'Issoire. Cette dernière, qui est purement romane, est la seule qui existe aujourd'hui. Elle a pour patron *St. Jean-Baptiste*. On remarque le maître-autel, en bois sculpté, dû au travail d'un artiste auvergnat du plus grand talent, nommé Sureau. Champeix a des Sœurs de St-Joseph du Bon-Pasteur. — Population, 1715 habitants.

CHAMPÉTIÈRES, *Campesterlis*, canton d'Ambert. Eglise du XV⁰ siècle, sous le vocable de N.-D. Elle possède un très-beau retable sculpté. Le patron est *St. Sébastien*, et l'apport *St. Roch*. Cette paroisse a des Sœurs de St-Joseph (Bon-Pasteur). — Population, 1331 habitants. On a distrait de Champétières N.-D.-de-Mons, pour en faire une succursale. Eglise sans caractère du XVᵉ siècle, patronne *N.-D. du Rosaire*. N.-D. de Mons a des Sœurs de Lamontgie (1857). — Population de Champetières, 1333 habitants.

CHAMPS, canton de Combronde. Eglise du XIVᵉ siècle, sans valeur et en mauvais état. Sous le vocable de St-Julien, elle pour patron *St. Pierre*. Le curé était à la nomination du prieur de la Rouet (aujourd'hui St-Hilaire-la-Croix). Champs a des Religieuses du Puy. — Population 896 habitants.

CHANONAT, *Cononacus*, canton de St-Amand-Tallende. Eglise romane modifiée à diverses époques. Elle avait et a pour patron *St. Etienne (Translation)*. Le curé était nommé par le prieur de Port-Dieu, en Limousin. En 1264, on fonda dans ce lieu un prieuré de Bénédictins. En 1535, cette paroisse fut desservie par des prêtres communalistes jusqu'en 1790. On a détaché de cette paroisse Jussat pour en faire une succursale. Chanonat a des Religieuses de la Miséricorde de Billom. — Population 1682 habitants.

CHAPDES-BEAUFORT, canton de Pontgibaud. Ancienne église romane retouchée considérablement de nos jours. Elle était sous le vocable de *Ste Croix* ; aujourd'hui elle a pour patron *St. Pierre*. Le curé était à la nomination du chapitre de la Cathédrale. On a détaché de cette paroisse Pulverières pour en faire une succursale. Eglise sans intérêt, patron *St. Amable*. En 1758, une épidémie emporta, en quatre mois, 80 personnes, parmi lesquelles on comptait le curé et le vicaire. Le nouveau curé fit faire un vœu à N.-D. d'Orcival, et l'épidémie disparut tout-à-coup de cette paroisse. — Population, 2432 habitanss.

LA CHAPELLE-AGNON, canton de Cunlhat. Eglise romane du XV° siècle, avec clocher carré. Elle avait et a pour patron *St. Blaise*. Le curé était nommé par la Chaise-Dieu, qui avait établi un prieuré dans cette paroisse en 1762. Elle a des Religieuses de St-Joseph, (Bon-Pasteur). — Population, 2634 habitants.

La Chapelle-Marcousse, canton d'Ardes. Eglise romane ayant servi de chapelle au château. Elle avait et a encore pour patron *St. Pierre*. Le curé était à la nomination du seigneur de Fromental. Cette paroisse a des Sœurs de N.-D. de Lamoutgie (1847). — Population, 429 habitants.

La Chapelle-sur Usson, canton de Jumeaux. Eglise romane, qui avait et a encore pour patron *St. Julien*. Nous n'avons pu savoir par qui le curé était nommé. — Population, 292 habitants.

Chappes, canton d'Ennezat. Avant 1789, c'était une annexe de St-Bauzire. Eglise sans intérêt et moderne, qui a pour patron *St. François d'Assise*. Le curé était nommé par le chapitre de la Cathédrale. Il y avait un couvent de Religieuses qui se retirèrent à l'abbaye de Cusset en 1776. — Population, 797 habitants.

Chaptuzat, *Carthusiacum*, canton d'Aigueperse. En 1169, Louis-le-Jeune donna l'église de ce lieu à l'abbaye de Mozat. Cette église est une construction du XII° siècle, qui a subi beaucoup de modifications. L'abbé Clermont a fait construire un joli clocher avec flèche et y a fait mettre une belle et forte sonnerie composée de trois cloches. En ce moment il fait ajouter deux nefs collatérales à l'église, dont le patron est *St. Pierre-ès-Liens*. Avant 1789, le patron était *St. Félix*. Le curé était nommé par le chapitre d'Artonne. — Population, 725 habitants.

Charbonnier, *Carbonerits*, canton de St-Germain-

Lembron. Eglise romane, qui avait et a pour patron *St. Bonnet*. Le curé était nommé en 1762, par le grand-prieur d'Auvergne, de l'ordre de Malte. — Population, 315 habitants.

Charbonnières-les-Varennes, canton de Manzat. Eglise du XI° siècle ; elle avait et a pour patron *St. Bonnet*. Du XV° au XVIII° siècle, il y a eu dans ce lieu un couvent de Religieux. Charbonnières a des Religieuses de N.-D. de Chabriat (1858). — Population, 1569 habit.

Charbonnières-les-Vieilles, canton de Manzat. Eglise moderne, qui a pour patron *St. Pierre*. En 1643, il y avait des prêtres communalistes qui desservaient cette église. — Population, 2212 habitants.

Charensat, *Charenciacum*, canton de St-Gervais. Eglise moderne, qui avait et a pour patron *St. Martin*. Le curé était à la nomination de l'évêque. Cette paroisse a des Sœurs du Tiers-Ordre de St-Dominique. — Population, 1853 habitants.

Charnat, *Carisiacum*, canton de Lezoux. Avant 1789, cette église était une annexe de celle de Vialle, aujourd'hui simple village de la commune de Luzillat. Le patron était *St. François*. L'église actuelle est moderne et a pour patron *St. Rémy*. — Population, 384 hab.

Chas, canton de Vertaizon. Eglise du XIV° siècle, bâtie sur l'ancienne. En 999, Bégon, évêque de Clermont, la donna au prieuré de Sauxillanges. Elle avait et a pour patron *St. Martin*. Il y avait dans ce lieu un prieuré qui dépendait de celui de St. Caffre, diocèse du Puy. — Population, 476 habitants.

Chassagne, canton d'Ardes. Eglise romane. Communauté de prêtres de 1543 à 1706. Le patron était *St. Pierre*. Aujourd'hui elle a *St. Caprais*. Le curé était à la nomination de l'évêque. — Population, 470 habit.

CHASTREIX, *Castrensis*, canton de Latour. Eglise romane du XIII⁰ siècle. L'ancienne fut donnée en 1060 au prieuré de Sauxillanges, par Bernard de Latour. Le clocher est tout moderne. Cette église était sous le vocable de *Notre-Dame*. Elle avait et a encore pour patron *St. Bonnet*. C'était le seigneur du lieu qui nommait le curé. — Population, 1095 habitants.

CHATEAUGAY, canton de Riom. Eglise moderne, sans caractère et sans valeur. Elle avait et a pour patron *St. Clément*; elle n'est paroissiale que depuis 1802. Avant 89, c'était à Pompignat, petit village au-dessous de Châteaugay, que se trouvait l'église paroissiale. Ce petit édifice assez joli, fut détruit par les vandales de 93. Châteaugay a des Religieuses de la Miséricorde. — Population, 1153 habitants.

CHATEAU-NEUF, *Castrum Novum*, canton de Manzat. Eglise romane sans valeur. Elle avait et a pour patron *St. Cyr*. C'était le chapitre de St-Amable qui nommait le curé. On a distrait de cette paroisse Lachaux pour en faire une succursale. — Population, 909 habitants.

CHATEAU-SUR-CHER, canton de Pionsat. Eglise construite en 1743, sous le vocable de *St. Martin*, qui en est le patron. Le curé était à la nomination de l'abbé d'Ebreuil (*Bourbonnais*), qui possédait un prieuré dans ce lieu. — Population, 704 habitants

CHATELDON, *Castrum Odonis*, canton de l'arrondissement de Thiers. Eglise du XV⁰ siècle à une nef, avec clocher moderne. Elle a pour patron *St. Sulpice*. Le curé était nommé par le prieur de Ris. Les Cordeliers de Montluçon fondèrent dans ce lieu un couvent, qui dura de 1445 à 1785. Les Clarisses de Clermont en fondèrent un autre qui dura de 1560 jusqu'à 1789. C'était sur cette paroisse que se trouvait le monastère de Montpeyroux. Cette église a un tableau du martyre de St-Sébastien, dans le genre de celui du même Saint de N.-D. d'Aigueperse. — Population, 1946 habitants.

Chatelguyon, *Castrum Gudonis*, canton de Riom. Eglise moderne ; elle avait pour patron St. *Maurice* ; aujourd'hui S*te Anne* est la patronne. Le curé était à la nomination de l'abbé de Mozat, qui avait un prieuré dans ce lieu. — Population, 755 habitants.

La Chaulme, canton de St-Anthême. Eglise romane du XIXe siècle. Elle avait et a pour patron St. *Jean (Nativité)*. Le curé était nommé par l'abbaye de la Chaise-Dieu, qui avait un prieuré à La Chaulme. Cette paroisse a des Sœurs de St-Joseph du Bon-Pasteur. — Population, 757 habitants.

Chaumont, *Calcidomontis*, canton d'Arlanc. Le curé était à la nomination du prieur du lieu. En 1096 cette paroisse avait pour patron *St. Pierre* ; elle l'a encore. En 928 les Bénédictins fondèrent un prieuré, qu'il cédèrent aux Pères Minimes, en 1604. Ces derniers le possédèrent jusqu'en 1789. Aujourd'hui le monastère loge le Curé, les Petits-Frères de Marie et les Sœurs du tiers-ordre de St-Dominique, chargés des écoles de Chaumont. La chapelle du monastère est un édifice très-simple du XVIIe siècle, qui sert d'église paroissiale. Il y a encore dans cette paroisse une école de sourds et muets fondée par l'abbé Dessaignes et dirigée par des Frères du Puy. — Population, 740 habitants.

Chauriat, *Chauriacus*, canton de Vertaizon. Eglise du XIIIe siècle, classée comme monument historique. Elle a trois nefs avec un clocher moderne ; l'ancien fut abattu en 93. Elle avait et a encore pour patron *St. Julien*. On remarque dans cette église une belle châsse de 1372, renfermant les reliques de *Ste. Marcelle*, née et morte dans cette paroisse. En 1015, on y fonda un prieuré de Bénédictins dépendant de ceux de Sauxillanges. Chauriat a des Religieuses de la Miséricorde. — Population, 1354 habitants.

CHAVAROUX, *Cavrossa*, canton d'Ennezat. Eglise du XVe siècle, nef moderne. Elle avait et a pour patron *St. Léger* ; le curé était nommé par l'abbaye de Cluny, qui avait un prieuré en ce lieu. — Population, 298 habitants.

LE CHEIX, canton de Riom. Cette paroisse a été détachée de celle de Cellule. Eglise moderne, sous le vocable de *St. Joseph* ; le patron est *St. Roch*. Clocher en flèche. — Population, 512 habitants.

CHIDRAC, canton le Champeix. Eglise romane sans valeur, qui avait et a encore *St. Martin* pour patron. Elle fut donnée en 1015 à l'abbaye de Sauxillanges, qui y fonda un prieuré. — Population, 337 habitants.

CISTERNES, canton de Pontgibaud. Eglise moderne sans valeur, qui avait et a pour patronne *Ste. Marguerite*. Le curé était à la nomination du seigneur de l'endroit. On a détaché de cette paroisse Laforêt, pour en faire une succursale. — Population, 1160 habitants.

CLÉMENSAT, canton de Champeix. Eglise sans valeur, qui avait et a pour patron *St. Germain*. Le curé était nommé par l'abbé de Sauxillanges ; elle est desservie aujourd'hui par le curé de St-Floret. — Population, 133 habitants.

CLERLANDE, canton d'Ennezat, paroisse distraite de Varennes-sur-Morges. Eglise nouvelle ayant pour patron *St. Amable*. Cette paroisse a des Religieuses de la Miséricorde. — Population, 540 habitants.

CLERMONT, *Claromons*, chef-lieu du département. Cette ville est très-ancienne ; du temps de St. Austremoine, elle portait le nom d'*Augustonemetum* et plus communément celui d'*Urbs Arverna*. On croit que ce Saint y fonda dix églises, ou pour parler plus exactement dix oratoires, comme c'était l'usage à cette époque reculée. En l'an 1000, Clermont comptait, dit l'abbé Delarbre, cinquante-quatre église. En 1789 cette ville avait neuf églises paroissiales : savoir : la *Cathédrale* ; *N.-D.-*

du-Port ; *St-Genès*, détruite ; *St-Pierre*, idem ; *St-Adjutor*, idem ; *St. Cassi*, idem ; *St-Cyr*, idem ; *St-Bonnet*, idem ; *St-Eutrope*, conservée. Aujourd'hui Clermont a cinq paroisses ; la Cathédrale, N.-D.-du-Port, St-Genès, St-Pierre et St-Eutrope. St-Genès se sert de l'église des Carmes, et St. Pierre de celle des Minimes. Depuis peu St-Eutrope a une belle église gothique, à trois nefs, dédiée au saint Cœur de Marie. Le clocher est surmonté d'une belle flèche. Avant 1789 il y avait à Clermont quatre chapitres;à la Cathédrale, à N.-D.-du-Port, à St-Pierre et à St-Genès. On comptait onze couvents d'hommes et neuf de femmes ; celui des *Bénédictins*, le plus ancien de tous ; celui des *Prémontrés*, 1124, celui des *Jacobins* dits *Pères Dominicains* ou *Frères Prêcheurs*, 1219 ; celui des *Cordeliers*, 1284, celui des *Pères de l'Oratoire*, 1618 ; celui des *Minimes*, 1620 ; celui des *Carmes Déchaussés*, 1635; celui des *Augustins*, 1656 ; celui des *Jésuites*, 1663 ; celui des *Pères Charitains*, 1696 ; celui des *Capucins*, 1613. Ceux de femmes étaient : celui des *Claristes*, 1298; celui des *Ursulines*, 1620 ; celui des *Hospitalières*, 1642 ; celui des *Bernardines*, 1647 ; celui des *Visitandines*, 1649 ; celui des *Bénédictines reformées*, 1730 ; celui des *filles de St. Vincent-de-Paul*, 1640 ; celui des *Sœurs de St. Joseph*, 1666 ; celui des *Sœurs de la Charité de Nevers*, 1703. Tous ces couvents furent détruits en 1790, sans que la France en devînt plus riche ; cette spoliation ne fit qu'augmenter la misère. Aujourd'hui Clermont n'a plus qu'un chapitre, celui de la Cathédrale ; il a un noviciat de Pères Jésuites (fondé le 28 mai 1864), un couvent de Capucins (12 décembre 1856) ; un petit-séminaire ; une maison de Missionnaires du diocèse ; une maison-mère de Frères de la Doctrine chrétienne (1817) et des Frères de St. Gabriel.

Parmi les couvents de femmes, on compte les Ursulines (1807, 13 janvier) ; le Bon-Pasteur (1811), *maison-mère*, ayant 62 établissements dans le diocèse ; les Visitandines (16 juin 1824) ; Sœurs de Nevers (1820) ; les Sœurs de St. Vincent de Paul ; les Sœurs de la Miséricorde (14 décembre 1810) ; les Sœurs de l'Assomption, (janvier 1836) ; les Sœurs du Bon-Secours (1840) ; les

Sœurs du Sauveur (1846) ; les Petites-Sœurs des Pauvres (1861, 21 mai) ; les Sœurs de l'Immaculée-Conception (8 décembre 1864). La population de Clermont est de 37,357 habitants.

COLLANGES, canton de St-Germain-Lembron. Église romane du XI° siècle, présentant un ensemble d'un joli caractère, avec crypte, dont l'entrée est condamnée, à cause du mauvais état de la voûte ; clocher de la même époque, avec cloches très-anciennes. Le curé, qui avait le titre d'*archiprêtre*, était à la nomination de l'évêque. Le patron était *St. Martial* ; on a pris ensuite *St. Eutrope*, dont le culte a une grande réputation dans le pays. On conduit de fort loin les enfants malades et estropiés auprès des reliques de ce Saint, pour demander leur guérison.— Population, 297 habit.

COMBRAILLES, *Combra*, canton de Pontaumur. Église du XVII° siècle, très-simple. Elle avait pour patron *St. Bonnet* ; aujourd'hui elle a *St. Martial*. Le curé était nommé par le seigneur du lieu et l'église dépendait de l'abbaye d'Ebreuil (*Bourbonnais*). — Population, 658 habitants.

COMBRONDE, *Combidobrensis* (ancienne *Lucia* des Romains), canton de l'arrondissement de Riom. Église du XII° siècle, à trois nefs ; clocher moderne, avec flèche ; belle sonnerie depuis peu. Cette église avait pour patrons *St. Genès comte*, mort le 5 juin 725 et *St. Georges*. Aujourd'hui elle n'a plus que le premier. Le curé était nommé par l'abbé de Macé en Berry. De 1112 à 1789 cette église a été desservie par des prêtres communalistes. En 506 un monastère fut fondé à Combronde. On croit que ce fut un des plus anciens d'Auvergne. Avant 89 Menat avait un prieuré dans ce lieu. « l'Église de Combronde, dit le comte de Résie, conserve encore une partie des reliques de St. Genès, son patron ; elles furent soustraites à la profanation et aux flammes en 93, par le zèle et les soins d'une personne pieuse. » Combronde a pour ses écoles des Frères de La Croix et des Religieuses de la Miséricorde. — Population, 2074 habitants.

Compains, canton de Besse. Eglise du XIII° siècle, digne d'intérêt, style remarquablement beau dans l'intérieur de l'édifice. Elle avait et a encore pour patron *St. Georges*. Le curé était nommé par le prieur de Bort (Corrèze), qui, avant 1762, avait dans ce lieu un prieuré. — Population, 944 habitants.

Comps, canton de Manzat. Ancienne église romane profondément modifiée à diverses époques. Elle avait et a pour patronne *N.-D. (Assomption)*. C'était l'abbé de Macé-en-Berry qui nommait le curé. C'est sur cette paroisse que se trouvait la Chartreuse de Port-Ste-Marie. Le dernier prieur de ce couvent fut le défroqué Dom Gerle, député à l'Assemblée Nationale en 1789. Ce pauvre illuminé mourut misérablement quelques années plus tard. — Population, 885 habitants.

Condat, *Condacum*, canton de Pontaumur. Eglise en partie romane, sans caractère. Beau clocher moderne. Elle avait et a encore pour patron *St. Martin*. Le curé était nommé en 1400 par le seigneur du lieu. — Population, 1123 habitants.

Condat, *Condatensis*, canton de St-Germain-l'Herm. Très-belle église romane, classée comme monument historique. Elle avait et a pour patron *St. Pierre*. Le curé était à la nomination des Carmes Déchaussés de Clermont. — Population, 1036 habitants.

Corent, *Corencus*, canton de Veyre-Monton. Eglise romane remontant au X° siècle. Elle devait avoir une grande valeur à en juger par ce qui reste. Elle a pour patron *St. Joseph*. — Population, 703 habitants.

Coudes, *Cosdensis*, canton d'Issoire. Eglise romane très-ancienne, donnée en 1060 au prieuré de Sauxillanges, clocher moderne; l'ancien fut détruit en 93. Elle avait et a pour patron *St. André*. Le curé était à la nomination de l'évêque. On a détaché de cette paroisse Montpeyroux, *Mons Petrosus*, pour en faire une succursale. Autrefois il y avait dans ce lieu une abbaye de Cisterciens, fondée en 1426 par Foulques de Jaligny, qui avait fait venir des Moines de Bonneval, diocèse de Rodez. L'église de Montpeyroux est moderne et a pour patronne *N.-D.* (*Assomption*). — Population, 1353 habitants.

Couzgoul, canton de Champeix. Eglise moderne sans intérêt. Elle avait et a pour patron St. *Christophe*. L'évêque nommait le curé. — Population, 258 habitants.

Counols, canton de St-Amand-Tallende. Paroisse détachée de celle d'Olloix. Eglise moderne, sans valeur, patron St. *Pierre*. — Population, 422 habitants.

Cournon, *Chrononense*, canton de Pont-du-Château. Cette commune avait autrefois deux églises, celle de *St-Martin*, qui devint collégiale en 1082, et celle de *St-Hilaire*. Elles existent encore, mais il n'y a que la collégiale, style roman du XI° siècle, remaniée à diverses époques, qui serve au culte. Elle a pour patron St. *Martin*. Les deux curés étaient nommés par le chapitre du lieu, qui dépendait de celui de la Cathédrale. Du temps de St. Gal, il y avait un monastère qui fut détruit au IX° siècle par les Normands, quand ils ravagèrent l'Auvergne. Cournon a une maison de Frères de la Doctrine Chrétienne et une de Sœurs du Bon-Pasteur. — Population, 2113 habitants.

COURPIÈRE, canton de l'arrondissement de Thiers. Eglise en partie romane du XI° siècle, avec nombreuses adjonctions. Elle avait et a pour patron St. *Martin*. Le curé était à la nomination de l'abbé de Thiers. Cette paroisse avait des prêtres communalistes et un prieuré de Bénédictins de Cluny. Elle a aujourd'hui des Petits-Frères de Marie et des Sœurs du Bon-Pasteur. — Population, 3603 habitants.

Le Crest, *Crescentis*, canton de Veyre. Eglise du XIII° siècle à trois nefs, modifiée au XVIII° siècle. En 1239, elle fut érigée en chapitre composé d'un doyen, d'un chantre et de dix chanoines. Le curé était nommé par le chapitre. Elle avait et a pour patronne *N.-D.* (*Assomption*). Il y avait un prieuré qui dépendait, en 1286, de la Chaise-Dieu, et en 1762 de l'abbé d'Issoire. Le Crest a aujourd'hui des Sœurs de St. Joseph du Bon-Pasteur. — Population, 825 habitants.

Crevant, canton de Lezoux. Eglise du XIX° siècle. Elle remplace celle qui fut bâtie sur les ruines de l'ancienne, brûlée le 14 mai, 1590, par le capitaine Chappes, chef des protestants. Elle avait et a pour patron *St. Martin*. Le curé était nommé par l'abbesse du couvent des Bénédictines de Laveine, dont le monastère se trouvait sur cette paroisse. Cette maison religieuse, qui dépendait de Cluny, était une des plus renommées de l'Auvergne. En 1614, elle avait 80 religieuses ; elle était sous le vocable du St. Sépulcre. — Population, 1203 habitants.

Cros, canton de Latour. Petite église romane très-simple. Elle avait et a pour patronne *Ste Madeleine*. Le curé était nommé par le seigneur de la Tartière. — Population, 878 habitants.

La Crouzille, canton de Montaigut. Eglise sans caractère ni valeur. Elle avait et a pour patron *St. Ménélée*. Le curé était à la nomination de l'abbé d'Ebreuil. L'abbaye de Menat fonda un prieuré en ce lieu en 1762. — Population, 973 habitants.

Culhat, canton de Lezoux. Eglise du XI° siècle qui, après les églises monumentales est celle qui présente le plus d'intérêt. La charpente de cette église fut brûlée par les protestants. Elle avait pour patron *St.*

Martin. Aujourd'hui la patronne est *N.-D (Assomption)*. Le curé était nommé par le Commandeur du lieu. — Population, 1493 habitants.

CUNLHAT, *Culiciacus*, canton de l'arrondissement d'Ambert. Eglise du XVe siècle, qui avait pour patron *St. Pierre*. Le curé fut d'abord nommé par le chapitre de la Cathédrale, et puis par le prieur du lieu. Cette église avait des prêtres communalistes. Un prieuré fut fondé en 969 sous le vocable de *St. Martin*, qui est aujourd'hui le patron de la paroisse. Cunlhat a des Frères de la Doctrine Chrétienne, des Religieuses de St. Vincent de Paul et des Sœurs du Bon-Pasteur. — Population, 2934 habitants.

DALLET, *Deletum*, canton de Pont-du-Château. Eglise du XIe siècle, en grande partie moderne. Elle avait et a pour patronne *Notre-Dame*. Le curé était à la nomination de l'évêque. Les Bénédictins de la Chaise-Dieu y fondèrent un prieuré en 1150. Dallet a des Sœurs du Bon-Pasteur. — Population, 1148 habitants.

DAUZAT, canton d'Ardes. Eglise du XIIe siècle. Elle possède deux belles statues provenant de l'abbaye de Féniers (Cantal). Elle avait et a pour patron *St. Gérauld*. Le curé était nommé par l'abbé d'Aurillac, qui avait un prieuré dans ce lieu. Cette église possède une grosse et belle cloche de 1725. — Population, 418 habitants.

DAVAYAT, *Davaïcum*, canton de Combronde. Eglise du XIXe siècle, sous le vocable de *St. Julien*. La patronne est *Ste Flamine*. C'était le chapitre d'Artonne qui nommait le curé. — Population, 525 habitants.

DOMAIZE, canton de St.-Dier. Eglise romane avec beau porche. On remarque derrière le grand-autel un magnifique tableau (*imitation Rubens*), représentant une descente de croix. Cette église avait et a pour patron

St. *Loup*. Le curé était à la nomination du prieur de Cunlhat. Domaine a des Sœurs du Bon-Pasteur. — Population, 1315 habitants.

Doranges, canton d'Arlanc. Eglise romane, dénaturée au XV° siècle. Elle avait pour patron St. *Julien*; aujourd'hui elle a St. *Barthélemy*. Le curé était nommé par l'abbé de la Chaise-Dieu. — Population, 1240 habitants.

Dorat, *Doratensis*, canton de Thiers. Eglise romane du XI° siècle, à une seule nef, classée comme monument historique; elle a un clocher moderne. Elle avait et a pour patron St. *Etienne*. Le curé était nommé par le chapitre de Thiers. — Population, 658 habitants.

Dore-l'Eglise, canton d'Arlanc. Eglise partie ogivale et partie romane assez intéressante. Elle avait et a pour patron St. *Blaise*. Le curé était nommé par le prieur de Dore, dont la maison dépendait de la Chaise-Dieu. Dore-l'Eglise a des Frères de la Doctrine Chrétienne et des Sœurs de S. Joseph du Bon-Pasteur. — Population, 2088 habitants.

Durmignat, canton de Montaigut. Eglise moderne d'une grande simplicité. Elle a pour patron St. *Roch*. L'école est tenue par des Religieuses de Bourges. — Population, 570 habitants.

Durtol, canton de Clermont. Eglise du XIV° siècle, remaniée à diverses époques. Elle fut érigée en succursale en 1802. Le premier curé fut l'abbé Arragonès, d'Orcet, qui fut appelé à l'évêché de Langres. Avant 1789, elle dépendait de St-Cyr de Clermont et n'était qu'une annexe. — Population, 387 habitants.

Echandelys, canton de St-Germain-l'Herm. Eglise du XV° siècle, remaniée fortement au XIX°. Elle avait et a pour patronne *Notre-Dame*. Le curé était nommé par l'abbé de la Chaise-Dieu, qui avait un prieuré dans ce lieu., — Population, 1196 habitants.

EFFIAT, canton d'Aigueperse. L'ancienne église, qui n'existe plus, fut fondée en 1190, sous le vocable de *St. Blaise*. Elle dépendait du chapitre de la Cathédrale. Le curé était à la nomination du seigneur d'Effiat. En 1627, un collège militaire y fut fondé : il a été dirigé par les Pères de l'Oratoire jusqu'en 89. L'église actuelle est l'ancienne chapelle du collège. Elle a pour patron *St. Juste*. — Denone, *Denonia*, est réuni à Effiat. Avant 89 ce lieu avait une église qui avait pour patronne *Ste. Anne*. Le curé était à la nomination de l'abbaye de Mozat. Effiat a un hospice tenu par les Sœurs du St-Sacrement de Mâcon. Mlle de Sarazin a fondé dans cette paroisse, pour les Frères de la Doctrine Chrétienne, une annexe de leur maison de Clermont. — Population, 1440 habitants.

Église-Neuve, *Ecclesia Nova*, canton de Billom. Cette paroisse fut unie à celle de St-Cerneuf de Billom, en 1269, par l'évêque de Clermont. L'église actuelle est du XIe siècle avec nombreuses modifications. Elle avait pour patronne *Notre-Dame* ; aujourd'hui elle a pour patron *St. Ferréol*. Le curé était nommé par les Bénédictins de Mauglieu, qui avaient un prieuré dans cette paroisse. — Population, 1504 habitants.

Église-Neuve-des-Liards, canton de Sauxillanges. Église du XVe siècle, en partie romane ; le clocher a 20 mètres d'élévation. Elle avait pour patronne *Notre-Dame* ; aujourd'hui elle a pour patron *St. Roch*. Le curé était à la nomination des Bénédictins de Sauxillanges, qui y fondèrent un prieuré en 1095. Elle a aujourd'hui des Sœurs du Tiers-Ordre de saint Dominique. Population, 467 habitants.

Église-Neuve-d'Entraigues, canton de Besse. Église romane du XIe siècle, sous le vocable de St. Victor. Elle avait et a pour patron *St. Austremoine*. Le curé était à la nomination des Bénédictins d'Issoire, qui avaient dans ce lieu un petit prieuré. Le clocher est digne de remarque. Cette paroisse a des Sœurs de St-Joseph de St-Flour. Population, 2,221 habitants.

Eglisolles, canton de Viverols. Petite église, sans caractère, qui avait et a pour patron *St. Hippolyte*. Le curé était à la nomination de l'abbé de la Chaise-Dieu, qui avait dans ce lieu un prieuré sous le vocable de *St. Léger*. Eglisolles a des Sœurs du Bon-Pasteur. Population, 1,195 habitants.

ENNEZAT, *Entziacus*, canton de l'arrondissement de Riom. Eglise classée comme monument historique. Elle est des XIe et XVe siècles, avec clocher octogonal restauré en 1834. C'est une copie de l'église de N.-D. du Port. Une collégiale fut fondée en 1060 sous le vocable de *St. Victor* et de *Ste Couronne, martyrs*. Aujourd'hui ils en sont patrons. Le chapitre était composé d'un doyen et de douze chanoines; c'était lui qui nommait le curé. Il y avait dans ce lieu un couvent d'Augustins fondé en 1353; et un des Sœurs de Nevers fondé en 1703 pour soigner les pauvres et les malades. Ennezat a aujourd'hui des Religieuses de la Miséricorde. — Population, 1374 habitants.

Entraigues, canton d'Ennezat. Eglise du XIe siècle, modifiée aux XIIIe et XVe siècles. Elle avait et a pour patron *St. Claude*. Le curé était à la nomination du chapitre d'Ennezat. — Population 788 habitants.

Enval, canton de Riom. Eglise du XIXe siècle, qui dépendait de St-Hippolyte et qui vient d'être érigée en paroisse et en commune. Elle a pour patron *St. Jean (Décollation)*. — Population, 760 habitants.

Escoutoux, canton de Thiers. Eglise du XIVe siècle, en forme de croix latine. Elle avait et a pour patron *St. Sulpice*. Le curé était nommé par l'abbaye de Thiers. Cette paroisse a des Frères de St. Gabriel et des Religieuses de la Miséricorde. — Population, 2023 habitants.

Espinasse, *Espinossa*, canton de St-Gervais. Eglise partie romane, partie ogivale et d'une valeur réelle. Elle date de 1137 et a été conservée. Elle avait et a pour patron *St. Martin*. Le curé avait le titre d'*archiprêtre* de Limagne et était nommé par l'évêque. Espinasse a des Sœurs du Tiers-Ordre de St. Dominique. — Population, 1082 habitants.

Espinchal, canton de Besse. Petite église romane, remaniée plusieurs fois. Elle avait et a pour patron St. *Nicolas*. Le curé était nommé par l'évêque. — Population, 1082 habitants.

Espirat, *Spiracum*, canton de Vertaizon. Eglise romane du XVe siècle. Elle avait un très-beau clocher, qui fut abattu en 93. Cette église avait pour patrons *St. Julien d'Antioche* et *St. Gal*. Aujourd'hui elle n'a plus que *St. Julien*. Le curé était à la nomination du chapitre de la Cathédrale. On a distrait Reignat pour en faire une succursale et une commune. — Population, 544 habitants.

Estendeuil, canton de St-Dier. Eglise romane du XIe siècle, considérablement modifiée possédant une belle cloche. Elle avait et a pour patronne *Ste. Madeleine*. Le curé était à la nomination de l'abbé de la Chaise-Dieu. Cette paroisse a des Sœurs du Tiers-Ordre de St. Dominique. — Population, 829 habitants.

Esteil, canton de Jumeaux, paroisse distraite d'Auzat. L'église est l'ancienne chapelle du couvent des Dames de Fontevrault ; le patron est *St. Pierre*. — Population, 330 habitants.

Fayet-Ronnayes, canton de St-Germain-l'Herm. Eglise du XVe siècle, un peu remaniée ; le patron est

St. Barthélemy. Le curé était à la nomination de la Chaise-Dieu. — Population, 1041 habitants.

Fayet, canton de St-Dier. Eglise romane du XIVe siècle. Elle avait pour patron *St. Barthélemy*, aujourd'hui elle a *St. Pierre-ès-Liens*. Le curé était à la nomination de l'évêque. En 1548, il y avait dans cette paroisse un prieuré, qui dépendait du couvent de Chaumont. — Population, 950 habitants.

Franoel, canton de Pontaumur. Eglise en grande partie romane, sans caractère, sous le vocable de *St. Patrocle*. Elle a *St. Pardoux* pour patron. Le curé fut à la nomination de l'abbaye de Mozat jusqu'en 1563, puis ce furent les Religieuses de Marsat qui le nommèrent. — Population, 493 habitants.

Flat, *Flatacus*, canton d'Issoire. Jolie petite église du XIVe siècle, assez intéressante. Elle a trois nefs formées par des piliers octogones, sveltes et gracieux. Elle avait pour patron *St. Donny* ; aujourd'hui elle a *St. Côme* et *St. Damien*. Le curé était à la nomination de l'abbé de Manglieu qui, de 1548 à 1762, a possédé un prieuré dans cette paroisse. St. Privat fait partie de cette paroisse. — Population, 504 habitants.

Fournols, *Fornoliensis*, canton de St-Germain-l'Herm. Eglise romane, rebâtie au XVe siècle. Elle avait et a pour patronne *N.-D.* Cette église fut donnée en 953 au prieuré de Sauxillanges et en 1050 elle passa au monastère de la Chaise-Dieu, qui y établit un prieuré, dont le prieur faisait les fonctions curiales. — Population, 1608 habitants.

Gelles, *Agella*, canton de Rochefort. Eglise romane, remaniée à diverses époques. Elle avait et a pour patron *St. Georges*. Le curé était nommé par l'abbaye de St-Allyre de Clermont qui, en 1135, fonda un prieuré dans ce lieu. En 1773 il y avait dans cette paroisse des prêtres communalistes ; il y a aujourd'hui des Religieuses de la Miséricorde. — Population, 1855 habitants.

Gerzat, *Gerziacus*, canton de Clermont. Eglise romane sans caractère, clocher moderne des plus mesquins ; l'ancien fut détruit en 93. Elle avait et a pour patron *St. Bonnet*. Le curé était à la nomination de l'abbaye de St-Allyre de Clermont, qui a possédé un prieuré dans ce lieu de 1175 à 178.. Gerzat a des Religieuses de la Miséricorde. — Population, 2504 habitants.

Giat, *Giacus*, canton de Pontaumur. Eglise nouvelle remplaçant une église romane du XII° siècle. Elle a pour patron *St. Barthélemy*. En 1167, elle avait *St. Christophe*. Giat avait un établissement de prêtres communalistes. Le curé était à la nomination de l'abbaye de Mozat, qui avait établi dans ce lieu un prieuré. — Population, 1852 habitants.

Gignat, canton de St-Germain-Lembron. Eglise romane, qui avait pour patron *St. Julien* en 912 ; et *St. Pierre-ès-Liens* en 1762. C'est ce dernier qu'elle a aujourd'hui pour patron. Le curé était nommé par le prieur de Sauxillanges, qui avait un prieuré dans ce lieu. Gignat a des Sœurs du Bon-Pasteur. — Population, 464 habitants.

Gimeaux, canton de Combronde. Eglise du XIX° siècle. Elle a pour patron *St. Nicolas* ; autrefois elle avait *St. Genès*. Le curé était à la nomination de l'abbé de La Chaise-Dieu. — Population, 566 habitants.

Glaine-Montaigut, canton de Billom. Petite église du XI° siècle, qui avait et a pour patron *St. Jean*. Le curé était nommé par le prieur de Sauviat. — Population, 919 habitants.

La Godivelle, canton d'Ardes. Eglise romane, qui avait et a encore pour patron *St. Blaise*. Le curé était nommé par l'évêque. — Population, 233 habitants.

La Goutelle, canton de Pontgibaud. Eglise moderne érigée nouvellement, ayant pour patronne *N.-D.* — Population, 1024 habitants.

Gouttières, *Gœtheria*, canton de St-Gervais. Eglise du XVI° siècle, qui a pour patron *St. Pierre*. Le curé était nommé par l'évêque et l'église dépendait de l'abbaye de Menat. — Population, 930 habitants.

Grandeyrol, canton de Champeix. Eglise romane, fondée par un seigneur de Montrogon, dont les descendants nommaient à la cure. Cette commune fait partie de la paroisse de Verrières. — Population, 143 habitants.

Grandrif, canton de St-Anthème. Eglise construite en 1096, par un seigneur de Baffie. Elle avait et a pour patron *St. Blaise*. Pendant le XVII° et le XVIII° siècle, le curé fut nommé par le seigneur de Laroué. Le clocher de cette église est carré et a deux cloches dont l'une date de 1639 et l'autre de 1664. Cette paroisse a des Petits-Frères de Marie et des Sœurs de N.-D. de Lamontgie (1848). — Population, 1338 habitants.

Grandval, canton de St-Amand-Roche-Savine. Eglise du XV° siècle, clocher carré. Elle avait et a pour patron *St. Pierre*. Le curé était à la nomination du Moine chambrier de la Chaise-Dieu, qui avait un prieuré dans ce lieu. — Population, 783 habitants.

HERMENT, *Hermencus*, canton de l'arrondissement de Clermont. Eglise très-remarquable du XII° siècle, classée comme monument historique. Elle a trois nefs, 20 mètres de largeur et 53 mètres de longueur. Elle avait un beau clocher et de superbes vitraux, qui ont été détruits en 1793. En 1510 il y avait quatre belles cloches.

De 1652 à 1789, il n'y en eut plus que trois. En 1552, on fit mettre des orgues qui furent détruites en 93. A cette époque sacrilège, on vendit, à vil prix, les objets suivants qui appartenaient à cette église : une châsse magnifique, trois beaux reliquaires et un Christ recouvert en toile, imitant parfaitement la chair. La confrérie de Ste-Croix fut établie en 1565, celle du Rosaire en 1001, celle du St-Sacrement en 1652. Un chapitre collégial composé d'un doyen, d'un chantre et de sept chanoines, fut fondé en 1232 par le chapitre de la Cathédrale, qui possédait cette église en 1145. La patronne était *N.-D. (Assomption)*. Le curé avait le titre d'*archiprêtre* et était nommé par le chapitre. Dans cette archiprêtré il y avait deux chapitres, seize prieurés et quarante cures. Aujourd'hui le patron d'Herment est *St. Roch*. Avant 93 il y avait dans cette paroisse trois chapelles : celle de *St. Jean*, celle de *St. Georges* et celle de *N.-D. de Bonne-Nouvelle*, en grande vénération autrefois. Cette dernière est la seule qui reste aujourd'hui. — Population, 459 habitants. La commune de St-Germain, population, 322 habitants, est réunie pour le spirituel à la paroisse d'Herment.

Heume-l'Eglise, canton de Rochefort. Eglise du XIIe siècle, à deux nefs, la seule de ce plan se trouvant en Auvergne. Elle avait pour patronne *Ste. Anne* ; aujourd'hui elle a *N.-D.* Le curé était nommé par l'évêque. — Population, 372 habitants.

Issarteaux, *Yssartetis*, canton de Vic-le-Comte. Eglise du XIVe siècle, en partie romane. Elle avait et a pour patron *St. Pierre*. Le curé était à la nomination du chapitre de la Cathédrale. — Population, 1314 habitants.

ISSOIRE, *Yslodorum*, chef-lieu d'arrondissement. C'était un des quinze archiprêtrés d'Auvergne. Il y avait deux églises paroissiales à Issoire : celle de *St-Paul* et celle de *St-Avit* ; cette dernière fut détruite en 93. L'église de *St-Paul*, monument classé comme historique, a 36 mètres de longueur sur 16 de largeur. C'était l'abbé de St-Austremoine d'Issoire qui nommait les deux curés.

On comptait encore l'église de la *Paix*, construite par St. Priest ; la chapelle de *St. Georges*, celle de *Cormeil*, fondées par le même évêque, et l'antique abbaye de St-Austremoine qui, en 938, fut occupée par les Bénédictins. En 1604 les pères Capucins établirent la confrérie du St-Sacrement dans cette ville. Les Bénédictines s'y établirent en 1629 ; les religieuses de N.-D. en 1678 et les Pénitents blancs en 1650. Aujourd'hui Issoire a une maison de Frères de la Doctrine chrétienne, un couvent de Sœurs de N.-D. et des Religieuses du Bon-Pasteur pour l'hospice et le pensionnat.

L'année 1540 fut une année de trouble où commença une série de maux pour Issoire. Un jacobin d'Allemagne, qui y prêcha un carême, enseigna publiquement les erreurs de Luther ; cinq à six religieux du Monastère, à la suite de cet enseignement, professèrent hautement la religion réformée et un grand nombre de laïques les imitèrent. L'évêque de Clermont, à cette nouvelle, se rendit à Issoire, pour faire rentrer ces pauvres égarés dans le devoir ; mais ces religieux pervertis et obstinés lui fermèrent les portes de leur église et lui jetèrent des pierres. Le peuple ameuté par cet exemple renverse les croix, déchire les images des Saints et brise les vitres des maisons où se trouvent des prêtres, en poussant contre eux des cris de mort. Les catholiques épouvantés par ces scènes de désordres et voyant leur vie menacée à chaque instant, sont obligés de quitter en foule une ville devenue pour eux un lieu d'avanies et de supplices. Cet état de trouble et d'agitation dura 45 ans, c'est-à-dire jusqu'à la fin de 1585, où l'on étouffa les guerres religieuses. La belle église d'Issoire fut beaucoup mutilée à cette malheureuse époque ; mais surtout en 93, où les républicains firent brûler le crâne de St. Austremoine avec tous les ornements sacrés. On travaille à la réparation de cette église depuis longtemps ; il faut espérer qu'elle ne tardera pas à reprendre son ancienne splendeur. — Population, 5876 habit.

Jos, canton d'Ambert. Eglise du XVe siècle, à trois nefs. Elle avait et a pour patron *St. Loup*. Le curé était à la nomination de l'abbaye de Thiers, qui fonda dans ce lieu, en 1762, un prieuré sous le vocable de

St. Loup. En 1575, les protestants fondèrent un temple à Pailhat, hameau de cette commune. Ils étaient au nombre de 250, formant 70 familles. Ces sectaires se sont maintenus jusqu'en 1789. On a distrait de cette paroisse Laforie. Job a des Frères de la Doctrine chrétienne et des Religieuses du Bon-Pasteur. — Population, 2585 habitants.

Joze, canton de Maringues. Eglise moderne, remplaçant une ancienne église romane. Elle avait et a pour patron *St. Pierre.* Le curé était nommé par l'abbé d'Aurillac, qui avait un prieuré dans ce lieu. — Population, 1133 habitants.

Jozerand, canton de Combronde. Eglise moderne, marquetée avec goût à l'extérieur, clocher avec flèche. M. le comte de Chabrol fait embellir, en ce moment, l'intérieur de cette église de riches peintures. Cette église avait et a pour patron *St. Christophe.* Le curé était à la nomination de l'archiprêtre de Limagne. Joserand, grâce à M. le comte de Chabrol, a des Religieuses de la Doctrine chrétienne. — Population, 692 habitants.

JUMEAUX, canton de l'arrondissement d'Issoire. Eglise sans valeur et en mauvais état, mais en voie de reconstruction. Elle avait et a pour patronne *N.-D. (Nativité).* Le curé était à la nomination de l'abbé de Sauxillanges. Elle a une maison de Sœurs de l'Immaculée Conception. — Population, 1325 habitants.

Jussat, *Jusiacus*, ancienne commune réunie à celle de Randan. Eglise du XIe siècle avec chapelle du XIVe. Elle avait et a pour patron *St. Julien.* Le curé était nommé par l'abbaye de St-André de Clermont.

Labessette, canton de Tauves. Eglise romane, qui avait et a encore pour patronne *N.-D. (Assomption).* Le curé était nommé par le chapitre de Vic-le-Comte. — Population, 447 habitants.

LACHAUX, canton de Châteldon. Eglise moderne sans intérêt. Elle avait et a pour patron *St. Bonnet*. Le curé était nommé par l'Evêque. — Population, 1118 habit.

LAMONTGIE, canton de Jumeaux. Eglise moderne sans intérêt, érigée en succursale en 1802 ; avant cette date, elle dépendait de celle de Mahat. Elle a pour patronne *N.-D. (Assomption)* ; aujourd'hui Mahat, qui a une église classée magnifique, du XII° siècle, avec clocher remarquable, dépend de Lamontgie. Le curé était nommé par le prieur de Sauxillanges. Lamontgie possède la maison mère des Sœurs de la Congrégation de N.-D. (1) Elle a 29 établissements dans le diocèse. — Population, 1159 habitants.

LANGOGNE, *Nerdugna*, canton de Pontaumur. Eglise moderne, ayant pour patron *St-Pierre*. Le curé était nommé par l'abbé d'Ebreuil en 1118. Cette succursale fait partie de la commune de Pontaumur. En 1651 Langogne avait des prêtres communalistes et en 1118 l'abbé d'Ebreuil y fonda un prieuré de Bénédictins. — Population, environ 500 habitants.

LAPS, canton de Vic-le-Comte. Eglise romane du XI° siècle, en mauvais état. Elle avait et a pour patron *St. Blaise*. Le curé était nommé par l'abbé de Manglieu, qui avait un prieuré sur cette paroisse. — Population, 613 habitants.

LAQUEUILLE, canton de Rochefort. Eglise du XIV° siècle, remaniée au XIX°. Elle servait de chapelle à l'ancien château du Fort. En 1492, elle fut érigée en chapitre composé d'un doyen et de six chanoines. Le patron était *St. Léger* ; aujourd'hui la patronne est *Ste. Madeleine*. Avant 1492 la paroisse dépendait de

(1) M. le Curé de Lamontgie a eu l'obligeance de nous donner les noms des paroisses où se trouvent les 29 établissements.

celle de Perpezat et avait pour patron *St. Jean*. Mais en 1762 ce fut *Ste. Madeleine* qui devint patronne et de la paroisse et du chapitre. Laqueuille a des Sœurs du Sauveur. — Population, 1069 habitants.

Larrode, canton de Tauves. Eglise partie romane, partie de transition. Le patron est *St. Martin*. Le curé était nommé alternativement et par le seigneur du lieu et par l'abbaye de Port-Dieu en Limousin. — Population, 1178 habitants.

Laschamps, succursale de St-Genest Champanelle, canton de Clermont. Eglise du XIV° siècle, très-simple. Elle avait et a pour patron *St. Nicolas*. Le curé était à la nomination de l'abbesse de Beaumont. — Population, 563 habitants.

Lastic, canton de Bourg-Lastic. Eglise du XI° siècle qui, après avoir appartenu aux Templiers, a servi de chapelle seigneuriale. Elle fut érigée en église paroissiale en 1802. Elle a pour patron *St. Jean-Baptiste* (*Nativité*). — Population, 581 habitants.

Latour, canton de St-Pardoux-Latour. Petite église moderne détachée de St-Pardoux en 1802. Elle avait pour patron *St. Nicolas*; aujourd'hui elle a *St. Louis*. — Population, 455 habitants.

Lempdes, canton du Pont-du-Château. Eglise des XII° et XIV° siècles, qui va être remplacée par une nouvelle en voie de construction. Elle avait et a pour patron *St. Etienne*. Elle possède une chapelle de *N.-D. de Bonne-Nouvelle*, dont la statue est noire et des plus anciennes. L'évêque donna cette église à son chapitre, en 1201. Le curé était à la nomination de l'abbaye de la Chaise-Dieu, qui avait un prieuré dans cette paroisse. Lempdes a des Religieuses du Bon-Pasteur. — Population, 1731 habitants.

LEMPTY, canton de Lezoux. Eglise moderne sans valeur remarquable. Elle avait et a pour patron St. Julien. Le curé était nommé par le chapitre de Lezoux. — Population, 338 habitants.

LEZOUX, *Lodosensis*, canton de l'arrondissement de Thiers. Lezoux avait deux églises paroissiales. L'une, celle de *N.-D.* avait été, dans le principe, un prieuré de Bénédictins ; le curé était nommé par l'abbé de Thiers. L'autre, celle de *St-Pierre*, devint en 1223 un chapitre composé d'un doyen et de quatorze chanoines. Le curé était nommé par le chapitre. Il ne reste plus que cette dernière église. Elle a trois nefs et a été reconstruite à la fin du XVIII° siècle. Le patron est *St. Pierre*. Un couvent d'Augustins fut fondé dans ce lieu, en 1664 ; et un des Bernardines en 1695. Aujourd'hui Lezoux a des Frères de la Doctrine Chrétienne et des Filles de St-Vincent-de-Paul. — Population, 3641 habitants.

LIMONS, canton de Maringues. Eglise sans valeur, dont on ne peut définir le style. Elle avait et a pour patron *St. Hilaire de Poitiers*. Le curé était à la nomination de l'Evêque. — Population, 917 habitants.

LISSEUIL, canton de Menat. Eglise des plus simples. Elle avait pour patronne *Ste. Marie*. Le curé était nommé par l'abbé de Menat, qui avait un prieuré dans ce lieu. Cette église est réunie aujourd'hui à celle de St-Remy de Blot. — Population, 283 habitants.

LOUBEYRAT, canton de Manzat. Eglise en partie romane et partie ogivale, reconstruite en 1869. Elle avait et a pour patron *St. Jean-Baptiste*. Elle a une cloche très anciennne, que l'on fait remonter à 1007. Cette église fut donnée au chapitre de la Cathédrale en 1457. Le curé, qui avait le titre d'*archiprêtre*, était nommé par l'Evêque. Loubeyrat a des Religieuses de N.-D. de La Montgie (1834). — Population, 1156 hab.

LUDESSE, *Lopdessa*, canton de Champeix. Eglise

très-simple, qui avait pour patron *St. Vincent* ; aujourd'hui elle a *Ste Anne* pour patronne. Le curé était à la nomination du prieur de Sauxillanges. Dans ces derniers temps, on a distrait de cette paroisse Chaynat, pour en faire une succursale. Eglise moderne sans intérêt, patron *St. Etienne* — Population, 679 habit.

Lussat, canton de Pont-du Château. Eglise moderne qui a remplacé une chapelle romane. Elle avait et a pour patron *St. Pierre*. Le curé était nommé par le prieur de Ris. — Population, 925 habitants.

Luzillat, *Nisiacum*, canton de Maringues. Cette paroisse avait trois églises. Celle de *Vialles*, hameau de cette commune ; celle qui servait de chapelle au prieuré fondé en 978 par les Bénédictins de la Chaise-Dieu ; et celle où se faisaient les fonctions paroissiales. Ces trois églises dépendaient de la Chaise-Dieu. Cette paroisse avait et a encore pour patron *St. Etienne*. Le curé était à la nomination du chapitre de Vézelay, diocèse de Sens. C'est la chapelle du prieuré qui sert actuellement d'église paroissiale. Elle a trois jolies nefs en style roman. Cette paroisse a des Sœurs de la Miséricorde. — Population, 1813 habit.

Madriat, canton d'Ardes. Petite église romane du XIme siècle bien conservée. Elle a été distraite d'Augnat et a pour patronne *Ste Croix*. — Population, 225 habitants.

Malintrat, canton de Clermont. Eglise du XIXme siècle. Elle avait et a encore pour patron *St. Pierre*. Le curé était à la nomination de l'abbesse de Beaumont. — Population, 539 habitants.

Manglieu, *Magnus Locus*, canton de Vic-le-Comte. Ancienne église abbatiale; construite en 950, aujourd'hui église paroissiale classée comme monument historique. Cette église est tournée au *couchant*. Elle était sous le vocable de *St. Sébastien* et avait pour patronne *N.-D.* Il n'y a rien de changé aujourd'hui à cet égard. Le curé était à la nomination de l'abbé de Manglieu. Cette abbaye était la plus ancienne d'Auvergne ; elle avait été fondée en 656, par St. Genès lui même. En 1716, elle s'unit à celle de Clermont pour se soustraire à la juridiction de l'Evêque. — Population, 1340 habitants.

Manson, canton de Clermont. Eglise distraite de St-Genès-Champanelle; elle a été construite au XIXme siècle. Elle a pour patron *St. Aubère, évêque d'Angers.* Cette succursale a des Sœurs de St. Vincent de Paul. — Population, 250 habitants.

Manzat, canton de l'arrondissement de Riom. Eglise romane du XIme siècle, reconstruite et bénie en 1872. Elle avait et a pour patron St. *Genès.* Le curé était nommé par le chapitre de St-Amable de Riom. On remarque dans cette église des stalles de toute beauté, qui faisaient autrefois l'ornement de la Chartreuse de Ste-Marie, qui se trouvait sur la paroisse de Comps. Manzat a des Sœurs du Bon-Pasteur. On a détaché de Manzat le village de Sautère pour en faire une succursale. — Population, 1980 habitants.

Marat, canton d'Olliergues. Eglise romane du XVme siècle, avec clocher carré. Elle avait et a pour patron *St. Genès* et pour patronne *Ste Claire.* Le curé était à la nomination du prieuré de Cunlhat. Cette paroisse a des Religieuses de N.-D. de La Montgie (1872). — Population, 2177 habitants.

Marcillat, canton de Menat. Eglise du XIIme siècle, style de transition. Elle avait et a pour patronne *N.-D.* (*Nativité*). Il y avait un prieuré en 1287 à la nomination duquel était le curé. — Population, 726 habit.

Mareugheol, *Marololus*, canton de St-Germain-Lembron. Eglise romane du XIVme siècle. Avant 89 elle avait un chapitre collégial composé de quatorze chanoines nommés par l'Evêque. Le curé en faisait partie et était nommé par l'abbé d'Issoire, qui avait dans ce lieu un prieuré. Cette église avait et a encore pour patrons *St. Victor* et *Ste Couronne*. — Population 493 habitants.

Maringues, *Maringus*, canton de l'arrondissement de Thiers. Eglise romane flanquée d'un chœur en ogive, avec clocher moderne. Elle était desservie par des prêtres communalistes. Le prieur de Maringues nommait le curé. Elle avait pour patronne *N.-D* ; aujourd'hui elle a pour patron *St. Etienne*. En 1050 St. Robert y fonda un prieuré dépendant de son abbaye. Les protestants établirent un prêche dans cette ville et en firent une de leurs places fortes. Ces sectaires se conduisirent avec tant d'atrocités, comme cela arrive toujours de la part des ennemis des autorités civiles et religieuses, que la rue du quartier qu'ils habitaient porte encore aujourd'hui le nom de *rue de l'Enfer* Un couvent de Recollets fut fondé à Maringues, en 1613, et un de religieuses Ursulines, en 1662. Aujourd'hui cette ville a des Frères de l'Instruction Chrétienne et des Sœurs du Bon-Pasteur qui sont à la tête de l'hospice et d'un pensionnat. — Population, 4010 hab.

Marsac, *Marsiacum*, canton d'Ambert. Eglise du XVe siècle, ayant appartenu au monastère de Sauxillanges ; le clocher est moderne et très-élevé. Cette paroisse avait et a encore pour patronne *N.-D. (Nativité)*. Le curé était nommé par les Minimes de Chaumont. Marsat eut grandement à souffrir pendant les guerres religieuses. Le capitaine Merlo pilla son église plusieurs fois, égorgea un bon nombre de ses habitants et mit le feu au village. Marsac a des Petits-Frères de Marie et des Religieuses du Bon-Pasteur. — Population 2,911 habitants.

Marsat, *Marsiacus*, canton de Riom. Eglise romane, refaite au XIV⁰ siècle, sans intérêt aucun. Elle avait et a pour patronne *N-.D.* (*Nativité*). En 1670, elle avait des prêtres communalistes. Le curé était nommé par l'abbé de Mozat. St. Genès, comte de Combronde, avait fondé dans ce lieu, en 670, un prieuré de Bénédictins, qui fut très-florissant ; peu de temps après sa fondation, on y comptait soixante religieux. — Population, 663 habitants.

Les Martres-d'Artières, *Allochia*, canton de Pont-du-Château. Eglise en partie romane, sans caractère et en mauvais état. Elle avait et a pour patron *St. Martin*. Le curé était à la nomination de l'abbé de Mozat, qui, au X⁰ siècle, avait un prieuré dans ce lieu. — Population, 970 habitants.

Les Martres-sur-Morges, canton d'Ennezat. Eglise du XIV⁰ siècle, sans rien de remarquable. Elle avait et a pour patronne *N-D.* (*Assomption*). Le curé était nommé par l'abbé de Mozat. — Population, 864 habitants.

Les Martres-de-Veyre, *Annoïlum*, canton de Veyre-Monton. Eglise romane, sans caractère, construite en 995, sous le vocable de *St. Martial* ; elle a un clocher moderne. Le patron est *St. Martin*. Le curé était le prieur du lieu, dont le couvent dépendait de l'abbaye de Sauxillanges. On a distrait de cette paroisse le village de Corent, pour en faire une succursale. Les Martres ont des Religieuses de la Miséricorde. — Population, 2,500 habitants.

Mauriat, canton de Saint-Germain-Lembron. Petite église romane du XI⁰ siècle, en très-mauvais état. Elle avait pour patron *St. Julien*, aujourd'hui elle a *St. Fiacre*. Le curé était nommé par l'évêque. Le village

Charbonnier, qui a une chapelle romane, est uni à cette paroisse. — Population, 642 habitants.

Mauzun, *Modunum*, canton de Billom. Eglise du XIV° siècle, sans caractère, lambris plat. Elle avait et a encore pour patron *St. Michel*. Le curé était à la nomination de l'Evêque. — Population, 258 habitants.

Mayres, canton d'Arlanc. Eglise croix latine du XV° siècle, qui avait et a encore pour patron *St. Loup*. Le curé était nommé par le chapitre de Thiers. — Population, 880 habitants.

Mazaye, canton de Rochefort. Eglise du XII° siècle, remaniée au XIX°. Elle avait pour patron *St. Germain*; aujourd'hui elle a *St. Martin*. Le curé était à la nomination du chapitre de la Cathédrale. On a détaché de cette paroisse le village de Coheix, pour en faire une succursale. Mazaye a des Sœurs de St Joseph de Bourg. — Population, 831 habitants.

Mazoires, canton d'Ardes. Ancienne église romane. Elle avait et a pour patron *St. Saturnin*. Le curé était nommé par le prieur de Lavoûte en Ve'ay. Cette paroisse possédait les reliques de la vierge *Ste. Florine*, qui avait été martyrisée au troisième siècle, sur son territoire; en 93, elles furent détruites. On a détaché de cette paroisse le village de Saulzet, pour en faire une succursale. Saulzet possède une cloche de 1448 et un magnifique reliquaire du XV° siècle. — Population, 735 habitants.

Medeyrolles, canton de Viverols. Eglise romane du XIV° siècle, sans caractère. Elle avait et a pour patron *St. Bonnet*. Le curé était à la nomination de l'abbé de Pébrac en Velay. Cette paroisse a des Sœurs de N.-D. de Chabriat (1835). — Population, 517 habitants.

Meilhaud, canton d'Issoire. Eglise du XIV° siècle,

sans valeur, qui avait et a pour patron *St. Rémy*. Elle possède un joli bénitier de 1515, en marbre blanc. Le curé était nommé par l'Evêque. — Population, 410 habitants.

MENAT, *Menatensis*, canton de l'arrondissement de Riom. Eglise abbatiale devenue église paroissiale, en 1802 seulement. Elle a pour patron *St. Mein, martyr*. C'est un église romane à trois nefs ; le chœur est du XV° siècle. Comme elle était en très-mauvais état et qu'elle menaçait ruine depuis longtemps, elle a été restaurée en 1847 avec suppression d'une partie. L'abbaye de Menat fut fondée par St. Ménélée, son premier abbé, en 538, sur les ruines du monastère de St-Bravy ; elle fut unie à Cluny en 1632. Cette abbaye n'avait plus que sept religieux en 1767, et en 1790 il ne lui en restait plus que quatre. L'abbé avait le titre d'*archiprêtre*. En 1789, Menat était de la paroisse de Neuf-Eglise ; il n'est devenu paroisse et canton que depuis 1802. Cette paroisse possède des reliques de St. Cariliphe, qui lui furent données par le curé de St-Calais, diocèse du Mans. On les expose à la vénération des fidèles du 1er au 10 mars. Menat a des Religieuses de la Miséricorde et du Verbe-Incarné. — Population, 2113 habitants.

MÉNÉTROL, *Monistrolium*, canton de Riom. Eglise du XI° siècle complètement dénaturée par des adjonctions successives. Elle avait et a pour patron St. *Martin* (translation). En 976, elle fut donnée au chapitre de la Cathédrale. Le curé était à la nomination de l'abbé de Mozat, qui avait un prieuré dans ce lieu. Ménétrol a des Religieuses de N.-D. de Lamontgie (1875). — Population, 610 habitants.

MERDOGNE, *Merdonia*, canton de Veyre-Monton. Aujourd'hui, cette paroisse porte le nom de *Gergovie*. On voit bien que les gens de cette commune n'avaient pas consulté le citoyen Margue, quand ils ont fait ce changement de nom. L'église est du X° siècle ; la porte est des plus curieuses. Le presbytère se trouvait construit sur l'église. Cette anomalie a disparu aujourd'hui. Cette paroisse fut unie en 1201 au monastère de St-André de Clermont, qui la fit desservir jusqu'en 1790 par un de ses moines. Le patron était *St. Jean-Baptiste* (*Nativité*) ; il l'est encore. Le curé avait le titre d'*archiprêtre*. Cette succursale fait partie de la commune de la Roche-Blanche. — Population, 460 habitants environ.

Messeix, *Merensis*, canton de Bourg-Lastic. Eglise du XI° siècle remaniée. Elle a un portail du XIII° siècle très-intéressant et un clocher du XIV° siècle, dont la flèche construite par les soins et sous la direction de l'abbé Bouchet, est de toute beauté. En 1060, *St. Pierre* était le patron de cette église ; il l'est encore. Messeix avait des prêtres communalistes qui, en 1636, étaient au nombre de sept. C'était le seigneur du lieu qui nommait le curé. Messeix a des Frères de St-Gabriel et un couvent de Dames de la Miséricorde de Billom, fondé le 31 octobre 1818, par madame de Laforest de Bulhon. — Population, 1914 habitants.

La Meynand, canton d'Ardes. L'Eglise de ce lieu et celle de la Roche-Charles ne formaient qu'une paroisse en 1802 ; aujourd'hui elles en forment deux. Eglise très-simple, qui a pour patron *St. Etienne*. — Population, 160 habitants.

Mezel, canton de Vertaizon. Eglise romane, clocher moderne ; l'ancien fut abattu en 93. Elle avait et a pour patron *St. Pierre-ès-liens*. Le curé était nommé par le chapitre de Vertaizon. — Population, 1040 hab.

Mirefleurs, *Castrum novum*, canton de Vic-le-Comte. Eglise sans valeur, presque entièrement reconstruite. Elle avait et a pour patron *St. Genès*, martyr. Le curé était à la nomination de l'abbé de la Chaise-Dieu. Mirefleurs a des Sœurs de Nevers. — Population, 1348 habitants.

Miremont, *Mirimontis*, canton de Pontaumur. Eglise romane très-intéressante par la régularité de son plan; le clocher, qui est assez beau, est de la même époque, avec une cloche du XVe siècle. Cette Eglise avait et a pour patron *St-Bonnet*. En 1147, elle fut donnée au chapitre de la Cathédrale, qui nomma dans la suite le curé. En 1651 elle avait quatre prêtres communalistes. A cette époque *Ste. Barbe* et *St. Roch* étaient en grande vénération dans cette Eglise et y attiraient une foule de pèlerins. — Population, 1275 habitants.

Moissat, *Moystacensis*, canton de Vertaizon. Un monastère de Bénédictins fut fondé dans ce lieu, en 912, par les moines de St-Lomer de Blois, qui étaient venus chercher un asile en Auvergne, après l'incendie de leur maison causée par les Normands. En 1618, ce monastère devint la propriété des Pères Jésuites de Billom, à condition qu'ils nourriraient trois religieux profès de l'abbaye de St-Lomer de Blois. Ce monastère était sous le vocable de *St. Ligier*. Aujourd'hui Moissat a deux paroisses divisées, en Moissat-Haut et Moissat-Bas. Moissat-Haut a une belle église moderne, construite sous le règne de Louis-Philippe, par les soins de l'abbé Bourdier. Elle a été consacrée et a pour patron *St. Jean-Baptiste (Nativité)*. Moissat-Bas se sert de l'église monacale, construite aux XIIe et XIIIe siècles, mais presque rendue moderne à force de réparations. Cette église possède une châsse très-curieuse du XIVe siècle. Elle avait et a pour patron *St. Pierre-ès-Liens*. Le curé était nommé par les Jésuites de Billom. Moissat-Haut a une maison de Dames de la Miséricorde de Billom. — Population, 1456 habitants.

Le Monestier, canton de St-Amant-Roche-Savine. Son nom lui vient d'un prieuré de Bénédictins qui se trouvait dans ce lieu et qui fut réuni à la Chaise-Dieu, en 1762. Eglise du XVe siècle à trois nefs, avec clocher carré. Elle avait et a pour patron *St-Antoine*. Le curé a été jusqu'en 1789 à la nomination du prieur de Souvigny, en Bourbonnais. — Population, 967 habitants.

Mons, canton de Randan. Eglise du XVe siècle, n'ayant rien de remarquable. Elle possède une cloche très-ancienne. Elle avait et a pour patronne *N.-D. (Nativité)*. Le curé était nommé, en 1520, par l'abbé de St-Allyre de Clermont, et en 1789, par l'abbé de Cluny. — Population, 935 habitants.

MONTAIGUT, *Mons-Acutus*, canton de l'arrondissement de Riom. Eglise romane modifiée à diverses époques. Elle est sous le vocable de *N.-D.* et a pour patron St. *Allyre*. C'était un moine de l'abbaye de Menat qui la desservait autrefois. Elle a eu des prêtres communalistes jusqu'en 1789. En 1767, on fonda dans cette paroisse un monastère de Capucins composé de douze Pères et d'un frère. Aujourd'hui Montaigut a des Dames de la Miséricorde pour son école et son hospice. — Population, 1749 habitants.

Montaigut-le-Blanc, canton de Champeix. Eglise romane, retouchée, qui avait et a pour patron *St. Blaise*. En 1096, le monastère de Sauxillanges fonda dans cette paroisse un prieuré, dont le premier moine avait le titre de curé. On a détaché de cette église le village de Regnat, pour en faire une succursale qui, pour le moment, n'a qu'une espèce de grange pour la célébration du culte. Le patron est *St. Pierre*. — Population, 1245 habitants.

Montboissier, *Monboclacensis*, commune de Brousse, canton de Cunlhat. Petite église romane, qui est aujourd'hui succursale. Elle avait et a pour patron *St.*

Julien. Le curé était nommé par le seigneur du lieu. — Population, 460 habitants.

MONTCEL, canton de Combronde. Eglise du XI° siècle, sans intérêt, et réparée dans ces derniers temps. Elle avait et a pour patron *St. Priest*. Le curé était nommé par l'évêque. Cette paroisse avait un apport, *la Fête-Dieu*. — Population, 666 habitants.

LE MONT-DORE, canton de Rochefort. Eglise moderne ; l'ancienne était peu de chose. Elle a pour patronne *N-D*. Le curé a été nommé de 1291 à 1789 par le chapitre de la Cathédrale, qui possédait cette église. La cure était tellement pauvre, que l'Hôtel-Dieu de Clermont, fondé par le chapitre de la Cathédrale, était obligé de fournir au curé sa nourriture, son linge et sa chandelle. Aujourd'hui on peut dire de ce lieu, mais dans un autre sens que l'Enéide : *Quantum mutatus est ab illo* ! Le Mont-Dore a des Sœurs du Bon Pasteur. — Population, 1248 habitants.

MONTEL-DE-GELAT, *Montelium-Degelatum*, canton de Pontaumur. Eglise du XIV° siècle, sous le vocable des *Sts. Anges* et de *Ste. Catherine*. En 1760, il y avait dans cette paroisse des prêtres communalistes. De 1606 à 1789, le curé a été à la nomination de l'abbaye de St-Genoux en Berry, qui avait dans ce lieu un prieuré. Aujourd'hui le patron est *St. Mamert*. Cette paroisse a des Religieuses de la Miséricorde. — Population, 1492 habitants.

MONPERCY, *Monsfruminus*, canton de Pontgibaud. Eglise romane, à trois nefs, que l'on a restaurée récemment. Elle a une petite crypte fort ancienne, qui lui donne un cachet de vénération. Cette paroisse avait et a pour patron *St. Léger*. Le curé était nommé par l'abbé d'Ebreuil, qui avait, en 1130, un prieuré dans ce lieu. — Population, 460 habitants.

MONTFERRAND, *Mons-ferax*, section de Clermont. Cette ville avait trois églises : celle de St-Sauveur, qui était paroissiale en 1165 et qui au XIIIe siècle ne l'était plus. Elle se trouvait placée au milieu des vignes, dans la direction de Cébazat ; celle du *Moutiers*, dédiée à St. *Jean-Baptiste*, qui avait été paroissiale de 1120 jusqu'à la fin du XIIIe siècle, fut détruite en 93 ; et celle enfin de *N.-D.*, qui devint paroissiale et collégiale au XIIe siècle. C'est la plus belle église ogivale de l'Auvergne, après la Cathédrale. Le chapitre était composé d'un doyen, d'un chantre et de douze chanoines. La patronne était *N.-D. de Prospérité*. Cette dernière église est la seule qui existe. Avant 1789, Montferrand avait une maison de Jésuites dont la chapelle était dédiée à St. Pierre ; un prieuré de Bénédictins, fondé en 1120, sous le vocable de St. Robert ; un couvent de Cordeliers placé à la sortie de la ville, sur la route de Riom. La chapelle du couvent avait des stalles sculptées de toute beauté. Un couvent de Visitandines fut fondé dans cette ville, en 1620. Les Religieuses y furent installées par sainte Chantal elle-même. Un couvent d'Ursulines y fut établi, en 1637 ; une commanderie de Chevaliers de l'ordre de Malte, en 1190 ; une autre de Templiers, même époque ; et enfin une maison de chanoines réguliers de St. Antoine, en 1199. Tout ce qui restait de ces établissements a disparu dans la tourmente révolutionnaire. Montferrand a aujourd'hui une seule paroisse, le Grand-Séminaire ; une maison de Frères de la Doctrine Chrétienne et une maison de Sœurs de St-Joseph du Bon-Pasteur. — Population, 3,000 habitants environ.

MONTMORIN, *Mons Morinus*, canton de Billom. L'église est l'ancienne chapelle romane du château, avec diverses modifications sans valeur. On va la remplacer par une nouvelle. Elle avait et a pour patronne *Ste Croix (Exaltation)*. Le curé était à la nomination du chapitre de St-Cerneuf de Billom. Aujourd'hui une partie de la population de cette paroisse, qui n'a pu obtenir la construction d'une nouvelle église là où elle désirait, s'est faite protestante, au grand scandale du diocèse. Elle a appelé un ministre de la religion inventée par Luther et Calvin. — Population, 1045 hab.

MONTON. Voir l'article *Veyre-Monton*.

MONTPENSIER, *Monspenserius*, canton d'Aigueperse. Eglise romane du XIme siècle, à trois nefs, ayant pour patronne *N. D. (Nativité)*. En 1166 c'était *St. Bonnet* qui était le patron. Le curé était à la nomination de l'abbé de Mozat, qui possédait dans ce lieu un prieuré relevant de Cluny. — Population 451 habitants.

MOUREUILLE, canton de Montaigut. Petite église romane très-simple, avec clocher moderne. Elle a pour patron *St. Loup* : autrefois c'était *St. Julien*. En 1118, le curé était nommé par l'abbé d'Ebreuil en Bourbonnais. — Population, 618 habitants.

LA MOUTADE, canton de Riom. Paroisse distraite de Cellule, formant commune aujourd'hui. Eglise du XIXe siècle, croix latine. La flèche du clocher a été détruite deux fois ; une fois par l'incendie, une fois par la foudre. La cloche fut fêlée le jour de l'enterrement de son regretté curé, l'abbé Mouton ; elle a été refondue depuis. — Population, 731 habitants.

MOZAT, *Mozlacum*, canton de Riom. Mozat avait cinq églises ; celle de *St-Martin*, paroissiale ; celle de *St-Paul*, paroissiale ; celle de *St-Camery*, dédiée à *St-Calaminius* ; celle de *St-Laurent*, et celle enfin de l'Abbaye, la seule qui existe aujourd'hui. C'est une belle église romane, à trois nefs, avec crypte ; elle est classée comme monument historique. Elle a pour patrons *St. Pierre* et *St. Paul*. L'abbaye fut fondée en 561 par St. Calaminius, duc d'Aquitaine et sénateur de la ville d'Auvergne, lequel s'étant fait moine, en fut le premier abbé. Mozat a des Sœurs hospitalières de St. Augustin. — Population, 1161 habitants.

Murat-le-Quaire, *Muratus*, canton de Rochefort. Eglise du XIV® siècle, modifiée au XIX®. Elle avait et a pour patron *St. Maurice*. Le curé était nommé par le chapitre de la Cathédrale. On a distrait de cette paroisse la Bourboule, pour en faire une succursale. — Population, 1103 habitants.

Murol, *Murollum*, canton de Besse. L'église est de 1658, sous le vocable de *St. Ferréol*; elle a besoin d'être reconstruite. Avant 1658, on se servait de la chapelle du château, qui était sous le vocable de *Ste. Marie*. Cette église avait pour patron *St. Victor*; aujourd'hui elle a *St. Ferréol*. Le curé était nommé par le prieur de Murols. — Population, 695 habitants.

Nadaillat, canton de Clermont. Eglise moderne distraite de St-Genès-Champanelle. Elle a pour patronne *N.-D. (Assomption)*. — Population, 250 habitants.

Nébouzat, *Neboziacum*, canton de Rochefort. Eglise de transition, XII® siècle, assez bien conservée. Elle avait pour patron *St. Cirgues*; aujourd'hui elle a *St. Georges*. Cette église possède d'anciens ornements sacerdotaux d'une grande valeur. Le curé était à la nomination de l'abbaye de St-Allyre, qui avait un prieuré dans ce lieu. En 1333 Nébouzat avait une commanderie de St-Antoine dépendante de celle de Montferrand. — Population, 780 habitants.

Néronde, canton de Lezoux. Petite église romane assez bien conservée. Le clocher est moderne. Elle a pour patron *St. Bonnet*. Le curé était à la nomination du chapitre de Lezoux. — Population, 505 habitants.

Neschers, canton de Champeix. Eglise de transition, XV® siècle, avec remaniements nombreux. Elle avait pour patrons *St. Genès*, *St. Victor* et *Ste. Couronne*; aujourd'hui *St. Victor* est le seul patron. Le curé était nommé par l'Evêque. Neschers avait des prêtres communalistes ; il a actuellement des Sœurs de de la Miséricorde. — Population, 918 habitants.

Neuf-Eglise, *Ecclesia nova*, canton de Menat. Eglise romane du XI⁰ siècle, mesurant 22 mètres de longueur sur 6 de largeur. Le patron est *St. André* ; autrefois c'étaient *St. André* et *St. Lothaire*. Avant 89 Menat faisait partie de cette paroisse ; et en 1802, ce fut Neuf-Eglise qui fit partie de Menat. En 1841 elle fut détachée de Menat pour devenir succursale. Le curé était nommé par le prieur du lieu, qui dépendait de l'abbaye de Menat. — Population, 607 habitants.

Neuville, canton de Billom. Eglise romane du XI⁰ siècle qui avait et a pour patron *St. Symphorien*. Le curé était nommé par le chapitre de St-Cerneuf de Billom. Neuville a des Religieuses du Puy (1). — Population, 683 habitants.

Noalhat, canton de Châteldon. Cette ancienne paroisse fait partie maintenant de celle de Paslières. La patronne était *N.-D.*; c'était le seigneur du lieu qui nommait le curé. L'abbaye d'Issoire avait un prieuré à Noalhat. — Population, 306 habitants.

Nohanent, canton de Clermont. Eglise romane avec modifications sans valeur. Elle avait et a pour patron *St. Martial*. Le curé était à la nomination du chapitre de la Cathédrale. On a détaché de cette paroisse, pour en faire une succursale, le village de Chanat, qui a une église du XIV⁰ siècle sans intérêt. Chanat a pour patron *St. Louis*. Nohanent a des Religieuses de St. Joseph. (Bon-Pasteur). — Population, 1414 habitants.

(1) Nous ne connaissons que six paroisses où se trouvent ces filles ; il n'a pas plu au curé de Courpière, leur supérieur, de nous désigner les paroisses du diocèse où ces religieuses ont des établissements.

Nonette, *Nonatensis*, canton de St-Germain-Lembron. Eglise partie romane, partie ogivale. Le clocher a été démoli en 93 ; aujourd'hui il est remplacé par un modeste campanile. Cette église avait pour patronne *N.-D.* (*Nativité*). Elle avait des prêtres communalistes en 1698. L'abbaye de la Chaise-Dieu possédait un prieuré dans ce lieu ; c'était le prieur qui nommait le curé. Les religieuses de Fontevrault y établirent un couvent en 1605 ; elles le quittèrent en 1662. — Population, 671 habitants.

Novacelle, *Nova cella*, canton d'Arlanc. Eglise romane des XII° et XV° siècles, sans importance. Elle avait et a pour patron *St. Pierre*. Le curé était à la nomination du seigneur du lieu. En 1567, les catholiques de cette paroisse eurent beaucoup à souffrir de la part du capitaine Merle, chef des Huguenots, lequel pillait, ravageait les églises, massacrait et égorgeait les catholiques. — Population, 972 habitants.

Olby *Olblonensis*, canton de Rochefort. Eglise romane à une seule nef, considérablement modifiée au XIX° siècle. Elle avait et a pour patron *St. Pierre*. Le curé était nommé par le chapitre de la Cathédrale. Olby a des Sœurs de N.-D. de Lamontgie (1877). — Population, 907 habitants.

OLLIERGUES, canton de l'arrondissement d'Ambert. Autrefois Olliergues n'avait point d'église paroissiale ; il était desservi par un de ses hameaux, appelé La Chabasse, où se trouve encore l'ancienne église. Le curé était nommé par l'Evêque. Aujourd'hui Olliergues a une église à trois nefs du XV° siècle. Elle a pour patronne *N.-D.* Cette paroisse a des Religieuses du Bon-Pasteur. — Population, 1961 habitants.

Olloix, canton de St-Amand-Tallende. Eglise des XII° et XV° siècles, ayant appartenu aux Templiers.

Comme on avait élevé une statue sur le tombeau d'un chevalier, le peuple dans son ignorance la prit pour celle d'un saint, auquel il avait donné le nom de St. Gouerou. Pour mettre fin à cette erreur, on l'a fait enlever depuis quelque temps. Cette église avait et a pour patron *St. Jean-Baptiste (Nativité)*. — Population, 532 habitants.

OLMET, canton de Courpière. Eglise romane remaniée à diverses époques. Elle avait et a pour patron *St. Jean-Baptiste (Décollation)*. Le curé était nommé par l'Evêque. Olmet a des Religieuses de N.-D. de Lamontgie (1873). — Population, 1185 habitants.

ORBEIL, canton d'Issoire. Eglise romane du X° siècle, sous le vocable de St-Sauveur. Elle avait et a pour patronne *N.-D. (Nativité)*. Le curé était à la nomination de l'abbé d'Issoire, qui avait dans ce lieu un petit prieuré. Le clocher de cette église est moderne. Orbeil a des Sœurs de N.-D. de Lamontgie (1876). — Population, 584 habitants.

ORCET, *Orcetum*, canton de Veyre-Monton. Eglise romane du XI° siècle, riche en détails. Elle avait et a pour patron *St. Mari*. Le curé était nommé par le prieur du lieu, dont la maison dépendait de l'abbaye de Mauriac (*Cantal*). Orcet a des Dames de la Miséricorde. — Population, 928 habitants.

ORCINES, *Orcinas*, canton de Clermont. Eglise romane du XIV° siècle, murs extrêmement épais. Plusieurs modifications ont été faites à cette église, qui avait et a pour patron *St. Julien*. Le curé était nommé par le chapitre de la Cathédrale. On a distrait de cette paroisse Ternant, pour en faire une succursale. Orcines a des Sœurs du Bon-Pasteur et des Sœurs de N.-D. de Lamontgie (1877). — Population, 1572 habitants.

ORCIVAL, *Orcivallis*, canton de Rochefort. Eglise monumentale classée ; tout est à voir dans cet intéressant édifice, qui est un des plus beaux du diocèse Cette église a un beau clocher de transition, avec une crypte qui porte au recueillement. La patronne est *N.-D. (Assomption)*. Ce beau sanctuaire a été construit par les moines de la Chaise-Dieu, qui fondèrent un prieuré dans cette paroisse vers la fin du XI° siècle. La statue miraculeuse de *N.-D. d'Orcival*, dont on fait la fête le jour de l'Ascension, avec le concours d'une foule immense, venue de tous les points du diocèse et des diocèses voisins, a un cachet incontestable de la plus grande antiquité. On prétend qu'elle fut sculptée par St. Luc lui même ce qui est assez difficile à démontrer. Cette statue représente la Vierge-mère assise tenant sur ses genoux le St. Enfant Jésus. Pendant la grande révolution, des personnes pieuses la cachèrent et la sauvèrent ainsi de la profanation. Avant cette lamentable époque les murs de l'église étaient couverts d'ex-voto que l'on détruisit en 93. Orcival a des Sœurs du Sauveur. — Population, 635 habitants.

Orléat, canton de Lezoux. Eglise romane du XI° siècle, modifiée à plusieurs reprises. Elle avait et a pour patron *St. Bonnet*. Le curé était à la nomination du chapitre de Lezoux. — Population, 1281 habitants.

Orsonnettes, *Orsanidis*, canton de St-Germain-Lembron. Petite église sans valeur, qui avait et a pour patronne *Ste. Marie-Madeleine*. Le curé était nommé par l'abbaye de la Chaise-Dieu. Ce village fait partie aujourd'hui de la paroisse de Nonette. — Population, 288 habitants.

Pardines, canton d'Issoire. Petite église romane à une nef, clocher moderne. Elle avait et a pour patron *St. Martial*. Le curé était nommé par l'abbé d'Issoire. — Population, 281 habitants.

Parent, canton de Vic-le-Comte. Eglise du XIX° siècle, sans intérêt. Elle avait et a pour patron *St. Roch*. Le curé était nommé par l'Evêque. — Population, 531 habitants.

Parentignat, *Parentiniacus*, canton de Sauxillanges. Eglise romane du XII° siècle, qui avait et a pour patron St. *Pierre*. Le curé était à la nomination de l'abbé d'Issoire, qui avait un prieuré dans ce lieu en 1762. — Population, 459 habitants.

Paslières, *Palerius*, canton de Châteldon. Eglise romane à trois nefs, donnée en 995 à l'abbaye de Sauxillanges, qui en 1000 y établit un prieuré. Elle avait et a pour patron St. *Bonnet*. Le curé était nommé par le prieur. Paslières a des Religieuses de la Miséricorde. — Population, 1931 habitants.

Pérignat-ès-Allier, canton de Billom. Eglise romane des XI° et XIV siècles qui avait et a pour patron St. *Michel*. Le curé était à la nomination du seigneur du lieu. — Population, 570 habitants.

Pérignat-les-Sarlièves, canton de Clermont. Petite église moderne qui a pour patron St. *Michel*. Cette paroisse faisait partie d'Aubière. — Population, 440 habit.

Perpezat, canton de Rochefort. Eglise romane reconstruite en grande partie au XIX° siècle. Elle avait et a pour patron St-*Martin*. Le curé était à la nomination du chapitre de la Cathédrale. — Population, 1061 habitants.

Perrier, canton d'Issoire. Eglise romane du XI° siècle très-simple. Elle avait et a pour patron St. *Pierre-ès-liens*. Le curé était nommé par l'abbé d'Issoire. — Population, 556 habitants.

Peschadoires, *Piscatoria*, canton de Lezoux. Eglise romane remaniée plusieurs fois. Elle avait et a pour patronne N.-D. (*Assomption*). Le curé était nommé par le chapitre de Thiers. — Population, 1146 hab.

Peslières, canton de Jumeaux. Ancienne église romane sans importance. Elle avait et a pour patron

St. Jean (*Nativité*). Le curé était nommé par l'Evêque. Peslières a des Sœurs de N.-D. de Chabriat de Lamontgie (1850). — Population, 330 habitants.

Pessat-Villeneuve, canton de Riom. Eglise reconstruite en 1846. Elle avait pour patron *St. Martin*; aujourd'hui elle a pour patronne *N.-D.* (*Nativité*). Ce lieu avait un prieuré. Le curé était nommé par le chapitre de St-Amable de Riom. — Population, 261 hab.

Lapeyrouse, canton de Montaigut. Eglise des XIIIe et XIVe siècles, sans importance. La patronne est *N.-D.* Le curé était à la nomination de l'abbaye de Menat. — Population, 1567 habitants.

Picherande, *Picharanda*, canton de Latour. Eglise romane du XIVe siècle. Elle avait pour patronne *N.-D.* Aujourd'hui elle a *St. Quintien* pour patron. Le curé était nommé par le chapitre de Vic-le-Comte. — Population, 1193 habitants.

Pignol, canton de Vic-le-Comte. Cette église n'est point érigée, elle est desservie par Vic-le-Comte. Elle avait et à pour patronne *Ste. Madeleine*. Le curé était nommé par l'abbé de Manglieu. — Population, 438 habitants.

PIONSAT, *Ponticiacum*, canton de l'arrondissement de Riom. Eglise moderne assez simple, qui avait et a pour patron *St. Bravy*. Voici en deux mots son histoire. C'était un abbé de Menat qui, après le pillage et la ruine de son monastère par les soldats du farouche Chilpéric, se retira dans les forêts de Pionsat, où il mourut. Le curé était à la nomination de l'abbaye d'Ebreuil, qui posséda un prieuré dans ce lieu de 1148 à 1789. On prétend que l'ancien monastère de *Ponticiacum*, fondé au VIe siècle, se trouvait dans ce lieu. Pionsat a des Sœurs du Bon-Pasteur. — Population, 2193 habitants.

Plauzat, *Plauziacum*, canton de Veyre-Monton. Eglise romane du XIe siècle classée comme monument.

Elle a une crypte assez jolie. Le patron était *St. Pierre*; il l'est encore. Cette église fut donnée moitié à l'abbaye de Chantoin et moitié à l'abbaye de Sauxillanges, ce qui était cause qu'elle avait deux curés; l'un nommé par Chantoin et l'autre par Sauxillanges; il y avait aussi deux prieurés. Plauzat a des Sœurs du Bon-Pasteur. — Population, 1221 habitants.

PONTAUMUR, canton de l'arrondissement de Riom. Avant 1789, Pontaumur était de la paroisse de Langogne; aujourd'hui les choses sont changées. Langogne se trouve faire partie de la commune de Pontaumur. Eglise sans caractère ni valeur, avec clocher moderne. Elle a pour patrons *St. Pierre* et *St. Paul*. Pontaumur a des Religieuses de la Miséricorde. — Population, 1728 habitants.

PONT-DU-CHATEAU, *Castrum Pontis*, canton de l'arrondissement de Clermont. Cette ville avait deux églises paroissiales, celle de *Ste-Martine* et celle de *Paulhat*. L'église de *Ste-Martine* est un édifice roman, à trois nefs, sous le vocable de cette sainte. Au commencement du XVIe siècle, un chapitre fut fondé dans cette église; c'était lui qui desservait la chapelle du Château. Le curé de cette paroisse était nommé par l'abbesse de Laveine. L'église de Paulhat fut fondée en 1384. Le curé était à la nomination des Carmes Déchaussés de Chantoin. Aujourd'hui le Pont-du-Château n'a plus qu'une paroisse, quoique les deux églises existent encore et qu'elles servent l'une et l'autre au culte. *St. Martin* est patron de cette paroisse. Le Pont-du-Château a une école tenue par les Frères de l'Instruction chrétienne et une autre par les Religieuses du Bon-Pasteur. — Population, 3,438 habitants.

PONTGIBAUD, *Ponsgilbadus*, canton de l'arrondissement de Riom. Avant 1789, Pontgibaud était de la paroisse de St-Pierre-Chastel. En 1802, il fut érigé en paroisse. L'église est du XIIIe siècle, croix latine très-simple. Elle avait et a pour patron *St. Benoît*. En 1650, un couvent de Bénédictines fut fondé dans ce lieu. Aujourd'hui les écoles sont tenues par des Frères de la Doctrine chrétienne et des Religieuses du Bon-Pasteur. — Population, 1192 habitants.

Pouzol, canton de Menat. Eglise sans valeur, remplacée par une nouvelle. Elle avait et a pour patron St. *Victor*. Le curé était à la nomination de l'abbé de Menat. — Population, 709 habitants.

Les Pradeaux, canton de Sauxillanges. Petite église du XIVe siècle, avec nombreuses adjonctions modernes. Elle avait et a pour patronne *N. D. (Assomption)*. Le curé était nommé par l'abbé de Sauxillanges. — Population, 619 habitants.

Prompsat, *Promsiacum*, canton de Combronde. Eglise du XVIIe siècle, sans intérêt. Elle avait et a pour patron *St. Martin*. Le curé était nommé par le chapitre de St-Amable de Riom, qui avait un prieuré dans ce lieu. Prompsat a des Religieuses de la Miséricorde. — Population, 601 habitants.

Prondines, *Prondina*, canton d'Herment. Eglise romane du XIIe siècle, remplacée par une église moderne. Elle avait et a pour patrons *St. Côme* et *St. Damien*. On a distrait de cette paroisse le village Pérol pour en faire une succursale. Eglise moderne avec campanile. Elle a pour patron *St. Pierre*. Avant 1647 il y avait sur la paroisse de Prondines un couvent de Religieuses de St. Benoît, appelé l'Eclache. Un incendie l'ayant consumé à cette époque, ces bonnes religieuses allèrent s'établir à Clermont. — Population, 810 habitants.

Puy-Guillaume, canton de Châteldon. Eglise du XVe siècle, remaniée à diverses époques. Clocher moderne. Elle avait et a pour patron St. *Allyre*. Le curé était nommé par le monastère de Cisterciens que Foulques de Jaligny, seigneur du lieu, avait fondé sur cette paroisse en 1125. — Population, 1822 habitants.

Le-Puy-St-Gulmier, *Sodium Sti Gulmerii*, canton de

Pontaumur. Eglise romane du XI° siècle, rien d'important, sous le vocable de *St. Gulmier*, sous-diacre de Lyon. Elle avait et a pour patron *St. Georges*. Le curé était nommé par l'abbesse des Bénédictines de St-Genès-les-Monges. — Population, 684 habitants.

Le Quartier, canton de Pionsat. Eglise de transition à une seule nef. Elle avait et a pour patron *St. Saturnin*. Le curé était à la nomination de l'abbé de Menat, qui avait un prieuré dans ce lieu. — Population, 847 habitants.

Queuille, canton de Manzat. L'*église* est l'ancienne chapelle du château, datant du XIV° siècle et remaniée plusieurs fois. Elle a pour patron *St. Jean-Baptiste*. — Population, 493 habitants.

RANDAN, *Randanensis*, canton de l'arrondissement de Riom. Eglise moderne n'ayant rien de remarquable. Elle avait et a pour patron *St. Jean-Baptiste (Décollation)*. Le curé était nommé par l'Evêque. Il y avait des prêtres communalistes dont le nombre était de sept en 1750. Randan avait un monastère qui était un des plus anciens de l'Auvergne. St. Grégoire de Tours raconte qu'il y avait, de son temps, dans ce monastère, un saint prêtre du nom de Julien. C'était un grand thaumaturge ; il chassait les démons, rendait la vue aux aveugles et guérissait de toutes les maladies par l'invocation du saint nom de Dieu et le signe de la croix. Il mourut victime de son zèle pour le service des malades pendant cette terrible peste, qui ravagea l'Auvergne en 570, sous l'Evêque Cautin. Ce monastère fut détruit par les Normands. Rebâti peu de temps après par les moines de St-Benoît, tout près du Château, il fut, dit-on, détruit une seconde fois par les Anglais, lors de leurs ravages en Auvergne, vers la fin du XIV° siècle. Randan a des Frères de l'Instruction Chrétienne et des Sœurs de St-Joseph. — Population, 1700 habitants.

Ravel-Salmerange, *Ravellus*, canton de Vertaizon. Eglise du XI° siècle, avec nombreuses modifications.

Clocher moderne; l'ancien fut abattu en 93. La patronne est *N.-D.* (*Assomption*). Le curé était nommé par l'évêque. Ravel a des Reliques de la Miséricorde de Billom. — Population, 835 habitants.

RAIGNAT, canton de Vertaizon, paroisse distraite d'Espirat. Église du XI° siècle remaniée plusieurs fois. Elle a pour patron *St. Laurent*. — Population, 544 habitants.

LA RENAUDIE, canton de Courpière. Église du XIX° siècle, simple et sans intérêt, ayant pour patron *St. Pierre, apôtre*. Le curé était nommé par l'Évêque. — Population, 903 habitants.

RENTIÈRES, canton d'Ardes. Ancienne église romane du XIV° siècle. Elle a pour patronne *N.-D.* (*Nativité*). Le curé était à la nomination de l'abbaye de Blesle, (*Haute-Loire*), dont relevait cette église. — Population, 442 habitants.

RIOM, *Ricomagensis*, chef-lieu d'arrondissement. Cette ville avait trois chapitres : St-Amable, Le Marthuret et la Ste-Chapelle. Les églises de ces trois chapitres sont aujourd'hui des monuments historiques classés. *St-Amable* avait un doyen, un chantre et dix chanoines, sous le vocable de *St. Jean* et *St. Protais*. Le chapitre fut fondé en 1077. Les chanoines étaient des moines de St. Augustin qui furent sécularisés en 1546, par une bulle du pape Paul IV. *Le Marthuret* devint chapitre en 1304 ; il avait dix chanoines séculiers qui donnaient la préséance au chapitre de St-Amable dans les cérémonies. L'église du Marthuret était sous le vocable de *N.-D.* La Ste-Chapelle devint chapitre en 1489, sous le vocable de *Ste Croix, de St. Louis* et *de St. Thomas*. Il était composé de onze chanoines. Riom avait trois paroisses : St-Amable, église romane à trois nefs construite à diverses époques, patron *St. Amable*. Le curé était nommé par le chapitre. Le Marthuret, église romane du XV° siècle, restaurée plusieurs fois, patronne *N.-D.* Le curé était nommé par le chapitre. St-Jean, petite église détruite en 93 ; elle avait pour patron St. Jean. Le curé était à la nomination du chapitre de St-Amable. Riom a maintenant deux paroisses, St-Amable et le Marthuret.

Voici les différents ordres religieux qui s'établirent à Riom : les Cordeliers, en 1280, près la porte du faubourg Layat ; les Minimes vinrent à Riom en 1592 ; les Récollets vers 1643 ; les Capucins en 1606 ; les Oratoriens en 1618, pour tenir le collége ; les Carmes Déchaussés en 1643, lesquels furent remplacés par les Génovéfains en 1681 ; les Carmélites en 1618 et rétablies en 1818 ; les Religieuses de N.-D. en 1621 ; (ce furent cinq filles dévotes qui jetèrent les premiers fondements de cet ordre); les Hospitalières en 1442 et les Visitandines en 1620, rétablies de nouveau au Pré-Madame, après le Concordat de 1802. St. Vincent Ferrier prêcha à Riom, en 1417. La foule qui arrivait de tous côtés, pour entendre le Saint, fut si nombreuse, que toutes les rues furent encombrées de peuple et qu'on fut obligé, pour éviter des accidents, de fermer les portes de la ville, dont l'intérieur ne pouvait plus contenir personne. Riom possédait une lettre que Jeanne d'Arc avait écrite de Moulins à ses habitants. Aujourd'hui Riom a des Pères Maristes, des Frères de la Doctrine Chrétienne, un couvent de Carmélites, un de Visitandines, deux maisons de Filles de la Charité, une de Sœurs de Bon-Secours et une de Sœurs de la Miséricorde. — Population, 10770 habitants.

Ris, canton de Châteldon. Eglise partie romane, partie ogivale ; une des plus anciennes d'Auvergne, avec clocher moderne. Elle a trois nefs et a 75 mètres de longueur. Le patron était St. Barthélemy. Aujourd'hui elle a pour patronne Ste Croix (Exaltation). Le curé était nommé par l'abbé du monastère de Ris, fondé par St. Odilon, abbé de Cluny, mort en 1048. Ce monastère avait sous sa dépendance deux prieurés: l'un dans le diocèse de Lyon et l'autre dans le diocèse de Limoges. Ris a aujourd'hui des Religieuses de St-Joseph de St-Flour. — Population, 1408 habitants.

La Roche-Blanche, *Donatiacus*, canton de Veyre-

Monton. Eglise sans importance, qui autrefois dépendait de celle de Merdogne. Elle avait et a pour patronne *N.-D.* (*Nativité*). Le curé de Merdogne en fit la cession en 1228 à l'abbaye de St-André de Clermont, qui nommait à cette cure. La Roche-Blanche a aujourd'hui des Religieuses du Bon-Pasteur. — Population, 1430 habitants.

La Roche-Charles, *Roca Arlunda*, canton d'Ardes. Eglise romane du XIe siècle. Elle avait et a pour patronne *N.-D.* Le curé était nommé par l'Evêque. Supprimée en 1802, elle a été érigée en succursale récemment. — Population, 225 habitants.

Roche-d'Agoux, *Rupes Daguiphi*, canton de Pionsat. Eglise du XVme siècle, sans intérêt. Elle avait une cloche très-ancienne, qui a été cassée par accident. Le patron de la paroisse était *St. Pardoux*, aujourd'hui c'est *St. Renoux*. Le curé était nommé par l'abbé de St-Genoux (*Berry*), qui avait un prieuré dans ce lieu. Cette paroisse avait une vicairie à la nomination du seigneur du lieu, pour le service du château. — Population 386 habitants.

ROCHEFORT, *Rocafortensis*, canton de l'arrondissement de Clermont. Eglise romane du XIme siècle, modifiée plusieurs fois. Elle avait et a pour patron *St. Martin*. Le curé avait le titre d'*Archiprêtre* et était nommé par le chapitre de la Cathédrale. — Population 1478 habitants.

La Roche-Noire, *Mariniacum*, canton de Vic-le-Comte. Eglise romane du XIIIme siècle. C'est la chapelle de l'ancien château; l'église paroissiale était au village de Dreuil, sur le bord de l'Allier. Cette église avait pour patron *St. Symphorien*, et celle de la Roche-Noire *St. Barthélemy*. Les deux prêtres qui desservaient ces deux églises étaient nommés par les Bénédictins de Beaumont, qui avaient établi un petit prieuré à Drouil. Aujourd'hui *St. Symphorien* est patron de cette église. — Population 275 habitants.

ROMAGNAT, *Romaniacus*, canton de Clermont. Église du XIme siècle, agrandie et réparée en 1833. Elle avait pour patrons *St. Saturnin* et *St. Louis*. Aujourd'hui elle n'a plus que *St. Saturnin*. Le curé était nommé par le chapitre de la Cathédrale. On a détaché de cette paroisse Opmes. L'église est du XVme siècle ; c'est l'ancienne chapelle du château. Elle a pour patronne l'*Assomption*. Saulnet-le-Chaud a été distrait aussi. Église moderne, qui a pour patron *St. Avit*. Romagnat a des Frères de la Doctrine Chrétienne et des Sœurs de St-Joseph. — Population 1710 habitants.

ROSIERS, *Roseria*, canton de Champeix. Cette église, qui est du XVIIIme siècle, est desservie aujourd'hui par le curé de Tourzel. Avant 89 elle était paroissiale. *St. Jean-Baptiste* était le patron. Aujourd'hui, c'est *N.-D.* (*Nativité*) qui est patronne. Le curé était nommé par l'Évêque. Cette église possède une statue de la Ste-Vierge qui de tout temps a attiré beaucoup de pèlerins dans ce lieu. — Population 540 habitants.

ROYAT, *Rubiacum*, canton de Clermont. Église très-ancienne ; une partie remonte au VIIe siècle, et l'autre au Xe. Elle a trois nefs formées par deux rangs de colonnes et une crypte. Le clocher est moderne ; l'ancien fut abattu en 93. Cette église est classée comme monument historique. Elle avait et a pour patron *St. Léger*. Le curé était à la nomination de l'abbé de Mozat. Au sud de Royat se trouvait une chapelle dédiée à *N.-D. de Lorette* et une autre à Gravenoire, dédiée à *Ste Flambée*. Ces deux chapelles furent détruites en 93. En 767 St. Priest y fonda un monastère de Religieuses, disparu depuis longtemps. Royat a des Sœurs de St. François d'Assise et des Religieuses de N.-D. de Lamontgie (1864). — Population 1208 habitants.

Saillant, *Sallens*, canton de Viverois. Eglise du XVe siècle, style pur et élégant, remaniée à plusieurs époques. Elle avait pour patrons *St. Pierre* et *St. Roch*. Elle n'a plus que le premier. Le curé était nommé par le prieur du lieu, qui dépendait de l'abbaye de la Chaise-Dieu. Le prieuré était sous le vocable de Ste-Croix. Saillant a des Sœurs de St. Joseph. — Population 1660 habitants.

Sainte-Agathe, canton de Courpière. Paroisse détachée de Vollore-Ville. Eglise moderne, qui a pour patronne *Ste Agathe*. — Population 917 habitants.

Saint-Agoulin, *Sanctus Aquilinus*, canton d'Aigueperse. Eglise romane, bâtie en 1876, sous le vocable de *St. Agoulin* ou Aquilin, évêque d'Evreux, mort vers la fin du VIIe siècle. Cette église a un clocher surmonté d'une petite flèche. La patronne est *N.-D. (Nativité)*. Le curé était à la nomination du chapitre d'Artonne. — Population 573 habitants.

SAINT-ALLYRE, autrefois *Ste-Elidie*, canton d'Arlanc. Eglise assez commune et sans caractère. Le curé était à la nomination du prieuré du lieu, qui dépendait de la Chaise-Dieu. Elle avait et a pour patronne *Ste. Elidie*. Voici en deux mots son histoire. Née au village de Germalange, vers la fin du XIe siècle, Elidie, qui était sans fortune, perdit fort jeune ses parents. Elle fut admise au château de Poulargue, pour garder les troupeaux de la maison. Le Seigneur de ce château, épris de sa beauté chercha à la séduire ; mais n'ayant pu la gagner, il la fit poursuivre dans la forêt par des sicaires. Ceux-ci croyant lui être agréables, la percèrent de coups. La jeune vierge tout ensanglantée alla laver ses blessures dans une fontaine que l'on voit encore et devant laquelle elle expira. Tous les ans, au jour de la fête de cette sainte, une foule nombreuse se réunit dans ce lieu pour y invoquer la vierge martyre. — Population, 1124 habit.

Saint-Allyre-ès-Montagne, canton d'Ardes. Eglise romane du XI° siècle, à une nef. Elle avait et a pour patron *St. Allyre.* Le curé était nommé par le prieur du lieu, dont le couvent dépendait de l'abbaye de St-Michel-de-Lacluse, Piémont (*Ordre de St. Benoît*). — Population, 761 habitants.

Saint-Amand-Roche-Savine, canton de l'arrondissement d'Ambert. Eglise du XV° siècle. Le curé était à la nomination du seigneur du lieu. Le patron était *St. Barthélémy*; aujourd'hui c'est *St. Amand.* La Chaise Dieu y avait un prieuré, sous le vocable de *St. Antoine.* St-Amand a des Sœurs du Bon-Pasteur. — Population, 1751 habitants.

Saint-Amand-Tallende, canton de l'arrondissement de Clermont. Eglise romane du XI° siècle, trop petite pour la population. En 1858, elle a été remplacée par une nouvelle beaucoup plus grande. Elle est sous le vocable de *St. Amand,* qui est en même temps le patron. L'ancienne église était sous le vocable de *St. Gal.* Le curé était nommé par l'Evêque. Autrefois il y avait sur cette paroisse deux chapelles, l'une dédiée à N.-D. et l'autre à St. Gal; elles ont été abattues en 93. Celle de la Ste-Vierge a été reconstruite après la tourmente révolutionnaire; on y vénère l'image miraculeuse de *N.-D. de Sugol.* Les Recollets fondèrent une maison dans ce lieu en 1613. Les Pénitents Blancs et les Claristes s'y établirent en 1650. St-Allyre de Clermont y avait aussi un prieuré. St-Amand a aujourd'hui des Frères de la Doctrine Chrétienne et des Religieuses de la Miséricorde. — Population, 1459 habitants.

Saint-Anastaise, canton de Besse. Petite église romane du XIII° siècle. Elle avait et a pour patron *St. Barthélémy.* Le curé était nommé par l'Evêque. L'Eglise d'Augiard, qui n'existe plus aujourd'hui, lui était annexée. — Population, 360 habitants.

Saint-André-le-Coq, canton de Randan. Église romane à trois nefs, d'un joli caractère et très-bien conservée. Elle avait et a pour patron St. *André*. Le curé était nommé par l'abbé de Mozat. — Population 954 habitants.

Saint-Angel, canton de Manzat. Église moderne remplaçant l'ancienne, qui était sans caractère saillant. Elle avait pour patrons St. *Michel* et St. *Denis*; aujourd'hui elle n'a plus que ce dernier. Le curé était à la nomination du chapitre de St-Genès de Clermont. — Population 939 habitants.

SAINT-ANTHÊME, *Sanctus Anthemius*, canton de l'arrondissement d'Ambert. Église romane à trois nefs, avec clocher moderne; l'ancien fut abattu en 93. Elle avait et a pour patron St. *Blaise*. Le curé était à la nomination de l'abbaye de Manglieu, qui possédait à St-Anthême un prieuré très-ancien. Il y avait dans cette paroisse sept prêtres communalistes et deux chapelles : celle de St-Just et celle des Pénitents. St-Anthême a des Frères de la Croix et des Sœurs du Bon-Pasteur. — Population 3157 habitants.

Saint-Avit, *Sanctus Avitus*, canton de Pontaumur. Église du XIe siècle, partie romane, partie de transition. Elle avait et a pour patron St. *Avit*. Le curé était à la nomination du seigneur du lieu. — Population 754 habitants.

Saint-Babel, *Sanctus Babilus*, canton d'Issoire. Église romane à une seule nef, clocher moderne pas en rapport avec l'église. L'ancien fut abattu en 93. Cette église avait pour patron St. *Babel*. Elle a été restaurée nouvellement. Le curé était nommé par l'abbaye de Manglieu, qui avait en 1348 un prieuré à Babel. Cette paroisse a un village qui porte le nom d'Austremoine. Ne serait-ce pas là le lieu où vivait dans la solitude le St. Apôtre d'Auvergne ? Saint-Babel a des Religieuses de N.-D. de Lamontgie (1875). — Population, 1376 habitants.

Saint-Bauzire, *Sanctus Baudilius*, canton d'Ennezat. St. *Baudille* ou *Bauzire* fut martyrisé à Nîmes. Sa fête se célèbre le 20 mai. Eglise moderne construite à la place d'une église romane qui menaçait ruine. Le patron est St. *Bauzire*. Le curé était nommé par le chapitre de la Cathédrale depuis 959. Saint-Bauzire a des Religieuses du Bon-Pasteur. — Population, 1482 habitants.

Saint-Bonnet-la-Champ, *Sanctus Bonitus de Calmis*, canton de Riom. L'église est un mélange de style ogival et roman sans intérêt. Clocher abattu à la naissance de la flèche. Elle avait et a pour patron St. *Bonnet*. Le curé était nommé par l'abbé de Mozat. St-Bonnet a des Religieuses de la Miséricorde. — Population, 1516 habitants.

Saint-Bonnet-le-Bourg, canton de St-Germain-Lherm. Eglise romane à une seule nef. Elle avait pour patron St. *Loup* ; aujourd'hui le patron est St. *Blaise*. Le curé était à la nomination de la Chaise-Dieu, qui avait un prieuré dans ce lieu. — Population, 973 habitants.

Saint-Bonnet-le-Chastel, *Sanctus Bonitus Castri*, canton de St-Germain-Lherm. Eglise d'une construction intéressante, datant du XV° siècle. Elle avait et a pour patron St. *Bonnet*. Le curé était nommé par le seigneur du lieu. Cette paroisse a des Religieuses du Bon-Pasteur. — Population, 1607 habitants.

Saint-Bonnet-près-Chauriat, canton de Vertaizon. Eglise du XIV° siècle, qui avait et a pour patron St. *Bonnet*. Le curé était à la nomination de l'abbé de Chantoin. — Population, 189 habitants.

Saint-Bonnet-près-Orcival, canton de Rochefort. Eglise rebâtie depuis quelques années à la place de l'ancienne qui tombait en ruines. Elle était du XI⁰ siècle. Le patron est *St. Bonnet*. Le curé était nommé par le prieur d'Orcival. — Population, 860 habitants.

Sainte-Catherine-du-Fraisse, canton de St-Germain-Lherm. Eglise romane modifiée, servant autrefois de chapelle. Elle a pour patronne *N.-D. du Mont Carmel*. Le curé était à la nomination de la Chaise-Dieu. — Population, 481 habitants.

Sainte-Christine, canton de St-Gervais. Eglise en partie romane, remaniée à diverses époques. Elle avait et a pour patronne *Ste. Christine*. C'était l'archiprêtre de Menat qui nommait le curé. — Population, 477 habitants.

Saint-Cirgues, *Sanctus Cyricus*, canton de Champeix. Eglise romane du XI⁰ siècle, sous le vocable de *St. Cyr*; clocher moderne. La patronne est *Ste. Claire*. Le curé était nommé par l'Evêque. On a détaché de cette paroisse St-Vincent, pour en faire une succursale. L'église est romane et du XV⁰ siècle. Elle a pour patron *St. Vincent*. — Population, 381 habitants. St-Cirgues a des Sœurs de Nevers. — Population, 234 hab.

Saint-Clément, *Vallis Longa*, canton de St-Anthème. Eglise du XI⁰ siècle, qui avait pour patron *St. Clément*; aujourd'hui elle a *N.-D.* pour patronne. Le curé était nommé par le prieuré du lieu, qui dépendait de l'abbaye de Sauviat, diocèse de Lyon. — Population, 698 habitants.

Saint-Clément-de-Régnat, canton de Randan. Eglise du XIII⁰ siècle très-simple. Elle avait et a pour patron *St. Clément*. Le curé était nommé par le prieuré du lieu, qui dépendait de l'abbaye de St-Allyre de Clermont. — Population, 982 habitants.

Saint-Denis-de-Combarnazat, *Sanctus Domnious*, canton de Randan. Petite église romane remaniée à diverses époques. Elle avait et a pour patron *St. Domnin*. Le curé était nommé par le prieur du lieu, qui dépendait de la Chaise-Dieu depuis 1052 ; aujourd'hui cette commune a deux succursales, Combarnazat et St-Denis. — Population, 602 habitants.

Saint-Dier, *Sanctus Desiderius*, canton de l'arrondissement de Clermont. Eglise romane du XI° siècle, clocher moderne. L'ancien fut démoli en 93. Elle avait et a pour patron *St. Didier, évêque et martyr*. Le curé était à la nomination de l'abbaye de la Chaise-Dieu, qui avait un prieuré dans ce lieu. St-Dier a des Religieuses du Bon-Pasteur. — Population, 1520 habitants.

Saint-Diéry, canton de Besse. Eglise romane du XI° siècle. Elle avait pour patron *St. Diéry*, aujourd'hui, elle a *St. Didier*. Le curé était à la nomination du prieur de l'endroit, dont le couvent dépendait de l'abbaye de la Chaise-Dieu. — Population, 737 hab.

Saint-Donat, *Sanctus Donatus*, canton de Latour. Eglise romane, donnée en 1050 au prieuré de Sauxillanges. Le patron est *St. Donat*. Le curé était nommé par le chapitre de Vic-le-Comte. — Population, 1273 hab.

Saint-Eloy, *Sanctus Elegius*, canton de Montaigut. Eglise du XV° siècle ; clocher moderne, ayant trois cloches très-anciennes. Le patron est *St. Eloi* dont la fête attire une foule de gens venant de tous côtés. Le curé était nommé par l'abbaye de Menat qui avait un prieuré dans ce lieu. St-Eloy a des Frères de la Doctrine chrétienne et des Religieuses de la Miséricorde — Population, 2393 habitants.

Saint-Eloy, canton de St-Amand-Roche-Savine. Eglise du XV° siècle, sous le vocable de *St. Eloy*. Elle fut donnée à l'abbaye de Sauxillanges en 1160. St. Odilon, abbé de Cluny, avait été curé de cette église ; aussi en est-il aujourd'hui le patron. — Population, 491 hab.

Saint-Etienne-des-Champs, *Sanctus Stephanus de Campis*, canton de Pontaumur. Eglise du XVIIe siècle, sans valeur. Elle avait et a pour patron *St. Etienne*. Le curé fut d'abord nommé par l'abbaye de St-Genès-les-Mouges, puis par le chapitre d'Herment. Cette église possède un reliquaire du XVe siècle fort remarquable. — Population, 508 habitants.

Saint-Etienne-sur-Usson, canton de Sauxillanges. Eglise ogivale du XIIIe siècle, à trois nefs, sans grande valeur. Elle avait et a pour patron *St. Etienne*. Le curé était nommé par l'abbé de Sauxillanges, qui avait un prieuré dans ce lieu. — Population, 1072 habitants.

Saint-Ferréol, *Sanctus Ferreolus*, canton d'Ambert. Eglise du XVe siècle, très-simple, sous le vocable de *St. Ferréol*, qui est en même temps patron. Le curé était à la nomination de l'abbaye de Sauxillanges, qui avait un prieuré dans ce lieu. Saint-Ferréol a des Religieuses de N.-D. de Lamontgie (1876). — Population, 1174 habitants.

Saint-Floret, *Sanctus Florus*, canton de Champeix. Eglise du XIe siècle ; elle n'a rien de remarquable. Le patron est *St. Floret*. Le curé était nommé par l'abbaye de Chantoin qui avait un prieuré dans ce lieu. — Population, 565 habitants.

Saint-Flour, canton de St-Dier. Eglise romane du XIVe siècle, en très-mauvais état. Le patron était *St. Flour* ; aujourd'hui, c'est *St. Privat, évêque*. Le curé était nommé par l'Evêque. — Population, 588 habit.

Saint-Gal, *Sanctus Gallus*, canton de Menat. Eglise

ancienne remaniée à différentes époques. Patron St. Gal. Le curé était nommé par l'abbé de Mozat. — Population, 678 habitants.

SAINT-GENÈS-CHAMPANELLE, canton de Clermont. Eglise du XIV° siècle. En 1839 on a construit un clocher dont la flèche élégante se perd dans les nues. Le patron est *St. Genès, martyr*. En 1532, cette paroisse avait plusieurs prêtres communalistes. En 1200 cette église fut donnée à l'abbaye de St-Allyre de Clermont, qui y fonda un prieuré en 1262; il fut uni à l'abbaye en 1478. Le curé était nommé par cette abbaye. Aujourd'hui on a distrait de St-Genès-Champanelle cinq villages dont chacun a une église et un curé : Theix, Beaune, Laschamps, Manson et Nadaillat. Manson a des Sœurs de St-Vincent-de-Paul, et St-Genès-Champanelle des Religieuses de St-Joseph du Bon-Pasteur. — Population, 1902 habitants.

Saint-Genès-Champespe, canton de Latour. Eglise romane remaniée à diverses époques. Elle avait pour patron *St. Sébastien* ; elle a aujourd'hui *St. Genès*. Le curé était nommé par le seigneur du lieu — Population, 823 habitants.

Saint-Genès-l'Enfant, canton de Riom. Cette Eglise appartenait avant 93 au chapitre de la Cathédrale ; aujourd'hui cette commune fait partie de la paroisse de Marsat. — Population, 590 habitants.

Saint-Genès-du-Retz, canton d'Aigueperse. Eglise romane, croix latine du XI° siècle, avec clocher moderne. Le patron est *St. Genès le Comédien*. Le curé était nommé par les Bénédictins d'Ebreuil, qui avaient un prieuré dans ce lieu. — Population, 734 habitants.

Saint-Genès-Latourette, canton de Sauxillanges. Eglise romane, assez simple, ayant pour patron *St. Genès*. Le curé était nommé par l'abbaye de Sauxillanges. Cette Eglise possède des sculptures des XIV° et

XV° siècles fort curieuses ; elles représentent des sujets du nouveau Testament. — Population, 1201 habitants.

Saint-Georges-sur-Allier, *Sanctus Georgius*, canton de Vic-le Comte. Belle église du XII° siècle, à trois nefs. Elle avait et a pour patron *St. Georges*. Le curé était nommé par l'Evêque. — Population, 810 habit.

Saint-Georges-de-Mons, canton de Manzat. Ancienne église romane à une nef ; on y a ajouté deux collatérales. Elle avait et a pour patron *St. Jean-Baptiste*. Le curé était nommé par l'abbaye de Mozat, qui avait dans ce lieu un prieuré en 1163. — Population, 1545 habitants.

Saint-Germain, *Sanctus Germanus*, canton d'Herment. L'église et le presbytère furent vendus pendant la grande révolution. Cette commune aujourd'hui est réunie pour le spirituel à la paroisse d'Herment. On a conservé à St-Germain une statue noire de la Ste-Vierge, pour laquelle on avait une grande vénération. Il y avait autrefois un prieuré dépendant de l'abbaye de Port-Dieu-en-Limousin. — Population, 322 habit.

SAINT-GERMAIN-LEMBRON, *Lisiniacus*, autrefois Lizignac, canton de l'arrondissement d'Issoire. Cette paroisse avait trois églises, *St-Germain*, *St-Jean-Baptiste* et *St-Clément*. Celle de *St-Germain* fut d'abord une abbaye en 945 et ensuite une collégiale, en 1256, composée de dix chanoines. Celle de *St-Clément* fut paroissiale, puis collégiale ; mais le chapitre n'existait plus longtemps avant 89. Cette église s'écroula de vétusté en 1631. C'était un jeudi, jour de marché, que cet écroulement eut lieu ; heureusement que personne ne se trouvait dans cette église en ce moment-là ; elle fut rebâtie et détruite en 93. Celle de *St-Jean-Baptiste*, qui était également paroissiale, subit le même sort que la précédente. Il ne reste plus de ces trois églises qui dépendaient toutes les trois de St-Julien de Brioude, que celle de St-

Germain, servant aujourd'hui au culte paroissial. C'est une église romane, qui a pour patron *St. Germain*. Cette paroisse a des Religieuses de St-Joseph pour l'hospice et le pensionnat, des Sœurs de St-François-d'Assise et des Frères de l'Instruction chrétienne, qui au moment où nous écrivons sont expulsés de leur logement par les autorités radicales du lieu. On voit bien que les démolisseurs d'églises de 93 ont de dignes descendants. St-Germain passe, depuis longtemps, pour être la ville des libres-penseurs et des francs-maçons. — Population, 2175 hab.

SAINT-GERMAIN-L'HERM, canton de l'arrondissement d'Ambert. Eglise du XIe siècle, à une seule nef, clocher moderne. Le patron était *St. Germain, martyr, descendant des Comtes d'Aurillac*. Le curé était à la nomination de la Chaise-Dieu, qui avait en 1686 un petit prieuré dans ce lieu. Cette paroisse a des Frères de St. Gabriel et des Religieuses de la Miséricorde. — Population, 1957 habitants.

SAINT-GERVAIS, *Sanctus Gervasius*, canton de l'arrondissement de Riom. Ancienne église romane, mêlée de gothique ajouté au XVe siècle. Elle avait et a pour patrons *St. Gervais* et *St. Protais*. Le curé était à la nomination de l'abbaye de Macé en Berry, qui avait dans ce lieu un petit prieuré supprimé en 1785. St-Gervais a des Frères de la Croix. — Population, 2596 habitants.

SAINT-GERVAIS-SOUS-MEYMONT, canton d'Olliergues. Eglise érigée en 1802 ; elle est du XVe siècle et en mauvais état. Elle a pour patron *St. Gervais et St. Protais* ; autrefois c'était *St. Pierre*. Avant 89 St. Gervais était une dépendance de la Chabasse. Cette paroisse a une petite chapelle romane située sur un monticule. Elle devient tous les ans, le lundi de Pâques, un lieu de petit pélérinage. On y conduit de fort loin les petits enfants pour leur faire donner la bénédiction. — Population, 1108 habitants.

St-GERVAZY, canton de St-Germain-Lembron. Eglise romane, qui servait autrefois de chapelle au château, dont il ne reste plus rien maintenant. Le clocher est moderne. Cette église avait pour patron St. Gervazy ; aujourd'hui elle a *St. Gervais* et *St. Protais*. Le curé était nommé par l'Evêque. - Population, 660 habitants.

St-Hérent, canton d'Ardes. Eglise romane du XIIe siècle, ayant servi de chapelle au château. Elle avait et a pour patron *St. Hérem*. Le curé était nommé par le prieur du lieu, dont le couvent dépendait de l'abbaye d'Issoire. On a détaché de cette paroisse Ternant pour en faire une succursale. — Population, 365 habitants.

St-Hilaire-la-Croix, dit *Larouet*, canton de Combronde. Eglise romane du XIIe siècle, monument historique classé. La porte nord est très-belle, les sculptures sont bien et d'une grande délicatesse. Le patron est *St. Hilaire*. En 1165 c'était l'abbaye de Mozat qui nommait le curé. Les Augustins, chanoines réguliers de St-Amable de Riom, avaient dans ce lieu un prieuré. — Population, 896 habitants.

St Hilaire, canton de Pionsat. Eglise de transition, première période, en forme de croix latine. Elle avait et a pour patron *St. Hilaire*. Le curé en 1117 était nommé par l'abbaye d'Ebreuil (*Bourbonnais*). — Population, 936 habitants.

St-Hilaire-les-Monges, autrefois St-Genès. *Sanctus Genestus Montalium*, canton de Pontaumur. Eglise moderne ; rien d'intéressant. Elle est sous le vocable de *St. Hilaire* et a pour patron *St. Jean*. Le curé était nommé par l'abbesse d'un monastère de Bénédictines qui se trouvait dans ce lieu, sous la dépendance de l'abbaye de Port-Dieu, en Limousin. — Population, 345 habitants.

St-Hippolyte, *Sanctus Hippolytus*, canton de Riom. Eglise moderne sous le vocable de *St. Hippolyte*, qui est en même temps patron. L'ancienne église, placée sous le vocable de la *Décollation de St. Jean-Baptiste*, était de construction romane. Elle était bâtie sur la pointe d'un rocher, séparée de toute habitation, et portait le nom de *St-Jean-de-Haut*. Le curé était à la nomination du chapitre de St-Amable, qui avait dans ce lieu un prieuré. On a détaché Enval de cette paroisse pour en faire une commune et une succursale. — Population, 1062 habitants.

St-Ignat, canton d'Ennezat. Eglise des XIVe et XVe siècles ; clocher moderne; l'ancien fut abattu en 93. Elle avait et a pour patron *St. Martin (Translation)*. Le curé était nommé par l'abbé de Cluny. Cette paroisse a aujourd'hui des Religieuses de la Miséricorde. — Population, 1816 habitants.

St-Jacques-d'Ambur, *Sanctus Jacobus*, canton de Pontgibaud. Eglise construite en 1834. Patron *St. Jacques*. Autrefois cette paroisse faisait partie de celle de Miremont. Elle en fut détachée en 1595, à la suite d'une épidémie qui décimait la population. Le curé était nommé par l'Evêque. — Population, 625 habit.

St-Jean-de-Glaines, canton de Billom. Jolie petite église romane du XIe siècle, avec détails intéressants. Patron, *St. Jean-Baptiste (Nativité)*. — Population, 919 habitants.

St-Jean-d'Heurs, canton de Lezoux. Eglise romane à une seule nef, sans intérêt. Elle avait et a pour patron *St. Jean*. Le curé était à la nomination du chapitre de Lezoux. — Population, 474 habitants.

St-Jean-les-Monges, canton de Rochefort. Eglise moderne, sans caractère saillant, ayant pour patron *St. Jean (Nativité)*. Cette paroisse a été distraite de celle de Gelles dont elle faisait partie. — Population, 400 habitants environ.

St-Jean-St-Gervais, canton de Jumeaux. Eglise à une nef, sans valeur. Elle a pour patron St. J.-B. (Nativité). Le curé était nommé par l'abbaye de Sauxillanges. — Population, 545 habitants.

St-Jean-des-Ollières, canton de St-Dier. Eglise romane remaniée à diverses époques. Elle avait et a pour patron St. Jean (Nativité.) Cette église fut donnée en 1223 à l'abbaye de la Chaise-Dieu, qui y nommait le curé. Cette paroisse a des Religieuses de la Miséricorde. — Population, 1927 habitants.

St-Jean-en-Val, canton de Sauxillanges. Eglise romane remaniée au XIV° siècle et sans importance. Elle a pour patron St. J.-B. (Nativité). Le curé était nommé par l'abbé de Sauxillanges. — Population, 664 habitants.

St-Julien-de-Coppel, canton de Billom. Eglise en partie romane, retouchée plusieurs fois. Elle a une très-belle cloche. Patron St. Julien. Le curé était à la nomination du chapitre de St-Cerneuf de Billom. Cette paroisse a des Religieuses de la Miséricorde. — Population, 1863 habitants.

St-Julien-Geneste, canton de St-Gervais. Eglise du XIX° siècle, sous le vocable de St. Côme et St. Damien. Le patron est St. Julien. Le curé était nommé par l'abbesse de St-Genès-les-Monges, qui au XII° siècle avait un prieuré dans ce lieu. — Population, 447 habitants.

St-Julien-Puy-Lavèze, canton de Bourg-Lastic. Eglise romane sans valeur, qui avait et a pour patron St. Julien. Le curé était nommé par le chapitre de la Cathédrale. — Population, 707 habitants.

St-Just-de-Baffie, canton de Viverols. Eglise romane du XV° siècle. Elle avait et a pour patron St. Just. Le curé était nommé par les Minimes de Chaumont.

On a détaché de cette paroisse Baffie pour en faire une succursale. St-Just a des Petits-Frères de Marie et des Sœurs de St-Joseph. — Population, 1202 habitants.

St-Laure, canton d'Ennezat. Eglise des XIVᵉ et XVᵉ siècles qui a pour patron *St. Laurent*. Le curé était à la nomination de l'abbé de Cluny. — Population, 620 habitants.

St-Maignier, canton de Pionsat. Eglise romane modifiée. Elle avait et a pour patron *St. Georges*. Le curé était nommé par l'abbé d'Ebreuil. Cette paroisse a des Sœurs du Tiers-Ordre de St-Dominique. — Population, 846 habitants.

St-Martin-des-Ollières, canton de Jumeaux. Eglise romane construite en 1835. L'ancienne fut vendue en 93. Cette paroisse avait et a pour patron *St. Martin*. Le curé était nommé par le chapitre de la Cathédrale. — Population, 878 habitants.

St-Martin-des-Olmes, canton d'Ambert. Ancienne église romane très-convenable, avec clocher du XVᵉ siècle. Elle avait et a pour patron *St. Martin*. Le curé était à la nomination du chapitre de la Cathédrale. St-Martin-des-Olmes a des Religieuses de N.-D. de Lamontgie (1872). — Population, 1304 habitants.

St-Martin-des-Plaines, canton de Sauxillanges. Eglise romane modifiée, faisant partie aujourd'hui de la paroisse de Bansat. Le curé était nommé par l'abbé de Manglieu. Patron *St. Martin*. — Population, 286 habitants.

St-Martin-de-Tours, canton de Rochefort. Eglise du XIᵉ siècle, bien conservée : le clocher est moins ancien. Elle avait et a pour patron *St. Martin*. Il y avait une communauté de prêtres de 1283 à 1604. Le curé était nommé par le chapitre de la Cathédrale. — Population, 505 habitants.

St-Maurice, canton de Vic-le-Comte. Église romane du XIe siècle modifiée. Le plan paraît avoir été fait sur l'église d'Artonne. Elle avait pour patron *St. Médulphe*, et aujourd'hui elle a *St. Maurice*. Le curé était à la nomination de l'abbaye de Manglieu. St-Maurice a des Religieuses de la Miséricorde. — Population, 1013 habitants.

St-Maurice, *Sanctus Mauricius*, canton de Pionsat. Église sans valeur, qui a pour patron *St. Maurice*. Le curé était à la nomination de l'Évêque. St-Maurice a des Religieuses du Puy. — Population, 845 habitants.

St-Myon, *Sanctus Medulphus*, canton de Combronde. Église romane incomplète, indiquant un édifice de second ordre, dont l'église de St-Martin-d'Artonne paraît avoir servi de modèle. Elle avait et a pour patron *St. Médulphe*. Cette église a pris une forme nouvelle depuis que deux nefs collatérales y ont été ajoutées par feu l'abbé Valleix, de sainte mémoire, dont la vie de privation, d'économie et de désintéressement personnel, lui permit de faire face, malgré ses modiques ressources, à ces énormes dépenses. Il est mort ne laissant presque rien. Cette église fut donnée en 1099, par une bulle du pape Pascal II, à l'abbaye de Menat, qui fonda un prieuré dans ce lieu, en 1410. Le curé était nommé par l'abbé de Menat. Plus tard, cette église fut donnée au chapitre d'Artonne, qui y nommait le curé. Pour faire acte d'autorité et rappeler leurs droits, les chanoines de St-Martin-d'Artonne allaient chaque année officier le lundi de Pâques dans l'église de St-Myon. Ce jour-là le curé disait une simple messe basse sans la sonner, à cinq heures du matin. Après la messe canoniale chantée au chapitre, une heure et demie plus tôt qu'à l'ordinaire, les chanoines se rangeaient en procession, au son de toutes les cloches, pour aller à l'église de St-Médulphe. Arrivés au pont de la Morge, le curé de St-Myon venu attendre processionnellement lesdits chanoines, quittait son étole et la donnait à l'abbé du chapitre qui s'en revêtait. A dix heures l'hebdomadier commençait la messe et officiait le soir à vêpres. Cet office fini, on retournait à Artonne, dans le même ordre qu'on était venu le matin. St-Myon a des Religieuses du Bon-Pasteur. — Population, 730 habitants.

St-Nectaire, *Sanctus Nectarius*, bâti sur le mont Cornador, canton de Champeix. Eglise du XIe siècle classée comme monument historique. Elle mesure 38 mètres de long, sur 11 de large et 20 de hauteur. Sur la façade de l'église se trouvent deux tours carrées. Il y avait sur la nef principale un clocher octogonal qui fut démoli en 93 et qu'on a rebâti depuis. En somme c'est une belle et magnifique église. Elle avait et a pour patron St. *Nectaire*. Le curé était à la nomination du prieur de St-Nectaire, dont le couvent dépendait de la Chaise-Dieu. Avant 93 cette église possédait un buste en argent dans lequel étaient renfermés le crâne et les ossements de St. Nectaire. On voyait aussi les tombeaux des prêtres St. Auditeur et St. Baudime, les fidèles compagnons des travaux évangéliques de St. Nectaire. Pendant la tourmente révolutionnaire, le buste en argent fut enlevé, les tombeaux furent détruits, mais on sauva de la profanation les nombreuses reliques que possédait alors cette église et qu'elle possède encore, savoir : les reliques de St. Nectaire, de St. Auditeur, de St. Baudime, de St. Jean-Baptiste, de St. Barthélemy, de St. Jean l'Evangéliste, de St. André, de St. Georges, de St.

Blaise, de St. Bonnet, de St. Denis, de St. Antoine, de St. Roch, de Ste Madeleine, de Ste Agathe, de Ste Catherine. Massillon avait fait don à cette église des reliques suivantes : celles de St. Austremoine, de St. Mari, de St. Priest, de St. Elide, de St. Euphraise, de St. Genès-le-Comte, de St. Arthême, de St. Amable, de St. Amateur, de Ste-Flamine, de Ste Candide, de St. François de Sales, de St. Félix. — Population, 1318 hab.

Saint-Ours, canton de Pontgibaud. Eglise primitivement romane ; mais remaniée fortement au XVe siècle, clocher moderne. Elle avait et a pour patron St. Ours. Le curé était à la nomination de l'Evêque. On a détaché de cette paroisse les Roches pour en faire une succursale, dont la patronne est *N.-D. (Nativité)*. — Populations 2143 habitants.

Saint-Pardoux, *Sanctus Pardulfus*, canton de Menat. Eglise moderne, ayant pour patron *St. Pardoux*. Le curé était nommé par l'Evêque. — Population, 938 hab.

SAINT-PARDOUX-LATOUR, canton de l'arrondissement d'Issoire. St-Pardoux, avec Latour, ne forment qu'une commune ; mais il y a deux paroisses. L'église de St. Pardoux date du XIe siècle ; elle est romane et assez bien conservée ; elle a pour patron *St. Pardoux*. Le curé était nommé par l'Evêque. Elle a des Religieuses du Bon-Pasteur. En 1871, on a construit sur la montagne de Nazi, une chapelle recouverte d'un dôme, sur lequel on a placé une statue de N.-D. du Sacré-Cœur, elle mesure cinq mètres. — Population, 2183 habitants.

Saint-Pierre-Colamine, canton de Besse. L'ancienne église se trouvait sur un monticule ; on en a bâti une autre pour la remplacer au village de Lompras. Elle a pour patron *St. Pierre*. Le curé était à la nomination de l'abbaye de Chantoin, qui avait dans ce lieu un prieuré. Avant 93 cette église possédait quatre belles cloches ; il ne lui en reste plus que deux. Les deux autres, pour les soustraire aux brigands de cette époque, ont été enfouies on ne sait où. — Population, 561 habitants.

Saint-Pierre-le-Chastel, *Sanctus Petrus Castelli*, canton de Pontgibaud. Eglise romane avec une seule nef, remaniée aux XIII° et XIV° siècles. Elle avait et a pour patron *St. Pierre-ès-Liens*. Le curé était à la nomination de l'archiprêtre d'Herment et de l'abbé de Mozat, qui avait dans ce lieu un prieuré. Avant 89 Pontgibaud faisait partie de cette paroisse. Elle a aujourd'hui des Sœurs de N.-D. de Chabriat de Lamontgie (1861). — Population, 997 habitants.

Saint-Pierre-la-Bouchonne, canton d'Olliergues. Eglise ancienne sous le vocable de St-Pierre, remaniée considérablement au XIX° siècle. Elle a pour patronne *N.-D. (Nativité)*. Le curé était nommé par l'Evêque. Cette paroisse a des Sœurs de N.-D. de Chabriat de Lamontgie (1879). — Population, 650 habitants.

Saint-Pierre-Roche, canton de Rochefort. Eglise romane tombée de vétusté, remplacée en 1865 par une église ogivale. Le patron est *St. Pierre*. Le curé était nommé en 1246 par le chapitre d'Orcival. — Population, 863 habitants.

Saint-Priest-Bramefand, canton de Randan. Petite église romane très-simple, en mauvais état. Elle avait et a pour patron *St. Priest*. Le curé était nommé par l'abbaye d'Ebreuil. — Population, 893 habitants.

Saint-Priest-des-Champs, *Sanctus Projectus Campi*, canton de St-Gervais. Eglise romane du XI° siècle, modifiée aux XV° et XVIII° siècles, sans intérêt. Elle possède une cloche datée de 1669. Elle avait et a pour patron *St. Jean-Baptiste*. Le curé était nommé par l'abbé de Menat, qui avait un prieuré dans ce lieu, en 1287. — Population, 1974 habitants.

Saint-Quentin, *Sanctus Quintinus*, canton de Sauxillanges. Eglise romane du XI° siècle, donnée par le duc d'Aquitaine à l'abbaye de Sauxillanges, qui nommait le curé et qui avait la seigneurie du lieu. La patronne était *N.-D.* (*Nativité*) ; elle l'est encore. — Population, 459 habitants.

Saint-Quentin, *Sanctus Quintinus*, canton de Menat. Eglise du XIX° siècle, sans valeur, ayant pour patron *St. Quintin*. Le curé était nommé depuis 1418 par l'abbaye d'Ebreuil. — Population 1000 habitants.

SAINT-RÉMY, canton de l'arrondissement de Thiers. Eglise du XV° siècle, à laquelle deux nefs collatérales ont été ajoutées, clocher moderne. Elle avait et a deux patrons, *St. Loup* et *St. Rémy*. De 1007 à 1789 le curé a été nommé par le chapitre de Thiers. St-Rémy a des Sœurs de St-Paul de Chartres. — Population 5100 habitants. On a détaché de cette paroisse Palladuc, pour en faire une succursale. Eglise moderne, patronne *N.-D.* (*Assomption*). — Population, 535 habitants.

Saint-Rémy-de-Blot, canton de Menat. Eglise sans valeur, remplacée par une nouvelle bâtie de 1869 à 1871. Cette église a deux patrons *St. Remy* et *St. Michel*. Le curé était à la nomination de l'abbé de Menat, qui avait en 1605 un prieuré dans ce lieu. — Population, 849 habitants.

Saint-Rémy-de-Chargnat, *Sanctus Remigius de Carniaco*, canton de Sauxillanges. Eglise romane rebâtie au XV° siècle, sous le vocable de *St. Rémy* qui est en même temps patron. Elle avait été donnée en 931 par le duc d'Aquitaine au monastère de Sauxillanges, lequel avait dans ce lieu un prieuré et nommait le curé. — Population, 709 habitants.

Saint-Romain, *Sanctus Romanus*, canton de Saint-Anthème. Eglise du XV° siècle à une nef, clocher carré.

Elle avait et a pour patron *St. Bonaventure*. Le curé était nommé par l'abbaye de la Chaise-Dieu. St-Romain a des Sœurs du Bon-Pasteur. — Population, 1049 habit.

SAINT-SANDOUX *Sanctus Sindulphus*, canton de St-Amand-Tallende. Au X° siècle, ce lieu portait le nom de *Mesmacus*. Eglise romane du XI° siècle, sous le vocable de *St. Sandoux*, qui en est le patron. Ce saint, qui a donné son nom à cette paroisse, était un prêtre qui vivait dans la solitude et mourut le 20 octobre 620, dans le diocèse de Reims. Cette église fut rebâtie au XVIII° siècle. Elle avait en 1699, une communauté de prêtres communalistes. Le curé était nommé par le prieur du lieu, dont la maison dépendait de l'abbaye de la Chaise-Dieu. St-Sandoux a des Religieuses de la Miséricorde. — Population, 1028 habitants.

SAINT-SATURNIN, *Sanctus Saturninus*, canton de St-Amand-Tallende. Belle église romane, avec crypte, classée comme monumentale, sous le vocable de *St. Saturnin, martyr, apôtre de Toulouse*. Cette église est du XI° siècle, avec clocher de la même époque. Le patron est *St. Saturnin*. Le curé était nommé par le chapitre de la Cathédrale. Les Bénédictins d'Issoire avaient un prieuré dans ce lieu, en 1290. Près de l'église était une chapelle dédiée à Ste. Madeleine, elle fut détruite en 93. A la même époque on supprima une maison de Sœurs de St-Vincent de Paul qui se trouvait dans cette paroisse. On a distrait de St-Saturnin Chadrat, pour en faire une succursale. Eglise du XVIII° siècle, sans intérêt, ayant pour patronne *N.-D. (Assomption)*. St-Saturnin a des Frères de la Doctrine Chrétienne et des Filles de St-Vincent-de Paul. — Population, 1028 habitants.

SAINT-SAUVES, *Sanctus Silvanus*, canton de Tauves. Eglise romane rebâtie en partie en 1872 et 1873. Elle avait pour patron *St. Etienne*; aujourd'hui c'est *St. Jean-Baptiste*. Le curé était nommé par le seigneur du lieu. On a érigé dans cette paroisse, le 27 juillet 1873, une statue de la Ste-Vierge sous le nom de N.-D. de St-Sauves. Les Bénédictins de Port-Dieu en Limousin avaient dans ce lieu un petit prieuré. — Population, 2235 habitants.

Saint-Sauveur, *Sanctus Salvator*, canton d'Ariane. Eglise romane du XV° siècle rebâtie sur celle qui avait été donnée à la Chaise-Dieu en 1134. Elle avait et a pour patron *St. Sylvestre*. Le curé était à la nomination du prieur du lieu, dont le couvent dépendait de l'abbaye de Lécluse en Piémont.— Population, 443 hab.

Saint-Sulpice, *Sanctus Sulpicius*, canton de Bourg-Lastic. Eglise du XVIII° siècle, sous le vocable de *St. Sulpice*. Le curé était à la nomination de l'abbesse de l'Eclache, commune de Prondines. — Population, 462 h.

Saint-Sylvestre, *Sanctus Sylvester*, canton de Randan. Eglise en partie romane, d'un caractère simple, sous le vocable de *St. Sylvestre*, qui est en même temps patron. Le curé était nommé par l'abbaye de St-Allyre de Clermont. — Population, 1034 habit.

Saint-Victor, canton de Besse. Petite église sans valeur, sous le vocable de *St. Victor*, qui est en même temps patron. Le curé était nommé par le prieur du lieu, dont la maison relevait de la Chaise-Dieu et plus tard des Bénédictins de Montferrand. — Population 635 hab.

Saint-Victor-Montvianay, canton de St-Rémy. Eglise du XV° siècle, très-simple, sous le vocable de *St. Victor*, qui est aussi le patron. Le curé était nommé par l'abbesse de Laveine. Au village de Montvianay, on conserve une petite statue noire de la Ste-Vierge qui est très-ancienne. — Population, 1503 habitants.

Saint-Vincent, *Sanctus Vincentius*, canton de Champeix. Eglise romane, sous le vocable de *St. Vincent*, qui est aussi le patron. Elle a été modifiée au XVe siècle. Le curé était à la nomination de l'Evêque. — Population 381, habitants.

SALLÈDE, canton de Vic-le-Comte. Belle et grande église de transition, dont il ne reste sans avoir été remanié que peu de chose. Elle avait et a pour patron *St. Martin*. Le curé était nommé par l'Evêque. — Population 1298 habitants.

SAINT-YVOINE, *Petra incisa, deinde sanctus Yoenius*, canton d'Issoire. Ce dernier nom lui fut donné après la mort d'un saint ermite venu du Languedoc, nommé Yvoine, qui mourut en odeur de sainteté dans ce lieu. Eglise très-ancienne, remaniée à diverses époques. Elle avait et a pour patron *St. Yvoine*. Le curé était nommé par l'abbaye de Charroux en Poitou, qui céda son droit à l'abbaye d'Issoire en 1562. St-Yvoine a des Sœurs du Tiers-Ordre de St. Dominique. — Population, 479 habitants.

SARDON, canton d'Aigueperse. Nouvelle église et nouvelle commune distraite de la paroisse de Thuret. Elle est sous le vocable de *St. Jean-Baptiste* (*Décollation*). l'église est moderne et n'a rien de remarquable. — Population, 607 habitants.

SAULZET-LE-FROID, canton de St-Amand-Tallende. Eglise romane du XIVe siècle, sans valeur. Elle avait et a pour patronne *N.-D.* (*Assomption*). Le curé était nommé par l'abbaye de St-André de Clermont, qui avait un prieuré dans ce lieu. — Population 660 hab.

LE SAULZET, canton d'Ardes. Eglise sans caractère défini, distraite de Mazoire. Elle possède une cloche de 1448. Elle a pour patronne *Ste. Marguerite.* — Population, 225 habitants.

SAURET-BESSERVES, canton de St-Gervais. Eglise moderne distraite de Biolet. Elle a pour patronne *N.-D.* — Population, 424 habitants.

Sauzier, canton de Champeix. Eglise du XI⁰ siècle, modifiée aux XII⁰ et XV⁰ siècles. Elle avait pour patron *St. Pierre* ; aujourd'hui elle a pour patronne *Ste Radegonde*. Le curé était nommé par l'abbé d'Issoire, qui avait un prieuré dans ce lieu. — Population 535 habitants.

Sauvagnat, *Salvaniacus*, canton d'Issoire. Eglise du XV⁰ siècle, reconstruite en 1856. Elle avait pour patron *St. Gervais* ; aujourd'hui elle a *Ste Marthe* pour patronne. Elle est sous le vocable de *St. Blaise*. Le curé était nommé par l'Evêque, sur la présentation du chapitre de la Cathédrale. — Population, 665 habit.

Sauvagnat, canton d'Herment. Eglise moderne sans caractère prononcé. Elle avait et a pour patron *St. Gervais*. Le curé était à la nomination du chapitre d'Herment — Population, 717 habitants.

Sauvessanges, canton de Viverols. Eglise en partie romane, sans intérêt et en mauvais état. Elle avait et a pour patron *St. Bonnet*. Le curé était nommé par le prieur de Sauxillanges. Cette paroisse a des Religieuses du Bon-Pasteur.—Population, 1901 habitants.

La Sauvetat, canton de Veyre-Monton. Eglise romane des XIII⁰ et XIV⁰ siècles, ayant servi de chapelle à l'ancien château. Elle avait et a pour patron *St. Jean-Baptiste*. Cette paroisse a été distraite d'Authezat. Cette église a une statue de la Ste-Vierge en cuivre émaillé, qui est un véritable chef-d'œuvre. Les artistes l'estiment à 10,000 francs. Il y avait à la Sauvetat une commanderie de chevaliers de l'ordre de Malte.— Population, 872 habitants.

Sauviat, *Selviacum*, canton de Courpière. Belle

église du XIV⁰ siècle, d'un seul jet et sans retouche, avec une nef de 8 mètres de largeur. Elle avait et a pour patron *St. Michel*. Le curé était à la nomination de l'abbaye de Thiers, qui avait dans ce lieu un prieuré dépendant de St-Michel-de-la-Cluze (*Piémont*). — Population, 936 habitants.

SAUXILLANGES, *Celsiniacum*, canton de l'arrondissement d'Issoire. Eglise du XV⁰ siècle à trois nefs, sous le vocable de la *Ste-Vierge* et de *St. Jean*. Elle a pour patronne *N.-D.* (*Nativité*). Le clocher et la nef principale de cette église sont en mauvais état. Il y avait dans cette paroisse une chapelle dédiée à St-Martin. Guillaume le pieux, comte d'Auvergne y fonda, en 912, un monastère qui fut abbaye en 1062 et qui devint plus tard un des quatre grands prieurés dépendant de Cluny. Le curé qui avait le titre d'*archiprêtre* était nommé par le prieur du lieu. Sauxillanges a des Sœurs de St-Joseph du Bon-Pasteur. — Population, 1964 habitants.

SAVENNES, *Savenæ*, canton de Bourg-Lastic. Eglise du XIII⁰ siècle réparée en 1857. Elle a possédé une cloche du XV⁰ siècle. Elle avait et a pour patron *St. Jean*. Le curé était nommé par l'abbaye de St-Allyre de Clermont, qui avait dans ce lieu un prieuré, sous le vocable de *St. Jean et St. Germain*. — Population, 624 habitants.

SAYAT, *Sayacum*, canton de Clermont. Eglise du XIV⁰ siècle, sans intérêt. Elle avait et a pour patron *St. Vincent, martyr*. Le curé était nommé par l'Evêque. L'abbaye de St-André de Clermont avait sur Sayat un domaine qui fut vendue en 90. — Population, 1164 habitants.

SERMENTIZON, canton de Courpière. Eglise du XII⁰ siècle. Elle avait et à pour patron *St. Loup*. Le curé était nommé par l'abbaye de la Chaise-Dieu. Sermentizon a des Religieuses du Puy. — Population, 1567 habitants.

Servant, canton de Ménat. Eglise construite en 1642; elle est simple, mais elle est régulière et en bon état. Elle avait et a pour patron *St. Bonnet*. Le curé était nommé par l'abbé d'Ebreuil, qui avait ce droit en vertu d'une bulle du pape Pascal II, datée de 1118. Servant a des Frères de St-Gabriel et des Sœurs de St-Joseph du Bon-Pasteur. — Population, 1649 hab.

Seychalles, canton de Lezoux. Eglise moderne sans intérêt. Elle avait et a pour patronne *N.-D.* et pour patron *St. Denis*. Le curé était à la nomination du prieur de Moissat. — Population, 805 habitants.

Singles, *Cingles*, canton de Tauves. Eglise du X⁰ siècle, qui avait pour patron *St. Nazaire*. Elle fut donnée à l'abbaye de Sauxillanges, qui y fonda un petit prieuré au XI⁰ siècle, dont le prieur nommait le curé. Aujourd'hui Singles a une nouvelle église qui a toujours le même patron. — Population, 1016 hab.

Solignat, *Solignacus*, canton d'Issoire. Eglise romane sous le vocable de *St. Julien*, qui en est le patron. Cette Eglise fut donnée au chapitre de St-Julien de Brioude, qui nommait le curé. — Population, 611 habitants.

Sugères, *Sugeria*, canton de St-Dier. Eglise du XIII⁰ siècle, modifiée à diverses époques. Elle avait et a pour patron *St. Blaise*; clocher moderne, remplaçant celui qui fut détruit en 93. Le curé était nommé par l'Evêque. — Population, 1550 habitants.

Tallende, *Talemtix*, canton de Veyre-Monton. Eglise romane sous le vocable de *St. Hippolyte* qui en était le patron; elle fut vendue en 93. Le curé était à la nomination du chapitre de la Cathédrale; l'église actuelle, construite en 1863, a pour patron *St. Pierre-ès-Liens*. Cette paroisse a des Religieuses de la Miséricorde. — Population, 686 habitants.

TAUVES, *Talvensis*, canton de l'arrondissement d'Issoire. Tauves avait deux églises paroissiales ; celle de St-Gal, édifice gothique hors d'usage depuis longtemps et démoli en 1828, et celle de *N.-D.* la seule qui existe aujourd'hui. Elle a été allongée d'une travée en 1847 ; elle possède de belles et superbes cloches du XVe siècle. Il y avait dans le bourg une chapelle dédiée à N.-D. du Rosaire qui a été détruite. Le curé était nommé par l'abbaye de Sauxillanges, qui en 1078 fonda un prieuré dans ce lieu sous le vocable de *St. Cyrgues*, et *Ste. Julitte*. Cette église a pour patronne *N.-D. (Nativité)*. Tauves a des Frères de St-Gabriel et des Sœurs de la Miséricorde. — Population, 2549 habitants.

TERNANT, canton d'Ardes. Eglise très-simple, qui avait et a pour patronne *Ste. Marguerite*. Le curé était nommé par le chapitre de la Cathédrale. L'abbaye d'Aurillac avait un prieuré dans ce lieu. En 1802, Ternant fut supprimé comme paroisse et uni à St-Hérent ; dans ces derniers temps il a été érigé en succursale. — Population, 148 habitants.

TEILHEDE, *Teolemitensis*, canton de Combronde. Eglise romane bâtie sur le plan réduit de l'église abbatiale de Menat. Elle avait et a pour patron *St. Pierre*. Le curé était à la nomination de l'abbaye de la Chaise-Dieu, qui avait dans ce lieu un prieuré. — Population, 635 habitants.

TEILHET, canton de Menat. Ancienne église romane fortement retouchée. Elle avait et a pour patronne *Ste Madeleine*. Le curé était nommé par l'abbé de Menat, qui avait un prieuré dans ce lieu. — Population, 769 habitants.

THEIX, cette succursale fait partie de St-Genès-

Champanelle. Eglise très-simple, qui a pour patronne *N.D.* (*Nativité*). — Population, 250 habitants environ.

THIERS, *Thiernum*, chef-lieu d'arrondissement. Cette ville a trois paroisses : *St-Genès, le Moutier* et *St-Jean*. L'église de St-Genès est classée comme monument. Elle fut bâtie par St. Avit, en 575. Ayant été détruite par les Normands, elle fut rebâtie au XI° siècle. Elle avait un chapitre composé d'un doyen, d'un chantre et de quatorze chanoines. Le patron est *St. Genès*. Le curé était nommé par le chapitre. L'Eglise du Moutier est la plus ancienne de Thiers. Elle a trois nefs et une crypte. Elle était dédiée à St. Symphorien. Cette église possédait un reliquaire contenant des pierres teintes du sang de ce martyr ; c'était un religieux de Cluny qui les avait apportées d'Autun à Thiers. L'église du Moutier est un monument classé. Elle a pour patron *St. Symphorien*. L'église de St-Jean, qui a trois nefs et un clocher moderne, est du XV° siècle. Elle a pour patron *St. Jean-Baptiste* (*Décollation*). Le curé était nommé en 1016 par le chapitre de St-Genès. Thiers avait, en 1073, un couvent de Grand-Montains supprimé en 1769 ; un couvent de Bénédictins, qui possédaient l'église du Moutier et nommaient le curé ; ce couvent fut supprimé par une bulle de Pie VI, en 1782. Un couvent de Capucins fut fondé en 1606 ; un d'Ursulines en 1633 ; un de Visitandines en 1666 ; un Petit-Séminaire, dirigé par les prêtres de la Doctrine Chrétienne, dit du St-Sacrement. En 1792, tout fut emporté par la Révolution. Aujourd'hui Thiers possède des Frères de la Doctrine Chrétienne, des Filles de St-Vincent-de-Paul, des Sœurs de Nevers et des Religieuses du Sauveur et de la Ste-Vierge. — Population, 16635 habitants.

THOLIZAC, *Tellitarius*, canton d'Ambert. Eglise du XV° siècle, très-simple, avec clocher carré. Elle avait jadis pour patron *St. Sylvestre* ; aujourd'hui elle a *St. Côme* et *St. Damien*. Cette église fut donnée au monastère de Sauxillanges, qui nommait le curé. — Population, 382 habitants.

Thuret, *Thuriacum*, canton d'Aigueperse. Eglise du XI⁰ siècle, à trois nefs, classée comme monument historique ; le clocher est moderne dans sa partie supérieure, qui fut abattue en 93. Elle avait pour patron *St. Genès* ; aujourd'hui elle a *St. Limin*. Le curé était nommé par l'abbaye de St-Allyre de Clermont, qui a possédé, de 1165 à 1789, un prieuré dans ce lieu. Thuret a des Sœurs de St-Joseph. — Population, 1402 habitants.

Tortebesse, *Tortabessa*, canton d'Herment. Eglise romane du XI⁰ siècle, réparée dans tout son ensemble au XIX⁰ siècle. Clocher construit en 1868, surmonté d'une belle flèche ; les deux cloches sont anciennes, l'une est de 1685 et l'autre de 1713. Elle avait pour patronne *N.-D.* Aujourd'hui elle a pour patron *St. Jean-Baptiste*. Le curé était nommé par le Commandeur de l'ordre de Malte établi dans ce lieu. — Population, 260 habitants.

Tours, canton de St-Dier. Eglise romane, sans valeur. Elle avait et a pour patron *St. Georges*. Tours a des Sœurs de St-Joseph. — Population, 2305 habitants.

Trallaigues, canton de Pontaumur. Eglise du XIX⁰ siècle, sans valeur. Elle a pour patron *St. Jean*. Le curé était nommé par le Commandeur de Tortebesse. — Population, 217 habitants.

Trémouille-St-Loup, canton de Latour. Eglise partie romane, partie ogivale, sans valeur. Elle avait et a pour patron *St. Loup*. Le curé était à la nomination du chapitre de Vic-le-Comte. — Population, 531 hab.

Trézioux, canton de St-Dier. Eglise romane du XI⁰ siècle. Le patron était *St. Saturnin*. Aujourd'hui elle a *St. Blaise* pour patron. Le curé était nommé par l'Evêque. — Population, 1502 habitants.

Usson, canton de Sauxillanges. Eglise romane des XII° et XIV° siècles. Elle avait pour patrons *St. Martin* et *St. Maurice* ; aujourd'hui elle n'a plus que ce dernier. Le curé était nommé par l'abbaye de St-Ruf (*diocèse de Valence*). Les Pères Minimes avaient dans ce lieu un couvent qu'ils abandonnèrent longtemps avant 93. — Population, 688 habitants.

Valbelaix, canton de Besse. Eglise du XI° siècle, reconstruite en partie en 1504. Elle avait et a pour patron *St. Pierre*. Le curé était à la nomination de l'abbaye de St-Allyre de Clermont, qui avait dans ce lieu un prieuré. — Population, 676 habitants.

Valcivières, *Vallis Severa*, canton d'Ambert. Ancienne église romane, très-humide, qui avait et a pour patron *St. Laurent*. Le curé était nommé par l'Evêque. — Population, 1587 habitants.

Varennes, *Varennæ*, canton de Sauxillanges. Avant 93, cette petite église était une annexe de St-Germain. Aujourd'hui elle est unie à l'église de Parentignat. Elle avait et a pour patron *St. Jacques*. Le curé était nommé par l'abbé de Sauxillanges. — Population, 223 habitans.

Varennes-sur-Morges, canton d'Ennezat. Eglise romane de transition, à trois nefs, sous le vocable de *St. Martin*, ayant pour patron *St. Loup*. Le curé était nommé par le chapitre d'Ennezat. Il y avait des prêtres communalistes sous le titre de Religieux de Sainte-Croix. On a détaché de cette paroisse Clerlande, pour en faire une succursale. — Population, 493 habitants.

Vassel, *Vasselus*, canton de Vertaizon. Eglise moderne, très-simple, qui avait pour patronne *N.-D.* Aujourd'hui elle a pour patron *St. Blaise*. Le curé était à la nomination des Carmes de Chantoin. — Population, 906 habitants.

VENSAT, *Vindiciacum*, canton d'Aigueperse. Cette commune avait, avant 89, deux églises ; l'une dédiée à *St. Julien*, qui est encore le patron de la partie-est de Vensat. Cette église a servi longtemps à des usages profanes ; comme elle joint le presbytère nouvellement construit, on a le projet d'en faire une chapelle ; l'autre qui sert aujourd'hui d'église paroissiale, est une vieille construction romane à trois nefs, voûtes basses et en mauvais état. Elle avait pour patrons *St. Jean* et *St. Saturnin*. Aujourd'hui elle n'a plus que *St. Jean* (*Nativité*). Dans cette paroisse se trouve la Chapelle d'Andelot, qui avait un curé avant 89. L'église de la Chapelle existe toujours : c'est un beau monument roman à trois nefs, sous le vocable de *N.-D* (*Nativité*). C'était l'église d'un prieuré que l'abbaye de la Chaise-Dieu avait dans cette paroisse. Le curé était nommé par le prieur. — Population, 1022 habitants.

VERGHEAS, *Vergiacum*, canton de Pionsat. Petite église romane, très-simple, ayant pour patronne *N.-D.* (*Assomption*). Le curé était nommé par le prieur du lieu, dont le couvent dépendait de l'abbaye d'Ebreuil. — Population, 440 habitants.

Le VERNET, canton de St-Amand-Tallende. Eglise du XIVe siècle, sans valeur, ayant pour patronne *Ste. Marguerite*. Le curé était nommé par l'Evêque. Le Vernet a des Sœurs de N.-D. de Lamontgie (1865). — Population, 957 habitants.

Le VERNET-LAGARENNE, canton de Sauxillanges. Eglise du XIVe siècle, retouchée à diverses époques. Elle avait et a pour patronne *N.-D.* Le curé était nommé par le prieur de St-Germain-l'Herm, qui avait un couvent dans ce lieu. Cette paroisse a des Sœurs du Puy. — Population, 2216 habitants.

VERNEUGHEOL, canton d'Herment. Eglise du XIIIe siècle, à laquelle on a ajouté trois chapelles. Elle avait et a pour patron *St. Martial*, choisi en 1288 par l'abbaye de St-Martial de Limoges, qui avait un prieuré dans ce lieu. Le curé était nommé par l'Evêque. — Population, 945 habitants.

VERNINES, *Verninas*, canton de Rochefort. Eglise romane, modifiée à diverses reprises. Elle avait et a pour patron *St. Didier*. Le curé était nommé par le seigneur du lieu. On a détaché de cette paroisse Aurières. — Population, 707 habitants.

VERRIÈRES, canton de Champeix. Eglise du XIV° siècle, qui servait de chapelle à l'ancien château. Le patron est *St. Gal*. — Population, 133 habitants.

VERTAIZON, *Vertasio*, canton de l'arrondissement de Clermont. Eglise romane du XIV° siècle, sans intérêt. Elle fut érigée en chapitre en 1249, sous le vocable de *N.-D.* Elle a aujourd'hui pour patronne *Ste. Anne*. Le chapitre était composé d'un doyen, d'un chantre et de dix chanoines. Le curé était à la nomination du chapitre. Il y avait dans cette paroisse une chapelle dédiée à *St. Blaise*, dont le chapelain était nommé par l'Evêque. Cette chapelle, qui existe toujours, porte le nom aujourd'hui de Chapelle du Bas. Vertaizon a des Sœurs de la Miséricorde. — Population, 2134 habitants.

VERTOLAYE, canton d'Olliergues. Eglise romane du XV° siècle, clocher carré. Elle avait et a pour patron *St. Julien*. Le curé était nommé par l'abbaye de Manglieu, qui avait un prieuré dans cette paroisse. — Population, 771 habitants.

VEYRE-MONTON, *Montonensis*, canton de l'arrondissement de Clermont. Eglise romane du XVII° siècle, qui a pour patronne *Ste. Hème-Emouna*. En 1149, Monton n'avait qu'une simple chapelle, desservie par un chapelain nommé par le curé de St-Allyre de Veyre, lequel dépendait à son tour du prieuré de Sauxillanges. Aujourd'hui Veyre-Monton a trois paroisses : Monton, Veyre et Soulasse; ces deux dernières, qui sont moins considérables, ont toutes les deux pour patronne *N.-D.* A Veyres il y a des Sœurs de St-François d'Assise et à Monton il y a des

Frères de l'Instruction Chrétienne, des Sœurs de Nevers et des Sœurs du Tiers-Ordre de St-Dominique, pour soigner les sourdes et muettes. — Population, 2025 habitants.

Vichel, canton de St-Germain-Lembron. Eglise du XIV⁰ siècle, qui servait de chapelle à l'ancien château; on y a ajouté quatre chapelles pour l'agrandir. Elle a pour patron *St. Cyr.* Le curé était nommé par le seigneur du lieu. — Population, 396 habitants.

VIC-LE-COMTE, *Vicus Comitis*, canton de l'arrondissement de Clermont. Cette paroisse avait une chapelle circulaire de huit mètres de hauteur, appelée *temple de Vic-le-Comte*. Elle datait des premiers temps du christianisme. Il y avait aussi une église dédiée à *St. Pierre* et maintenant détruite; une église dédiée à *St. Jean* servant aujourd'hui pour les baptêmes et les mariages seulement; et la Ste-Chapelle, qui sert d'église paroissiale, sous le vocable de *S'. Pierre* et de *St. Louis*, lesquels sont en même temps patrons. Le curé était nommé par l'abbé de Manglieu. Un chapitre fut fondé dans cette paroisse en 1520, sous le vocable de *Ste. Couronne*; il était composé d'un doyen et de huit chanoines. Il y avait un couvent de Cordeliers et un de Religieuses de St. Joseph (*règle de St. Benoît*) fondés en 1645 et supprimés en 90. Vic-le-Comte a une chapelle dédiée à *N.-D. de Pitié*. Les écoles sont tenues par des Frères Maristes et des Religieuses de St-Joseph du Bon-Pasteur. — Population, 2706 habitants.

Villeneuve, canton de St-Germain-Lembron. Eglise du XV⁰ siècle; rien de remarquable. Elle avait et a pour patron *St. Claude.* Le curé était à la nomination de l'abbé d'Issoire. Cette paroisse a des Religieuses de St-Joseph du Bon-Pasteur. — Population, 348 hab.

Villeneuve-les-Cers, canton de Randan. Eglise moderne; rien d'intéressant. Elle avait et a pour patron *St. Bonnet.* Le curé était nommé par l'abbé de St-Allyre de Clermont. — Population, 683 habitants.

VILLOSSANGES, *Villoscensis*, canton de Pontaumur. Ancienne église romane, retouchée au XIII° siècle. Elle avait et a pour patron St. *Pardoux*. Le curé était nommé par l'Evêque. — Population, 1092 habitants.

VINZELLES, *Vinzellata*, canton de Lezoux. Petite église romane du XI° siècle ; le clocher a été détruit en 93. Elle avait pour patrons St. *Côme* et St. *Damien*. Aujourd'hui elle a St. *Martin*. Le curé était nommé par le prieur de Bulhon. — Population, 757 habitants.

VIALET, canton de Montaigut. Eglise du XV° siècle. avec adjonctions du XVI°. Autrefois elle avait pour patron St. *Sulpice*, d'autres disent St. *Loup* ; aujourd'hui elle a St. *Fiacre*. Le curé était à la nomination de l'archiprêtre de Menat. Cette église possède un reliquaire byzantin, qui est à conserver et une cloche de 1650. L'abbaye de Bellaigue, fondée en 1573, par Faucon de Jaligny, se trouvait sur cette paroisse. Elle avait pour protecteurs les seigneurs de Montaigut et ceux de Roche-Dragon, qui avaient droit de se faire ensevelir dans le couvent. Depuis 93 cette église sert de grange. C'est sur cette paroisse que se trouve la chapelle de N.-D. de Gerjutte, qui était jadis un lieu célèbre de pélerinage. — Population, 1080 habitants.

VISCOMTAT, canton de St-Rémy. Eglise romane et de transition, avec remaniements nombreux. Elle avait et a pour patron St. *Taurin*. Le curé était nommé par l'Evêque. — Population, 1517 habitants.

VITRAC, canton de Manzat. Eglise en partie romane, sans intérêt. Elle avait pour patron St. *Georges*. Aujourd'hui elle a St. *Patrocle*. Le curé était nommé par le chapitre de St-Amable de Riom. — Population, 546 habitants.

VIVEROLS, canton de l'arrondissement d'Ambert.

Eglise du XIV⁰ siècle. L'ancienne était du XI⁰. Elle avait et a pour patronne *Ste Madeleine*. Le curé était nommé par le prieur de Sauxillanges, qui avait un petit prieuré dans ce lieu. Il y avait et il y a encore une confrérie de Pénitents blancs, qui font une procession nocturne le Jeudi-Saint avec les mêmes cérémonies de celle qui se fait à Billom le même jour et à la même heure. Vivérols a des Petits-Frères de Marie. — Population, 1195 habitants.

Vodables, *Vodabula*, canton d'Issoire. Cette commune devenue paroisse, n'avait, avant 89, qu'une simple chapelle, sous le vocable de St. Grégoire, en 1382; et sous le vocable de St. *Blaise* et de St. *Georges*, en 1762. C'était une annexe de l'église de Roszières. Aujourd'hui elle a pour patron St. *J.-B.* (*Nativité*). C'est une église qui, dans son ensemble, est moderne. Vodable a des Sœurs de N.-D. de Chabriat de Lamontgie (1846). — Population, 496 habitants.

Volvet, canton de Pontaumur. Eglise du XII⁰ siècle, en mauvais état et sans valeur. Elle avait autrefois pour patronne *Ste. Madeleine*. Elle a aujourd'hui St. *Laurent* pour patron. Cette église a une cloche de 1686. Le curé était à la nomination de l'abbaye des Bénédictines de Marsat, qui avaient un petit couvent dans ce lieu. — Population, 247 habitants.

Vollore-Montagne, canton de Courpière. Eglise du XIX⁰ siècle, sans intérêt, qui a pour patronne *Ste. Agathe*. Le curé était nommé par l'Evêque. — Population, 900 habitants.

Vollore-Ville, *Vollorium*, canton de Courpière. Eglise romane ; la grande nef et le clocher sont modernes. Elle avait et a pour patron St. *Maurice*. En 1530 il y avait des prêtres communalistes. Le curé était nommé par le prieur de Sauviat. On a détaché de cette paroisse Ste. Agathe, pour en faire une succursale et une commune. Eglise moderne, patronne *Ste. Agathe*. Vollore a des Sœurs du Bon-Pasteur. — Population, 1450 habitants.

VOLVIC, *Volovicum*, canton de Riom. Cette commune avait trois églises paroissiales avant la grande révolution. Celle de *St. Priest*, église romane classée, refaite exactement comme l'ancienne en 1873 et 1874. Elle a un clocher des plus remarquables. Elle avait et a pour patron *St. Priest*. Le curé était nommé par l'abbé de Mozat, qui avait un prieuré dans ce lieu. Celle de *St. Julien*, église du XVe siècle, qui avait le titulaire pour patron. Le curé était nommé par le chapitre de la Cathédrale ; aujourd'hui est édifiée sert de grange. Celle de *N.D. de l'Arc*, église du XVe siècle, supprimée en 93 ; elle a été démolie en 1864. Le curé fut d'abord nommé par le seigneur du lieu, puis par l'abbé de Mozat. Aujourd'hui Volvic n'a plus qu'une paroisse. On a érigé, il y a quelques années, une belle statue de la sainte Vierge sur un monticule de ce lieu. Volvic a des Frères de la Doctrine Chrétienne et des Religieuses du Bon-Pasteur. — Population, 3522 habitants.

Youx-Laveux, canton de Montaigut. Eglise du XIXe siècle ; rien de remarquable. Elle avait et a pour patron *St. Martin*, évêque de Tours. Le curé était à la nomination de l'abbé de Menat, qui avait dans ce lieu un petit prieuré. — Population, 678 habitants.

Yronde, canton de Vic-le-Comte. Eglise romane à une nef. L'ancien clocher a été détruit en 93 ; celui qui existe aujourd'hui est moderne. Elle avait et a pour patron *St. Martin*. Le curé était à la nomination de l'abbaye de Mauzilieu, qui reçut en don cette église en 1015. Elle possède une belle et forte cloche de 1670. — Gui de Latour, évêque de Clermont, fit présent à cette église d'une épine qui avait été détachée de la couronne que les Juifs avaient mise sur la tête de Notre Sauveur, pendant sa douloureuse

Passion. Nous ne savons si cette église a le bonheur de la posséder encore. A cette paroisse est uni le village de Buron, qui autrefois avait une chapelle dans laquelle se trouvait une image de la Ste. Vierge, regardée comme miraculeuse. Elle attirait un grand nombre de pèlerins venant de tous les côtés. — Population, 1081 habitants.

YSSAC-LA-TOURETTE, *Ysiacum*, canton de Combronde. Église moderne ; l'ancienne datait de St. Grégoire de Tours ; elle fut donnée, en 1145, au chapitre de St-Amable, qui permit, en 1651, d'en bâtir une nouvelle à la place de l'ancienne, qui tombait en ruines. Elle avait et a pour patron St. Saturnin. Le curé était nommé par le chapitre de St-Amable de Riom. Cette église a un rétable curieux du XV° siècle, représentant les douze Apôtres. Cette paroisse a des Religieuses de la Miséricorde. — Population, 580 habitants.

Tel était l'état de ces anciennes paroisses, que le travail des siècles et la foi de nos pieux ancêtres avaient lentement formées, quand cet état fut entièrement détruit par la sanglante et impie révolution de 93, dont nous allons esquisser le triste et dégoûtant tableau. Nous parlerons des personnes les plus marquantes de notre Province, qui ont eu plus ou moins à souffrir dans ces jours de crimes et de grandes tribulations ; de celles qui ont joué cyniquement de près ou de loin le rôle de bourreaux ; de celles enfin qui, après avoir subi des espèces de jugements dérisoires, ont été iniquement égorgées, comme on traite les scélérats et les grands criminels, sur nos places publiques, en leur donnant la mort.

TABLEAU DE LA FRANCE ET DU PUY-DE-DOME
en 1793.

Ce fut une terrible et épouvantable époque que ces quelques années de la grande Révolution. On voyait les passions les plus exaltées que le glaive du pouvoir, pour parler comme St. Paul, tient ordinairement comprimées, faire éruption de toutes parts. On donnait le nom de patriotisme à un furieux délire qui, sous prétexte de liberté, renversait toutes les Constitutions. La résistance des bons à la perversité des fauteurs du désordre, se montrait partout impuissante ou faible. Ceux-là même qui n'avaient à la bouche que les beaux noms de fraternité et de liberté immolaient chaque jour, dans toute la France, des centaines de victimes. Le peuple, en se disant souverain, était le dernier des esclaves d'une tourbe de vils meneurs. Les lois iniques de l'époque ne semblaient faites que pour favoriser une bande d'assassins. Il faudrait avoir vu ces jours maudits, pour s'en faire une idée exacte ; c'est à peine si l'imagination peut s'accoutumer à la pensée de telles horreurs. La France, pendant deux ans, de 1792 à 1794, fut constamment en proie au délire révolutionnaire. Paris et plusieurs autres grandes villes parurent plusieurs fois comme plongées dans le sang par le meurtre et le carnage. La plus petite commune eut ses délateurs, ses spoliations, ses victimes et ses bourreaux. Souvent le ridicule se mêlait à l'atroce et la folie à la cruauté (1).

(1). En voici un exemple tiré d'un historien de cette époque néfaste, Lamothe-Langon, *Histoire de la République*, tome II, page 35.

Sur le clocher d'un village du Limousin, dit cet auteur, flot-

Oh! quel terrible temps! des lois favorables aux mauvaises mœurs furent rendues; on encouragea la débauche et le vice; on renouvela les erreurs impies du polythéisme; la Raison fut une Déesse, dont l'échafaud était l'autel. Quiconque était vertueux périssait du dernier supplice. Le délateur semblait avoir droit à toutes les récompenses et la calomnie pouvait tout sur la fortune et la vie des citoyens. L'acte le plus insensé de cette ère de crimes fut la Constitution de 1793 (1) : jamais folie plus délirante ne produisit œuvre pareille! Les misérables, qui la rédigèrent en eurent une telle frayeur, qu'ils ne purent se résoudre à en faire l'application. Le cruel Robespierre lui-même en eut honte, et de suite après sa mort, on se hâta de l'abroger, comme un code de tyrannie.

Qui croirait que les atrocités épouvantables, dont nous venons de tracer le sanglant tableau, étaient commises en grande partie par ces hommes qui se

tait un drapeau tricolore; tout-à-coup il disparaît. Grande rumeur parmi les patriotes. On le cherche et on ne le trouve point : vingt suspects sont arrêtés; c'est un complot à n'en plus douter, conçu d'intelligence avec Pitt et Cobourg. Enfin pendant cette alerte, un paysan qui errait dans la forêt voisine aperçoit des lambeaux d'étoffe barriolée, accrochée à la cime d'un arbre; on y grimpe et on y trouve un nid de pie. Ce vilain oiseau aristocrate n'avait-il pas fait du drapeau national la couche de ses petits? O oiseau royaliste, oiseau exécrable, qui te moques de la République, tu n'échapperas pas! On saisit la pauvre bête, on la porte liée et garrottée au district, où on tint conseil. Elle fut condamnée à mort à l'unanimité moins une voix. On lui coupa d'abord les ailes, puis on lui trancha la tête et du tout on dressa un procès-verbal qu'on envoya à la Convention. Chose incroyable! La Convention, cette assemblée de foux-furieux, vota sans rougir, dans une de ses séances, des félicitations à la commune de St-Trieix, pour cette puérilité.

(1) Votée le 24 juin, elle proclamait à chaque article l'anarchie et donnait aux clubs droit de vie et de mort sur les citoyens.

disaient philosophes, ces hommes hypocrites qui avaient sans cesse sur les lèvres les mots de tolérance et de liberté? Eh bien! c'étaient des hommes infâmes de l'école de Voltaire et de Rousseau qui dégradaient et avilissaient ainsi l'humanité. C'était au nom de la raison que l'on rétablissait l'idolâtrie; au nom de la liberté, que se remplissaient les prisons; au nom de l'égalité, que l'on multipliait les suspects et les proscrits. La famine, la défiance, la désolation, la terreur s'étendaient sur le pays entier. On ne pouvait sortir de chez soi que muni d'une cocarde tricolore, si l'on ne voulait pas être égorgé. Les hommes la portaient à leur chapeau et les femmes à leur coiffe, ou sur leur poitrine. Il n'y avait presque pas de villes tant soit peu importantes, où l'on ne vît une horde de sales escrocs, mal mis, armés de sabres, de pistolets, de bâtons noueux, à chevelure courte et huileuse, portant une carmagnole rayée, un gilet à grandes pointes, un bonnet rouge, des sabots ou tout au moins de gros souliers, errant dans les rues, la nuit et le jour, injuriant, battant, tuant parfois; mais toujours traînant en prison le suspect, le muscadin, l'aristocrate qu'ils rencontraient. Malheur au pauvre créancier dont le débiteur faisait partie de cette bande de brigands! ordinairement il périssait assommé ou il était traîné à l'échafaud. Malheur à la jeune, belle et sage fille qui avait fait naître un impudique désir dans le cœur de ces scélérats; il fallait y répondre, pour ne pas marcher au supplice avec tous ses parents (1).

Chaque jour voyait augmenter cet état affreux. L'épouvante et la terreur régnaient d'un bout de la

(1) Barruel, *Histoire du Clergé pendant la Révolution*.

France à l'autre. On égorgeait à Lyon, à Marseille, à Orange, à Avignon, à Nîmes, à Toulon, à Montauban, à Toulouse, à Nantes, au Mans, etc., et dans chacune de ces villes plusieurs têtes tombaient chaque jour au cri de : *Vive la République* (1) !

L'Auvergne ne fut pas épargnée dans cette effroyable tourmente. Deux monstres auxquels elle avait donné le jour se chargèrent d'y apporter le deuil et de la couvrir de sang. Pour le Cantal, ce fut Carrier, né à Yolet, près Aurillac. Pour le Puy-de-Dôme, ce fut Couthon, né à Orcet, près Clermont. Dans ces deux départements 173 victimes furent égorgées ; 48 dans le Cantal et 125 dans le Puy-de-Dôme. Sur onze cents prêtres à peu près du diocèse de Clermont, il y en eut 475 qui se laissèrent entraîner par les subtilités théologiques d'un prêtre érudit et ambitieux, Périer, directeur du collège d'Effiat, lequel enseignait qu'on restait attaché à l'Église tout en prêtant le serment, et ils le prêtèrent sur son affirmation (2).

Revenue de la première surprise et éclairée par les lettres circulaires de Mgr. de Bonal, la partie saine du clergé, qui s'était laissé surprendre, se rétracta noblement. Parmi ceux qui restèrent dans le schisme, neuf se marièrent. Ce scandale qu'ils donnèrent au pays rejaillit en mépris sur leur propre personne, et ils n'eurent dans ce nouvel état si digne de châtiment, que déboires et revers. C'est aux curés intrus,

(1) Le tableau que nous venons de faire est tiré en partie de l'*Histoire de la Révolution* par le baron de Lamothe-Langon, auditeur au Conseil d'État sous le premier Empire et témoin des faits qu'il rapporte. Son témoignage doit être d'autant moins suspect qu'il avait partagé assez longtemps les idées de cette triste époque.

(2) *Éphémérides du Puy-de-Dôme*, 1792, 1793.

paraît-il, qu'il faut attribuer toutes les agitations et les désordres qui eurent lieu en Auvergne. Voici, en effet, ce que dit un républicain de cette époque : « Presque toutes les communes d'Auvergne ont été le » théâtre de grandes fermentations ; celles-là seules » en ont été préservées, qui ont eu la bonne chance de » ne pas avoir chez elles de ministre assermenté (1). » Les communes où l'agitation se fit sentir plus vivement qu'ailleurs, sont pour le tirage : Clermont, Thiers, Ambert, Montferrand, Dallet, Aigueperse, Briffons, Chapdes-Beaufort, etc., pour le culte : Brousse, Montboissier, Saulzet-le-Froid, St-Sandoux, St-Georges-de-Mons, La Chapelle-Agnon, Job, Vic-le-Comte, St-Julien-Coppel, Romagnat, St-Gervais, Issoire, Thiers, Riom, etc., en faveur des orthodoxes. Quatre paroisses seulement prirent fait et cause pour le parti des intrus ; *St-Cirgues, St-Vincent, Meillaud et Chicrac* (2).

(1) Gauthier de Biauzat.

(2) Après avoir épuisé tous les genres de vexation contre les honnêtes gens qui avaient échappé à la guillotine, les jacobins devaient s'attendre à quelques représailles ; et il y en eut effectivement. Voici le cri de paon que fait entendre le républicain cité plus haut, dans une feuille publique à sa dévotion, rédigée en forme de martyrologe. A Sauxillanges, plusieurs coups de feu sur l'officier civil en écharpe ; à Artonne, un étui monstre, plein de gros poux, semés dans la chaire à prêcher, 10 minutes avant la prédication, et une poule crevée, attachée pendant la nuit à la porte du prédicateur ; à St-Germain, un lieutenant patriote arrêté et percé de coups ; à Thuret, une trappe remplie d'immondices, où le pasteur, en se promenant, entra jusqu'aux genoux ; à Plauzat, une insurrection violente contre les acquéreurs de biens nationaux (lisez biens volés) ; à Beaumont, massacre de quelques patriotes ; à la Sauvetat, ministre des autels (lisez intrus), arraché de son église par les cheveux ; à Champeix, une nouvelle Théot qui a soulevé le peuple contre un citoyen paisible ; à Neschers, l'arbre de la liberté gisant à terre ; à Clermont, une horde de fanatiques qui bousculent et sabrent les républicains ; à Riom,

Le clergé fidèle fut traité par l'administration du Puy-de-Dôme avec la dernière rigueur. Trois cent-sept de ses membres furent emprisonnés ; deux cent-deux furent enfermés dans l'ancien Petit-Séminaire et cent-cinq dans le séminaire de la Châsse. Au nombre des confesseurs de la foi formant cette glorieuse phalange, nous comptons quatre de nos compatriotes : Grégoire Farges, curé d'Artonne, 58 ans ; Denis Rouher, d'Artonne, curé de Chaptuzat, 60 ans ; Antoine Treilhe, d'Artonne, sulpicien à Viviers, 55 ans ; Antoine Mazuret, chanoine d'Artonne, 34 ans. Qui pourrait dire toutes les privations que ces dignes prêtres, longtemps errant dans le pays, eurent à subir avant leur captivité ; toutes les humiliations qu'ils souffrirent, tous les opprobres dont ils furent abreuvés, pendant qu'on les garrottait, pour les jeter ensuite en prison comme de grands coupables ! De nouvelles et de plus atroces souffrances les attendaient dans ces lieux, où ils furent, pour ainsi dire, entassés. La couche était dure, c'était un peu de mauvaise paille jetée sur le plancher ; la nourriture était malsaine et insuffisante, c'était un peu de pain noir et de denrées avariées, et pourtant ils étaient heureux ces hommes, à qui la conscience rendait le meilleur des témoignages ; ces hommes qui souffraient pour la justice et la foi.

À tant de calamités inventées chaque jour par les tyrans de la France, la famine vint ajouter ses tourments. La municipalité de Clermont fit parvenir à la

---

ces mêmes hommes envahissent la ville et sont maîtres de tout ; à Saulzet-le-Froid, on veut faire brûler le curé intrus ; à St-Sandoux, on veut le pendre ; à St-Georges-de-Mons, on veut l'empaler ; à Tallende, une religieuse défroquée, mariée à un paysan, qui dans un moment de frénésie, lui enfonce une fourche dans le ventre et le tue : la malheureuse était sur le point de devenir mère.

Convention une lettre où elle exposait l'état malheureux de la cité. Depuis 15 jours (on était alors au mois de juillet 1793), le blé se vendait 100 francs le septier ; le pain valait 90 centimes la livre. La taxe des grains, cette mesure folle (les *républicains* n'en savent prendre d'autres), amena une effrayante disette. Les cultivateurs ne portaient plus rien au marché. On en vint à la violation des domiciles ; des hommes, ceints de l'écharpe tricolore, inspectaient les maisons et là où ils trouvaient quelques grains destinés à la nourriture de la famille, ils criaient à l'accaparement. Ainsi le peuple mourait de faim, sans que les mesures les plus violentes pussent remédier à ses souffrances. Cette liberté, au nom de laquelle on avait renversé toutes les institutions, n'était plus qu'une chose dérisoire, foulée impunément aux pieds ! Des hommes, connus sous le nom de commissaires, visitaient les maisons et détruisaient tout ce qu'ils trouvaient rappelant la religion ou la royauté ; ils poussaient si loin leur fureur, qu'ils l'exerçaient jusque contre les plaques de cheminées ornées de fleurs de lys ; il fallait les tourner à l'envers pour les préserver de la destruction.

La stupide législation de cette époque voulait effacer entièrement le glorieux passé de notre histoire ; jamais aucun despote couronné n'avait troublé à ce point l'existence d'un peuple ; c'était aux hommes de la Convention que l'exercice d'une pareille tyrannie était réservé. Avec la loi des suspects, on remplissait les prisons et on faisait monter à l'échafaud des milliers de victimes ; il suffisait d'avoir un ennemi ou deux parmi ces gens désignés sous le nom de *patriotes* et l'on était perdu (1).

(1) LAMOTHE-LANGON, *Histoire de la Révolution.*

Quand tout culte fut aboli, le 10 novembre 1793, l'intrus Périer fit ses préparatifs de départ pour l'Isère et se rendit dans sa famille. Son clergé se dispersa; non-seulement l'évêque ne donna pas sa vie pour son troupeau, mais il ne donna plus même signe de vie. Les neuf dixièmes de la population le méprisaient et avec raison ne le considéraient pas comme leur évêque ; aussi sa disparition ne laissa aucun vide. Des ordres venus de Paris pour piller les églises furent aussitôt mis à exécution dans les paroisses du Puy-de-Dôme ; ceux qui se chargèrent de cette triste besogne se conduisirent en vrais brigands ; ils démolirent les autels, brisèrent les statues de saints, s'emparèrent de l'argenterie et firent brûler tous les objets qui servaient au culte. Que de choses sacrées et précieuses furent anéanties ! Que de reliques de nos Saints livrées aux flammes ! Beaucoup, cependant, des objets du culte furent sauvés par la piété et le dévouement des fidèles.

Après avoir chassé Dieu de ses temples, il restait à lui substituer une divinité digne des hommes du jour. Cette divinité fut la *Raison* ; elle eut des statues vivantes, et ce fut sous les traits d'infâmes prostituées qu'elle parut sur les autels, pour y recevoir l'encens d'un peuple abruti et esclave de la Révolution. Voulant porter toutes les provinces à suivre son exemple, la Convention, dans une fête publique, fléchit le genou devant cette honteuse idole. A partir de ce moment toutes les villes de France imitèrent la capitale ; Clermont, qui voulait montrer son zèle pour le nouveau fétichisme, eut sa déesse de la *Raison*, c'était une femme grande et forte, qu'on avait prise dans un des bouges de la ville. Elle recevait avec une sorte de fierté. les hommages de quelques imbécilles qui allaient se prosterner devant sa haute stature. A quel point d'avilissement certains hommes étaient tombés! Une pauvre femme du peuple ayant été aperçue à Clermont, faisant le signe de la croix, pendant ces orgies républicaines, fut prise et mise en prison ; peu s'en fallut qu'elle ne payât de sa vie cette manifestation de sa foi (1).

Après ce triste aperçu général, nous esquissons une rapide biographie des personnes les plus marquantes de notre province qui furent immolées pendant la grande Révolution, et de celles qui, jetées en prison, eurent à souffrir pour la religion, ou leur fidélité au roi.

Nous donnons aussi une notice sur les principaux révolutionnaires du pays, qui furent bourreaux et victimes de cette sanglante époque.

NOMS
DES VICTIMES DE LA TERREUR
appartenant au Puy-de-Dôme.

ARNAULD DE LA RONZIÈRE (Charles-Guillaume) naquit en 1793. Le féroce Couthon l'ayant porté sur la liste des proscrits d'Auvergne, il fut arrêté dans son château de la Ronzière, sur la fin d'avril 1793, par une bande de jacobins venus d'Aigueperse. Ces hommes égarés pénètrent en désordre dans le château et somment le maître de leur remettre les armes qui s'y trouvent. Arnauld indigné d'une pareille audace, ouvre la fenêtre de l'appartement où se trouvaient ses armes, décharge en l'air ses deux pistolets, brise son épée et

(1) *Ephémérides d'Auvergne*, de 1792 à 1794.

la jette en morceaux à terre, en disant : « *Cette épée a servi le roi, et elle ne sera point employée à d'autres services.* » Noble langage qui montre dans cet homme de bien le dévouement et la fermeté.

Les honnêtes gens d'Artonne qui tenaient au trône et à l'autel (et ils étaient en grand nombre à cette époque), furent indignés en apprenant cette violation de domicile ; mais, hélas ! ils ne purent qu'en gémir en secret, c'est tout ce qu'ils pouvaient faire. Cet homme respectable fut conduit au district de Riom et incarcéré pendant quelque temps. Il fut élargi cependant et trouva des protecteurs parmi les jacobins eux-mêmes, tant sa bonté, qui l'a rendu populaire dans le pays, lui avait attiré les cœurs. Ce qui indique la protection de ces hommes c'est la lettre suivante, saisie à la poste et écrite par un ecclésiastique, qui devait être probablement l'abbé Farges, curé d'Artonne.

« Citoyen Rozier-Darzilly,

« Voilà le moment d'agir ; tu connais l'innocence du citoyen Arnaud de la Ronzière et la méchanceté de ses délateurs. Que n'ont-ils pas fait et que ne font-ils pas encore pour le perdre ? Il faut espérer qu'il triomphera de ses ennemis comme ta femme en a triomphé. Pour cela il suffit d'exposer les faits tels qu'ils sont. Le comité de surveillance d'Aigueperse a demandé ces jours-ci à la municipalité d'Artonne une prétendue dénonciation qui n'existe pas ; tout se réduit à un procès-verbal fait par la précédente municipalité d'Artonne ; et que dit-il ? qu'Arnaud a remis ses pistolets après les avoir déchargés par la fenêtre et qu'il a donné son épée après l'avoir brisée. Or quel mal y a-t-il à cela ! Les citoyens Dessert et Desnier (1) ne lui reprochent pas autre chose ; notre municipalité actuelle atteste qu'il s'est toujours bien comporté. Que faut-il de plus ? je compte sur toi, citoyen, et te prie de tout faire pour obtenir son élargissement. »

(1) *Les deux plus fougueux jacobins d'Artonne.*

Cet homme de bien obtint sa liberté. Il est mort au château de la Ronzière le 3 juin 1821, à 4 heures du soir, à l'âge de 89 ans et 10 mois ; il était chevalier de S-Louis et ancien capitaine de grenadiers. Il laissa quatre enfants, dont l'une de ses filles, Mademoiselle Victoire a été pendant plus de 40 ans la providence des pauvres du pays.

ARRAGONÈS D'ORCET (Gilbert-Paul), né à Clermont le 13 novembre 1762, entra après ses études terminées dans le sacerdoce. Sa vocation fut le fruit des bons exemples et des prières de sa pieuse mère. Il fit sa théologie à Paris, au séminaire de St-Sulpice. Après avoir pris ses grades à la Sorbonne et avoir reçu la prêtrise, il fut nommé vicaire de la paroisse de St-Sulpice. C'est à ce poste qu'il se trouvait quand la révolution éclata. Obligé de fuir par son refus du serment, il alla chercher un asile auprès de sa mère, au château de Durtol. Pour être plus en sûreté, il se retira dans une grotte voisine du château ; mais ayant été découvert dans sa retraite, il fut conduit sur les pontons de Rochefort, où il tomba malade. Après la chute de Robespierre, il fut rendu à la liberté et revint brisé par l'épuisement et les privations auprès de sa pieuse mère qu'il trouva mourante. Ce fut lui qui reçut sa confession et lui administra les derniers sacrements.

Au rétablissement du culte, la famille d'Orcet fit ériger Durtol en succursale sans avoir consulté Mgr De Dampierre. L'Évêque en parut froissé et y nomma l'abbé d'Orcet, qui resta là jusqu'à ce qu'une circonstance favorable vint le tirer de cette obscurité. En 1821, Madame la Duchesse de Berry, qui se rendait aux bains du Mont-Dore, fut à son passage complimentée par le curé de Durtol avec des manières et un tact qui frappèrent l'attention de cette princesse. Ayant appris que ce simple curé de village était de la famille d'Orcet, elle le fit nommer chanoine de la cathédrale de Clermont. Le 26 janvier 1823, Louis XVIII le nomma évêque de Langres ; il fut sacré à Paris le 25 janvier 1824. Ce fut un prélat d'une grande douceur, mais dont la fermeté fut toujours inébranlable. Il fit beaucoup de bien à son diocèse. En 1832 il harangua Louis-Philippe qui traversait Langres. Il lui tint un langage plein d'à-propos, mais ferme et énergique. Lamennais essaya de l'attirer dans son parti, mais il ne put réussir. Ce prélat mourut des suites d'une attaque d'apoplexie, le 20 juin 1832, à l'âge de 70 ans, regretté de tous ses diocésains (1). Ce fut la garde nationale de Langres qui se chargea de ses funérailles et porta son cercueil. Son corps fut enterré dans la cathédrale de Langres.

ARTEL (Beauzire) était curé d'Orcet depuis une huitaine d'années, quand on exigea de lui le serment à la Constitution civile du Clergé ; il le refusa noblement. En cet homme de cœur le désir d'être utile aux âmes ayant prévalu sur les sentiments du danger, il ne voulut point quitter la France et alla se cacher à Clermont. Quand le décret inique, qui frappait tous les prêtres insermentés eut paru, il se retira pour plus de sûreté, à Montferrand, chez une pieuse fille mademoiselle Lacour, dont la maison était l'asile des prêtres persécutés. C'est là qu'il fut arrêté par suite d'une odieuse dénonciation. Comme on le trouva muni d'un bréviaire, d'un chapelet et de quelques autres objets de piété, il n'en fallut pas davantage pour le faire considérer comme un grand criminel. Et chose épouvantable à dire ! le Tribunal révolutionnaire de Riom

(1) *Biographie Moderne.*

devant lequel il fut conduit, le condamna à mort, attendu qu'il était porteur d'objets séditieux : un chapelet et un bréviaire ! Ce jugement, autant inique qu'absurde et dérisoire, fut rendu le 28 février 1794, et le lendemain ce digne prêtre eut la tête tranchée, en compagnie de deux jeunes paysans de Chapdes-Beaufort, dont l'un s'appelait *Morel* et l'autre *Tache*. Ils n'avaient chacun que 20 ans. Pauvres jeunes gens ! Leur prétendu crime était d'avoir abattu, pendant la nuit, un de ces arbres de liberté qui étaient dans ces temps de désordre un emblème de la licence. Il fut constaté plus tard qu'ils n'étaient pas coupables. Sous la Restauration où la publicité d'un pareil fait ne faisait courir aucun danger, les nommés *Preschard* et *Pranal* se déclarèrent les auteurs de ce prétendu délit.

Ces trois innocentes victimes moururent noblement, sans récrimination et sans amertume, persuadées qu'elles étaient de trouver au-delà de la tombe une récompense qui n'aurait point de fin. Le cœur ayant manqué au jeune *Tache*, quand il vit dresser devant lui l'instrument du supplice, l'abbé *Artel* releva son courage et l'exhorta, comme s'il n'avait pas eu à subir le même sort. Le jeune Morel joignit même ses encouragements à ceux du prêtre.

Pourquoi as-tu peur, disait-il à son camarade, *puisque nous sommes sûrs de trouver une vie meilleure que celle que nous quittons ? Pour moi, le sacrifice est fait ; c'est l'affaire d'un instant, laisse-moi passer le premier ; je suis content de quitter ce monde, où l'on ne voit que folies et crimes.* Ce jeune homme passa avant son camarade et mourut, le chapelet à la main, en priant pour ses bourreaux. Cette triple exécution toucha tellement les spectateurs, qu'ils se partagèrent comme reliques les vêtements et les cheveux des victimes (1). En 1829 une dame de Riom montrait à un habitant de Chapdes-Beaufort une mèche de cheveux du jeune et héroïque Morel, qu'elle conservait précieusement comme ayant appartenu à un saint.

AUBIER DE CONDAT (JEAN-BAPTISTE), né à Clermont en 1751, entra dans l'état ecclésiastique ; il était chanoine de la Cathédrale de cette ville, quand arriva la tourmente révolutionnaire. Comme bon nombre d'ecclésiastiques et de gentilshommes, il se retira à Lyon, dans l'espoir de trouver un asile dans cette ville ; mais il n'y trouva que la mort. Il venait de prendre un passeport pour Fribourg en Suisse, lorsqu'il fut arrêté comme suspect. Traduit devant le Tribunal révolutionnaire de Lyon, il fut condamné à mort le 11 février 1795 (2). Le lendemain sa tête sanglante roula sur l'échafaud ? Il mourut à l'âge de 44 ans. Quel était son crime ? d'être prêtre et noble, et d'être resté fortement attaché à l'Eglise.

BANCAL DES ISSARDS (HENRI) naquit à Clermont, en 1746. Ses idées avancées et son républicanisme bien connu le firent choisir pour être membre de la Convention. Ses collègues de la Chambre en firent un de ces fameux commissaires chargés de surveiller la conduite des généraux. Envoyé avec *Camus*, *Bernouville*, *Quinette* et *Lamarque*, auprès du général Dumouriez, ces cinq citoyens lui ordonnèrent de les suivre à Paris pour venir rendre compte de sa conduite à la Convention. Le général, qui ne badinait pas et qui savait ce que

(1) *Ephémérides du Puy-de-Dôme*, an. 1794.
(2) *Arrêts de Lyon*, an. 1795.

cela voulait dire, fit arrêter ces cinq patriotes et les livra à l'ennemi. Bancal se trouva ainsi prisonnier, à sa grande stupéfaction, et ne put recouvrer sa liberté que par le traité de Bâle, en décembre 1793. Il fut échangé contre la *Duchesse d'Angoulême*. En 1796, il fit partie du conseil des Cinq-Cents; l'année suivante il en sortit, pour ne plus reparaître sur la scène politique (1).

C'était un homme des plus médiocres, qui, comme la plupart des révolutionnaires de ce temps, ne pouvait aspirer à d'autres célébrités qu'à celle du crime. Bancal mourut en 1826, à l'âge de 80 ans.

BERNARD (Jean) naquit à Beaumont, près de Clermont, en 1734. Il entra dans l'état ecclésiastique et était curé de Thuret, près d'Aigueperse, quand la révolution éclata. En 1792, il refusa le serment et se rendit en Suisse. Étant rentré en France après la mort de Robespierre, il reçut, le 20 octobre 1798, un passeport de déportation, avec ordre de quitter la France ; mais il préféra se cacher à Beaumont au sein de sa famille. Il fut dénoncé par quelques scélérats, et dans la nuit du 13 décembre, un détachement de trente hommes ; envoyés de Clermont, vint assiéger la maison où il se trouvait. La population de Beaumont, qui lui était toute dévouée, chercha à le faire évader par une fenêtre de la maison, qui donnait sur un verger, et au moment où on le croyait sauf, il fut arrêté. A cette nouvelle l'exaspération fut grande, les gens de Beaumont s'armèrent pour le délivrer. On allait en venir à une lutte sanglante ; mais ce digne prêtre, qui repoussait le recours à la violence, pria ses compatriotes de ne point

---

(1) Lamothe-Langon, *Histoire de la Révolution*.

le défendre. Touché de la douceur extrême que montrait ce bon vieillard, qui aurait pu, avec sa taille colossale et les nombreuses sympathies qui l'entouraient, résister vigoureusement à la force, l'officier qui commandait la petite troupe essaya de lui sauver la vie, en l'engageant à accepter une cocarde et à crier *vive la République*. Le curé de Thuret, comme un autre Eléazar, repoussa énergiquement cette proposition et refusa de racheter sa vie par un acte opposé à sa conscience.

Le jugement du tribunal de Clermont qui le condamnait à mort, fut cassé ; mais cette décision, favorable en apparence, ne fit que prolonger son martyre. Il fut conduit à Lyon de la manière la plus inhumaine et en proie aux plus atroces douleurs ; il est probable qu'il avait été à moitié empoisonné par les cruels et farouches gardiens de la prison où il se trouvait. Arrivé à Lyon, après de grandes souffrances, on lui proposa de nouveau de prêter serment à la République ; peine inutile, il refusa l'encens qu'on lui demandait pour cette nouvelle idole. Après avoir été traîné de prisons en prisons, l'*abbé Bernard* mourut pour sa foi : il fut fusillé à Lyon, le 25 juin 1799, à l'âge de 63 ans (1).

BOURGADE (GILBERT), né en 1773, à *La Dardie*, village de Vollore-Ville. Ce jeune homme se destinait à entrer dans l'état ecclésiastique, quand la Révolution ferma les séminaires. Il profita des opérations du recrutement, le 15 mars 1793, pour se mettre avec d'autres jeunes gens à la tête d'un mouvement dont le but principal était de résister à la persécution re-

(1) *Ephémérides du Puy-de-Dôme*, année 1799.

ligieuse. Ce n'était pas sans éprouver une profonde peine que les paysans de ces montagnes, dont le dévouement à l'Église était si grand, voyaient s'imposer par la force des prêtres jureurs que leur foi repoussait. Dans le canton de Courpière, tout le monde se disputait l'honneur de donner asile aux prêtres fidèles restés en grand nombre au pays. Quant aux curés intrus, ils étaient regardés comme des hommes à fuir, autour desquels le salut de la foi réclamait une espèce de cordon sanitaire. Leurs églises étaient désertes, et plutôt que d'accepter leur ministère, les fidèles, en grand nombre, préféraient être privés des sacrements à la mort même. Aussi dans la paroisse de Vollore, il y avait plus de vingt prêtres insermentés qui exerçaient publiquement leurs fonctions sacerdotales. Souvent quelques prêtres intrus, touchés de ce sublime spectacle de foi et de dévouement donné à ces montagnes, rentraient en eux-mêmes et étaient heureux de rétracter en public leur malheureux serment. Quand le bruit de cette résistance fut parvenu à la municipalité de Thiers, celle-ci envoya à Vollore une escouade républicaine de ses *émouleurs*. Cette bande de jacobins, en arrivant sur le territoire de Vollore, rencontre dans un chemin bordé de hauts tertres, un jeune homme à cheval, à qui elle demande s'il peut indiquer le lieu où réside ce scélérat de *Bourgade*. A l'instant le jeune homme descend fièrement de cheval et leur dit : « *Vous n'avez pas besoin d'aller plus loin ; vous avez devant vous celui que vous cherchez.* » Il fut arrêté avec une soixantaine de personnes et conduit dans la prison de Thiers. Quelques jeunes gens de la ville, réunis à ceux de la campagne, essayèrent de le délivrer le 23 mars;

mais le coup de main ne réussit pas ; au reste Bourgade n'en témoigna aucun regret. Traduit le 19 mai devant le tribunal révolutionnaire de Clermont, siégeant à Thiers, il fut condamné à mort, avec quatre jeunes gens, *Deshormière*, *Poget*, *Chouvel*, *Goutte-Guta*, tous les quatre simples cultivateurs. On dressa l'échafaud au sommet de la rue des *Barres*, en face de l'Hôtel-de-Ville actuel. Les cinq victimes, qui se sentaient innocentes, moururent avec fermeté et courage, en priant et en pardonnant à leurs bourreaux. C'est à peine si ces infortunés jeunes gens avaient atteint leur vingtième année ; leur sang, sur ce sol en pente, coula jusqu'au bas de la rue. Le spectacle de la mort atroce de ces cinq victimes, immolées à la fleur de leur âge, causa une si grande émotion, que le commandant militaire et ses officiers ne purent retenir leurs larmes (1).

BRAVARD (François-Régis), né en 1722, dans les environs d'Issoire, entra d'abord chez les Sulpiciens, où il resta quelques années. Puis ayant été nommé curé des *Vans*, dans l'Ardèche, il fut arrêté dans sa paroisse avec huit autres prêtres du pays et mis en prison. Le 14 juillet 1792, jour aniversaire de la prise de la Bastille, les républicains protestants de cette localité enfoncèrent les portes de la prison, malgré la résistance des magistrats, et conduisirent, pour célébrer cet aniversaire, les neuf prêtres enchaînés sur la place de *la Grave*. Ces cannibales, armés de haches et de piques, commencèrent le massacre des victimes par le vénérable *abbé Bravard*, que ses vertus et son grand âge désignaient aux premiers coups. On le

(1) *Éphémérides du Puy-de-Dôme*, année 1793.

somma de choisir entre le serment et la mort. A peine avait-il dit : « *Non, jamais je ne renierai ma religion,* » qu'on lui donna un coup de hache qui lui fendit la tête. Ses huit compagnons subirent le même sort (1).

BRUGIÈRES (Pierre), prêtre janséniste et constitutionnel, né le 3 octobre 1730, à Thiers. Il fut d'abord chanoine du chapitre de cette ville. Après avoir prêché à Clermont, à Riom et à Paris, il entra dans la communauté des prêtres de St-Roch ; il y resta 12 ans et fut interdit à cause de son jansénisme. Il prêta serment à la Constitution et fut nommé curé constitutionnel de St-Paul. Enivré de ce succès, *Brugières* ne se contenait plus ; il lança alors deux diatribes: l'une dirigée contre l'archevêque de Paris et l'autre contre l'évêque de Clermont ; il n'en fallut pas davantage pour le mettre en relief aux yeux des Jacobins. On doit cependant lui tenir compte de ne pas s'être jeté dans toutes les extravagances de la Révolution. Il protesta vivement contre Gobel, quand ce vil intrus donna l'institution canonique à un prêtre marié. Cet acte de vigueur le fit mettre en prison ; mais il fut délivré peu après, on ne sait comment. Incarcéré deux fois de nouveau pendant la Terreur, les deux fois il fut assez heureux pour échapper à la mort. Il assista aux conciles constitutionnels de 1793 et 1801, et mourut à Paris, le 7 novembre 1803, à l'âge de 73 ans, plus imbu que jamais des idées jansénistes (2).

Il y eut un autre *abbé Brugières*, du prénom de Jean, né dans les environs de Besse. Ayant été arrêté, le tribunal criminel de Clermont, devant lequel il fut

(1) *L'Ardèche révolutionnaire,* année 1792.
(2) *Biographie Chrétienne,* édition Migne.

conduit, le condamna à mort le 1ᵉʳ mai 1793. Ce fut, dit le comte de Résie, la première victime qui fut immolée en Auvergne par la Révolution. Il mourut, dit le même auteur, pour défendre cette religion catholique que deux cent-quatre vingt-cinq ans plus tôt (1548), un autre Jean Brugière, peut-être de la même famille, brûlé vif à Issoire, pour crime d'hérésie, avait été le premier à renier et à abjurer dans les guerres religieuses d'Auvergne.

CHABRAL (FRANÇOIS), né à Aigueperse en 1756. Entré dans l'état ecclésiastique, Chabral exerça d'abord son ministère dans le diocèse de Limoges. Etant revenu ensuite dans son diocèse natal, il fut nommé vicaire à *Treteau*, en Bourbonnais, puis à *Tronget*. C'est là qu'il se trouvait quand la Révolution imposa aux prêtres le serment ; il eut la faiblesse, avec son curé, de se soumettre à cette exigence ; mais sur la fin de 1792, alors que le danger était le plus grand, il se rétracta avec énergie, à la messe paroissiale, un jour de dimanche. Son curé n'eut pas le même courage.

Dès ce moment il fut obligé de se cacher et de fuir de village en village. Dénoncé et arrêté à *Cosne*, près *Cérilly*, il entraîna à la mort, sans le vouloir, neuf personnes charitables dont tout le crime était de lui avoir donné asile. C'étaient des gens du peuple, de pauvres cultivateurs, qui avaient exercé cet acte d'humanité ; ils n'en furent pas moins condamnés à mort avec l'*abbé Chabral*, le 23 mai 1794, et exécutés le lendemain à Moulins, à 3 heures du soir, sur la place Brutus. L'*abbé Chabral* subit la mort avec courage et sérénité ; tout son crime était d'être revenu à Dieu (1).

(1) *Arrêté du tribunal révolutionnaire de Moulins.*

DE CHAMPS (Charles, Comte de Blot), autrefois enseigne aux gardes du duc d'Orléans et capitaine au régiment de Chartres, chevalier de St-Louis, était retiré depuis quelques années dans sa vaste terre de Blot-l'Eglise. Bienfaiteur de ses vassaux, il porta la bonté, dans une année de disette, jusqu'à payer la taille due par eux. Cet homme respectable et estimé de toute la contrée fut cependant décrété d'accusation. À la nouvelle que celui qu'ils considéraient comme leur père allait être arrêté, les paysans de Blot, de St-Rémy et de plusieurs villages voisins, dont le comte de Blot était le seigneur, se portèrent en foule autour de son château, armés d'ustensiles aratoires, et se disposèrent à le défendre. Cette démonstration eut pour effet de tenir les gendarmes à distance. Le comte de Champs de Blot, qui craignait de voir ses défenseurs en venir à une lutte sanglante, fit savoir à ceux qui étaient venus pour se saisir de sa personne, qu'il se rendrait lui-même au département, et il s'y rendit en effet. Le tribunal révolutionnaire mit ses biens en séquestre, et lui-même fut interné à Clermont pendant quelque temps. Ce fut à sa grande bonté, qui lui attira des protecteurs parmi les révolutionnaires eux-mêmes, qu'il dut d'obtenir sa liberté et de rentrer dans ses biens. Le comte de Champs de Blot est mort à Artonne, chez son gendre, M. Arnauld, le 23 novembre 1812, âgé de plus de 80 ans (1).

CHANTEMERLE (Amable-André-Benoit), né à Thiers, en 1757, embrassa l'état ecclésiastique. Il était curé à *Mazoires* quand la Révolution éclata ; il refusa de

(1) M. de Champs était le neveu du comte de Chauvigny de Blot, lieutenant-général, un des hommes de guerre les plus vaillants du dernier siècle.

prêter serment et fut remplacé par un curé constitutionnel. Les habitants de la paroisse, fervents chrétiens, laissèrent l'intrus seul dans son église et se groupèrent autour de leur véritable curé, qui leur disait la messe dans la petite chapelle du village de Sauzet. L'intrus l'ayant dénoncé, il fut obligé de quitter l'Auvergne et de chercher un refuge ailleurs. Il se retira à Paris; mais ayant été découvert dans sa retraite, il fut conduit devant le tribunal révolutionnaire, qui le condamna à mort le 31 mai 1794, pour avoir conspiré avec son bréviaire et son chapelet. Il fut exécuté le même jour, âgé de 37 ans (1).

COUTHON (Georges), naquit à Orcet, près Clermont, en 1756. C'était un homme, vil, bas, féroce, impudent et sanguinaire, en un mot un de ces hommes sinistres qu'on ne voit apparaître qu'au moment où la Providence veut sévèrement châtier une nation. Ce cul-de-jatte, dont l'apparence de jambes refusait tout service, était un mauvais avocat de Clermont, au moment où s'ouvrait l'ère sanglante de nos dissensions politiques. Il fut nommé alors président du tribunal civil de cette ville et envoyé par les jacobins du Puy-de-Dôme, en 1791, à l'Assemblée législative. Il ne tarda pas à se faire remarquer par ses idées subversives, qui lui valurent d'être envoyé à la Convention. Il donna son vote à toutes les mesures sanglantes et tyranniques qui y furent proposées; il fut un des premiers à voter, avec un cynisme particulier aux révolutionnaires, la mort de l'infortuné Louis XVI. Bien digne de se traîner dans le crime, à la suite de l'exécrable Robespierre, il embrassa chaudement son parti et fut

(1) *Ephémérides d'Auvergne*, année 1794.

l'odieux complice, si toutefois il n'en fut pas l'instigateur, de tous les forfaits de cet homme de sang.

L'heure des châtiments arriva ; le 27 juillet 1794 la Convention porta un décret qui le condamnait à mort et le lendemain sa tête roula sur cet échafaud où il avait fait monter tant d'innocentes victimes. Autant cet homme chargé de crimes, à peine âgé de 38 ans, avait montré d'audace et de cruauté aux jours de sa puissance, autant il montra de faiblesse et de lâcheté le jour de sa chute. C'est ainsi que finissent tous ces hommes féroces qui se sont délectés dans le crime et le sang.

Quand on crut faire monter Couthon sur la fatale charette qui, par son ordre, avait conduit à l'échafaud tant de victimes, on ne put le trouver, il s'était caché. A force de recherches, on put le découvrir dans un sale réduit où il s'était traîné à l'aide de ses béquilles. Il était armé d'un poignard ; mais n'ayant pas le courage de s'en frapper, il n'en fit pas usage. On lui cassa les reins à coups de crosses de fusils, avant de le faire monter sur la charette du bourreau. O providence de Dieu, que tes décrets sont justes ! Si parfois ta vengeance paraît lente, elle est du moins certaine (1). C'est sur la tête de Couthon que doit retomber le sang versé de presque toutes les victimes que nous relatons ici.

ESTAING (CHARLES-HECTOR, COMTE D') fut un des plus illustres marins du dernier siècle. Né en 1729, au château de Ravel, près Vertaizon, il embrassa dès l'âge de 15 à 16 ans la profession des armes. Il servit d'abord dans l'armée de terre et combattit avec bravoure dans l'Inde, où les Anglais le firent deux fois prisonnier. Rendu à la liberté en 1763, il entra dans la marine

(1) Lamothe-Langon, *Histoire de la Révolution*.

et fut envoyé en 1778 à la tête d'une flotte, secourir es États-Unis qui luttaient contre la domination anglaise ; il vainquit l'amiral Byron, mais il ne put profiter de la victoire, faute de troupes suffisantes. Rappelé en 1780, il fut encore chargé de deux commandements, dont il s'acquitta avec habileté et honneur. Toute prudente que fût sa conduite, pendant les mauvais jours de la révolution, il fut mis au nombre des suspects. De plus, c'était assez qu'il fût noble pour être compté au nombre des proscrits. Il fut arrêté, condamné à mort sans forme de procès et guillotiné le lendemain, 28 avril 1794. Ainsi étaient traités, par les hommes de sang de la Convention, ceux qui avaient rendu le plus de services à la patrie et à qui la France devait une notable partie de sa gloire (1).

DULAURE (Jacques-Antoine), historien, littérateur, né à Clermont-Ferrand, le 3 septembre 1755 ; il embrassa d'abord la profession d'architecte, puis celle d'ingénieur-géographe, qu'il abandonna bientôt pour se livrer ensuite à la composition d'ouvrages tous plus ou moins empreints d'un mauvais esprit. Sa *Description de Paris* 1783 annonçait que la religion et la morale comptaient un ennemi de plus. Son livre fut saisi par l'ordre du garde des sceaux. En 1788, il en fit un autre intitulé : *Singularité historique*, sans nom d'auteur, où le cynisme le disputait au mensonge. En 1791, où il avait champ libre, il fit un libelle incendiaire contre les nobles et les prêtres ; c'était un appel à la haine et à la vengeance sur deux classes malheureuses et proscrites alors. Sa fureur et sa rage contre les gens de bien lui obtinrent de représenter le Puy-de-Dôme à la Convention. Il s'y introduit en ennemi du

(1) *Biographie moderne.*

trône et de l'autel. On dit cependant qu'il sauva de la mort un bon nombre de prêtres qu'il aurait pu faire périr dans la Corrèze, où il exerçait le proconsulat. Il vota la mort de Louis XVI, puis il fut lui-même proscrit par le parti de Robespierre. Pour échapper au supplice, il gagna la Suisse à toutes jambes et alla se fixer à Berne, où il vécut pendant un an du travail de ses mains : il exerçait le métier de tisserand et fabriquait des indiennes. Quelle amère dérision de la fortune, être aujourd'hui au pouvoir et demain être obligé de faire courir la navette ! il fut rappelé par le décret du 8 décembre 1794 et rentra au sein de la Convention. La proscription de Dulaure ne lui apprit rien : cet homme incorrigible resta ce qu'il était. Sous le Consulat, sous l'Empire, sous la Restauration il ne révéla son existence que par la publication de plusieurs ouvrages, tous remplis des plus mauvaises doctrines. On y trouve des déclamations furieuses et empoisonnées contre le catholicisme et la royauté. C'est dans ces idées de haine que ce régicide voltairien mourut à Paris, le 19 août 1835, à l'âge de 80 ans (1).

FAURE (Michel), cultivateur au village de Chanonet, commune de Brissons, était un de ces hommes fermes, braves et énergiques qui aimant avant tout la justice et la droiture, ne savent point dissimuler. L'assassinat juridique de Louis XVI avait produit dans l'âme des hommes de cette trempe, communs en Auvergne à cette époque, une grande stupeur et une sourde indignation. A la nouvelle de ce crime, *Michel Faure*, dans son irritation, conseilla comme représailles, de couper quelques arbres de la liberté ; pour ce fait, il

_____
(1) *Biographie moderne*.

fut arrêté avec sa femme et conduit à Clermont. En arrivant devant ses juges, il cria de toutes ses forces : « *Vive le Roi ! vive la Religion !* » Quelques membres du comité, témoins de tant de fermeté et de bravoure dans cet homme du peuple, voulaient le sauver ; mais ce ne fut pas possible, il aurait fallu dissimuler, et Faure avait trop de dignité, tout paysan qu'il était, pour en venir à cette bassesse. Il préféra une mort honorable, à une vie honteuse lâchement rachetée. On acquitta sa femme, mais lui fut condamné à mort, le 1er avril 1794, et le lendemain il fut exécuté. La fermeté et le courage dont il avait fait preuve devant ses iniques juges lui valurent les sympathies de tous les gens de la campagne. Une foule de paysans descendus des montagnes et venus de la plaine à Clermont l'escortèrent avec un grand mécontentement et de violents murmures, de la prison à la Halle aux blés, où était dressé l'échafaud. Le peuple de la ville triste et silencieux venait à la suite ; Faure récitait pieusement son chapelet, prière qu'il n'interrompit pas un instant ; par sa tenue noble et calme, il semblait dire à tout le monde : « *Mes bourreaux sont plus à plaindre que moi.* ».

La foule attendrie par cette noble et ferme attitude criait : « *Grâce ! grâce ! pour ce brave homme qui n'est coupable d'aucun crime.* » Et les clameurs allaient de plus en plus croissantes. Arrivée au lieu de l'exécution, la foule entoure compacte et frémissante l'échafaud ; les gendarmes ne peuvent plus la contenir. Un mouvement populaire se prépare pour délivrer l'innocent. Aussitôt le farouche délégué arrive, les yeux irrités et la figure menaçante ; il gourmande les gendarmes, incite les bourreaux, et la tête de l'infortuné

Faure qui n'avait cessé de prier, roula sur l'échafaud. Il n'eut pas la moindre défaillance ; il montra tout le temps une grande résignation chrétienne et la force d'âme des premiers martyrs. Aussi rien ne put arrêter la foule qui se précipita, au pied de l'échafaud, pour recueillir pieusement, avec des mouchoirs, et des éponges, le sang de cet homme du peuple, qui venait de donner sa vie pour son Dieu et son roi. Il fut assassiné à la fleur de son âge (1).

DE FONTANGES (François) naquit le 8 mai 1744, au château de la Fauconnière, près Gannat. Cette partie du Bourbonnais appartenait alors au diocèse de Clermont. Ses études finies de bonne heure et d'une manière brillante, de Fontanges entra à St-Sulpice et embrassa l'état ecclésiastique. Sacré évêque de Nancy le 17 août 1783, il passa de ce siége à l'archevêché de Bourges, en 1787, et puis à l'Archevêché de Toulouse en 1788. L'année suivante, il fut envoyé comme député aux Etats-Généraux. Dans cette assemblée, il se fit remarquer par son zèle à défendre les droits de l'Eglise ; il n'en fallut pas davantage pour lui attirer la haine des révolutionnaires. Comme tous les hommes de bien, de Fontanges fut donc proscrit et obligé de quitter la France pour échapper à la mort.

Il habita l'Angleterre d'abord et l'Espagne ensuite. A l'époque du Concordat, il fut un des premiers évêques qui donnèrent au Souverain-Pontife leur démission. Appelé en 1802 à faire partie du nouvel épiscopat, il fut nommé évêque d'Autun. Une épidémie s'étant déclarée dans cette ville, le bon prélat se dévoua

(1) *Ephémérides du Puy-de-Dome*, année 1794.

corps et âme au soulagement des malades. On le vit en réchauffer un dans son propre manteau. Pendant qu'il prodiguait ses soins aux mourants, il fut atteint par la contagion et succomba à la maladie le 26 janvier 1806, à l'âge de 62 ans. Voilà comment savent mourir ces hommes de Dieu que la Révolution poursuit de sa haine (1).

FOURNIER (Jean), dit *Carizet*, naquit à Aigueperse en 1773 ; il était fils d'un voiturier de cette ville. Le 13 mars 1793, il se mit avec un nommé *Gilbert Borot*, qui comme lui était enfant du peuple, à la tête des jeunes gens de leur âge appelés pour le tirage. On envahit la salle où devait se faire cette opération, on brisa l'urne du scrutin, et puis on fit le tour de la ville aux cris de : « *Vive le Roi! vive le Dauphin!* »

Les jacobins d'Aigueperse essayèrent d'arrêter ces jeunes royalistes, mais ce furent les royalistes qui arrêtèrent les jacobins et les désarmèrent, sans toutefois leur faire aucun mal. Ils restèrent maîtres de la ville pendant 24 heures ; ils ne firent ni dégât, ni outrage à personne. Si cette jeunesse avait été républicaine, elle se serait livrée à des crimes atroces : pillage, vol, meurtre, viol, tout aurait été commis. A cette nouvelle, Clermont envoya à Aigueperse une armée de jacobins. *Borot* se sauva, et le malheureux *Fournier* fut pris et conduit à Riom. Jeté dans les cachots de la maison centrale, il y resta jusqu'au 27 mai, jour où il fut condamné à mort par le terrible tribunal révolutionnaire de cette ville. Le lendemain 28, on lui coupa la tête : il était âgé de 20 ans. On chercha assez Borot, mais on ne put le découvrir ; et ce fut ce qui lui sauva la vie (2).

(1) *Biographie Chrétienne*, édition Migne.
(2) *Ephémérides d'Auvergne*, année 1793.

GASCHON (François). Ce pieux et zélé prêtre a laissé dans les montagnes d'Ambert un de ces souvenirs d'édification et de vertu qu'on n'oubliera jamais. Né à la *Molette*, commune d'Auzelle, le 30 août 1732, d'une famille honnête et aisée, il fut élevé par l'*abbé Pallas*, son oncle maternel, curé d'Eglise-Neuve : il fit ses études chez les jésuites de Billom, et puis au grand-séminaire de Clermont, où il reçut la prêtrise. Il fut d'abord vicaire à Saint-Amand-Roche-Savine, puis à Olliergues et passa ensuite un an ou deux à Toulouse, où il avait deux frères. A son retour, il entra chez les *Missionnaires de l'Hermitage*, qui avaient une maison à *N.-D. de Baxelle*, près Cognat en Bourbonnais. C'est là que le père Gaschon fut envoyé ; il donna dans toute la Limagne des missions qui eurent le plus grand succès.

En 1790 la maison de l'*Hermitage* fut supprimée ; l'*abbé Gaschon*, comme on devait s'y attendre, refusa de prêter le serment que l'on exigeait. Dès ce moment il se trouva dans la nécessité, pour sauver sa vie, ou de quitter la France, ou de se cacher soigneusement dans la montagne ; ce fut à ce dernier parti qu'il s'arrêta, malgré tous les dangers qu'il présentait. Pendant tout le temps de la Terreur, il ne cessa d'exercer, sous l'habit grossier du paysan, son pénible ministère dans les montagnes d'Ambert, tantôt couchant dans la hutte des sabotiers, au milieu des forêts, tantôt logeant dans la maison du riche ou la cabane du pauvre. Que de fois il fut sur le point d'être arrêté et livré aux bourreaux ! Mais la divine Providence, sans la permission de laquelle pas un cheveu ne tombe de notre tête, veillait sur lui. Un jour une bande de jacobins armés étaient à sa recherche dans un bois. *Gaschon*, pour ne point se laisser reconnaître n'eut que le temps d'emprunter à une pauvre bergère son capuchon et s'en couvrir la tête. On lui demande s'il n'a pas vu le *père Gaschon*. « *Mais il est dans cette forêt*, leur dit-il en patois; *si vous êtes habiles et que vous doubliez le pas, vous ne tarderez pas à l'atteindre.* » A cette laconique réponse, qui n'éveilla aucune défiance, ils hâtèrent leur marche, et *Gaschon* fut sauvé. Après le Concordat, ce saint prêtre fut appelé à Ambert par de Rostaing, qui en était curé. Il fut nommé aumônier à l'hôpital de cette ville. On peut dire que c'est lui qui cicatrisa à Ambert toutes les plaies que la révolution avait faites dans les âmes et qui ralluma dans le peuple le feu sacré de la dévotion et de la piété. Il mourut en odeur de sainteté, aumônier de l'hôpital d'Ambert, le 28 novembre 1815, âgé de 83 ans (1).

DOM GERLE (Christophe-Antoine), né vers l'an 1740, à Riom en Auvergne. Il se fit chartreux et devint ensuite prieur du couvent de Port-Ste-Marie, qui se trouvait sur la paroisse de Comps, près Manzat. C'était un illuminé, qui fut envoyé par le clergé d'Auvergne aux Etats-généraux. Avec sa tête exaltée, il embrassa sans peine les principes de la Révolution. Il s'affilia au club des jacobins qui obtinrent de lui tout ce qu'ils voulurent. Il avait fait une motion en faveur du culte catholique dans la séance du 12 février 1790, mais ce fut plutôt pour démontrer que son parti n'était pas impie, que pour tout autre motif. Sa motion n'ayant pas plu aux jacobins, il la retira dans la séance suivante. Peu de temps après, ce moine dévoyé devint un chaud partisan d'une visionnaire, nommée *Suzanne*

(1) *Notice sur le père Gaschon.*

Labrousse, qui se mêlait de prophétiser dans le sens révolutionnaire. *Dom Gerle*, qui prenait la chose au sérieux, eut la simplicité d'entretenir l'Assemblée des prophéties de cette femme ; mais on lui rit au nez et l'on se moqua de sa prophétesse qui, après cet échec, se retira à Rome, où elle fut emprisonnée, comme troublant l'ordre public.

Dom Gerle ne se tint pas pour battu dans ses idées chimériques ; une autre prophétesse de même nuance, *Catherine Théot* ayant surgi, il s'y attacha fortement. Ils essayèrent de faire des prosélytes ; mais il ne réussirent qu'à se faire mettre en prison. La prophétesse y mourut, et *Dom Gerle*, qui avait le temps de compter les clous de la porte de son logis, ne fut mis en liberté que vers la fin de la Convention. On a cru, et peut-être avec fondement, que *Robespierre*, avec qui *Dom Gerle* était lié, n'était pas étranger à cette comédie, qui paraissait propre à l'établissement du culte de son Être-Suprême. Au sortir de la prison, l'ex-moine, qui était sans ressources, travailla au *Messager du soir* ; puis il fut occupé pendant 18 mois dans les bureaux du ministre de l'Intérieur. Il rentra ensuite dans l'obscurité, et on ignore ce qu'il devint. On ne sait, ni à quelle époque il mourut, ni comment (1).

HÉMEY-D'AUBERIVE (Nicolas-Philibert), né à Châlon-sur-Marne, en 1739, fit ses études chez les jésuites de sa ville natale. Après avoir terminé d'une manière brillante son cours d'humanités, il fit son cours de théologie, et fut reçu docteur en Sorbonne. Mgr. de Marbœuf, évêque d'Autun, le prit pour grand-vicaire.

(1) *Biographie chrétienne.*

En récompense des talents et du zèle qu'il déploya dans cette charge, il fut nommé, en 1780, abbé du monastère d'Ebreuil, en Bourbonnais, qui alors faisait partie du diocèse de Clermont. Il répara l'abbaye et consacra la plus grande partie de ses revenus à l'amélioration du pays et au soulagement des pauvres.

En 1784, le Roi l'ayant nommé à l'évêché de Digne, il déclina cet honneur, par défiance de ses propres forces, ou plutôt par humilité. Mgr. de Marbœuf, ayant été transféré à Lyon, appela auprès de lui *Hémey* pour rétablir l'ordre dans ce diocèse que le jansénisme avait bouleversé. La tâche était difficile et pénible ; à tous les emplois se trouvaient des jansénistes. L'abbé d'Ebreuil congédia les plus ardents, rétablit la signature du Formulaire et fit cesser l'enseignement théologique du *père Valla*. Quand la révolution fit sentir au clergé ses premières violences, *Hémey* quitta Lyon, et se retira dans son abbaye d'Ebreuil, comptant que les bonnes œuvres qu'il avait faites dans ce pays, et les services qu'il y avait rendus lui feraient trouver en ce lieu un asile. Hélas ! son espérance fut déçue ; les idées révolutionnaires y avaient étouffé, comme partout, le sentiment de la reconnaissance et de la gratitude.

A peine arrivé parmi cette population ingrate, il fut obligé de fuir pour sauver sa vie. On pilla, on saccagea la maison, et on vendit l'abbaye. Ce que *l'abbé Hémey* regretta le plus, ce fut la perte de nombreux manuscrits qui lui avaient coûté plus de 30 ans de travail et de recherches. Les nouveaux Vandales d'Ebreuil les livrèrent aux flammes. Hémey se rendit en Bresse, chez un ami ; mais craignant de le compromettre, et ne pouvant passer à l'étranger sans s'exposer à la mort, il alla chercher un asile à Paris. Là, déguisé en artisan, il vécut dans la plus grande obscurité, en gémissant secrètement sur les maux de la religion et de la France. Après la Terreur, il rencontra *l'abbé Emery*, et se lia d'amitié avec ce savant sulpicien, qui le présenta comme homme de talents au premier consul. En 1802, Bonaparte lui offrit successivement les évêchés de Digne et d'Agen ; mais *l'abbé Hémey*, qui n'avait d'autre ambition que celle du ciel, refusa. Il mourut à Paris entièrement détaché de ce monde, le 10 octobre 1815, à l'âge de 76 ans (1).

LACOSTE (Pierre-François), naturaliste distingué, naquit en 1754, au village de Plaisance, près Toulouse. Entré dans le sacerdoce, il obtint d'abord la chaire de professeur de morale à Toulouse, puis comme il avait un goût tout particulier pour la minéralogie, il fut nommé professeur de cette science à l'école centrale du département du Puy-de-Dôme, et enfin professeur d'histoire naturelle à la faculté de Clermont. Au moment où la révolution s'annonça, *l'abbé Lacoste*, qui était tout absorbé dans la science des minéraux et des végétaux et qui d'ailleurs n'avait guère du prêtre que l'habit, embrassa les idées nouvelles et prêta serment. Il fut plus loin, il chercha même par plusieurs de ses écrits à faire des prosélytes. Les Jacobins lui en surent gré, car il ne fut nullement inquiété pendant la Terreur, où il eut toute sa liberté. Soit qu'il n'eût plus rien à craindre après la chute de Robespierre ; soit que la révolution par ses crimes épouvantables lui eût ouvert les yeux, *Lacoste*, sous le Consulat, ne s'occupa plus de politique ; il s'adonna tout entier

(1) *Biographie chrétienne*, édit. Migne.

à ses études. Il paraît qu'il avait un peu modifié ses idées républicaines, car il fut nommé, sous l'Empire, chanoine honoraire de Clermont. Il est à remarquer qu'il obtint ce titre plutôt comme savant professeur, que comme prêtre, car comme ministre de la religion, il ne rendit jamais aucun service au diocèse. Il mourut à Clermont, le 18 avril 1826, à l'âge de 72 ans. Il a laissé sur l'Auvergne un grand nombre d'opuscules fort estimés (1).

LE GROING DE LA ROMAGÈRE (Mathias), naquit d'une famille noble, au château de *la Romagère*, près Huriel en Bourbonnais, le 5 décembre 1756. Après avoir fait ses classes de litinité, il entra au séminaire de St-Sulpice, à Paris, et en sortit prêtre quelques années avant la Révolution. Ayant refusé de prêter le serment, il fut obligé, pour sauver sa vie, de quitter la France. Il se retira en Suisse, où il passa tout le temps de la Terreur. Il fut un des premiers à comprendre quels maux terribles allaient fondre sur la France, quel temps épouvantable on allait traverser et quel sort affreux était réservé aux gens de bien de cette sanglante époque. Après la tourmente révolutionnaire, il rentra en France et fut nommé chanoine de Clermont, en 1802. En 1819 Louis XVIII le proposa à Pie VII pour l'évêché de St-Brieuc. Il fut sacré évêque de cette église, le 27 octobre de cette même année. Il la gouverna sagement et avec zèle pendant 21 ans, et mourut à St-Brieuc le 19 février 1841, à l'âge de 85 ans, emportant dans la tombe les regrets bien sincères de tous ses diocésains (2).

(1) *Biographie moderne.*
(2) *Biographie chrétienne.*

MAIGNET (Etienne-Christophe), né à Ambert le 9 juillet 1758, était petit-fils d'un boucher. Il était prêtre oratorien quand la Révolution éclata : il en embrassa avec fureur les principes. Son zèle outré le fit nommer à l'Assemblée nationale en 1791, et à la Convention en 1792. « Chargé par le gouvernement de diverses missions aux armées (*et ailleurs aussi*), il s'en acquitta avec énergie (lisez *furie*) ; mais cependant avec toute la justice que les circonstances lui permirent. (*Nous verrons cela*). Son indulgence (lisez *sa cruauté*) devint un crime aux yeux de ses ennemis, qui parvinrent à le faire décréter d'accusation. Remis en liberté, après quelques mois de détention, il se retira dans sa ville natale, où il devint maire pendant quelque temps : il mourut en 1834, à l'âge de 76 ans ». Ce petit article est tiré de la *Géographie élémentaire* de Paul Neulat. Voyons maintenant ce que dit un historien contemporain plus véridique et plus impartial (1).

« Le proconsul *Maignet*, dit cet auteur, se conduisit dans le Vaucluse d'une manière atroce, qui dénotait son goût pour le sang et le carnage. Il fit lier avec des chaînes de fer les habitants de la commune de *Bedouin*, les fit fermer dans leurs maisons et puis commanda d'y mettre le feu. Ceux qui parvenaient à se débarrasser de leurs fers et qui tentaient de se sauver, il les faisait fusiller à bout portant, par un bataillon révolutionnaire de l'*Ardèche*. Il y eut environ cinq cents personnes qui périrent torturées ainsi. A Orange il établit une commission de scélérats qui fit égorger ou monter à l'échafaud près de 16,000 personnes. » Voilà l'homme dont Paul Neulat vante la modération,

(1) Lamothe-Langon, *Histoire de la Révolution*, t. II, page 80.

la justice et l'indulgence. Est-il possible que les mauvaises passions fassent dénaturer ainsi l'histoire ?

Cet homme de sang, digne émule de Couthon, vota la mort de Louis XVI. Il fut décrété d'arrestation, le 5 avril 1793, à cause de ses atrocités dans le midi de la France. Amnistié le 25 octobre de la même année, il se retira à Ambert, où il exerça les fonctions d'avocat et devint, sous l'Empire, maire de cette ville pendant quelque temps. Il échappa, on ne sait comment, à la loi portée contre les régicides et ne fut point inquiété dans sa retraite. Il mourut à Ambert, comme il avait vécu, d'une attaque d'apoplexie foudroyante, le 22 octobre 1834, à l'âge de 76 ans.

MALOUET (Pierre-Victor), né à Riom, en 1740, d'une famille respectable de cette ville. Envoyé à Paris en 1789 pour faire partie des États-généraux, il se montra réformateur sincère, en même temps qu'il se déclarait fidèle partisan de la monarchie. C'était un de ces hommes honnêtes, au caractère noble et élevé, qui pour tout au monde n'aurait jamais consenti à une félonie. Louis XVI lui confia le ministère de la Marine et il n'eut pas à s'en repentir ; car Malouet resta attaché et fidèle à son roi jusqu'à la mort. « Malouet, dit Lamothe-Langon, déploya, au prix de sa tête, toutes les ressources de son éloquence et de son génie ; avec une chambre moins hostile et plus pénétrée de ses devoirs, son talent et ses nobles efforts auraient sauvé la monarchie. » Quand il vit sa patrie entre les mains de ces forcenés qu'il n'avait pu convaincre, il passa en Angleterre, où il resta jusqu'après la chute de ces hommes de sang. De retour en France, le gouvernement consulaire lui donna un haut emploi dans la marine, emploi qui lui fut ôté, quelques années après, par un caprice du maitre. Dès ce moment il rentra dans la vie privée et n'en sortit plus qu'en 1814, à la déchéance de l'Empereur. Louis XVIII le nomma ministre de la marine ; il occupa ce poste honorable peu de temps ; il mourut le 7 septembre suivant à l'âge de 74 ans. La France perdait par cette mort un de ces hommes à grand caractère que les faveurs de la Révolution n'avaient pu séduire, et le roi, un ministre sur la fidélité duquel il pouvait compter dans ces temps de félonie (1).

MANNAY (Charles), né à Champeix, d'une famille honnête de cultivateurs, le 14 octobre 1745, fit ses études dans le but d'entrer dans le sacerdoce. Ordonné prêtre vers l'an 1770, il occupa différentes charges avec distinction et devint grand-vicaire de Rennes. C'est à ce poste qu'il était, quand la Révolution éclata ; il refusa le serment et fut obligé de fuir pour sauver sa vie. On ne saurait dire tous les périls qu'il courut dans ces jours de crimes ; mais la divine Providence, qui le destinait à l'épiscopat, ne permit pas qu'il tombât un seul cheveu de sa tête. En 1802 il fut appelé au siége de Trèves et sacré le 18 juillet même année. Chargé par Napoléon d'une mission difficile auprès du Pape, il s'en acquitta tellement bien, qu'il fut nommé conseiller d'état et officier de la légion d'honneur. Quelque temps après il fut créé baron de l'Empire. Toutes ces faveurs, qui ne passaient qu'après la conscience et le devoir, n'empêchèrent pas Mannay de se prononcer, en 1815, pour la déchéance de l'Empereur. Les dernières années du règne de cet ambi-

(1) *Biographie moderne.*

tieux despote, n'avaient que trop démontré à l'épiscopat l'état de servitude qu'il réservait à l'Eglise. Mannay fut un pasteur plein de zèle et à son devoir. En 1820 Louis XVIII l'ayant demandé au Souverain-Pontife pour le siège de Rennes, il y fut nommé. Il passa quatre ans et quelques mois à la tête de ce diocèse, en déployant le même zèle et la même ardeur qu'il avait montrés à Trèves. Il mourut le 5 décembre 1824, à l'âge de 79 ans, après avoir été évêque 22 ans (1).

MESTRE (Claude), né le 25 août 1767, à Flat, près Issoire, d'une famille honnête de cultivateurs, sentit dès l'enfance un grand attrait pour le sacerdoce. Ayant fait dans ce but toutes ses classes de latinité au collége de Billom, il entra au grand-séminaire de Montferrand, peu de temps avant la Révolution. A peine minoré, il lui fallut quitter le séminaire et reprendre les habits de paysan pour sauver ses jours. Appelé deux fois à faire partie de la milice, deux fois le sort l'en exempta. Il aurait pu arriver à la prêtrise que les intrus donnaient à cette époque; mais il aurait fallu prêter serment et se jeter dans le schisme; Mestre aima mieux souffrir et conserver sa foi. Pendant la Terreur, il se tint caché pour sauver sa vie. Dépourvu de tout, deux fois il se rendit à Paris à pied et sous les haillons du pauvre pour y recevoir les ordres sacrés donnés secrètement par un évêque fidèle (2). Ordonné prêtre en 1797, on voulait lui donner des pouvoirs pour Paris; mais il refusa et revint en Auvergne offrir ses services au délégué secret de Mgr. de Bonal. On lui donna à desservir, sous la plus grande

(1) *Biographie moderne*.
(2) Engelvin, *Vie de ce prêtre*.

réserve, l'Hôtel-Dieu de Clermont; il ne put remplir cette charge qu'en s'affublant d'une capote de malade qui le faisait passer pour un infirme. Après le concordat, il fut envoyé vicaire à Billom. Son curé s'étant compromis pour un refus de bénédiction nuptiale, le vicaire innocent, pour sauver le curé coupable fut immolé sans se plaindre. De vicaire de Billom il devint vicaire de Moulins, où il resta quelque temps et de là il fut nommé à la cure de Ris. En 1817 il fut mis à la tête de la mission diocésaine que l'on venait de fonder. Le 5 juin 1832, il fut nommé curé de St-Pierre-les-Minimes. C'est à ce poste qu'il mourut le 18 mars 1843, à l'âge de 76 ans. Il fut universellement regretté. C'était un prêtre selon le cœur de Dieu; il avait fait le bien partout où il avait passé.

MICOLON de GUÉRINES (Jean-Baptiste-Paul-Augustin), né au château de *Bourgnon*, commune de Tours, en Auvergne, le 18 septembre 1760, fit ses études théologiques au séminaire de St-Sulpice, à Paris, et son cours de licence à la Sorbonne. Après sa promotion à la prêtrise, il devint chanoine de Clermont et puis grand-vicaire de Mgr. de Bonal. Pendant l'absence de son évêque, qui faisait partie des Etats-généraux en 1789, il eut l'administration générale du diocèse et s'en tira, malgré les difficultés du temps, d'une manière admirable. Exposé à perdre la vie ou à renier sa foi, il quitta la France avec sa famille et se retira en Suisse, où il s'occupa de la fabrication d'instruments d'optique, genre de travail où il excellait.

Quelque temps avant le Concordat, il rentra en France; et quand Mgr. de Dampierre fut nommé évêque de Clermont, il le prit pour grand-vicaire. Le bien immense qu'il fit et la charité qu'il déploya au moment où le typhus désolait Clermont, attirèrent sur lui l'attention du gouvernement, qui, pour le récompenser de sa généreuse conduite, le nomma d'abord à l'évêché de Castres, que le Souverain-Pontife venait de rétablir par une bulle de 1817. L'effet de cette bulle fut suspendu. Les Chambres, imbues des idées de la Révolution, mirent à ce nouveau concordat projeté des obstacles qui ne furent en partie surmontés qu'en 1822. A cette époque l'érection du diocèse de Castres fut rejetée par les libéraux. *L'abbé de Guérines* fut nommé à l'évêché de Nantes, dont il prit possession au mois de novembre 1822. Il mourut à Nantes le 12 mai 1838, à l'âge de 78 ans, après seize années de travaux passées dans l'épiscopat ; seize années, qui révélèrent à un haut point les éminentes qualités de l'évêque, ses vertus et ses bienfaits (1).

MOLIN (André), né le 23 janvier 1759, à Job, près Ambert, d'une famille seigneuriale, fit ses études théologiques à St-Sulpice, reçut tous ses degrés de docteur en Sorbonne et fut ordonné prêtre, à Paris, le 18 septembre 1784. Ce fut un homme des plus aimables, plein de science et de piété ; il fut l'ami intime du *père Gaschon*. Ces deux hommes, animés du même zèle, tendant au même but, étaient faits pour s'aimer et se comprendre. On raconte un trait qui montre l'estime que ces deux prêtres si pieux avaient l'un pour l'autre (2). Un jour l'*abbé Molin* fit porter une lettre au *père Gaschon* : « *Qu'a dit le père ?* demanda l'*abbé Molin* au retour du commissionnaire. *Il a dit, après avoir lu votre lettre,* répliqua celle-ci, *que vous étiez un saint.* » — *Ce n'est pas moi,* fit l'abbé Molin

(1) *Biographie chrétienne.* — (2) *Biographie nouvelle.*

en baissant les yeux, *qui suis un saint, mais c'est lui.
— Allons, allons* dit la pieuse et spirituelle commissionnaire, *tout le monde sait bien que vous l'êtes tous les deux.* » En 1786 l'*abbé Molin* fut nommé vicaire-général de Nevers, et en 1789 il était grand-vicaire de Mgr. de Bourdeilles, à Soissons. Pie VI le nomma prieur de N.-D. d'Audrieu (diocèse de Bayeux). Quand la Révolution s'annonça, il refusa le serment et fut obligé d'émigrer en 1792. Il se retira d'abord à Fribourg, en Suisse, puis à Teschen en Silésie, où il fit l'éducation du comte de St-Etienne, l'un des grands seigneurs de cet état. Rentré en France en 1801, il refusa plusieurs postes importants pour rester simple curé de sa paroisse natale. Son désintéressement le fit nommer chanoine honoraire avec des pouvoirs de grand-vicaire pour tout l'arrondissement d'Ambert. A l'encontre du proverbe qui dit : *Nul n'est prophète dans son pays*, il eut une grande autorité sur ses paroissiens, dont il acquit en peu de temps l'amour et l'estime. En 1811, quand l'Empereur irrité contre le Souverain Pontife et le clergé de France, écrasa de son despotisme les séminaires par l'expulsion des Sulpiciens et des autres Ordres religieux, l'évêque de Clermont appela le curé de Job pour prendre la direction de son grand-séminaire ; il s'en acquitta admirablement. En 1817, l'*abbé Molin* fut désigné pour l'évêché de Viviers; mais le concordat nouveau n'ayant pu avoir son effet que cinq ans plus tard, ce fut le 6 juillet 1822 seulement qu'il put être sacré à Paris. Il mourut dans son évêché le 25 juillet 1825, après 3 ans d'épiscopat, à l'âge de 66 ans. Ce prélat, d'une grande douceur, avait un port noble, une taille majestueuse et une belle et agréable figure.

MONTLOSIER (François-Dominique-Reynaud, comte de), écrivain dont le nom réveille le souvenir d'une guerre acharnée contre les Jésuites. Cet homme naquit à Clermont le 16 avril 1755. Nommé en 1789 député suppléant de la noblesse de Riom, il siégea à l'Assemblée et se montra ferme pour la défense du trône. On n'a pas oublié ce mouvement d'éloquence, où il fut entraîné, quand il dit en parlant des évêques : « *Si vous leur ôtez leurs croix d'or, ils en prendront de bois pour continuer leur mission. Rappelez-vous que c'est la croix de bois qui a sauvé le monde.* » Au mois d'octobre 1789, il combattit *Mirabeau* ; le 22 février 1790, il appuya fortement la motion de *Cazalès* en faveur de la royauté. Le 8 avril 1791, il fit une motion, mais sans succès, pour relever l'autorité de Louis XVI. Pendant la Terreur, il fut obligé d'émigrer pour échapper à la mort. Rentré en France en 1800, il fut incarcéré pendant 36 heures ; mais ayant promis à Bonaparte de lui être fidèle et dévoué, il obtint une place des plus lucratives au ministère des affaires étrangères. En 1815, le favori impérial fut mis de côté et se retira dans sa terre d'Auvergne. En 1826, de Montlosier montra le fond de son âme, en publiant un ouvrage dans lequel il attaquait la religion, la société et le trône. En 1830, Louis-Philippe, qui voyait, dans cet ennemi du régime déchu, un de ses ardents adeptes, le nomma pair de France. Cet homme qui, comme tant d'autres, s'était fait une religion à sa mode, mourut à Clermont le 6 décembre 1838, âgé de 84 ans. Comme il avait refusé de donner une rétractation écrite des impiétés qu'il avait vomies contre la religion, l'autorité ecclésiastique du diocèse, comme c'était son devoir et son droit, refusa à ses restes mortels les prières de l'Église.

Par suite de ce fait, l'évêque de Clermont, dénoncé au ministre, eut la gloire d'être persécuté par le gouvernement de l'époque. Obéissant à sa conscience, le prélat remplissait son devoir, et l'Etat oubliant le sien, jouait le rôle insensé de despote et de tyran dans une affaire purement spirituelle, qui n'était pas de sa compétence (1).

PÉRIER (Jean-Joseph), né le 16 juin 1740 à Vizille, près Grenoble, était l'oncle du fameux Casimir Périer. Aussi intelligent qu'ambitieux, Périer entra fort jeune dans la congrégation de l'Oratoire. Sa prétendue érudition le fit placer à la tête du collége d'Effiat. Il était l'ami et le protégé du janséniste Camus, auteur de la Constitution civile du clergé. Quand la Révolution exigea le serment des prêtres, l'*abbé Périer*, qui n'était ni violent, ni immoral, ce qui lui attirait l'estime et la vénération du clergé d'Auvergne, s'efforça de démontrer par des subtilités théologiques et des arguments fallacieux, qu'on pouvait prêter le serment tout en restant attaché de corps et d'âme au St-Siége. Pour entraîner dans le schisme ceux qui hésitaient, il fut un des premiers à prêter ce serment. Rien ne fut plus pernicieux que ce scandale; 27 prêtres de sa congrégation l'imitèrent, 17 à Effiat, et 10 à Riom : presque tous les prêtres voués à l'enseignement marchèrent sur ses traces. On aurait dit que Dieu frappait de vertige ces docteurs orgueilleux, qui n'avaient que du dédain et du mépris pour les pieux et simples curés de campagne. Il y eut en tout 473 prêtres qui prêtèrent le serment. Cette grande défection produisit sur les fidèles une profonde douleur. Cette douleur fut moins vive quand on vit que plusieurs de ces prêtres, revenus

(1) *Biographie nouvelle.*

de leur première surprise, reconnaissaient leur erreur et rétractaient leur serment. C'était le moment choisi par le *Père de Famille* pour séparer du froment la paille et le mauvais grain.

Périer persista dans son serment et en récompense de sa félonie, il fut nommé évêque intrus de Clermont, le 15 février et sacré à Paris le 27 mars 1791. Il faut avouer qu'il ne fut pas heureux dans son intrusion ; les fidèles d'Auvergne ne voyaient en lui qu'un loup ravissant, entré dans la bergerie pour dévorer le troupeau. Mgr. de Bonal était aux yeux de tous le seul et véritable évêque. Le clergé intrus par ses violences et son immoralité couvrit de honte et d'ignominie l'église naissante de *Périer*. Sept prêtres de cet édifiant clergé se marièrent ; comme c'était engageant, même pour les moins difficiles en fait de religion, d'embrasser le nouveau culte !

A la suppression de tous les cultes, le 10 novembre 1793, *Périer* avec plus de fermeté que Gobel, résista à l'apostasie complète ; il quitta Clermont et se retira dans sa famille pour y chercher un abri. C'était l'heure de la justice divine, c'était l'heure du châtiment : la Révolution, comme le vieux Saturne de la fable, dévorait ses propres enfants et couvrait la France de ruines et de deuil. L'orage révolutionnaire passé, *Périer* sortit de sa retraite, revint en Auvergne, reprit ses prétendues fonctions et s'unit aux autres prélats intrus pour faire revivre, s'il était possible, leur église mourante. A cet effet plusieurs prétendus conciles, auxquels Périer assista, furent tenus à Paris; mais ce fut en vain ; la branche ayant été détachée de la souche, il fut impossible de donner la vie à ce qui l'avait perdue. Le souffle vivifiant de Rome manquait à cette prétendue église, qui n'était plus, pour tout le monde, qu'un reste cadavéreux.

Au Concordat de 1802, *Périer* se trouva au nombre des 14 constitutionnels, que l'ex-oratorien Fouché, ministre de la police, avait eu le crédit de faire nommer à des évêchés. Le premier consul le désigna pour l'évêché d'Avignon, auquel fut alors réuni celui de Nimes. Ses complaisances pour l'Empire et ses adulations lui valurent la décoration de la légion d'honneur, faveur peu enviable alors dans les rangs du clergé. C'était au moment où l'Empereur travaillait à l'assujétissement de Pie VII. En 1819, soit que *Périer* ne se sentît pas à l'aise sur l'ancien siége des Papes, soit qu'il se fût aperçu que la considération et la déférence dont il avait été l'objet allaient bientôt disparaître, il donna sa démission ; il continua cependant à gouverner le diocèse jusqu'en 1821. Dès ce moment il vécut dans la retraite et mourut à Avignon, le 30 mars 1824, à l'âge de 84 ans (1).

DE PONS DE LAGRANGE (Antoine), né à Riom, d'une famille, noble le 29 mars 1759. Il fit ses études à St-Sulpice et fut ordonné prêtre en 1784. Peu de temps après il fut nommé vicaire-général de Clermont par Mgr de Bonal, et devint, en 1789, président de l'ordre du clergé. Ayant refusé le serment, il quitta la France et se retira en Piémont, où étaient déjà plusieurs membres de sa famille. Il devint dans l'exil aumônier de Mme la comtesse d'Artois. Quand l'ange exterminateur eut remis au fourreau le glaive sanglant de la Révolution, il rentra en France et se mit à la disposition de Mgr. de Dampierre, qui le nomma chanoine

(1) *Biographie moderne.*

de son église. En 1822, Louis XVIII le proposa pour l'évêché de Moulins, qui venait d'être érigé. Le Souverain-Pontife ayant approuvé ce choix, il fut sacré le 13 juillet 1823. Former un clergé suffisant dans ce diocèse, où les vocations manquaient, était chose difficile et pourtant c'était ce qui pressait le plus ; l'évêque de Moulins se mit résolument à l'œuvre, en faisant aux diocèses étrangers un appel, auquel répondirent largement l'Auvergne et le Lyonnais. En quelques années, Dieu aidant, tous les postes furent remplis. Ce prélat était d'une petite taille, mais d'un caractère ferme et énergique n'excluant pas la bonté. Après avoir fait beaucoup de bien dans son diocèse, il mourut à l'âge de 90 ans, le 23 septembre 1849, dans son château de la Grange, commune des Pradeaux, près Issoire, où il avait l'habitude, tous les ans, de passer le temps des vacances (1).

ROLLET D'AVAUX (JACQUES-AMABLE), né à Riom le 3 avril 1716, était premier magistrat de cette ville au moment de la Révolution. Sa dignité et sa charge le rendirent un peu suspect ; il aurait pu cependant traverser sans encombre ces temps mauvais, sans deux scélérats qu'il avait pour domestiques et en qui il avait mis toute sa confiance. Il s'était servi d'eux pour cacher dans un puits son or et son argent. Ces deux coquins, qui voulaient s'emparer du trésor, allèrent dénoncer leur maître comme donnant asile à des prêtres réfractaires. Une perquisition fut faite chez d'Avaux, sans découvrir de prêtres, puisqu'il n'y en avait pas ; mais on trouva quelques lettres de l'évêque de Clermont datées du lieu de son exil. Que fallait-il de

(1) *Nécrologie de ce prélat*, Moulins, 1849.

plus pour le faire considérer comme conspirateur, il fut donc arrêté ? Madame d'Avaux, qui n'était point comprise dans le mandat d'arrêt, ne voulut point abandonner son mari attaqué de paralysie et demanda à le suivre. Tous les deux furent conduits à Paris, sur une mauvaise charrette, et condamnés à mort le 15 mai 1794, sur la réquisition du féroce Fouquier Tinville. Ils furent exécutés le même jour, tant ces monstres de la Convention étaient avides de sang. Les deux dénonciateurs devinrent riches subitement ; mais leur fortune acquise par un grand crime disparut presque aussi vite qu'elle était venue (1).

ROMME (Gilbert), né à la Roche-d'Agoux le 27 mars 1750, d'une petite famille bourgeoise, montra de bonne heure cet esprit d'indépendance et ces idées fougueuses qui devaient le conduire à la mort. Envoyé par le département du Puy-de-Dôme à l'Assemblée législative et à la Convention, il appuya les motions les plus violentes et vota la mort de Louis XVI. Soit habileté de sa part, soit qu'il eût pris soin de ne pas se compromettre, il échappa à la mort à la chute de Robespierre, dont il était l'ami. Mais Dieu l'attendait à une autre heure ; il avait trempé ses mains dans le sang d'autrui, il fallait qu'il les trempât dans le sien propre. Romme avait préparé une insurrection contre la Chambre, elle éclata le 2 avril 1793, mais elle fut vivement réprimée. Ayant essayé une nouvelle tentative le 21 mai, elle lui coûta cher, il fut arrêté et condamné à mort. C'était le 21 juin qu'il devait être exécuté. Le matin même de ce jour, ce Caton de circonstance, ce Caton avili et dégradé se donna lâchement la mort, à l'aide

(1) *Ephémérides d'Auvergne*, année 1794.

de mauvais ciseaux qu'il s'était procurés. Ainsi finit, à l'âge de 45 ans, cet homme maudit, qui avait coopéré à tant d'assassinats. Nous avons vu son portrait, sa figure est le type des brigands de la Calabre (1).

ROUGANNE (Claude-Constant), né à Escurolles (*Allier*), en 1724, était curé de St-Eutrope, à Clermont, au commencement de la Révolution. Dégoûté du monde, il se démit de sa cure et se fit ermite au Mont-Valérien de Paris, qu'il fut obligé d'abandonner un an plus tard. Son refus de prêter serment lui fit un devoir de se cacher à Paris; mais ayant été découvert dans le lieu de sa retraite, il fut conduit devant le tribunal révolutionnaire, qui le condamna à mort, comme prêtre réfractaire, le 17 mai 1794. Le même jour, on lui trancha la tête, à l'âge de 70 ans. Quel était son crime? d'avoir fait le bien et d'être resté fidèle à Dieu. Quatre autres membres de cette respectable et honorable famille furent décapités à cette même époque. Ce quintuple martyre est pour elle un titre glorieux, au point de vue de la foi et de la fidélité à la monarchie. L'*abbé Rouganne* eut l'honneur, dit-on, de confesser la Reine peu de temps avant son assassinat (2).

SOUBRAGNY (Pierre-Auguste), né à Riom, en 1750, d'une famille noble, entra dans l'état militaire. *Paul Neulat*, dans sa petite *Géographie du département du Puy-de-Dôme*, en fait un vrai héros. Nous, qui voyons l'homme d'un œil plus impartial, nous dirons que s'il avait quelques vertus, il ne manquait pas de défauts. *Neulat* affirme *qu'il était un des plus beaux*

(1) Lamothe-Langon, *Histoire de la Révolution.*
(2) *Biographie moderne.*

et des plus purs caractères de la France républicaine.
Parbieu ! cela va de soi ; il suffit, dans ce parti, d'avoir
voté la mort de Louis XVI, ou d'avoir pris part à des
émeutes, pour obtenir ce brevet. De Soubragny était
officier au régiment Royal-Dragons, quand se fit sentir
la tourmente révolutionnaire. Comme il voulait faire
son petit chemin, après que son régiment fut licencié, il
se jeta dans le mouvement et embrassa les nouveaux
principes, qui lui valurent la mairie de Riom. Ce fut là
qu'on vint le prendre pour l'envoyer à la Convention ;
il plut tellement aux citoyens de cette assemblée (on
sait ce qu'il y avait à faire pour leur plaire), qu'il
fut envoyé à l'armée de la Moselle, et plus tard dans
les Pyrénées-Orientales, pour repousser les troupes
Espagnoles. De retour à Paris, il prit part à l'insurrection qui eut lieu le 21 mai 1795. Cette insurrection
ayant été vaincue, il fut arrêté avec cinq de ses complices, parmi lesquels se trouvait Romme, son pernicieux ami. Condamné à mort, il essaya de se suicider,
mais n'ayant pu réussir, il fut traîné à l'échafaud, où
il paya de son sang le prix de sa folie. « Il mourut,
dit Neulat, qui a fait de cet homme son idole, à l'âge
de 43 ans, avec un calme et une sérénité admirables. »
Un historien impartial et contemporain de la victime
n'est pas du même avis (1). Soubragny, dit-il, était
un homme triste, inconstant et dégoûté de la vie ; il
ne se serait jamais mêlé de politique, si Romme, son
fatal ami, ne l'eût pas entraîné dans cette périlleuse
voie. Il montra de l'insouciance dans les complots,
comme il en mit au moment de se poignarder ; sa
véritable place était aux camps, qu'il n'aurait jamais
dû quitter, et non dans une assemblée politique où

(1) Lamothe-Langon, *Histoire de la Révolution*, tome II.

il devait sombrer. Il mourut tout échevelé, comme un véritable fou, en criant : *Vive la République !*

On porte de plus pour le Puy-de-Dôme, au bilan de la République, les noms des victimes relatées ci-dessous (1). Celles qui furent égorgées à Paris, sont : — DE PONS DE PRAGOULIN (Elisabeth), née en 1740, à Pragoulin, près Randan, ancienne religieuse de *Lavesne*, arrêtée à Cusset avec les membres de sa famille, condamnée à mort et décapitée sur la place de St-Antoine, à Paris, le 9 juin 1794, à l'âge de 63 ans. — BARRIER (Claude), né à Usson (Loire), curé de St-Ferréol, près Ambert, condamné à mort et exécuté sur la fin de 1793, pour avoir rétracté le serment qu'on lui avait arraché. — REYS (Pierre-Gérard), curé intrus de Luzillat, condamné à mort et exécuté en 1794, pour avoir rétracté son serment. — ADMIRAL (Henri), né dans les environs d'Issoire, en 1744, exécuté le 27 juin 1794. Il fut revêtu de la chemise rouge des parricides, pour subir la mort, parce qu'il voulait tuer *Robespierre* et qu'il avait tiré sur *Collot-d'Herbois*. C'était un ancien domestique d'un malheureux émigré. — DE BARANTIN (Louise-Madeleine), née en Auvergne, condamnée et exécutée le 29 novembre 1793, avec son fils, âgé de 23 ans, et un de ses cousins. Ce fut *Couthon* qui demanda leur mort. — BARTHÉLEMY (Antoine-Alexandre), né en Auvergne, ancien procureur de Gannat, condamné à mort et exécuté le 23 avril 1794. Son crime était d'avoir lacéré une abominable affiche. — DE BESSE (Georges), né en Auvergne, condamné à mort et exécuté le 4 décembre 1793, à l'âge de 30 ans. On l'accusait de n'être pas républicain. — DES BRAVARDS

(1) Noms fournis par les *Ephémérides d'Auvergne.*

d'EYSSAC, né à Limons, près Randan, exécuté le 28 avril 1794, à l'âge de 51 ans. Son grand crime était d'être noble. — CHAPUS DU BOST (Jeanne-Damienne), née en Auvergne, arrêtée à Cusset, avec toute sa famille, et exécutée avec tous les siens, dont l'un était un enfant de 14 ans. C'était une sainte femme. — DAUPHIN DE LEYVAL (Augustin-François-César), né à Clermont, en 1743, arrêté dans sa terre de *Montel-de-Gelat*, conduit à Paris et exécuté avec Marcel de Lacodre de Gannat, le 30 mai 1793. L'infâme Couthon, à qui Madame de Leyval s'était adressée pour demander la grâce de son mari, se joua indignement d'elle par une promesse équivoque. — DOYET (Jean-Claude), résidant à la Mothe, commune de St-Priest-Bramefand, exécuté le 12 mai 1794, à l'âge de 73 ans. Son crime était d'avoir été fermier-général du roi. — FRYTÈRE, ancien jésuite, né à Marsac, près Ambert, égorgé aux Carmes le 2 septembre 1792. Ce fut un misérable de son village, nettoyeur des p...ons de Paris, qui l'ayant reconnu, le massacra dans le jardin de l'abbaye. — DE MONTELOUX (Gilbert-Georges), né à Montaigut, exécuté le 9 mai 1794, pour conspiration. C'était ce dont on accusait quand on voulait faire tomber une tête. — DE MONTMORIN-St-HEREM et quatre membres de sa famille furent décapités par les ordres de Couthon.

PÉRIER (Françoise), née à Clermont, tenant une entreprise de voitures dans cette ville, décapitée à Paris, à l'âge de 62 ans, le 13 juillet 1794, pour avoir dit que la France était gouvernée par de la véritable *clique*. Couthon la fit diriger sur Paris, pour qu'elle ne pût lui échapper. — ROLLAT (Yves-Louis), résidant au Chancel, commune de Vensat, près Aigueperse, condamné et exécuté le 17 juillet 1794, pour avoir dit à un individu qui le traitait de citoyen : « Ce n'est pas à moi, mais à mon chien qu'il faut donner ce titre. » Cette famille fut grandement frappée par la Révolution, quatre autres de ses membres périrent sur l'échafaud. — ROUGANNE DE BELLEBAT (Pierre), résidant à Chanteloup, commune de Bussière, près Aigueperse, condamné à mort avec cinq membres de sa famille et exécutés sur la fin de 1793, comme conspirateurs. — SALNEUVE (Jean-Baptiste), aïeul de notre sénateur radical, né à Aigueperse, condamné et exécuté avec le maçon Bernicaud, son compatriote, le 15 juillet 1794. Salneuve se disait républicain comme son petit-fils. Son crime était d'avoir dit, dans un moment de mauvaise humeur, causée par la banqueroute de l'État, qui lui enlevait une partie de sa fortune, que Marat était un *gueux* et un *pourri* et que la Convention était une *tanière* de brigands et de scélérats. Vraiment il faut être républicain pour faire usage d'expressions pareilles. La mort de Salneuve détermina chez sa femme un anévrisme dont elle mourut peu après. Aigueperse et ses environs furent la partie du Puy-de-Dôme que Couthon maltraita le plus. Cet homme de crimes et de sang fit arrêter dans ce canton plus de cinquante personnes, parmi lesquelles les De PONS, les De BOST, les ROLLAT et les ROUGANNE fournirent à eux seuls dix-huit têtes à la guillotine.

De St-NECTAIRE (Marguerite-Charlotte), condamnée et guillotinée, à l'âge de 40 ans, le 26 juillet 1794. Son crime était d'avoir été surprise un chapelet à la main. Un sursis de 24 heures lui aurait sauvé la vie, par la mort de Robespierre et de ses complices. — TEILLARD DE CHAMBON (Jean-Pierre), né à Riom, le 30 mars

1754, condamné et exécuté le 15 janvier 1794. Il mourut noblement, en faisant preuve d'une grande énergie. Son crime était d'être noble et riche. — DE VARENNES DE CHAMPFLEURY (François-Etienne-Joseph), né à Clermont le 6 avril 1730, guillotiné le 3 mars 1794. Son crime était d'avoir écrit à un émigré pour lui apprendre la mort de sa mère. — VIGERIE (Pierre), né au Vernet, canton de Sauxillanges, âgé de 36 ans, simple menuisier, exécuté le 5 juillet 1794, pour avoir dit publiquement que la République égorgeait la nation et ruinait la France. — VILLERET (Joseph), âgé de 28 ans, né dans le Puy-de-Dôme, guillotiné le 11 janvier 1794, pour avoir dit que s'il ne se trouvait pas un homme pour faire *sauter* la République, dans dix ans la France ne serait plus qu'un affreux désert peuplé de tigres à figure humaine.

A ces nombreuses victimes arrachées à l'Auvergne et égorgées à Paris, joignons celles, en nombre encore plus grand, décapitées, fusillées ou mitraillées à Lyon. En voici l'effrayante liste : — DU LIGONDES (Frédéric-Amable), condamné à mort et fusillé à Lyon, à l'âge de 26 ans, le 23 juin 1799. Etant émigré, son crime était d'être rentré en France. — D'ALEXANDRE (Blaise), né à Luzillat, le 24 mars 1794, décapité à l'âge de 54 ans, parce qu'il n'était pas un bon républicain. — D'AUBIÈRE (Pierre-André), né à Clermont en 1741, mitraillé le 17 février 1794. Son crime était de n'être pas républicain. Madame d'Aubière et ses deux filles furent incarcérées à Clermont. — BOURDIER (Pierre), né en Auvergne, condamné à mort et exécuté à l'âge de 30 ans, le 4 décembre 1793, pour avoir dit qu'il n'était pas républicain. C'était un homme du peuple. — CHANTY (Genès), âgé de 41 ans, républicain modéré, procureur dans le Puy-de-Dôme, exécuté comme fédéraliste, le 26 novembre 1793. — De CHAUVEAU (Joseph), né à Fourilles (Allier), domicilié à Valbeleix (Puy-de-Dôme), exécuté à l'âge de 55 ans, le 13 janvier 1793. Son crime était d'être rentré en France parce qu'il était émigré. — De CHAVANE (Joseph), né à Montaigut, exécuté le 31 décembre 1793, à l'âge de 42 ans. Son crime était d'être royaliste et catholique. — COIFFIER de TERREULES (Guillaume), né à Tours, près St-Dier, exécuté le 2 janvier 1794, à l'âge de 38 ans. Son crime était de n'être pas républicain. — CULHAT (Jean-Baptiste), né à Clermont, mitraillé comme royaliste les derniers jours de 1793, à l'âge de 53 ans. C'était un simple marchand.

DAGUILLON (François), né à Maringues, commis de bureau de diligence à Lyon, condamné et mitraillé, comme royaliste, le 19 janvier 1794. — DIJON DE ST-MAYARD (Adrien-Marie), né à Clermont en 1757, d'une famille originaire d'Aigueperse, exécuté le 24 décembre 1793. Il était accusé par Couthon de fédéralisme. — GRIMARDIAS (Pierre), né à Maringues, pharmacien à Lyon, exécuté comme royaliste, le 18 décembre 1794. — JUSSERAUD (Etienne-Amable), né à Riom, le 15 fevrier 1754, fusillé le 5 décembre 1794 pour avoir dit qu'il n'était pas républicain. — JEUDY (François), ancien carme, né à Riom, exécuté le 21 décembre 1794. Son crime était d'être religieux. — MALLET (Jean-Baptiste), né à Clémensat, exécuté comme royaliste, à l'âge de 26 ans, le 22 mai 1794. C'était un simple et honnête aubergiste. — MOLIN (Barthélemy-Michel), président de chambre à Riom ; arrêté par ordre de Couthon, avec 13 autres républicains modérés comme lui, il fut mitraillé avec eux, le 23 décembre 1793. — MONNIER (Etienne), né à Beauregard, près Lezoux, condamné à mort comme émigré. C'était un homme du peuple, un simple jardinier. — MONANGE (Jean-Charles-Gabriel), né à Riom, condamné comme conspirateur, à l'âge de 26 ans, le 14 mars 1794. — NEUVILLE (Paul), 45 ans, et NEUVILLE (Nicolas), simples ouvriers accusés de conspiration ; le premier fut exécuté le 5 et le second le 20 décembre 1794.

NICOLAS (Antoine-Joseph), épicier, né à Riom, condamné avec 145 autres victimes, le 19 mars 1794. C'était le féroce Parrain qui présidait à ces boucheries. Armé d'une petite hache, il demandait à l'accusé son nom, et quelque réponse qu'il fît, il baissait sa hache, ce qui signifiait bon pour la guillotine. Il fallait que tout sens moral fût étouffé dans ces hommes de sang, pour se jouer ainsi de la vie humaine. — PASSEMART (Benoît), né à Ambert, fusillé comme conspirateur, le 22 décembre 1794. — DE RIGAUD (Aimé-Julien), résidant à Crevant, près Maringues, mitraillé le 16 décembre 1793. Ce jour fut une véritable boucherie organisée par *Collot d'Herbois* ; plusieurs milliers de personnes périrent. — SABLON-DUCORAIL (Antoine), né à Riom, le 5 août 1762, exécuté comme royaliste, le 24 novembre 1793. Il mourut en héros chrétien en criant de toutes ses forces : *Vive le Roi ! vive la religion !* — SAULZET, cultivateur à Lempdes, exécuté comme royaliste sur la fin de 1793. — TRUNEL (Martin), né à Ambert, revendeur de denrées, mis à mort comme conspirateur, le 22 décembre 1793. — DE VARTAMY (Antoine-Gabriel), né à St-Just-de-Baffle, exécuté comme conspirateur, le 29 décembre 1793. — DE VICHY (Jean-Baptiste) et (Abel-Claude-Marie), tous les deux originaires d'Aigueperse, le premier exécuté le 29 juin 1790, et le second mitraillé le 15 octobre 1793 ; leur crime était d'être royalistes. — VIMAL (Jean-Baptiste), né à Ambert, condamné à mort, le 22 juin 1793, comme coupable d'avoir vendu du papier aux royalistes pour faire des assignats.

Ce ne fut pas seulement à Paris et à Lyon que furent égorgés, dans ces temps mauvais, les enfants de l'Auvergne, ils tombèrent encore dans d'autres endroits sous les balles ou le couteau de la Révolution. — JANVIER, curé de St-Rémy, près Thiers, fut exécuté à Feurs (Loire), en 1793, pour avoir refusé le serment. — AIGUEBONNE (Jean), métayer à Vollore-Ville, fut assassiné dans un bois comme royaliste, à l'âge de 20 ans, par les jacobins de Thiers, qui firent à bout-portant sur lui une décharge de leurs armes. — CISTERNES DE LORMES, fusillé à l'âge de 29 ans, à Bar-le-Duc, le 5 octobre 1795, comme émigré. Il fut dénoncé comme tel par un officier auvergnat qui l'avait reconnu. — DUCROZET (Jean-Baptiste), né à Riom, fusillé comme émigré à Valenciennes, le 23 septembre 1795. — DORAT (Isabeau), sœur du Tiers-Ordre, domiciliée dans le canton de Besse, guillotinée au Puy avec cinq autres héroïnes comme elle, dont la plus jeune n'avait que 14 ans. Elles subirent leur martyre avec joie, le 30 juin 1794, en levant les yeux au ciel et en chantant le *Miserere*. La foule fortement émue ne put retenir ses larmes. Le crime de ces filles était d'avoir assisté des prêtres proscrits. — DUMAS (Jean), né à Pesliers, exécuté à Riom le 7 août 1794 ; son crime était d'être prêtre. — JAMOT (François), clerc tonsuré, né à Cournols, exécuté à Clermont, le 30 mai 1794, parce qu'il était catholique tonsuré. — DE LABOULLAYE

DE MARILLAC, résidant en Auvergne, exécuté à Moulins (Allier) comme noble, le 5 juin 1794. — MALLERET (Gilbert), né à Pionsat, exécuté à Riom, le 1er janvier 1794; son crime était d'être diacre; il mourut avec la foi d'un martyr. — MORAND, né à Neschers, curé constitutionnel de la Meillerie (Sarthe), exécuté dans ce département après la suppression des cultes. — PERRON (Michel-Jean), né à Billom, exécuté à Riom, le 28 juin 1794, parce qu'il était diacre. — DE PROVENCHÈRE, exécuté à Avignon, le 7 novembre 1793, comme conspirateur, à l'âge de 29 ans.

Nous pourrions continuer cette lugubre liste, mais nous nous arrêtons, le récit de tant de crimes et de forfaits a déjà trop duré.

Fasse le Ciel que ces malheureuses et innocentes victimes, dont nous venons d'énumérer les divers supplices, aient imploré à leur dernière heure la miséricorde infinie de Dieu, et que leur vie de tribulations et de misères se soit trouvée changée, à la sortie de ce monde, en une meilleure !

Si, dans ces jours de sang et de crimes, le sort de ceux qu'on égorgeait était à plaindre, le sort de ceux qui échappaient au glaive de la mort ne l'était pas moins; leur vie était une suite de maux et de périls incessants. L'abbé Levadoux, ancien curé de Saint-Bonnet, près Riom, dont Artonne fut le séjour pendant presque tout le temps de la Terreur, fournit un exemple frappant de ce que nous venons d'avancer. Ses jours se passaient dans la préoccupation constante de se soustraire aux recherches des jacobins. Le temps d'ordinaire consacré au repos était par lui employé à des pérégrinations nocturnes, pour aller porter aux malades de toute la contrée les secours de la religion et leur donner les sacrements. Souvent notre aïeul maternel (1), qui lui servait de guide, nous a raconté de ce prêtre des traits de zèle et de courage qui ravissaient notre admiration. Son dévouement pour le salut des âmes allait si loin, que rien ne pouvait l'arrêter, pas même des menaces de mort. « Ce digne prêtre, nous disait-il souvent, avait une maison sûre à Artonne ; c'était celle de mademoiselle Maignol, sœur de M. l'abbé Maignol, alors exilé en Suisse. Cette maison était devenue son asile et c'était là qu'on venait d'assez loin le chercher en secret.

» Un jour il fut appelé à Charbonnières-les-Vieilles pour administrer un malade en grand danger de mort. Nous partîmes en pleine nuit, par un temps glacial, sans voir où nous posions les pieds, tellement le ciel était noir. Après une heure de marche pénible, nous arrivâmes dans les bois de Chavanon. Un silence de mort régnait dans la forêt. A mesure que nous avancions à travers les arbres, l'obscurité devenait de plus en plus intense. Au milieu de ces ténèbres le cri sinistre et perçant du hibou se faisait entendre : nous étions presque effrayés. Tout-à-coup une lueur assez vive apparait derrière nous; nous nous retournons et nous apercevons un globe de feu rampant à un pied de terre. C'était ce que les gens du pays désignent sous le nom de *feu-follet*. Chose étrange ! Nous savions que ce phénomène était le produit d'un gaz lumineux, et cependant nous fûmes, malgré nous, saisis d'une espèce de terreur. C'était pourtant un secours qui nous venait de la Providence ; cette lumière nous suivit jusqu'à la sortie du bois ; elle nous fut d'une grande ressource, plongés comme nous l'étions dans les té-

(1). Amable Brun, cultivateur-propriétaire à Artonne.

nèbres les plus profondes. Malgré la surveillance des jacobins, nous pûmes faire cette course sans encombre. Le malade fut administré et nous revînmes sains et saufs. »

Voici quelques autres faits qu'aimait à nous raconter dans sa vieillesse notre aïeul que nous aimions beaucoup, faits qui ne sont pas moins, que celui déjà cité, de nature à faire reconnaître le dévouement du vertueux prêtre resté longtemps en vénération dans le pays.

« Mandé en Bourbonnais pendant la quinzaine de Pâques, l'abbé Levadoux me pria de l'accompagner jusqu'à Jenzat. Comme nous passions, à une heure du matin, dans un des faubourgs de Gannat, pour éviter de traverser la ville, nous rencontrâmes un homme qui nous parut suspect. — *Vous voyagez de bonne heure, citoyens*, nous dit-il, *ne feriez-vous pas quelque contrebande ?* — *La contrebande que nous faisons, c'est de nous trouver à St-Pourçain assez-tôt pour la foire.* — *Vous y allez donc ?* — *Comme vous le voyez.* — *Alors filez votre nœud.* C'était bien ce que nous désirions le plus.

« Au mois de juin l'abbé Levadoux fut appelé à Randan. Selon notre habitude, nous partîmes en pleine nuit ; il fallait soigneusement nous cacher, comme si nous avions été des échappés de bagne. Quel triste temps c'était alors ! Arrivés à Randan, on apprit au curé de St-Bonnet que parmi les malades qu'il avait à voir, se trouvait une fille que son frère, militaire en congé, ne voulait point laisser administrer. « *Si je trouvais*, disait-il, *un prêtre auprès de ma sœur, je lui couperais la tête avec mon sabre.* » On chercha un moyen de l'éloigner de la maison, mais on ne put réussir. Sur les deux heures après midi, cet homme étant ivre alla se coucher dans sa grange et s'endormit. Pendant ce temps-là, l'abbé confessa la malade et lui administra les derniers sacrements. Cinq minutes après le départ de ce courageux prêtre, le forcené qui lui aurait donné la mort, venait de se réveiller, sortait de sa grange l'œil en feu et l'air menaçant. »

L'abbé Levadoux, en tant que prêtre, devait trouver des ennemis jusqu'au sein même de sa famille. Un frère de son père, fougueux républicain, se fit son délateur. Le soir même de cette trahison, la gendarmerie de Riom se rendit au village où demeurait la famille de notre héroïque prêtre (1). Le père Levadoux qui s'attendait tous les jours à cette infâme dénonciation, donna le signal d'alarme à sa femme, quand il vit les gendarmes venir sur la route, et se hâta de fermer le portail de sa cour qui se trouvait à demi ouvert. — *Au nom de la loi*, dit le chef de la brigade, *ouvre ton portail, citoyen. — Mais vous vous trompez de maison*, dit le père. Pendant qu'on échangeait des explications, l'abbé qui était déjà couché sortait du lit, s'habillait à la hâte, enjambait une croisée, d'un saut se jetait dans le jardin, et allait chercher dans sa précipitation un gîte pour passer la nuit, dans la cabane d'un malheureux, à deux kilomètres du village. Pendant ce temps-là, la mère Levadoux, avec cette présence d'esprit qui ne lui faisait jamais défaut, s'était déshabillée et mise au lit à la place de son fils.

En ces jours mauvais, dans notre Auvergne, comme partout ailleurs, où la haine du prêtre et des croyances religieuses semblait avoir saisi une nation prise de vertige, ceux qui voulaient ne pas se voir traîner en

(1) Le village Grenier, de la commune de Châtelguyon.

prison ou condamner à mort, étaient obligés de s'effacer le plus possible et de chercher la solitude. Comme aux temps les plus durs de la persécution païenne, on vit les confesseurs de la foi errer dans les montagnes et demander un asile aux cavernes et aux forêts. Gloire à cette génération de vertueux prêtres qui restèrent fidèles au *Christ* au milieu de tant de souffrances et de tribulations ! Les petits-fils de ces pieux et courageux paysans qui partageaient avec ces dignes ministres de Dieu leur pain et leur cabane, se souviennent encore des bénédictions que ces confesseurs de Jésus-Christ ont laissées sous leur toit, bénédictions qui, jusqu'à cette heure, les ont préservés de l'incrédulité et de la corruption de notre siècle.

ÉGLISE CONSTITUTIONNELLE

Nous avons vu comment la Révolution, au jour de sa force et de son triomphe, entendait la justice et de quelle manière horrible et dérisoire elle l'appliquait à ceux qui lui faisaient opposition.

Voyons maintenant quel cas elle fit de la Religion et comment elle la traita quand elle crut pouvoir l'asservir sans danger. Il y avait en France 135 diocèses, que la piété de nos ancêtres avait obtenus du Saint-Siège ; la Révolution, après les avoir dépouillés de tout, les rédu... de sa propre autorité à 83. Chaque département formait un diocèse et lui donnait son nom. La résidence de l'évêque était au chef-lieu, sauf quelques rares exceptions. Tous les anciens évêchés dont le nom ne se trouvait pas dans le décret de l'Assembées furent supprimés. La France fut divisée en dix arrondissements métropolitains dans l'ordre qui suit :

1° Côtes de la Manche : métropole, *Rouen*.
2° Nord-Est : métropole, *Reims*.
3° Est : métropole, *Besançon*.
4° Nord-Ouest : métropole, *Reims*.
5° Seine : métropole, *Paris*.
6° Centre : métropole, *Bourges*.
7° Sud-Ouest : métropole, *Bordeaux*.
8° Sud : métropole, *Toulouse*.
9° Côtes de la Méditerranée : métropole, *Aix*.
10° Sud-Est : métropole, *Lyon*.

Dans ces temps mauvais, l'habit religieux fut supprimé. On exigea du clergé et de toutes les congrégations un serment schismatique, sous peine de proscription. Tous les chapitres furent abolis ; l'église cathédrale devint une simple église paroissiale, dont l'évêque était le curé ; on lui permettait d'avoir un ou deux vicaires pour l'aider dans ses fonctions. Le seul mode de pourvoir aux évêchés et aux cures était le suffrage, auquel prenaient part tous les citoyens. De cette élection vicieuse, il résultait que les évêques, les curés étaient nommés par des calvinistes, des luthériens, des juifs, des déistes et des gens qui ne professaient aucun culte et qui ne croyaient à rien. L'évêque ainsi élu se passait de la confirmation du Pape ; il lui écrivait simplement et c'était tout ; il recevait l'institution canonique du métropolitain, et, à son défaut, du plus ancien des évêques de l'arrondissement de la métropole. L'évêque devait prêter serment de fidélité à la nation. Le curé élu recevait l'institution canonique de l'évêque diocésain, qui ne pouvait exiger de lui que sa profession de foi. Chaque curé choisissait ses vicaires parmi les prêtres admis par l'évêque. Ainsi l'autorité de l'Eglise et la hiérarchie ecclésiastique étaient foulées aux pieds.

Tous les membres du clergé faisant partie de l'Assemblée nationale furent invités à prêter serment à cette constitution schismatique, créée par des hommes qui n'en avaient ni le pouvoir, ni le droit. L'épreuve allait commencer pour cette Eglise de France, si glorieuse autrefois et si humiliée alors ; Dieu voulait la régénérer et lui rendre son ancien éclat par la persécution et le martyre. Le fameux Grégoire, curé d'Embermésnil, en Lorraine, fut le premier à prêter le serment schismatique ; il eut la joie, joie pas enviable, de se voir suivre par plusieurs autres ecclésiastiques de l'Assemblée ; mais la plus grande partie resta attachée à la véritable Eglise. Dans l'espérance d'augmenter les adhésions, on remit le dernier délai du serment à huit jours plus tard ; il y eut alors une scène digne des plus beaux temps de l'Eglise. Malgré les menaces et les cris de mort qui retentissaient de toutes parts, les prêtres et les évêques restèrent inébranlables et fidèles à leur devoir, en grande majorité.

Des cent-trente-cinq évêques français, quatre seulement s'enrôlèrent sous les étendards du schisme. Ce furent *Loménie de Brienne*, archevêque de Sens et ancien ministre du roi, l'homme dont le pieux Louis XVI disait : « Il n'a pas la foi ; » *Talleyrand de Périgord*, évêque d'Autun, qui devait bientôt renoncer à l'état ecclésiastique et se marier ; *de Jarante*, évêque d'Orléans, homme accablé de dettes et sans considération ; et *Lafont de Savines*, évêque de Viviers, homme inconstant et bizarre, qui, après avoir passé par toutes les horreurs de la Révolution, devait revenir à Dieu plus tard. A ces noms de triste mémoire il faut ajouter celui du fameux *Gobel*, évêque de Lydda *in partibus*, réservé à une apostasie plus criminelle encore. Les meneurs, qui comptaient sur un grand nombre de défections dans l'épiscopat, furent ainsi trompés dans leur attente. Dieu montra qu'il y avait encore sur la terre des hommes pour le martyre et des Saints pour le Ciel.

Le clergé du second ordre fit preuve, malgré les menaces de mort qui retentissaient à ses oreilles, du même courage et de la même fermeté. Sur soixante mille prêtres, curés et vicaires, cinquante mille au moins refusèrent le serment ; il y eut des diocèses où l'on ne comptait pas dix prêtres jureurs. Parmi ces dix mille prêtres que la Révolution avait séduits et trompés, beaucoup ne jurèrent qu'avec des restrictions, en exceptant tout ce qui toucherait à la *Religion catholique* ; un petit nombre seulement jura sans réserve. La plupart de ceux qui avaient juré avec restrictions reconnurent leur erreur, quand Pie VI eut parlé, et alors ils se rétractèrent noblement ; il y eut même plusieurs de ces derniers qui, pour réparer leur faute, souffrirent le martyre. On vit vraiment à cette époque sanglante des actes de courage et de fermeté dignes de la primitive Eglise.

Les *Evêques constitutionnels*, en se sacrant les uns les autres, formèrent un clergé intrus qui n'avait ni droit, ni juridiction, un clergé scandaleux, repoussé et détesté par les populations restées fidèles à l'Eglise. Les pasteurs légitimes, bannis de leurs siéges, les curés orthodoxes chassés de leurs paroisses et privés de leurs bénéfices, se condamnaient à vivre au fond des bois, dans les retraites les moins accessibles. Les uns, selon l'inspiration que Dieu leur donnait, s'exposaient à braver la mort plutôt que d'abandonner les âmes qui leur étaient confiées ; les autres s'expatriaient et allaient chercher sur une terre plus hospitalière une sécurité que la France, dans son délire, leur refusait. Tous les États, même les États protestants, ouvrirent leurs portes à ces nobles infortunés qu'une patrie ingrate et persécutrice était indigne de posséder.

Les prêtres français émigrés devinrent l'édification de tous les pays qui les reçurent ; ils y laissèrent, avec l'exemple de leurs vertus et de leur grande résignation, les meilleurs souvenirs. La protestante Angleterre, qui avait accueilli un grand nombre de ces infortunés prêtres, fut vivement touchée de leur malheureux sort. Elle vit dans ces hommes innocents tant de patience, de vertus et de résignation, que peu à peu ses vieux préjugés contre le catholicisme tombèrent. C'est de cette époque que date le retour de ce grand pays à l'ancienne religion de ses pères. Dieu tire toujours le bien du mal et il déjoue ainsi le calcul des impies.

1° Arrondissement des Côtes de la Manche.

ROUEN (*métropole*). LOUIS CHARRIER DE LA ROCHE, évêque intrus de la *Seine-Inférieure*. Le légitime pasteur était *Dominique de Larochefoucauld*, qui, ayant fui la persécution, mourut à *Munster*, le 2 septembre 1799. *Charrier*, dont la famille sortait d'Issoire, en Auvergne, était curé-prévôt de l'église d'Ainay de Lyon et membre de la Constituante. C'était un janséniste, qui avait été grand-vicaire du fameux Montazet. Ayant été mal accueilli par la ville de Rouen, qui était toute dévouée à son légitime pasteur, *Charrier* se dégoûta de son poste, se démit de sa charge et se retira à Lyon dans sa famille. Peu après, il fut jeté en prison ; mais les pauvres, dont il se montra toujours le généreux ami, obtinrent sa liberté. En 1802, il fut nommé à l'évêché de Versailles, qui était de nouvelle création. Arrivé à ce poste, il s'empressa de faire rétractation de son serment, et le fit rétracter à tous ceux de ses prêtres qui se trouvaient dans le même cas que lui. Il mourut évêque de Versailles, le 18 mars 1827, à l'âge de 89 ans (1).

BAYEUX. Claude Fauchet, membre de la Constituante, évêque intrus du *Calvados*. Le légitime pasteur était *Dominique Cheylus*, qui se retira dans l'île de Jersey ; il y mourut peu de temps après, à l'âge de 80 ans. *Fauchet* était né à *Dorne*, dans le Nivernais, le 22 septembre 1744. Ce fut un chaud partisan de la Révolution et un ennemi acharné des prêtres restés fidèles. Le 22 octobre 1791, il prononça contre eux, à la Chambre, un discours des plus violents, où il disait en fou furieux : « *Les athées sont des Anges en comparaison de ces prêtres rebelles* (lisez fidèles). »

Quand, le 6 avril 1792, un décret supprima le costume ecclésiastique, il fut le premier, à la Chambre dont il faisait partie, à déposer sur le bureau du président sa calotte et sa croix. Ses lâches confrères en intrusion imitèrent son exemple. C'était le *Vendredi-Saint* !.... Le jour était bien choisi pour renouveler le reniement du Christ. Accusé de conspiration par le parti jacobin, il fut condamné à mort et guillotiné le 30 novembre 1793. Il eut le bonheur de rencontrer à

(1) *Biographie Chrétienne*.

la Conciergerie un saint et pieux prêtre qui le confessa et lui fit abjurer ses erreurs (1).

COUTANCES. FRANÇOIS BECKEREL, desservant de *St-Loup*, canton d'Avranches, membre de la Constituante, évêque intrus de la *Manche*. Le légitime pasteur était *Ange-François de Talaru*, qui se réfugia en Angleterre. S'étant un peu plus respecté et moins compromis que ses collègues, Beckerel fut, à l'époque du Concordat, nommé à l'évêché de *Valence*, où il est mort (2).

SÉEZ. JACQUES LEFESSIER, desservant de la petite paroisse de *Bérus*, diocèse du Mans, membre de l'Assemblée législative, évêque intrus de l'*Orne*. Le légitime pasteur était *Jean-Baptiste Duplessis*, qui sortit de France en 1791. Quand on abolit tous les cultes, le 10 novembre 1793, *Lefessier* apostasia en remettant à la municipalité de Séez tous ses insignes d'évêque et en renonçant entièrement et pour toujours à exercer les fonctions sacerdotales. Cette lâche déclaration se trouve écrite et signée de sa main sur un registre de la municipalité que l'on possède encore.

ÉVREUX. THOMAS-ROBERT LINDET, curé de Ste-Croix de *Bernay*, membre de la Constituante et de la Convention, évêque intrus de l'*Eure*. Le légitime pasteur était *François de Narbonne*, qui s'était réfugié à Rome, où il mourut en novembre 1792. *Lindet* fut le premier évêque intrus qui donna aux prêtres jureurs le scandaleux exemple de se marier; il vota comme un énergumène la mort de Louis XVI. Le 7 novembre 1793, il apostasia, en renonçant à toutes les fonctions ecclésiastiques, dont il était du reste, mille fois indigne. Dès ce moment il vécut tout-à-fait en laïque. En 1816,

(1) *Biographie Chrétienne*. — (2) *Liste des intrus*.

il fut banni de France comme régicide. Louis XVIII, lui ayant permis de rentrer dans le royaume, il se retira à *Bernay*, où il mourut en 1823. Il fut enterré comme un impie sans aucune cérémonie religieuse. Tel ce misérable avait vécu, tel il mourut. Il avait été sacré par Saurine, le 6 mars 1791 (1).

BEAUVAIS. Jean-Baptiste Massieu, desservant de *Sergy*, diocèse de Rouen, membre de la Constituante et de la Convention, sacré évêque intrus de l'*Oise* par Saurine, le 6 mars 1791. Le légitime pasteur était *François-Joseph de La Rochefoucauld*, qui, arrêté le 11 août 1792, fut massacré aux Carmes le 2 septembre, percé de plusieurs coups de pique. *Massieu* devint un jacobin tellement ardent, qu'il vota, sans sourciller, la mort de Louis XVI. Le 11 novembre 1793, il apostasia, renonça à toutes les fonctions ecclésiastiques et se maria avec la fille du maire de *Givet*. Il se livra comme un forcené à toutes sortes de profanations dans les églises et de cruauté envers les prêtres restés fidèles. Son atroce conduite le fit arrêter le 9 avril 1795 ; mais il fut bientôt relâché. Il devint professeur à l'école centrale de Versailles. Obligé de quitter la France en 1816, comme régicide, il mourut à *Bruxelles*, le 6 juin 1818, comme il avait vécu (2).

AMIENS. Éléonore-Marie Desbois, curé de *St-André-des-Arts*, à *Paris*, membre de la Constituante, évêque intrus de la *Somme*. Le pasteur légitime était *Louis-Charles de Machault*, qui s'était réfugié à Paderborn, d'où il écrivit le 20 octobre 1800 une lettre remarquable à un de ses grands-vicaires. *Desbois* naquit à *Paris*, en 1739. Après avoir été grand-vicaire de *La Rochelle*,

(1) *Biographie moderne*. — (2) *Biographie moderne*.

Il devint curé de *St-André-des-Arts*. C'était un prêtre charitable et zélé, dont la défection étonna un grand nombre de gens. Le prix de cette coupable faiblesse fut le prétendu évêché de la *Somme*. Député en 1791, il fut incarcéré sous la Terreur, pendant 22 mois. Cette détention lui fit presque perdre la vue. Ayant été mis en liberté, il fonda, des débris de sa fortune, une imprimerie qu'il nomma *Imprimerie Chrétienne*. Il mourut repentant le 5 septembre 1807. Il s'était démis de son évêché en 1801 (1).

SAINT-OMER. Pierre-Joseph Porion, né à Thièvres (Pas-de-Calais), curé de *Saint-Nicolas-d'Arras*, évêque intrus du *Pas-de-Calais*. Le légitime pasteur était *Alexandre-Joseph-Marie-Alexis de Bruyère de Chalabre*, qui sortit de France. *Porion* fut sacré à Paris le 17 avril 1791. En 1793, il apostasia et renonça aux fonctions ecclésiastiques, ainsi que la plupart de ceux qu'il avait ordonnés. Il épousa la fille d'un officier irlandais. En 1802, il vint se fixer à Paris, où il vécut dans l'obscurité et sans considération. Il mourut le 20 mars 1830, laissant une fille de son mariage sacrilége, ou pour parler plus exactement, de son concubinage, puisqu'il ne pouvait validement contracter (2).

2° Arrondissement du Nord-Est.

REIMS (*métropole*). Nicolas Diot, né à *Reims*, le 4 janvier 1744, curé de *Vendresse* (Ardennes), évêque intrus de la *Marne*. Le légitime pasteur était *Alexandre-Angélique de Talleyrand-Périgord*, qui s'était réfugié en Allemagne. A peine élu par la populace, *Diot* s'installa aussitôt au palais de l'archevêché et lança

(1) *Biographie chrétienne*. — (2) *Biographie moderne*.

sous forme de mandement une violente diatribe contre les prêtres restés fidèles à leur devoir. En 1793, *Diot* se trouvait dans un tel état de dépravation et d'avilissement, qu'il bénit, le 9 novembre, dans sa cathédrale, le mariage d'un de ses grands-vicaires avec une de ses cousines. Le lendemain tous les cultes ayant été été abolis, on le vit alors se livrer à toute espèce de saturnales. En 1795, il essaya de reprendre ses fonctions épiscopales; mais les prêtres qui partageaient ses erreurs le refusèrent pour évêque, tellement ils l'abhorraient. Il fut obligé de prendre la cure de *Ville-en-Tardenois*, à quatre lieues de *Reims*. En 1800, il eut l'audace de sacrer un curé de Dunkerque pour le siége de *Cambrai*. Cet intrus si tristement fameux mourut à *Reims*, le 31 décembre 1802, dans un état voisin de la misère (1).

VERDUN. JEAN-BAPTISTE AUBRY, desservant de *Bezle*, membre de la Constituante, évêque intrus de la *Meuse*. Le légitime pasteur était *Henri-René Desnos*, qui quitta la France en 1791. Le siége d'Aubry n'a pu le faire sortir de l'obscurité (2).

NANCY. LUC-FRANÇOIS LALANDE, prêtre de l'Oratoire, évêque intrus de la *Meurthe*. Le légitime pasteur était *Louis-Charles-Henri de Lafarre*, qui se retira en Allemagne en 1791. — *Lalande*, qui avait la foi et du bon sens, rentra en lui-même peu de temps après sa défection. Il se repentit d'avoir accepté un siége qui n'était point vacant, et donna, sans regret, sa démission (3).

METZ. NICOLAS FRANCIN, desservant de *Freimacher*,

(1) *Biographie Chrétienne*. — (2) *Liste des intrus*.
(3) *Liste des intrus*.

évêque intrus de la *Moselle*. Le légitime pasteur était *Louis-Joseph de Montmorency-Laval*, grand-aumônier du roi, qui quitta la France en avril 1791. On ne sait rien de Francin, qui du reste, fit parler a de lui (1).

SEDAN (*Siége nouveau*). Nicolas Philbert, prêtre de la Mission, curé de *St-Charles*, à Sedan, évêque intrus des *Ardennes*. Le légitime pasteur était *Alexandre de Talleyrand-Périgord*, archevêque de Reims, qui avait fui en Allemagne, pour éviter la persécution. *Philbert* a vécu et est mort dans l'obscurité (2).

SOISSONS. Claude-Eustache Marolles, curé de *St-Jean* à St-Quentin, membre de la Constituante, évêque intrus de l'*Aisne*, sacré par l'apostat d'Autun à *Paris*, le 24 février 1791. Le légitime pasteur était *Henri-Joseph-Claude de Bourdeilles*, qui s'était réfugié en Allemagne pour sauver sa vie. *Marolles* fut sacré en même temps qu'*Expilly*. Ce furent les deux premiers misérables qui ouvrirent le schisme. L'intrus de Soissons était l'ennemi acharné du clergé resté fidèle; ce fut lui qui dénonça à l'Assemblée nationale, comme perturbateur, le *cardinal de Rohan*, évêque de Strasbourg. Son bonheur, si bonheur il y avait de trahir sa foi, fut de courte durée; il mourut peu de temps après sa prévarication (3).

CAMBRAI. Claude-François-Marie Primat, prêtre de l'Oratoire, curé de *St-Jacques* de Douai, évêque intrus du *Nord*. Le légitime pasteur était *Ferdinand-Maximilien de Rohan de Guémené*, qui sortit de France en 1791. *Primat*, qui était né à *Lyon* en 1747, fut sacré le 10 octobre 1791. Il paraît que peu après, tourmenté

---

(1) *Liste des intrus*. — (2) *Liste des intrus*.
(3) *Biographie chrétienne*.

fortement par le remords et dégoûté par les saturnales dont il était témoin tous les jours, il voulait donner sa démission, mais le courage lui manqua. En 1798, il fut transféré à l'évêché de *Rhône-et-Loire*, qui avait Lyon pour siége. Lors du Concordat, il fut nommé archevêque de *Toulouse*, où il mourut le 10 octobre 1816, à l'âge de 69 ans. Il fut sénateur et pair de France. Ce prélat mourut d'une attaque d'apoplexie. En montant sur le siége de Toulouse, Primat demanda sincèrement pardon à Dieu et à l'Eglise, il fit l'édification de son clergé et emporta dans la tombe l'estime et les regrets de ses diocésains (1).

3° Arrondissement de l'Est.

BESANÇON (*métropole*). PHILIPPE-CHARLES-FRANÇOIS SEGUIN, né à *Besançon* en 1741, chanoine de la cathédrale de cette ville, évêque intrus du *Doubs*. Le légitime pasteur était *Raymond de Durfort*, qui s'était réfugié en Allemagne. *Seguin* fut sacré le 27 mars 1791; peu après il fut envoyé à la Convention, où il vota pour la détention de Louis XVI. Le 7 novembre 1793, il eut la faiblesse de suivre l'exemple d'apostasie donné par *Gobel* et 13 de ses prêtres. Le lendemain il abjura ses fonctions ecclésiastiques et rentra dans l'obscurité, d'où il n'aurait jamais dû sortir. En 1797 il reprit ses fonctions pour y renoncer de nouveau et presque de suite. Il mourut, on ne sait comment, sur la fin de 1802. Il fut remplacé en 1798 par l'intrus *Demandre*, dont nous allons dire un mot. JEAN-BAPTISTE DEMANDRE naquit à *St-Loup* (Franche-Comté), le 28 octobre 1739. Il était curé de *St-Pierre* de Besançon.

(1) *Biographie chrétienne.*

Quoiqu'il fût prêtre assermenté, il fit, sous la Terreur, 13 mois de détention dans les prisons de *Dijon*. En 1802, il fut mis de côté par le premier Consul. *Lecoz*, qui le remplaça, voulut en faire son grand-vicaire ; mais n'ayant pu l'obtenir, il le nomma curé de *Ste-Madeleine*, à Besançon. Il mourut subitement le 21 mars 1823 sans avoir voulu donner la moindre rétractation de ses erreurs. Ses amis voulaient mettre sur son cercueil une crosse et une mitre, la police s'y opposa ; c'était ce qu'il y avait de mieux à faire (1).

COLMAR (*nouveau siége*). Arbogast Martin, principal du collége de *Colmar*, membre de la Convention, évêque intrus du *Haut-Rhin*. Le pasteur légitime était l'évêque de Strasbourg, dont nous dirons un mot plus bas. Comme la plupart de ses collègues intrus, ce principal de collége fut un ennemi implacable des prêtres restés fidèles à l'église et à Dieu (2).

STRASBOURG François-Antoine Brendel, professeur de droit-canon à l'Université de *Strasbourg*, évêque intrus du *Bas-Rhin*. Le légitime pasteur était le cardinal *Louis-René-Edouard de Rohan*, qui s'était retiré dans la partie de son diocèse située en Allemagne. *Brendel* naquit à Mertzhoffen en Franconie. Ayant été nationalisé français, il fut sacré évêque intrus du *Bas-Rhin*, le 13 mars 1791. A son arrivée à *Strasbourg*, l'opposition fut grande ; pas un prêtre ne voulut communiquer avec le nouvel évêque. Il se flatta alors de gagner les séminaristes ; mais il fut trompé dans son attente ; il n'en put séduire aucun, pas même son propre neveu qui se trouvait du nombre. La fermeté inébranlable de ces jeunes lévites rappelait les beaux

(1) *Biographie chrétienne*. — (2) *Liste des intrus*.

jours de la primitive Église. *Brendel* recruta son clergé comme il put parmi des prêtres allemands et quelques hommes tarés qu'il éleva à la prêtrise. La misère et la crainte de la mort fit prêter dans la suite le serment à quelques prêtres alsaciens, mais en si petit nombre, que plus de la moitié des cures restèrent vacantes.

Cet intrus fut méprisé et devint le jouet du public. Il eut pour grand-vicaire le féroce *Schneider*. Après la Terreur, *Brendel* donna sa démission, sans renoncer toutefois au schisme. Il devint archiviste du département et mourut à *Strasbourg* le 22 mai 1799. Il repoussa à sa dernière heure le ministère de quelques prêtres fidèles qui s'étaient présentés à lui; il ne consentit à être administré que par un prêtre jureur (1).

SAINT-DIÉ. ANTOINE MAUDRU, né à *Adomp* (Vosges), le 5 mai 1748, desservant de la commune d'*Aidoilles* sacré évêque intrus des *Vosges*, le 20 mars 1791. Le légitime pasteur était *Louis Martin de Chaumont*, qui se réfugia en Allemagne, saint prélat, qui reçut en 1800, dans son exil, une lettre de Pie VII bien consolante pour lui. Quoique républicain, *Maudru* fut arrêté en 1794 et fit sept mois de prison. Ayant obtenu sa liberté, il revint à *St-Dié* et s'occupa de relever le culte de son église qui s'en allait mourante. En 1801 il donna sa démission et fut nommé curé de *Stenay*. En 1815 il fut relégué à *Tours* pour cause de politique. Ayant obtenu d'habiter *Belleville*, près Paris, il y mourut le 14 septembre 1820. Un des coryphées de la bande, *Grégoire*, ex-évêque de Loir-et-Cher, fit son oraison funèbre (2).

VESOUL (*nouveau siége*). JEAN-BAPTISTE FLAVIGNY, curé

(1) *Biographie moderne*. — (2) *Biographie chrétienne*.

de *Vesoul*, évêque intrus de la *Haute-Saône*. Le légitime pasteur était l'archevêque de Besançon, nommé plus haut. *Flavigny* trouva une grande opposition dans son prétendu diocèse ; il vit que la foi catholique n'y était pas morte (1).

DIJON. Jean-Baptiste Wolfius, ex-jésuite, évêque intrus de la *Côte-d'Or*. Le légitime pasteur était *René Démoustier de Mérinville*, qui sortit de France en 1792. La réputation de cet intrus que les jésuites avaient été obligés d'expulser de leur compagnie, était loin d'être brillante. On le vit se montrer dans toutes les circonstances un lâche persécuteur des prêtres restés fidèles à leur foi (2).

LANGRES. Antoine-Hubert Wandelaincourt, né le 28 avril 1731, à *Rupt-en-Voèvre* (Meuse), professeur d'humanité à *Verdun*, sous-directeur de l'école militaire à Paris, sacré évêque intrus de la *Haute-Marne*, le 10 avril 1791. Le légitime pasteur était le savant *César-Guillaume de la Luzerne*, qui s'était retiré en Allemagne. Cet intrus devint membre de la Convention ; mais il n'en partagea pas les excès comme avaient fait plusieurs de ses collègues. On ne le vit point non plus se souiller par l'apostasie ; il fit partie du conseil des Anciens. En 1801, il donna sa démission d'évêque, il obtint une pension, fut nommé curé à *Montbar* et mourut le 30 décembre 1819, à *Belleville*, près *Verdun*, où il s'était retiré (3).

SAINT-CLAUDE. François Xavier Moyse, professeur de théologie à *Dole*, évêque intrus du *Jura*. Le légitime pasteur était *Jean-Baptiste de Chabot*, qui quitta

(1) *Liste des intrus.* — (2) *Liste des intrus.*
(3) *Biographie moderne.*

la France pour se soustraire à la persécution. Moyse n'avait rien de remarquable dans sa personne et sa conduite ; c'était un ambitieux et un théologien très-médiocre (1).

4· Arrondissement du Nord-Ouest.

RENNES (*métropole*). CLAUDE LECOZ, principal du collége de *Quimper*, membre de la Constituante, sacré évêque intrus d'*Ille-et-Vilaine* le 11 avril 1791. Le légitime pasteur était *François Bureau de Girac*, qui s'était réfugié en Angleterre. *Lecoz* était né le 22 décembre 1740, dans le département du Finistère. Le 5 février 1791, il demanda à la Chambre dont il faisait partie la suppression des ordres religieux et des séminaires qu'il qualifiait de *repaires*. Plus tard il se modéra un peu. Le 19 octobre 1791 il prit la défense du célibat des prêtres. Le 14 novembre de la même année, lorsque *Isnard* fit une violente sortie contre les prêtres insermentés, *Lecoz* eut le courage de dire en pleine assemblée que son discours était un code d'*athéisme* ; il désapprouva aussi un de ses suffragants, qui avait marié un prêtre. Pendant la Terreur, il fut mis en prison, malgré son civisme ; ayant été relâché après la mort de Robespierre et de ses complices, il reprit ses fonctions. En 1802 il donna sa démission, sur la demande de *Bonaparte*, et fut nommé par le Concordat à l'archevêché de *Besançon*. En changeant de régime il ne changea point de sentiments ; on prétend cependant qu'en 1804, il fit sa soumission au pape Pie VII, pendant qu'il était à Paris. Il était l'ennemi des Bourbons. On assure qu'il cherchait à soulever

(1) *Biographie chrétienne*.

le peuple contre les alliés, quand il mourut le 3 mai 1815, à *Villevieux*, dans le Jura (1).

SAINT-BRIEUC. JEAN-MARIE JACOB, desservant de *Lannebert*, même diocèse, évêque intrus des *Côtes-du-Nord*. Le pasteur légitime était *Hugues-François Reynaud de Bellouse*. Il ne quitta point la France ; mais aussi combien de fois fut-il mis en prison ! C'est lui qui contribua le plus à la conversion de La Harpe avec qui il se trouvait dans les cachots. Après la mort de *Robespierre*, il fut mis en liberté et mourut le 20 septembre 1796, âgé de 64 ans. Quant à l'Intrus, il était abhorré et détesté dans son prétendu diocèse (2).

QUIMPER. LOUIS-ALEXANDRE EXPILLY, né à Brest, curé de *St-Martin* de Morlaix, membre de la Constituante, évêque intrus du *Finistère*. Ce siége était vacant par la mort de *François-Joseph Conan de St-Luc*. Sacré le 24 février 1791, par l'apostat d'Autun, *Expilly* et *Marolles* furent les deux premiers évêques intrus. Il fit son entrée à Quimper le 16 avril seulement ; elle ne fut pas brillante. Pas un nuage n'obscurcissait l'air, dit l'abbé Barruel ; tout-à-coup le ciel se couvre et devient noir, le tonnerre gronde et retentit bientôt de toutes parts ; on se trouve plongé dans les ténèbres et un orage éclate comme on n'en avait jamais vu ; tout le monde était dans l'effroi et la consternation ; *Expilly* lui-même était saisi de crainte et ne put s'empêcher de regarder cet orage comme un présage de mauvais augure. Cet avertissement céleste aurait dû lui faire naître le remords et le repentir ; il n'en fut rien, il passa outre. Ce misérable écrivit au Pape pour le prier d'agréer son élection, ce qui fut refusé,

(1) *Biographie Chrétienne*. — (2) *Liste des intrus*.

comme on devait s'y attendre. A l'abolition du culte, il devint président du Directoire du département. Il va sans dire qu'il se montra persécuteur acharné des catholiques. Il fut guillotiné à *Brest*, comme fédéraliste, le 21 juin 1794. Il eut pour successeur un nommé *Audrein*, professeur au collége de *Quimper*. C'est cet *Audrein*, membre de la Constituante, qui fit prendre dans la séance du 16 mai 1791 les mesures les plus violentes contre les prêtres insermentés (1).

NANTES. Julien Minée, fils d'un chirurgien de Nantes, curé de *St-Thomas d'Aquin*, à *Paris*, évêque intrus de la *Loire-Inférieure*. Le légitime pasteur était *Charles-Eutrope de la Laurencie*, qui s'était réfugié en Angleterre. L'élection de *Minée* fut obtenue à prix d'argent. Il était dû à son beau-frère six mille livres ; la remise en fut faite au débiteur *Coustard*, à la condition qu'il ferait nommer *Minée* évêque de *Nantes*. La chose était facile, ce *Coustard* était président de l'assemblée. L'intrus rencontra une vive opposition dans le diocèse de *Nantes*. On publia contre lui une foule d'écrits qui le mirent plus bas que terre.

Agacé par cette avalanche de libelles, qui tous les jours lui tombait sur la tête, son cerveau s'affaiblit et il en vint à de singulières extravagances. Une des plus burlesques, c'est l'accoutrement dans lequel il parut aux *processions des Rogations*, dont toute l'assistance était composée d'une centaine de sans-culottes, qui ne croyaient à rien. Couvert comme à une mascarade, de rubans tricolores, il avait à la pointe de son bonnet carré une énorme cocarde. Ces processions furent pour Nantes un véritable car-

(1) Lamothe-Langon, *hist*. — L'abbé Barruel, *histoire de l'Egl*.

naval. Ce malheureux, dont la faiblesse d'esprit devenait de jour en jour plus grande, se laissa traîner à la remorque des jacobins, qui commirent mille atrocités à *Nantes*. Non-seulement il ne sut point s'opposer aux crimes épouvantables dont *Carrier* se faisait un jeu; mais encore la complaisance qu'il montra pour cet homme de sang le fit regarder comme complice. Il prit part à toutes les orgies de la Révolution et pour couronner l'œuvre, il se maria. N'osant plus se montrer à *Nantes*, après la chute de l'exécrable *Carrier*, il se retira à Paris, se fit marchand-épicier et mourut dans cette ville, le 26 février 1808, en mesurant l'huile et pesant la morue (1).

ANGERS. Hugues Pelletier, né en 1729, prieur des génovéfains de cette ville, évêque intrus de *Maine-et-Loire*. Le légitime pasteur était *Michel-François Couet Duvioler de Lorry*, qui à cause de son grand âge resta en France et mourut en 1791. Quant à Pelletier, il ne jouit pas longtemps du fruit de sa prévarication; il apostasia et mourut le 6 avril 1793, bourrelé de remords dans son obstination : il n'eut pas de successeur (2).

VANNES. Charles Lemasle, desservant d'*Arbignac*, évêque intrus du *Morbihan*. Le légitime pasteur était *Sébastien-Michel Amelot*, qui se réfugia en Angleterre en 1792. *Lemasle* rencontra une opposition formidable dans ce diocèse, où la foi était vive et l'attachement très-grand pour la véritable Eglise. Il n'en persista pas moins à occuper ce siége; il mourut le 2 octobre 1803(3).

LE MANS. Jacques-Guillaume-René-François Prudhomme, né en 1728, curé du *Crucifix* (Mans), évêque intrus de la *Sarthe*. Le légitime pasteur était *François-Gaspard*

(1) *Les Hommes grotesques de la Révolution*
(2) *Liste des intrus*. — (3) *Liste des intrus*.

de Jauffroy de Goussans, qui se retira en Angleterre, où il mourut peu après. *Prudhomme* naquit d'une famille noble à St-Christophe (Sarthe), le 16 décembre 1728. Nommé curé du *Crucifix* en 1760, il jouit de l'estime et de la considération publique jusqu'à la Révolution, où il changea de principe. Elu évêque de la *Sarthe*, il fut sacré à *Paris* le 11 mars 1791. Il faut dire, pour être juste, qu'il ne fut jamais partisan des excès révolutionnaires. Il s'opposa de toutes ses forces au mariage d'un de ses grands-vicaires sans pouvoir l'empêcher. Après la Terreur, il reprit ses fonctions qu'il conserva jusqu'en 1801, où il fut forcé de donner sa démission. Il mourut au *Mans*, le 9 février 1812, à l'âge de 83 ans, après avoir reçu d'un chanoine les secours de la religion. (1)

LAVAL, (*nouveau siége*). Noel-Gabriel-Luce Villars, né à Toulouse en 1748, prêtre de la Doctrine chrétienne, principal du collège *de la Flèche*, évêque intrus de la *Mayenne*. Le légitime pasteur était l'évêque du Mans, nommé plus haut, *Villars* naquit à *Toulouse* le 13 décembre 1748. Nommé évêque de la *Mayenne*, sur le refus de l'abbé des *Vauxponts*, il fut sacré à *Paris*, le 12 mars 1791. Il devint membre de la Convention et vota pour la détention de Louis XVI. Ayant refusé de reprendre ses fonctions épiscopales après la Terreur, il fut remplacé seulement en 1799 par l'abbé *Dorlodot*, né en 1756, à *Verdun* et mort chanoine de *Lecoz* à Besançon, en janvier 1816. *Villars* fut inspecteur de l'Université. Il paraît qu'il resta toujours attaché aux croyances et aux pratiques religieuses. Il ne disait point la messe, mais il y assistait et s'approchait de temps en temps de la

(1) *Biographie chrétienne.*

sainte table. Il mourut subitement le 28 août 1828. Dans l'exercice de son épiscopat, il fut très-hostile aux prêtres restés fidèles (2).

Villars, dit l'abbé Barruel, était un homme dont l'intrusion fit perdre tout sentiment de dignité. Il ordonna prêtre un individu qui ne savait même pas son catéchisme ; un autre qui avait été pris à la Halle, volant des tabatières et des boucles ; un troisième nommé *Laban*, président d'un club de jacobins ; un quatrième appelé *Rabba*, mauvais journaliste, qui tous les jours faisait dire à sa feuille que les rois étaient des tyrans et les prêtres insermentés des imposteurs et des rebelles. Où Villars dévoila le plus son hypocrisie, ce fut au couvent des Ursulines, quand une troupe de scélérats, conduits par lui, en enfonça les portes. On voulait forcer les religieuses à reconnaître l'intrus pour leur évêque. Elles refusèrent énergiquement, malgré les menaces de mort, malgré les sabres nus levés sur leurs têtes. « *Allons*, dit Villars au capitaine des brigands, *puisqu'elles ne le veulent pas, laissons-les tranquilles. C'est odieux de les tourmenter ainsi.* » Oh ! *le scélérat !* disait le capitaine et sa bande en se retirant. Oh ! *le scélérat ! c'est lui qui nous a conduits ici et payés pour faire cette besogne.* »

5ᵉ arrondissement de la Seine.

PARIS (*métropole*). JEAN-BAPTISTE-JOSEPH-GOBEL, né à *Thann* en Alsace, le 1ᵉʳ septembre 1727, sacré évêque de Lydda *in partibus* en 1772, membre de la Constituante pour le clergé de *Belfort*, proclamé

(2) *Biographie moderne.*

évêque intrus de la *Seine*, sur sa demande, le 27 mars 1791. Le légitime pasteur était *Antoine-Éléonord-Léon le Clerc de Juigné*, qui, après avoir été assailli de pierres comme un criminel en sortant de l'Assemblée nationale, quitta la France, se retira en Savoie et passa ensuite en Allemagne. *Gobel* se livra à tous les excès de la Révolution. Il fit demander au Pape comme un impudent, cent mille écus, pour rétracter ses erreurs. Il approuva les prêtres qui contractaient mariage et leur permit de continuer les fonctions sacerdotales. Il était l'ami des plus féroces membres de la Convention. Il se présenta le 7 novembre 1793, à la barre de cette assemblée avec 13 de ses prêtres et fit un discours des plus impies et des plus abominables. Il le couronna par l'apostasie en déposant son anneau et sa croix sur le bureau du président. Quelques mois après ce scandaleux exemple, *Robespierre*, qui avait en aversion les athées, tout scélérat qu'il fût, fit arrêter à ce titre *Gobel, Chaumette, Grammont* et quelques autres. Il paraît que *Gobel*, cet homme chargé de tant de crimes, rentra en lui-même quand il se vit emprisonné. Il adressa sa confession par écrit à un de ses grands-vicaires, avec prière de se rendre *incognito* à la porte de sa prison et de l'absoudre au moment où on le conduirait au supplice. Il terminait sa lettre par ces mots, qui marquent du repentir : « *Adieu, mon cher abbé, priez Dieu pour ma pauvre âme, afin qu'elle trouve miséricorde devant lui.* » *Gobel* fut guillotiné le 3 avril 1794, à l'âge de 67 ans (1). Royer, l'intrus de l'Ain, lui succéda le 11 août 1798 ; il est mort repentant en 1807, chanoine de Besançon.

(1) Lamothe-Langon, l'abbé Jager. *Hist. de la Révolution.*

VERSAILLES (*nouveau siége*). JEAN-JULIEN-AVOINE, né au Hâvre en 1741, desservant de *Gomecourt*, évêque intrus de *Seine-et-Oise*. Le légitime pasteur était *Antoine de Juigné*, archevêque de Paris. Avoine ne jouit pas longtemps de cette nouvelle dignité, acquise au détriment de sa conscience ; il mourut le 3 novembre 1793, il eut pour successeur, Augustin-Jean-Clément, mort le 8 mars 1804 (1).

CHARTRES. NICOLAS BONNET, né en 1721, curé de *St-Michel* de Chartres, évêque intrus d'*Eure-et-Loir*. Le légitime pasteur était *Jean-Baptiste-Joseph de Lubersac*, qui s'était réfugié en Allemagne. L'épiscopat de Bonnet ne fut pas long ; il mourut presque subitement quelque temps après son sacre (2). Il eut pour successeur Dom Pierre-Philippe Grappin, qui refusa.

ORLÉANS. LOUIS-FRANÇOIS-ALEXANDRE DE JARENTE, sacré évêque d'*Olba* en Cilicie, le 18 février 1781, transféré à *Orléans* en 1788 et évêque assermenté du même siége en 1791. Mondain et dissipateur, il était criblé de dettes et ne jouissait plus que d'une médiocre considération quand la Révolution éclata. Il fut un des quatre évêques qui prêtèrent serment. Comme ses collègues intrus, il se laissa aller à la violence et aux excès contre les catholiques restés fidèles. Sous le règne de la Terreur, il apostasia, se maria, devint commis dans une administration et vécut complètement dans l'oubli et l'obscurité (3). Il est mort repentant en 1805. Son successeur fut Paul Baillet, qui ne voulut point accepter.

SENS. ETIENNE-CHARLES LOMÉNIE DE BRIENNE, né à

---

(1) *Liste des intrus.* — (2) *Liste des intrus.*
(3) *Biographie nouvelle.*

Paris en 1727, sacré évêque de *Condom* en 1761, transféré à *Toulouse* en 1763, à *Sens* en 1788, cardinal en 1789 et évêque assermenté de l'*Yonne* en 1791. Arrêté le 9 novembre 1793, il fut jeté en prison et mourut le 16 février d'une attaque d'apoplexie foudroyante, selon les uns ; selon d'autres, il s'empoisonna pour éviter le supplice de l'échafaud qu'il devait subir le lendemain. De *Brienne* était un prêtre philosophe à mœurs très-relâchées. Il se disait ami de la liberté, mais il était despote par caractère. Il professait les opinions de *Jean-Jacques Rousseau*. Quand ses amis le proposèrent à Louis XVI pour être ministre, ce pieux monarque leur dit : « *Que voulez-vous que je fasse de cet homme ? il ne croit pas en Dieu.* » Il l'accepta néanmoins ; il fut un de ces nobles fortement imbus des idées philosophiques du jour, nobles qui contribuèrent si puissamment à préparer la chûte de la monarchie. Toute la famille de *Brienne* périt sur l'échafaud. (1) Son successeur fut François-Louis Ponsignon qui refusa.

TROYES. Auguste Sibille, né en 1724, curé de *St-Pantaléon* à Troyes, évêque intrus de l'*Aube*. Le légitime pasteur était *Claude-Mathieu-Joseph de Barral*, qui se réfugia à Londres en 1791. Sibille, moins habile sans doute que la prophétesse de Cumes, ne put prévoir ce qui l'attendait dans son prétendu diocèse. Il y rencontra tant de déceptions et de déboires, que peu après il mourut de chagrin et d'ennui, mais repentant, le 11 février 1798 (2). Il eut pour successeur Jean-Baptiste Blampoix, né à Mâcon en 1740 et mort repentant dans cette ville en juin 1820.

(1) *Biographie chrétienne.* — (2) *Liste des intrus.*

MEAUX. Pierre Thuin, né en 1731, curé-chanoine de Montereau, évêque intrus de Seine-et-Marne. Le légitime pasteur était Camille-Louis-Apollinaire de Polignac, qui se réfugia en Allemagne, où il mourut en 1798. Thurin fut comme le reste de ses collègues, un ennemi acharné des prêtres restés fidèles à Dieu (1). Il mourut repentant le 29 janvier 1808.

6ᵉ Arrondissement du Centre.

BOURGES (*métropole*). Pierre-Anastase Torné, né à Tarbes, le 21 janvier 1727, prêtre de la Doctrine-chrétienne, prieur de *St Paul-de-Bagnères*, membre de l'Assemblée nationale, évêque intrus du *Cher*. Le légitime pasteur était *Jean-Auguste de Chastenet de Puységur*. Ayant refusé de prêter serment à la constitution, il fut obligé de quitter la France pour échapper à la persécution. *Torné*, avec quelques talents, fut une véritable girouette tournant toujours du mauvais côté. On le vit attaquer le lendemain ce qu'il avait défendu la veille ; jamais homme ne fut plus inconstant ; jamais on n'en vit de plus acerbe contre le clergé. En 1793, après avoir assisté aux saturnales du culte de la raison, il se rendit à la Chambre, où il abjura son caractère de prêtre et d'évêque, en déclarant qu'il avait été un fourbe et un imposteur. Un tel homme était fait pour aller loin et il y alla. On le vit tout décrépit qu'il fût, se marier avec une marchande de modes ; il bénit publiquement le prétendu mariage d'une religieuse avec un de ses grands-vicaires. Il en vint à de tels excès d'impiété, qu'il s'attira le dédain et le mépris des républicains eux-mêmes. Deve-

(1) *Listes des intrus.*

au tout à la fois le scandale et la risée de tout le Berry, il se dégoûta de son siége et se retira à Tarbes, où il mourut subitement, dans la nuit du 12 mars 1797, à l'âge de 70 ans (1). Il eut pour successeur en 1798 Michel-Joseph Dufraisse, né à Clermont en 1730 et mort en 1802.

BLOIS. (Henri Grégoire), né à Véto, canton de Blamont (Meurthe), desservant d'*Embermenil*, même canton, membre de la Constituante et de la Convention, évêque intrus de *Loir-et-Cher*. Le légitime pasteur était *Alexandre de Lauziers-Thémines*, qui sortit de France en 1791 et se réfugia en Espagne. *Grégoire* était un véritable homme d'état, dont les talents et le courage auraient pu rendre, dans ces temps malheureux, de grands services à l'Eglise ; hélas ! il n'en fut pas ainsi ! il se jeta corps et âme dans la révolution. Malgré ses excès, il n'imita pas ses collègues *Gobel* et *Torné* ; il repoussa avec indignation l'apostasie qu'on lui demandait à la Chambre. Après la Terreur, il fit partie du conseil des Cinq Cents. Au 18 brumaire, il devint président du corps Législatif. En 1801, il donna au Pape la démission de son siége, dont il soutenait la légitimité ; il s'opposa vivement à l'établissement de l'Empire. En 1814, il fut un des premiers à voter la déchéance de Napoléon. Ayant été mis de côté par les Bourbons, les électeurs de l'Isère le nommèrent député en 1819, mais la chambre l'exclut de son sein comme indigne et régicide. Depuis ce moment *Grégoire* vécut dans la retraite. Il mourut à *Paris* le 23 mai 1831. Mgr de Quélen, qui avait tout tenté, sans succès, pour le ramener au sein de l'Eglise,

(1) L'abbé Barruel, *histoire du Clergé*

défendit à ses prêtres de lui administrer les derniers sacrements. L'abbé Guillon, à ce que l'on croit, passa outre, et lui donna l'extrême-onction. Le gouvernement de Louis-Philippe se fit le pourvoyeur des funérailles de Grégoire ; il confia cette honorable besogne à des prêtres étrangers au diocèse de Paris. Quel zèle outré, montrait pour les morts ce gouvernement de barricades, surtout pour les morts qui ne s'étaient pas mis en règle (1).

CHATEAUROUX (*nouveau siége*). René Héraudin, né au Blanc en 1722, desservant de *Chailles*, diocèse de Bourges, évêque intrus de l'*Indre*. Le légitime pasteur était l'archevêque de Bourges dont nous avons parlé plus haut. *Héraudin* n'eut pas de chance ; il vécut encore moins que son siége, qui disparut en 1801 (2). Claude Dufraisse, frère de l'intrus du Cher, fut nommé à ce siége, mais il le refusa.

TOURS. Pierre Suzor, né en 1733, desservant de *Cheillé*, diocèse de Tours, évêque intrus d'*Indre-et-Loire*. Le légitime pasteur était *François de Couzié*, prélat vénérable qui mourut en Angleterre, peu après sa sortie de France. Suzor marcha de pair avec ses fameux collègues ; sa fougue révolutionnaire doublée d'intolérance lui créa un fort courant d'opposition dans toute la Touraine (3).

POITIERS. René Saives, curé de *St-Hilaire*, membre de la Constituante, évêque intrus de la *Vienne*. Le légitime pasteur était *Louis-Martial de Beaupoil de St-Aulaire*, qui sortit de France et mourut peu après, en Angleterre. Voici comment l'abbé Barruel raconte les derniers moments de Saives : « *A peine arrivé sur le siége de St. Hilaire, Saives se disposait,*

(1) *Biographie moderne.* — (2) et (3) *Liste des intrus.*

dans sa fureur, à signer le décret de sa haine et un interdit général sur les prêtres restés fidèles à leur foi; tout-à-coup il tombe, et la main droite serrée, son bras étendu et raidi montrent, à ceux qui l'entourent, la rage de son dernier soupir (1). » Son successeur fut Charles Montault, nommé à Angers en 1802.

GUÉRET (*nouveau siége*). ALEXANDRE HUGUET, né à Billom (Puy-de-Dôme) en 1757, membre de la Constituante et de la Convention, évêque intrus de la *Creuse*. Le légitime pasteur était l'évêque de Limoges (*voir page 447*). Ce fameux *Huguet*, jacobin à outrance et conspirateur opiniâtre, se trouva fortement impliqué dans le complot du *Camp de Grenelle*. Le coup n'ayant pas réussi, il fut pris et mis au nombre des 31 coupables que l'on fusilla le 10 mai 1796 (2). Il n'eut point de successeur.

MOULINS (*nouveau siége*). FRANÇOIS-XAVIER LAURENT, né à *Marcenat* (Cantal), fut d'abord professeur de rhétorique au collége de *Billom*, devint ensuite curé de la petite paroisse d'*Huillaux* en Bourbonnais, laquelle n'existe plus depuis la Révolution; il fut envoyé en 1789 comme député à la Constituante et élu évêque intrus de l'*Allier*. Le Bourbonnais appartenait alors à trois diocèses, Bourges, Clermont, Autun; c'était donc les évêques de ces diocèses qui en étaient les véritable pasteurs. *Laurent* se maria comme plusieurs de ses dignes collègues. Quand le culte fut aboli, il se retira dans une petite maison de campagne qu'il avait achetée près de Moulins. Il mourut à Clermont en 1822. Il avait été sacré par Saurine,

(1) Barruel, *Histoire de la Révolution*.
(2) Lamothe Langon, *Histoire de la Révolution*.

le 6 mars 1791, à Paris (1). Il eut pour successeur Antoine Bulaud du Poux, né en Berry en 1730. Il fut sacré en 1798; il se rétracta et mourut à Paris le 19 août 1803.

NEVERS. GUILLAUME TOLLET, desservant de Vendenesse, diocèse de Nevers, près Autun, évêque intrus de la *Nièvre*. Le légitime pasteur était *Pierre de Séguiran*, qui s'était réfugié en Allemagne. *Tollet*, qui n'était pas à la hauteur de sa nouvelle charge, eut bien à faire dans son prétendu diocèse; ce qui le consolait c'est qu'il n'était pas le seul à se trouver dans le gâchis. Il mourut repentant le 5 août 1805 (2).

7° Arrondissement du Sud-Ouest.

BORDEAUX. (*métropole*). PIERRE PACAREAU, né à *Bordeaux* en 1716, chanoine de la Métropole de cette ville, évêque intrus de la *Gironde*. Le légitime pasteur était *Jérôme-Marie Champion de Cicé*, garde des sceaux, qui se retira à Londres, en 1796. *Pacareau* était un homme très instruit; il savait sept langues étrangères, l'hébreu, le syriaque, le grec, le latin, l'anglais, l'espagnol et l'italien. Deux fois il avait été chargé de l'administration du diocèse par intérim. Quand la Révolution éclata, il eut la faiblesse de prêter serment. En récompense de sa défection, il fut sacré évêque de la *Gironde* le 14 mars 1791 et mourut le 5 septembre 1797, à l'âge de 81 ans. Il eut pour successeur *Dominique Lacombe*, né le 25 juillet 1749, à *Montrejeau* (Haute-Garonne). Il était curé constitutionnel de *St-Pierre* de Bordeaux, quand il fut

(1) Aigueperse, *Biographie des hommes illustres d'Auvergne*.
(2) *Liste des intrus*.

sacré évêque le 14 février 1798. En 1802, il fut un des 12 évêques constitutionnels que le ministre Fouché, ex-oratorien, eut le crédit de faire entrer dans la composition du nouvel épiscopat. Il fut nommé à *Angoulême*, où il mourut presque subitement, le 6 avril 1823. On croit que ce malheureux prélat resta attaché à ses erreurs. C'est, du reste, ce qui est arrivé, par un juste jugement de Dieu, à la généralité des prêtres qui, après les avertissements de Pie VI, continuèrent à rester dans le schisme (1).

LUÇON. François-Ambroise Rodrigue, né en 1733, évêque intrus de la *Vendée*. Le légitime pasteur était *Moyse-Charles-Isidore de Mérie*, qui se retira en Allemagne en 1791. S'il est un intrus qui n'eut pas pour couche un lit de roses, ce fut celui de Luçon ; clergé et fidèles, tous l'abhorraient. Il eut un tel dégoût pour son métier d'évêque constitutionnel, qu'il jeta le froc pardessus les moulins et se retira (2). Il est mort repentant le 9 décembre 1813.

SAINTES. Jean-Étienne Robinet, curé de *St-Justinien*, évêque intrus de la *Charente-Inférieure*. Le légitime pasteur était *Pierre-Louis de la Rochefoucauld*, qui fut arrêté le 11 août 1792, et massacré aux Carmes, à Paris, avec son frère, l'évêque de Beauvais, le 2 septembre suivant. Robinet ne survécut pas longtemps au vrai pasteur ; la mort le frappa peu de temps après (3). Il n'eut point de successeur.

DAX. Jean-Pierre Saurine, né à *St-Pierre-d'Eyous* (Basses-Pyrénées), le 10 mai 1733, vicaire de *Ste-Marie-d'Oloron*, membre de la Constituante et de la Con-

(1) *Biographie chrétienne*. — (2) *Biographie moderne*.
(3) *Almanach du Clergé*.

vention, évêque intrus des *Landes*. Le légitime pasteur était *Sébastien-Charles-Philibert-Roger de Cahusac-de-Caux*, évêque d'Aire, qui sortit de France en 1791. *Saurine* vota pour la détention de Louis XVI. Il fut membre du Conseil des Cinq-Cents et se trouva dans tous les prétendus conciles tenus pour relever l'Église constitutionnelle mourante. Il fut nommé évêque de *Strasbourg* au Concordat. Son début ne fut pas heureux, et il devait en être ainsi ; car ce singulier évêque, tandis qu'il appelait de tous côtés des prêtres assermentés, il forçait plusieurs ecclésiastiques pieux et très-vertueux à quitter son diocèse. Dieu mit un terme à ces injustes vexations ; *Saurine* mourut subitement le 8 mai 1813 (1).

AGEN. André Constans, né en 1730, ex-religieux dominicain, professeur de théologie à l'Université de *Bordeaux*, évêque intrus de *Lot et-Garonne*. Le légitime pasteur était *Louis Duffau de Bonnac*, qui le premier refusa le 4 janvier 1791, à l'Assemblée nationale, le serment que l'on exigeait de lui. Un de ses curés est appelé ensuite et affirme hautement qu'il suivra jusqu'à la mort son évêque, comme St. Laurent avait suivi le pape St. Sixte. L'assemblée, étonnée de ce début, leva la séance et remit le serment à huitaine. De Bonnac se réfugia en Espagne, avec le digne curé qui avait tenu ce noble langage. Constans est mort le 7 juin 1811 sans vouloir se rétracter (2).

PÉRIGUEUX. Pierre Pontard, né à Mussidan en 1750, évêque intrus de la *Dordogne*. C'était un homme si obscur et si inconnu, que l'on ne sait point quelle

---

(1) *Biographie chrétienne*.
(2) Jager, *Histoire du clergé pendant la Révolution*.

charge il occupait. Le légitime pasteur était *Emmanuel-Louis de Grossoles de Flamarans*, qui sortit de France. *Pontard* se livra à tous les excès de l'époque; il apostasia en novembre 1793 et finit par se marier. On ignore ce qu'il devint plus tard et comment il mourut (1). Il eut pour successeur Antoine Bouchier, sacré le 22 mars 1801, et mort le 11 septembre suivant.

TULLE. Jean-Joseph Brival, né en 1727, ex-jésuite, desservant de *Lépaud*, diocèse de Limoges, évêque intrus de la *Corrèze*. Le légitime pasteur était *Charles-Joseph-Marius de Refolis de St-Sauveur*, qui mourut en exil peu après avoir quitté la France en 1791. *Brival* était une pauvre tête que la Compagnie de Jésus avait expulsée de son sein (2). Il mourut le 18 janvier 1802.

LIMOGES. Léonard Gaivernon, né en 1748, curé de *Compreignac*, membre de la Constituante et de la Convention, évêque intrus de la *Haute-Vienne*. Le légitime pasteur était *Louis-Charles Duplessis d'Argentré*, qui quitta la France en 1792. *Gaivernon* fut le premier des évêques, membres de la Convention, qui se dépouillèrent de leurs insignes pastorales. Il offrit comme don patriotique son anneau et sa croix en les déposant sur le bureau de la Chambre. Tous ses collègues intrus l'imitèrent et les prêtres qui n'avaient point de croix ni d'anneaux déposèrent leurs calottes et leurs rabats. Cette conduite, quoique regrettable, était rationnelle ; ce clergé intrus ne déposait que ce qu'il était indigne de porter. Quand *Gaivernon* vit de quel train marchaient les choses, il apostasia. Il est mort impénitent et sans rétractation le 20 octobre 1822.

(1) *Liste des intrus*. — (2) *Almanach du Clergé*.

Si quelqu'un, dit l'abbé Barruel, montra une haine doublée d'ingratitude envers son bienfaiteur, ce fut l'intrus de Limoges. Ce misérable devait sa position et celle de sa famille à Mgr. d'Argentré. Voici ce qu'il écrivait de la Convention aux hommes qu'il avait choisis pour grands-vicaires : « Je sais que d'Argentré continue, malgré les décrets de l'Assemblée, à se dire évêque de Limoges, je sais qu'il continue à faire des ordinations. Ayez l'œil sur ses prêtres, quant à moi, je me charge de sa personne. » D'Argentré ayant été averti du danger qu'il courait, quitta son diocèse et partit pour Londres. Ce Gaivernon avait adressé une prétendue lettre pastorale à ses prétendus diocésains ; il les exhortait à s'armer tous de piques, dont il avait fait placer l'arsenal à son évêché. (1)

ANGOULÊME. PIERRE-MATHIEU JOUBERT, desservant de *St-Martin*, près Cognac, membre de la Constituante, évêque intrus de la *Charente*. Le légitime pasteur était *Philippe-François d'Albinac de Castelnau*, qui quitta la France en 1791. *Joubert* se jeta dans tous les excès de la révolution. A l'abolition des cultes, il apostasia cyniquement, comme cela devait être, et se maria. Il a fini ses jours dans la misère (2).

SAINT-MAIXENT, (*nouveau siége*). MÉTADIER, né à Saintes en 1739. évêque intrus des *Deux-Sèvres*. C'était un homme si peu connu, que l'on ne sait ni ses prénoms, ni le poste qu'il occupait. Peu de temps après son intrusion, il abdiqua son titre et nous ne savons ce qu'il devint. Le légitime pasteur était l'évêque de Poitiers dont nous avons parlé page 442 (3). Métadier mourut le 2 septembre 1802 sans avoir voulu se rétracter.

(1) *Biographie moderne.* — (2) et (3) *Liste des intrus.*

8° Arrondissement du Sud.

TOULOUSE (*métropole*). ANTOINE-PASCAL-HYACINTHE SERMET, né le 8 avril 1732, à *Toulouse*, ex-provincial des Carmes déchaussés, prédicateur ordinaire du Roi, évêque intrus de la *Haute-Garonne*. Le légitime pasteur était *François de Fontanges*, qui s'était réfugié en Espagne et qui, après le Concordat, fut nommé à l'évêché d'Autun. *Sermet*, sur le refus du fameux de *Brienne*, fut sacré à Paris évêque intrus de la *Haute-Garonne*, le 26 avril 1791. Pendant la Terreur, il fut arrêté et mis en prison ; mais ayant recouvré sa liberté, il reprit ses fonctions en 1797. On lui doit cette justice de s'être opposé fortement, avec onze de ses collègues, à ce que le dimanche fût remplacé par le décadi républicain. En 1801, il donna sa démission et mourut dans l'obscurité à *Paris*, le 24 août 1808, après avoir rétracté son serment et condamné avec force la Constitution civile du clergé (1).

AUCH. PAUL-BENOIT BARTHE, né en 1739, professeur de théologie à l'Université de *Toulouse*, évêque intrus du *Gers*. Le légitime pasteur était *Louis-Apollinaire de Latour du Pin Montauban*, qui, en 1791, se réfugia en Allemagne. *Barthe* n'a rien laissé de marquant (2). Il est mort sans rétractation le 25 novembre 1809.

NARBONNE. GUILLAUME BESAUCELLES, né en 1712, doyen du chapitre de *Carcassonne*, évêque intrus de l'*Aude*. Le légitime pasteur était *Arthur-Richard de Dillon*, qui sortit de France en 1791. Comme *Besaucelle* était le doyen d'âge des intrus, on lui donna pour coadjuteur *Louis Belmas*, né le 11 août 1757, à *Mon-*

(1) *Biographie chrétienne.* — (2) *Liste des intrus.*

tréal (Aude). En 1802, *Belmas* fut nommé à l'évêché de *Cambrai*. On croit qu'il resta imbu de ses faux principes toute sa vie. Cependant en 1830, il eut assez de caractère pour refuser l'archevêché d'*Avignon*, que le gouvernement de Louis-Philippe lui avait offert à cause de son passé. Il mourut à *Cambrai*, le 21 juillet 1841, âgé de 84 ans, il était le doyen de l'épiscopat (1).

ALBY. Jean-Joachim Gausserand, né en 1749, desservant de *Rivières*, près Gaillac, membre de la Constituante, évêque intrus du *Tarn*. Le légitime pasteur était *François-Joachim-Pierre de Bernis*, né le 22 mai 1715. Il était cardinal et mourut à Rome le 2 décembre 1794. *Gausserand* fut loin d'être aimé, il trouva dans le Tarn une grande opposition (2). Il est mort en 1801.

OLORON. Barthélemy Jean Baptiste Sanadon, né au diocèse d'Evreux en 1729, prêtre de *St-Maur*, professeur d'histoire et de littérature au collége de Pau, évêque intrus des *Basses-Pyrénées*. Le légitime pasteur était *Jean-Baptiste-Auguste de Villoutreix de Faïx*, qui se retira en Angleterre, où il mourut peu de temps après. La Providence avait compté les jours de *Sanadon*; il mourut impénitent peu après sa félonie. On était porté à croire qu'il suffisait de devenir intrus pour abréger ses jours; tant la mort éclaircissait les rangs de ce clergé schismatique (3). Il eut pour successeur Jean-Pierre Saurine, transféré des Landes en 1801.

TARBES. Jean-Guillaume Molinier, prêtre de la Doctrine chrétienne, professeur de théologie, recteur du collége de *Tarbes*, évêque intrus des *Hautes-Pyrénées*.

(1) *Biographie moderne.* — (2) *Liste des intrus.*
(3) *Liste des intrus.*

Le légitime pasteur était *François Godu de Martagnac*, qui en 1791 se réfugia en Espagne. On ne sait rien de *Molinier* (1). Il est mort en mars 1814.

RODEZ. Claude Débertier, né à *Clermont-Ferrand* le 22 mai 1730, curé et supérieur du collège de *La Fustole* (Aveyron), évêque intrus de l'*Aveyron*. Le légitime pasteur était *Pierre Seignelay Colbert de Gast de Hill*, qui ayant quitté la France en 1791, se retira en Angleterre et mourut à Londres, après le Concordat. *Débertier* fut sacré le 1er mai 1791. En 1801 il fut forcé comme les autres intrus à donner sa démission; de 1818 à 1821 il seconda *Grégoire* dans la rédaction de la *Chronique religieuse* : il mourut le 16 octobre 1831, sans avoir rétracté ses erreurs (2).

CAHORS. Jean d'Anglars, curé de *Cajarc*, évêque intrus du *Lot*. Le siège de Cahors se trouvait alors vacant par la mort de *Louis-Marie de Nicolaï*. Si d'Anglars n'eut pas d'autre satisfaction, il eut celle de se voir bien accueilli à Cahors, qui était la ville des révolutionnaires et des jacobins (3). Il est mort réconcilié en 1829.

PERPIGNAN. Gabriel de Ville, né en 1736, curé de *St-Paul-de-Fenouillet*, né à la Tour de France, même diocèse, évêque intrus des *Pyrénées-Orientales*. Le légitime pasteur était *Antoine-Félix Leyris-Despenchez*, qui se retira en Espagne et y mourut le 30 juin 1801. De *Ville* qui se promettait de beaux jours au milieu de ses prétendus triomphes, fut trompé dans son attente, il ne vécut que 18 mois après son intrusion (4). Il est mort repentant. Il eut pour successeur Dominique-Paul Villa, qui mourut impénitent en 1801.

(1) *Liste des intrus*. — (2) *Biographie moderne*.
(3) et (4), *Liste des intrus*.

PAMIERS. Bernard Font, né en 1723, desservant de *Benac*, près Foix, membre de la Constituante, évêque intrus de l'*Ariége*. Le légitime pasteur était *Charles-Constant-César d'Agoult de Bonneval*, qui se réfugia en Espagne en 1792. Font n'a laissé d'autres souvenirs que sa violence contre les prêtres fidèles (1). Il est mort le 1er octobre 1800. Il eut pour successeur François-Louis Lemercier, né à Pamiers en 1729, et mort en mars 1804.

Montauban devrait figurer ici pour le département de Tarn-et-Garonne. Nous ne savons pour quelle cause il n'en est fait aucune mention dans la circonscription républicaine.

9° Arrondissement des Côtes de la Méditerranée.

AIX (*métropole*). Charles-Benoît Roux, né à Lyon, desservant d'*Airague*, petite paroisse du diocèse d'Avignon, évêque intrus des *Bouches-du-Rhône*. Le légitime pasteur était *Jean-Rémond de Boisjolin*, qui se retira à Londres. Roux fit une guerre acharnée au clergé fidèle; à Arles, il conduisit chez de pauvres religieuses restées attachées à leur véritable pasteur une troupe de forcenés qui, les menaçant de mort, pillèrent leur maison. Ses complaisances pour la Révolution ne purent le sauver; il périt sur l'échafaud le 27 avril 1794. Roux eut pour successeur Jean-Baptiste Aubert, mort repentant en 1816 (2).

BASTIA (*Nouveau siège*). François-Ignace Guasco, sacré évêque de *Nebbio*, le 6 août 1770, proclamé évêque intrus de la *Corse* en 1791. Le légitime pasteur était *de Verclos*, évêque d'Ajaccio, qui se retira en Italie.

(1) *Liste des intrus.* — (2) *Biographie nouvelle.*

Il était grandement aimé en Corse, ce qui fit que *Guasco* y fut détesté et abhorré. Soit chagrin, soit maladie, il mourut peu après son intrusion (1). Il n'eut point de successeur.

FRÉJUS. Jean-Joseph Rigouard, né en 1735, desservant de la petite paroisse de *Solliès-Farlède*, membre de la Constituante, évêque intrus du *Var*. Le légitime pasteur était *Emmanuel-François de Beausset de Roquefort*, qui sortit de France en 1792. On ne sait rien de *Rigouard*, qui resta dans l'obscurité (2). Il mourut le 15 mai 1799.

DIGNE. Jean-Baptiste-Roméé de Villeneuve, né en 1727, curé de *Vallensolle*, évêque intrus des *Basses-Alpes*. Le légitime pasteur était *François Mouchet de Villedieu*, qui se réfugia en Allemagne. *De Villeneuve* fut un des intrus qui écrivirent au Pape, en signe de communion. Il terminait sa lettre par ces mots : « *Quod si non impetro Benedictionem tuam, hic moriar ante pedes tuos.* » Si je ne puis obtenir votre bénédiction, je mourrai à votre porte » Il mourut peu après, mais ce ne fut pas à la porte du Souverain-Pontife ; nous voulons dire que ce ne fut pas en enfant soumis (3). Il eut pour successeur André Champseau, né à Digne en 1758, mort repentant le 26 juillet 1826.

EMBRUN. Isaacq Casenueve, né à Gap en 1747, chanoine de Gap, évêque intrus des *Hautes-Alpes*. Le légitime pasteur était *Pierre-Louis de Leissein*, qui quitta la France en 1790. Soit que *Casenueve* eût des remords, soit qu'il fût dégoûté de l'Église constitutionnelle, il donna, après la Terreur, sa démission et se retira. On

(1) *Liste des intrus.* — (2) Jager, *Histoire du clergé français.*
(3) *Liste des intrus.*

ne sait point ce qu'il devint plus tard, si peu on s'occupa de lui (1). Il eut pour successeur André Garnier, né en 1727, qui se rétracta et mourut en saint prêtre le 17 avril 1816.

VALENCE. François Marbos, curé, nous ne savons de quelle paroisse, tellement il était peu connu, évêque intrus de la *Drôme*. Le légitime pasteur était *Gabriel Melchior de Messey*, qui sortit de France en 1792. Marbos ne tarda pas à sentir vivement le poids de sa nouvelle dignité ; il abdiqua et vécut dans la retraite. On ne sait point s'il eut de suite un successeur ; au Concordat, il fut remplacé par *Becherel*, évêque intrus de Coutances (2). *Marbos* est mort repentant en 1824.

MENDE. Etienne Nogaret, né en 1726, évêque intrus de la *Lozère*. On ne connait aucun de ses titres. Le légitime pasteur était *Jean-Arnaud de Castellane*, massacré à Versailles, le 9 septembre 1791, à l'âge de 58 ans.

Nogaret, dit l'abbé Barruel, était un homme perdu de vices, qui, pour se débarrasser de Mgr. de Castellane, dont il avait usurpé le siége, le dénonça à Paris comme conspirateur. L'accusation était fausse; il n'en fut pas moins arrêté : c'était un parti pris. On le conduisit à Orléans, et de là à Versailles, où il fut égorgé par une bande de scélérats, comme nous l'avons dit plus haut. C'est sur la tête de Nogaret que doit retomber ce sang (3). Il est mort le 30 mars 1804 sans se rétracter.

NIMES. Jean-Baptiste Dumouchel, né d'une famille de paysans, en 1747, recteur de l'Université de *Paris*, membre de la Constituante, évêque intrus du *Gard*.

(1) *Liste des intrus*. — (2) *Liste des intrus*.
(3) Barruel, *Histoire de la Révolution*.

Le légitime pasteur était *Pierre-Marie-Madeleine Cortois de Ballore*, qui se réfugia en Espagne. Dumouchel se conduisit en véritable jacobin; il fut un persécuteur acharné des prêtres restés fidèles à l'Eglise. Il n'eut pas honte, dit l'abbé Barruel, de se mêler aux Calvinistes de Nîmes et de poursuivre avec rage, déguisé en militaire, de malheureux prêtres et de pauvres religieuses, dont tout le crime était d'être dévouées et attachées à leur véritable pasteur. A l'abolition des cultes, il apostasia, se démit de son siège et se maria. Sous l'Empire, il fut employé dans les bureaux des ministères et de l'Université. En 1815, on lui donna sa retraite. Il mourut impénitent le 18 décembre 1820 (1).

BÉZIERS. Dominique Pouderoux, né en 1721 curé de *Saint-Pons*, évêque intrus de l'*Hérault*. Le légitime pasteur était *Claude-Arnaud de Nicolaï*, qui sortit de France en 1792. *Pouderoux* n'eut pas le temps de faire beaucoup de poussière, il mourut peu après son intrusion, sans être regretté (2). Il eut pour successeur Alexandre-Victor Rouanet, né en 1747, mort sans rétractation le 29 janvier 1821.

AVIGNON. François-Régis Rovère, ex-consul français à *Libourne*, vicaire épiscopal à Nîmes, évêque intrus de *Vaucluse*. Le légitime pasteur était *Jean-Charles-Vincent Giovio*, qui s'était retiré à Rome. Avignon appartenait au Saint-Siège, l'Assemblée nationale s'en empara et y fit commettre par *Jourdan coupe-tête* les plus révoltantes atrocités. Tout le monde a entendu parler de la *Glacière* d'Avignon, où des centaines de victimes furent égorgées. Soit remords, soit honte de voir tant de crimes, *Rovère*, qui avait trouvé dans la

(1) *Liste des intrus.* — (2) *Liste des intrus.*

ville des Papes, nouvellement usurpée, une forte opposition, se démit de son siége et se retira (1). Ayant apostasié en 1794, il devint fou. Il eut pour successeur François Etienne, qui mourut en mai 1836 sans se rétracter.

NICE. Charles-Eugène Valperques de Malion, évêque intrus des *Alpes-Maritimes*. Nice et son territoire venaient d'être conquis par la République française. Nous ignorons le nom du légitime évêque. Cet intrus de bonne foi ouvrit enfin les yeux et vit qu'il avait fait fausse route ; pour réparer son erreur, il se démit de son évêché, rétracta son serment et sortit de Nice pour conserver sa liberté et sa vie (2).

10e Arrondissement du Sud-Est.

LYON, (*métropole*). Adrien Lamourette, né à *Fervent*, en 1742, prêtre Lazariste, grand-vicaire d'Arras, membre de l'Assemblée nationale, évêque intrus de *Rhône-et-Loire*, sacré le 27 mars 1791. Le légitime pasteur était *Yves-Alexandre de Marbœuf*, qui quitta la France au commencement de la Révolution. *Lamourette* était un hypocrite qui voulait tout à la fois tromper le Ciel, l'enfer et les jacobins. Chassé deux fois de St-Lazare, il se fit le théologien complaisant des secrets honteux de Mirabeau. Celui-ci lui fit obtenir l'archevêché de Lyon. Quand *Lamourette*, qui avait aidé à donner le branle à la Révolution, vit qu'il se répandait tant de sang, il revint à des idées plus humaines ; mais il ne fut pas en son pouvoir d'arrêter l'impulsion. Etant tombé entre les mains des factieux, pendant la Ter-

(1) Lamothe-Langon, *Histoire de la Révolution*.
(2) *Almanach du clergé*.

reur, il fut conduit à Paris et enfermé dans une prison où se trouvait le pieux *abbé Emery*. Les conseils de ce vénérable ecclésiastique et les cris intérieurs de sa propre conscience l'amenèrent à signer, le 7 janvier 1794, une rétractation pleine et entière de ses erreurs passées. Condamné à mort par le tribunal révolutionnaire, il fut exécuté le 10 janvier 1794, à l'âge de 52 ans. Il finit mieux qu'il n'avait commencé ; le calme et la résignation chrétienne qu'il montra sur l'échafaud furent un sujet d'édification pour les autres victimes (1). Il eut pour successeur en 1798 Claude-François-Marie Primat, transféré de l'évêché du Nord (Cambrai).

CLERMONT. JEAN-FRANÇOIS PÉRIER, prêtre de l'Oratoire, supérieur du collège militaire d'*Effiat*, en Auvergne, évêque intrus du *Puy-de-Dôme* (2). Le légitime

(1) Barruel et Jager, *Histoire du clergé*.

(2) La petite pièce de vers ci-dessous, intitulée : *Périer repentant*, et composée en 1792 par un jésuite natif d'Aigueperse, nous fait parfaitement connaître ce qu'étaient ces hommes que la Révolution avait recrutés pour former le clergé de sa prétendue Église. Ce qu'il est dit ici des intrus du diocèse de Clermont, pouvait s'appliquer à la lettre aux intrus des 83 diocèses de France.

PÉRIER REPENTANT.

De mon âme le fonds est rempli de remords,
Je sens mon cœur troublé me reprocher mes torts.
A la loi du devoir la grâce me ramène,
Vaincu par ses attraits, je veux briser ma chaîne.
Sainte Religion, en mère désolée,
Par tes propres enfants aujourd'hui déchirée,
Pleure mes attentats dans tes églises vides,
Et pardonne à Périer ses essais matricides :
Déserteur de la foi, ministre ambitieux,
On ne voit plus en moi qu'un objet odieux,

pasteur était *François de Bonal*, qui se retira à Mu-

Jouet infortuné d'une cabale impie,
J'ai partagé l'erreur de son apostasie.
O vous dont je suivis les tristes errements,
Novateurs effrontés, souffrez les châtiments !
Hélas ! pour établir un coupable système,
J'ai violé des serments faits à Dieu lui-même.
Je te déteste, ô jour où mon ambition
Au nombre des jureurs fit inscrire mon nom.
Jour funeste où Cholet, par un conseil perfide,
Me montrant l'évêché, s'offrit d'être mon guide,
Et sut me ménager, par des tours d'intrigants,
Le suffrage mendié d'un peuple d'ignorants,
Jour qui d'un *Périer* fit un prélat profane,
Elu d'un vote impie que le Ciel condamne !
Jour qui vit arracher au vertueux *De Bonal*
Son peuple, son clergé, son bâton pastoral !
Jour qui vit proscrire cette tête innocente !
Malgré tous mes efforts, trompé dans mon attente,
Je formai contre lui des complots impuissants ;
Ce Dieu qu'il sert si bien, le venge des méchants.
Un fidèle clergé, qui soutient son courage,
Va porter à ses pieds son cœur et ses hommages.
Sous mes yeux, chaque jour, le peuple désolé
Pour son heureux retour fait des vœux redoublés.
Des prêtres aujourd'hui sans autel et sans temple,
Des antiques vertus nous retracent l'exemple ;
Proscrits persécutés, leurs timides soupirs
Se portent vers le Ciel, où tendent leurs désirs.
Et moi, lâche artisan des malheurs de leur vie,
A leurs persécuteurs ma conduite me lie.
Aussi sur tous ces fronts on voit empreint l'effroi,
Effroi que peut donner un traître tel que moi.
O Dieu, juste vengeur, quel affreux assemblage
De crimes, de forfaits, devenu mon ouvrage !
Les temples, les autels par mes mains renversés ;
Sous leurs sacrés débris, des prêtres massacrés,
L'ancien culte aboli, le clergé dans la peine,
Les dogmes devenus les objets de la haine ;
Les pasteurs vertueux en butte à la fureur
D'un peuple de brigands soudoyés par l'erreur ;
Chassés de leurs foyers par une troupe impure,
Ils se voient remplacés, sans plainte, sans murmure,
Par des hommes qui sont d'insignes scélérats,
Des prêtres interdits, des moines apostats.
Mais je sens redoubler mes trop justes alarmes:
Pourrais-je désormais verser assez de larmes

nich, où il mourut en 1800. Au Concordat, Périer fut

Et détruire le fruit des damnables leçons,
Des mandements trompeurs, des ennuyeux sermons
Que m'ont fait débiter le schisme et l'hérésie,
Tristes avant-coureurs de mon apostasie !
Appuyé du crédit des *Humblot*, des *Mendon*,
Des habitants d'Effiat j'égarai la raison.
Des Apôtres nouveaux instruits dans l'Oratoire
Y formèrent bientôt un docile auditoire.
Fidèles imitateurs de mon égarement,
Ces hommes ont prêté l'exécrable serment,
Qui tirant sa source d'un impur calvinisme,
Ne peut conduire ailleurs qu'au plus pur athéisme.
O temps vraiment maudits ! qui voit-on près de moi ?
Des hommes corrompus et des hommes sans foi.
On les vit presque tous cuirassés d'impudence,
Et porter le front haut avec impertinence.

Nous supprimons ici pour ne point froisser quelques familles, une longue tirade de vers des plus satiriques et des plus mordants, où se trouvent les noms d'une trentaine d'intrus et de leurs paroisses. C'est pour le clergé constitutionnel, le récit le plus humiliant que l'on puisse faire. Continuons :

O peuple qu'on abuse, abhorre tes pasteurs,
Repoussés par l'Église et choisis par l'erreur.
Garde-toi de prêter une oreille docile
Aux leçons des docteurs du nouvel Évangile ;
Leurs dogmes imposteurs vont détruire dans toi
Le désir du salut, le flambeau de la foi.
De *Luther*, de *Calvin* adoptant le système
On te fera briser les autels de Dieu même.
Et je serai témoin de pareilles horreurs !
Du Ciel est-ce à ce prix qu'on obtient les faveurs ?
Jusque là faudra-t-il pousser la complaisance,
Agir en apostat et tromper ma conscience ?
A ta grâce, mon Dieu, docile cette fois,
Je ne balance plus, j'obéis à ta loi.
Illustre dignité ! mais que je déshonore
Mon cœur désabusé te déteste et t'abhorre ;
Mes larmes vont expier tant d'énormes forfaits,
De perfides conseils et d'iniques projets.
Renions ces mandements dictés par l'hérésie
Et ces principes faux adoptées par l'impie
Depuis que *Périgord*, ce singe de salon,
De la mitre sacrée osa parer mon front,
Avili, méprisé, depuis ce jour funeste,

nommé à l'évêché d'Avignon. Pour plus de détails, voir la biographie de cet intrus, page 398.

SAINT-FLOUR. ANNE-ALEXANDRE-MARIE THIBAULT, desservant de *Souppes* (Seine-et-Marne), membre de la Constituante, évêque intrus du *Cantal*, sacré le 3 avril 1791. Le légitime pasteur était *Claude-Marie Ruffo des comtes de Laris*, qui sortit de France en 1792, et mourut chanoine de St-Denis après le Concordat. *Thibault* fut envoyé à la Convention par les jacobins du Cantal ; il vota dans le procès de Louis XVI pour l'appel au peuple. Il se démit de l'épiscopat en même temps que *Gobel*, et renonça à toutes les fonctions ecclésiastiques. Il fit partie du Conseil des

La honte et le remords est tout ce qui me reste.
Je vais me dérober aux yeux de l'univers
M'ensevelir au fond des plus affreux déserts.
Les soupirs, les sanglots, une dure pénitence
Arrêteront, Seigneur, les flots de ta vengeance.
J'accepte l'abandon, la honte, les ennuis,
Que je dois éprouver dans l'état où je suis.
Je sais que de nos clubs abandonnant la cause,
A toute leur fureur mon repentir m'expose;
Leurs menaces, leurs cris ne m'épouvantent pas,
Je ne crains plus que Dieu, je brave le trépas.
Imitez mon retour, trop crédules confrères,
Suivez, prélats leurrés, mes avis salutaires.
Ne soyez point séduits par tous ces vains honneurs
Que prodigue un clergé sans pouvoir et sans mœurs;
Qui sans honte plongé dans la fange et le crime,
Immole à sa fureur d'innocentes victimes.
Complices et témoins de ces crimes honteux,
Rentrons dans le devoir et fuyons de ces lieux.

Ces vers supposent que la conscience de Périer n'était pas à son aise sur le siège usurpé du vertueux de Bonal. Il devait payer cher dans le fond de son âme, s'il avait encore un reste de foi, ces quelques grains d'encens que la Révolution avait, dans le principe, fait fumer autour de lui. Quelle différence, aux yeux de la foi entre le légitime pasteur et le mercenaire ? Le premier se rendait témoignage d'avoir accompli son devoir, tout disait au second qu'il l'avait foulé aux pieds.

Cinq-Cents; mais ayant montré trop d'opposition aux projets de Bonaparte, il fut mis de côté en 1802. Depuis il vécut dans la retraite et mourut presque ignoré en 1812 (1). On ne dit point s'il se convertit; il eut pour successeur Louis Bertin, mort repentant en 1821.

LE PUY. Étienne Delcher, curé de *St-Pierre de Brioude*, membre de la Convention, évêque intrus de la *Haute-Loire*. Le légitime pasteur était *Marie-Joseph de Gallard*, qui quitta la France en 1791. Delcher trouva une assez forte opposition dans ce diocèse, où la foi était vive (2). En 1802 il devint curé de Brioude.

VIVIERS. Charles Lafont de Savines, né à *Embrun*, le 17 février 1742, sacré évêque le 16 juillet 1778. Cet indigne prélat ne se fit connaître qu'au moment de la Révolution. En 1791, il donna sa démission, sous prétexte qu'elle n'était pas canonique; enchantés de cette défection, les jacobins de Viviers le nommèrent ensuite au même siége, sous le nom d'évêque de l'*Ardèche*. Le 1er décembre 1793, il apostasia et se livra à tous les excès de la Révolution. Pendant la Terreur, il fut emprisonné, malgré tous les gages qu'il avait donnés aux jacobins. En 1797, il voulut reprendre son siége, mais il fut vivement repoussé par ses diocésains. Il se retira alors à Paris, puis il revint à Embrun, où il eut le bonheur de reconnaître et d'avouer ses erreurs; il ne cessa de les pleurer et d'en faire pénitence jusqu'au jour de sa mort, arrivée le 5 janvier 1815 (3).

GRENOBLE. Joseph Pouchot, né à Grenoble en 1727, desservant, on ne sait de quelle paroisse, fut le premier évêque intrus de l'*Isère*; la mort l'enleva presque aus-

---

(1) *Biographie moderne*. — (2) *Liste des intrus*.
(3) *Biographie chrétienne*.

sitôt. Il eut pour successeur *Henri Reymond*, né à *Vienne*, en Dauphiné, le 21 novembre 1737. Curé de *St-Georges* de cette ville, second évêque intrus de l'*Isère*, il fut sacré à Grenoble le 15 janvier 1793. Le légitime pasteur était *Charles-Henri Dulau d'Alemans*, qui quitta la France et mourut en 1802. Ce qui honore cet intrus, c'est que pendant la Terreur il ne voulut point apostasier ; il fut même emprisonné à Grenoble pour ce motif. Au Concordat, il fut nommé à l'évêché de Dijon et signa la formule de rétractation demandée par Pie VII. Cependant il n'en resta pas moins attaché à ses erreurs. A l'avènement de Louis XVIII, il refusa de faire chanter le *Te Deum*, ce qui le mit mal en cour. Il permit à ses diocésains, par une circulaire du 14 décembre 1818, de faire gras tous les samedis et même les vendredis, pendant les vendanges. *Reymond*, qui avait vécu sans mériter de sympathies, mourut subitement le 20 février 1820, à l'âge de 83 ans, sans laisser de regrets (1).

BELLEY. Jean-Baptiste Royer, desservant de *Chacannes*, membre de la Constituante et de la Convention, évêque intrus de l'*Ain*. Le légitime pasteur était *Gabriel Cortois de Quinci*, qui se réfugia en Allemagne. Dans le procès de Louis XVI, *Royer* vota pour la détention. Il fut mis en arrestation sous *Robespierre*, mais il fut remis en liberté après la chute de ce tyran. Il passa au Conseil des Cinq-Cents et fut nommé évêque de Paris le 21 mai 1798. Après le Concordat, il fut nommé par *Lecoz* chanoine de Besançon, où il mourut en 1807 avec des sentiments de repentir (2).

AUTUN. Jean-Louis Gouttes, né à *Tulle* en 1740,

(1) *Biographie moderne*. — (2) *Biographie moderne*.

desservant d'*Argillérs* (Hérault), membre de la Constituante, évêque intrus de *Saône-et-Loire*. Le légitime pasteur était l'apostat *Talleyrand de Périgord*. Cette intrusion fut le terme des prospérités de *Gouttes*, il dut ressentir un profond regret d'avoir échangé son casque de dragon contre une mitre d'évêque. S'il fût resté dans les camps, il se serait épargné bien des maux. Dénoncé comme royaliste et puis comme fanatique, parce qu'il continuait à exercer les fonctions de son ministère, malgré la suppression des cultes, *Gouttes* fut arrêté et conduit en prison où il passa quelques mois dans la plus profonde misère. Le 26 mai 1794 il fut traduit devant le tribunal révolutionnaire et condamné à mort. Le lendemain il fut guillotiné, âgé de 54 ans. Sévère, mais juste châtiment des maux qu'il avait fait souffrir aux prêtres fidèles (1) ! Il eut pour successeur Thomas-Juste Poulard, né à Dieppe, en 1734. Il fut sacré à Lyon le 14 juin 1801. Après 1830, il fit à Paris des ordinations simoniaques dans l'une desquelles l'abbé Châtel de Gannat fut sacré primat de *l'Eglise française*. Poulard est mort le 9 mars 1833 dans la misère et dans l'obstination de ses erreurs.

CHAMBÉRY. François-Thérèse Panisset, curé de *St-Pierre-d'Albigny* (Savoie), évêque intrus du *Mont-Blanc*. La Savoie devenue française depuis peu, dut partager les misères de la mère-patrie. Nous ignorons quel était le légitime évêque de Chambéry. *Panisset*, qui était un homme de bon sens, ne tarda pas à rentrer en lui-même; il se repentit sincèrement de sa faiblesse et rétracta noblement ses erreurs (2).

(1) *Biographie chrétienne.* — (2) *Almanach du clergé.*

Quel édifiant épiscopat formaient ces évêques constitutionnels ! Dix d'entre eux souillèrent leur caractère sacerdotal par le mariage ; ce furent les intrus d'Orléans, de Bourges, d'Evreux, de Beauvais, de St-Omer, de Nantes, de Moulins, de Périgueux, de Nîmes et d'Angoulême. A ces déplorables scandales il fallait des châtiments sur la terre, et les châtiments eurent lieu. Plusieurs de ces misérables moururent dans un court délai ; pour les survivants, ils furent accablés d'ignominie et de maux. Sept d'entre eux furent exécutés comme des criminels par cette république à laquelle ils avaient donné tant de gages de leur dévouement ; ce furent les intrus de Lyon, de Paris, de Quimper, de Bayeux, de Guéret, d'Aix et d'Autun. Ceux qui les avaient vus dans le triomphe et qui les voyaient alors traînés à l'échafaud, ne pouvaient s'empêcher de dire : *Sic pertransit gloria mundi*, ainsi passent les vanités et les folies du monde.

L'Église constitutionnelle, qui n'était qu'une branche morte détachée de la souche, enfanta le culte de la *Raison*, ensuite vint l'*Etre-Suprême* de Robespierre, puis la *théophilanthropie* de Lareveillère-Lépaux, et à la fin rien. On était arrivé ainsi en 1801 ; la nation, qui ne pouvait vivre sans Dieu, demandait à grands cris le retour à l'ancien culte. On conseilla alors à *Bonaparte* de se faire chef d'une église française, d'imiter les Czars de Russie et les Monarques anglais ; mais le premier consul, vrai croyant, eut peur de cette impiété et déclara vouloir traiter avec le Souverain Pontife. Le 15 juillet 1801, on jeta les premières bases du *Concordat* ; le premier Consul exigea la démission de tous les évêques intrus ; pas un seul ne regimba, tous obéirent servilement et sans réclamation aucune à l'homme énergique qui leur parlait en maître. De son côté Pie VII demanda aux anciens évêques leurs démissions. A l'égard de ceux qui la refusèrent, le pontife exerça sa suprême autorité dans toute sa plénitude, en les déposant purement et simplement, sans recourir à aucun concile. Cet acte d'autorité et de vigueur dont il n'existait pas encore d'exemple dans l'histoire, porta au Gallicanisme un coup mortel, dont il ne devait plus se relever. Soixante-neuf ans plus tard il était réservé à Pie IX d'en faire les funérailles au concile du Vatican.

En 1802, le Concordat eut définitivement lieu entre le chef de l'Eglise et le futur empereur des Français. Le jacobin Fouché, homme redoutable que l'or de Bonaparte avait apprivoisé, obtint dans la nouvelle organisation des évêchés, malgré la répugnance, la peine et la douleur qu'en éprouvait le Souverain-Pontife, 14 sièges pour 14 constitutionnels des moins compromis aux yeux du public. Le Concordat réduisit à 60 le nombre des évêchés de France, y compris ceux de la Belgique, dix archevêchés et cinquante évêchés. Les prêtres appelés à occuper ces sièges furent ceux dont nous allons donner les noms :

CONCORDAT DE 1802

1° AIX (*Bouches-du-Rhône et Var*), Jérôme-Marie Champion de Cicé, né à Rennes en 1735, ancien archevêque de Bordeaux, nommé au siège d'Aix en 1801, où il est décédé en 1810. Suffragants. — AJACCIO (*Corse*), Louis-Sébastiani de la Porta, né le 25 mars 1745, sacré le 24 juin 1802, mort le 5 mai 1833, à l'âge de 88 ans. — AVIGNON (*Vaucluse et Gard*), Jean-Joseph Périer, né à Vizille près de Grenoble, évêque constitutionnel du

Puy-de-Dôme, nommé à Avignon en 1802 et décédé dans cette ville le 30 mars 1824, à l'âge de 84 ans. — DIGNE (*Hautes* et *Basses-Alpes*), Irénée-Yves Desbois, né à Auch (Gers), le 19 mai 1744, sacré le 11 juillet 1802, transféré à Chambéry le 28 janvier 1805, et mort à Paris 30 décembre 1824. — NICE (*Alpes-Maritimes*), Jean-Baptiste Colonna d'Istria, sacré le 11 juillet 1802, mort à Nice en 1833.

2° BESANÇON (*Doubs, Haute-Saône et Jura*). Claude Lecoz, évêque constitutionnel d'Ille-et-Vilaine, né en Bretagne en 1740, nommé au siège de Besançon en 1802, mort le 3 mai 1815, à l'âge de 75 ans. — AUTUN (*Saône-et-Loire et Nièvre*), François de Fontanges, ancien archevêque de Toulouse, nommé à Autun en 1803, mort en 1804 victime de sa charité en soignant les prisonniers de guerre. — DIJON (*Côte-d'Or et Haute-Marne*), Henri Reymond, évêque constitutionnel de l'Isère, nommé à Dijon en 1802 et mort en 1820. — METZ ((*Moselle Ardennes*), Bienaimé, oncle du duc d'Abrantès, sacré en 1802 et mort en 1806. Ce fut un digne et saint prélat. — NANCY (*Meurthe, Meuse et Vosges*), Antoine-Eustache d'Osmond, né à St-Domingue, ancien évêque de Comminges, nommé en 1802 au siège de Nancy, où il est mort le 28 septembre 1823. — STRASBOURG (*Haut et Bas-Rhin*), Jean-Pierre Saurines, évêque constitutionnel des Landes, nommé en 1803 et mort le 9 mai 1813.

3° BORDEAUX (*Gironde*), Charles-François Davian, ancien archevêque de Vienne, nommé en 1802 au siège de Bordeaux, où il est mort en 1826. — ANGOULÊME (*Charente et Dordogne*), Dominique Lacombe, évêque constitutionnel de la Gironde, né le 25 juillet 1749, nommé en 1802 évêque d'Angoulême, où il est mort le 17 avril 1823, à l'âge de 74 ans. — POITIERS (*Deux-Sèvres et Vienne*), Jean-Baptiste Bailly, né à Paris, sacré en 1802 évêque de Poitiers, mort en 1804. — LA ROCHELLE (*Charente-Inférieure et Vendée*), Jean-François de Mandolx, né à Marseille, le 20 octobre 1744, sacré le 2 février 1803, évêque de la Rochelle, transféré au siège d'Amiens le 17 décembre 1804 et décédé dans cette ville le 14 août 1817.

4° BOURGES (*Cher et Indre*), Charles-Isidore de

Merci, ancien évêque de Luçon, né dans le diocèse de Vienne le 3 février 1736, nommé à Bourges en 1802. Il est mort dans cette ville le 22 février 1811. — CLERMONT (*Puy-de-Dôme et Allier*), Charles-Antoine-Henri Du alk de Dampierre, né à Ham en Champagne le 8 août 1746, sacré évêque de Clermont le 2 mai 1802, et mort âgé de 87 ans, le 3 juin 1833. — LIMOGES (*Haute-Vienne, Creuse et Corrèze*), Marie-Jean-Philippe du Bourg, né à Toulouse, le 23 août 1751, sacré le 7 juin 1802, et mort à Limoges le 30 janvier 1832, à l'âge de 71 ans. — ST-FLOUR (*Cantal et Haute-Loire*), Jean-Eléonore Montanier de Bellemont, sacré en 1802 et mort en 1806.

5° LYON (*Rhône, Loire et Ain*) Joseph Fesch, né à Ajaccio et sacré en 1803. A la chute de Napoléon, dont il était l'oncle maternel, il se retira à Rome, sans donner sa démission ; il y est mort le 13 mai 1839. — CHAMBÉRY (*Savoie*), Réné de Moutiers de Merinville, ancien évêque de Dijon, nommé en 1802 ; il est mort à Paris chanoine de St-Denis, le 11 novembre 1829. — GRENOBLE (*Isère*), Claude Simon, né le 15 novembre 1744, sacré le 8 août 1802, et mort le 3 octobre 1825, à l'âge de 81 ans. — MENDE (*Lozère et Ardèche*), Jean-Baptiste de Chabot, né le 21 février 1740, ancien évêque de Saint-Claude, transféré à Mende en 1802, démissionnaire en 1805 et mort à Paris chanoine de St-Denis en 1819. — VALENCE (*Drôme*), François Beckerel, évêque constitutionnel de la Manche, nommé en 1802 à Valence, où il est mort en 1819.

6° MALINES (cette province appartient aujourd'hui à la Belgique), Roquelaure, ancien évêque de Senlis, fut nommé en 1802 à ce siège. — AIX-LA-CHAPELLE, Berdollet, évêque constitutionnel du Haut-Rhin. — GAND, Fallot de Beaumont, ancien évêque, coadjuteur de Vaisons. — LIÈGE, (*Zaffel*), sacré en 1802. — MAYENCE, Colmar, prêtre sacré au Concordat. — NAMUR, Bexon, sacré en 1802. — TOURNAY, Hym, sacré au Concordat. — TRÈVES, Mamay, né à Champeix, en Auvergne, sacré évêque de Trèves le 18 juillet 1802, transféré en 1820 à Rennes, où il est mort le 5 décembre 1824.

7° PARIS (*Seine*), Jean-Baptiste de Belloi, né dans le diocèse de Beauvais en 1709, ancien évêque de Marseille, nommé en 1802 à l'Archevêché de Paris, où il est mort, le 10 juin 1808, à l'âge de 99 ans. — AMIENS (*Somme et Oise*), Jean-Chrysostôme Villaret, né à Rodez, le 27 janvier 1738, sacré évêque d'Amiens le 23 mai 1802 ; en 1804 il fut transféré à Casal. — ARRAS, (*Pas-de-Calais*). Hugues-Robert-Jean-Charles de la Tour-d'Auvergne-Lauragais, né le 14 août 1768, sacré évêque d'Arras en 1802, mort le 20 juillet 1851, à l'âge de 83 ans. — CAMBRAI (*Nord*), Louis Belmas, coadjuteur de l'évêque constitutionnel de l'Aude, né en 1757, au diocèse de Carcassonne, nommé en 1802 à l'évêché de Cambrai, où il est mort le 21 juillet 1841, à l'âge de 84 ans. — MEAUX (*Marne et Seine-et-Marne*), Louis Mathias de Baral, ancien évêque de Troyes, nommé au siège de Meaux en 1802, transféré en 1804 à Tours ; il est mort après avoir donné sa démission le 6 juin 1815. — ORLÉANS (*Loiret et Loir-et-Cher*), Étienne-Alexandre-Jean-Baptiste-Marie Bernier, curé de St-Laud d'Angers, sacré évêque d'Orléans en 1802, mort le 1er octobre 1806. — SOISSONS (*Aisne*), Jean-Claude Leblanc de Beaulieu, 2me évêque constitutionnel de la Seine-Inférieure, nommée en 1802, il se démit de son évêché en 1820 et mourut à Paris le 13 juillet 1825. — TROYES (*Aube et Yonne*). Marc-Antoine de Noé, né à la Rochelle le 25 avril 1724, ancien évêque de Lescar, nommé en 1802 à l'évêché de Troyes, où il est mort le 22 septembre 1803. — VERSAILLES (*Seine-et-Oise et Eure-et-Loir*), Louis Charrier de la Roche, né à Lyon le 17 mai 1728, évêque constitutionnel de la Seine-Inférieure, nommé premier évêque de Versailles en 1801 ; il s'était noblement rétracté au fort même de la Révolution. Il mourut en 1819.

3° ROUEN (*Seine-Inférieure*), Étienne-Hubert Cambacérès, né à Montpellier le 11 septembre 1756, sacré le 11 avril 1802, décédé le 25 octobre 1818 — BAYEUX (*Calvados*), Charles Brault, né à Poitiers en 1752, sacré évêque de Bayeux le 16 mai 1802, promu à l'archevêché d'Albi en 1817, où il mourut le 23 février 1833. — COUTANCES (*Manche*), Claude-Louis Rousseau, né à Paris, le 2 novembre 1735, sacré le 25 avril 1802, transféré au siège d'Orléans le 22 mars 1807, il mourut dans cette ville en 1810. — ÉVREUX (*Eure*), Jean-Baptiste Bourlier, né à Dijon le 1er février 1731, ancien vicaire-général de Reims, sacré le 23 avril 1802, mort pair de France le 30 octobre 1821. — Séez (*Orne*), Hilarion-François de Chévigné de Bois-Chollet, né dans le diocèse de Nantes le 6 juin 1746. Il était grand-vicaire quand il fut sacré pour le siège de Séez, le 16 mai 1802. Comme il s'était attiré par sa fermeté à défendre les droits de l'Église la haine du despote qui gouvernait alors la France, il fut interné le 2 juin 1811 à Nantes, où il mourut le 23 février 1812.

9° TOULOUSE (*Haute-Garonne et Ariége*), Claude-François-Marie Primat, né à Lyon en 1747, évêque constitutionnel de Rhône-et-Loire, nommé au siège de Toulouse en 1802. Il rétracta ses erreurs, mena une vie pénitente et mourut regretté de ses diocésains, le 10 octobre 1816. — Agen (*Lot-et-Garonne, Gers*), Jean Jacouby, né le 28 avril 1761, sacré le 18 juillet 1802, se démit de son siège en 1840, et mourut à Bordeaux le 27 mai 1848, âgé de 87 ans. — Bayonne (*Landes, Basses et Hautes-Pyrénées*), Joseph-Jacques Loison, sacré évêque de Bayonne en 1803, mourut sur ce siège le 17 février 1820. — Cahors (*Lot et Aveyron*), Guillaume-Balthasar Cousin de Grainville, sacré évêque de Cahors au Concordat de 1802, mourut le 2 mars 1828. — Carcassonne (*Aude, Pyrénées-Orientales*), Charles-Armand-Ferdinand de la Porte, né à Versailles le 26 septembre 1756, sacré le 8 septembre 1802, mourut le 19 septembre 1824. Il fut un des hommes les plus aimables de son temps. — Montpellier (*Hérault, Tarn*), Jean-Louis-Simon Rollet, sacré en 1802, se démit en 1806, fut nommé chanoine de St-Denis et mourut à Montpellier en 1821.

10° TOURS (*Indre-et-Loire*), Jean-de-Dieu-Raymond de Boisgelin, né à Rennes, le 27 février 1732, ancien évêque de Lavaur, nommé à l'archevêché de Tours en 1802, créé cardinal en 1803 et décédé le 22 août 1804. — Angers (*Maine-et-Loire*), Charles Montault des Iles, né à Loudun, diocèse de Poitiers, le 30 avril 1775, évêque constitutionnel de la Vienne, nommé à Angers en 1801 et décédé le 29 juillet 1839. — Le Mans (*Sarthe, Mayenne*), Michel-Joseph de Pidoll, né à Trèves le 16 novembre 1734, évêque *in partibus*, transféré au Mans en 1802; il y mourut le 28 décembre 1819. — NANTES (*Loire-Inférieure*), Jean-Baptiste du Voisin, né à Langres, en 1744, docteur et professeur de Sorbonne, prêtre constitutionnel, sacré évêque de Nantes en 1802, mourut le 9 juillet 1813. — QUIMPER (*Finistère*), Claude-André, prêtre constitutionnel, né à Montluel (Ain), le 30 mai 1743, vicaire-général de Troyes, sacré évêque de Quimper le 9 mai 1802, se démit en 1804, et mourut à Paris, chanoine de Saint-Denis, le 25 août 1818. — RENNES (*Ile-et-Vilaine*), Jean-Baptiste de Maillé de la Tour-Landry, né à Entrames (Sarthe), le 6 décembre 1743, ancien évêque de Gap, nommé à Rennes en 1802; il est mort à Paris le 24 novembre 1804. — SAINT-BRIEUC (*Côtes-du-Nord*), Jean-Baptiste-Marie Caffarili, né au Falga, diocèse de Toulouse, le 1er avril 1763, sacré le 1er mai 1802, et décédé le 11 janvier 1815. — VANNES (*Morbihan*), Antoine-Xavier Maynaud de Pancemont, né à Digoin, diocèse d'Autun, le 6 août 1753, curé de St-Sulpice, à Paris, sacré le 11 avril 1802, et décédé le 13 mars 1807.

La nouvelle réorganisation du culte catholique fut reçue par tous avec des acclamations de joie, même parmi les plus indifférents. On était las depuis longtemps de vivre sans religion. Le 18 avril 1802, jour de Pâques, toute la France était en fête ; le premier consul assistait officiellement à un *Te Deum* solennel chanté à Notre-Dame de Paris. Sa tenue fut des plus respectueuses ; ce jour-là, Bonaparte eut besoin de mettre en œuvre toute l'énergie de sa volonté. Les hommes de la Révolution qui formaient son entourage crièrent au fanatisme; mais ce cri ne l'intimida pas: Quand il fallut assister à cette cérémonie religieuse, les généraux hésitèrent un instant, mais l'homme qui devait un jour faire trembler les rois, leur intima du regard ses ordres, et ils obéirent. Cette génération athée des hautes classes fut dans le désappointement, quand elle vit surgir au milieu de cette décadence de la foi, un tel maître. Le Concordat, qui ne paraissait être qu'un acte de réparation, fut aussi un acte de haute politique ; il mit fin, tout imparfait qu'il était, à ce schisme déplorable qui avait causé à l'Église de France tant de maux ; il étouffa les haines que la Révolution avait fait naître et calma les consciences alarmées que l'injuste spoliation des églises avait jetées dans le trouble et la crainte. Dieu veuille, dans sa bonté infinie, que ces jours diaboliques, ces jours de crimes et de sang ne se renouvellent plus !

Les bonnes dispositions du premier Consul envers le Souverain Pontife ne furent pas de longue durée. Enivré de ses nombreux succès et de sa formidable puissance, Bonaparte s'imagina que tout devait plier devant lui. Il fit enlever de Rome (6 juillet 1809), Pie VII pour l'incarcérer à Fontainebleau, dans l'espoir de le maîtriser à son gré ; il ne savait pas, le despote, que porter les mains sur l'*Oint* du Seigneur, c'était courir à sa perte ; il l'apprit, mais à son détriment. Arrivé à l'apogée de sa gloire, l'homme qui faisait trembler l'Europe par ses armes, fut broyé dans sa puissance, comme un instrument fragile dont la justice divine n'avait plus besoin pour châtier les peuples. Il tomba le 13 mars 1813 et le 13 avril il signa son abdication. Rentré en France le 20 mars 1815, il en sortit le 20 juin suivant pour aller mourir sur le rocher de Ste-Hélène.

Remonté sur le trône de ses pères, Louis XVIII se décida, par suite des nombreuses requêtes des catholiques, à donner une constitution plus favorable à l'Église de France, qui depuis un quart de siècle, était en quelque sorte asservie et ne faisait que végéter. De là, la présentation aux Chambres du concordat de 1817, dont nous allons parler. Le mauvais vouloir des

Chambres composées en grande partie d'hommes hostiles à la religion, mit à ce concordat des obstacles qui ne purent être surmontés que le 4 juillet 1822. Le 31 octobre suivant, la convention passée entre Pie VII et Louis XVIII fut publiée ; elle donna une nouvelle circonscription aux évêchés de France dont le nombre fut considérablement augmenté. Voici dans quel ordre était faite cette division.

CONCORDAT DE 1817.

1re MÉTROPOLE, Aix. Siége fondé au premier siècle par St. Maximin, regardé comme un des 72 disciples de Notre-Seigneur. Cette Église est sous le vocable de St. Sauveur, *Transfiguration* ; elle compte 86 évêques connus (1) (Bouches-du-Rhône, 2 arrondissements). Suffragants ; *Ajaccio*. Ce siége fut fondé au IVe siècle, par St. Euphrase, qui en fut le premier évêque. Mais ayant disparu pendant le moyen-âge, il a été rétabli en 1578, sous le vocable de St. Euphrase. Cette église compte depuis son rétablissement 13 évêques (Corse). — *Digne* ; ce siége fut érigé par St. Domnin, vers l'an

(1) Le nombre des évêques que nous donnons ici pour chaque diocèse est tiré de la *Gallia Christiana* ; tous les évêques en fonctions en 1830 y sont compris. Il est à présumer qu'un grand nombre d'évêques des premiers siècles ne se trouvait pas mentionnés dans les catalogues que possèdent les plus anciennes églises de France. Ce qui nous porte à le croire, c'est que nous trouvons des siéges qui ne comptent pendant l'espace de deux ou trois cents ans, que quatre à cinq évêques et des fois moins.

320 ; il est sous le vocable de la Ste. Vierge et de St. Jérôme. Cette Eglise compte 71 évêques (Basses-Alpes). — *Fréjus*, siége fondé au IV⁰ siècle par Acceptus, sous le vocable de la Ste. Vierge ; on compte pour ce siége 81 évêques (Var). — *Gap*, siége fondé au premier siècle par Démétrius, sous le vocable de la Ste. Vierge. Cette église compte 73 évêques connus (Hautes-Alpes. — *Marseille*, siége érigé dans le milieu du premier siècle par St. Lazare, frère de Marthe et de Marie. Cette Eglise est aujourd'hui sous le vocable de St. Martin ; elle compte 82 évêques (Bouches-du-Rhône, un arrondissement). — *Nice* fait partie de cette province depuis 1860. Son siége fut fondé au II⁰ siècle par St. Bassus, son premier évêque. Cette Eglise est sous le vocable de Ste. Réparate ; elle compte 77 évêques (Alpes-Maritimes).

7⁰ MÉTROPOLE, Albi. Siége fondé au I⁰ʳ siècle par St. Clair, qui en fut le premier évêque ; elle est sous le vocable de St. Jean-Baptiste. Ce siége fut érigé en archevêché en 1676, il compte 99 prélats (Tarn). Suffragants : *Cahors*, siége fondé par par St. Génulfe, envoyé de Rome au II⁰ siècle ; il est sous le vocable de St. Etienne, premier martyr. Cette église compte 77 évêques (Lot). — *Mende*, siége fondé au II⁰ siècle, selon les uns par St. Sévérin, selon d'autres, par Privat, disciple de St. Austremoine. Cette Eglise est sous le vocable de la Ste. Vierge et compte 78 évêques (Lozère). — *Perpignan*, autrefois *Elne*, siége érigé au VI⁰ siècle par Domne, sous le vocable de St. Jean-Baptiste. *Elne* compte 95 évêques ; *Perpignan*, qui prend la place d'*Elne* en 1609 en compte 24 (Pyrénées-Orientales). — *Rodez*, siége fondé au II⁰ siècle par St. Amand, disciple de St. Martial de Limoges, apôtre de l'Aquitaine. Cette Eglise est sous le vocable de la Ste. Vierge ; elle compte 69 évêques (Aveyron).

3° MÉTROPOLE, Auch, siége fondé au II° siècle par St. Aufrone. La *Gallia Christiana* donne pour premier évêque Citérius. Cette Eglise a été érigée en archevêché en 879, sous le vocable de la Ste. Vierge ; elle compte 102 prélats (Gers). Suffragants : *Aire*, siége érigé au V° siècle par St. Marcel, sous le vocable de St. Jean-Baptiste. Cette Eglise compte 71 évêques (Landes). — *Bayonne*, siége fondé au IV° siècle ; on n'en connait point le fondateur. Le premier évêque dont fait mention la *Gallia Christiana* est Arse, qui vivait vers l'an 980. Cette Eglise est sous le vocable de la Ste. Vierge ; elle compte 61 évêques (Basses-Pyrénées). — *Tarbes*, siége fondé au IV° siècle par St. Justin, sous le vocable de la Ste. Vierge. Ce siége compte 65 évêques (Hautes-Pyrénées).

4° MÉTROPOLE, Avignon, siége fondé au premier siècle par St. Ruffe, disciple de St. Paul de Narbonne, fut érigé en archevêché en 1475 sous le vocable de N.-D. des Doms. Cette Eglise qui a été pendant quelque temps le siége des Papes, compte 76 évêques et 33 archevêques (Vaucluse). Suffragants : *Montpellier*, autrefois *Maguelone*, siége érigé au VI° siècle par Boëce, qui en fut le premier évêque. Cette Eglise est sous le vocable de St. Pierre, apôtre ; elle compte 55 évêques de Maguelone et 18 de Montpellier (Hérault). — *Nîmes*, siége fondé au II° siècle par St. Félix, sous le vocable de la Ste. Vierge. Cette Eglise compte 80 évêques (Gard). — *Valence*, siége fondé au IV° siècle sous le vocable de St. Apollinaire, évêque et martyr. Le premier évêque connu de ce siége est Emilien, dont le nombre des successeurs s'élève à 83 (Drôme). — *Vi-*

viers, siége fondé au II° siècle par St. Janvier, mais pas le même que l'illustre évêque de Bénévent. Cette église est sous le vocable de St. Vincent et compte 105 évêques (Ardèche).

5° MÉTROPOLE, BESANÇON, siége fondé au premier siècle par St. Lin, son premier évêque, d'autres disent par St. Ferréol, disciple de St. Irénée ; dans ce dernier cas, ce ne serait qu'au II° siècle. Cette Église est sous le vocable de St. Jean l'Évangéliste et de St. Étienne, premier martyr; elle compte 110 archevêques, (Doubs, Haute-Saône). Suffragants : *Belley*, siége érigé au IV° siècle. Audax fut son premier évêque (412). Cette église est sous le vocable de St. Jean-Baptiste. Elle compte 92 évêques (Ain). — *Metz* ; cet évêché est aujourd'hui allemand ; il fut fondé au premier siècle par St. Clément, disciple de St. Pierre et oncle du pape de ce nom. Cette Église est sous le vocable de St. Étienne, premier martyr; elle compte 96 évêques (Moselle). — *Nancy* et *Toul*, siége érigé en 1778, sous le vocable de la Ste. Vierge. Ce siége compte 8 évêques dont le premier fut de la Tour-du-Pin Montauban (Meurthe). — *Saint-Dié*, siége érigé en 1777, sous le vocable de St. Dié. Cette Église compte 8 évêques dont le premier fut Chaumont de la Galainère (Vosges). — *Strasbourg*, diocèse allemand aujourd'hui. Ce siége fut fondé au IV° siècle par St. Amand, apôtre d'Alsace, sous le vocable de la Ste. Vierge. Ce siége compte 94 évêques (Haut et Bas-Rhin). — *Verdun*, siége fondé au II° siècle par St. Sanctin, disciple de St. Denis, apôtre des Gaules ; il est sous le vocable de N.-D. (Assomption) ; il compte 101 évêques (Meuse).

6° MÉTROPOLE. BORDEAUX, siége fondé au premier siècle par un disciple de Martial, auquel on donne le nom de Gilbert (1). Le premier évêque connu est Oriental. Cette Eglise est sous le vocable de St. André, elle compte 79 archevêques (Gironde). Suffragants : *Agen*, siége érigé au II⁰ siècle par St. Caprais, envoyé, dit-on, par St. Martial de Limoges. Ce siége est sous le vocable de St. Etienne, premier martyr ; il compte 77 évêques (Lot-et-Garonne). — *Angoulême*, siége fondé au II⁰ siècle par St. Ausone, sous le vocable de St. Pierre, apôtre. Cette Eglise compte 84 évêques (Charente). — *Luçon*, siége érigé en 1317, sous le vocable de N. D. (Assomption). Cette Eglise compte 43 évêques, dont le premier fut Pierre de la Veyne (Vendée). — *Périgueux*, siége fondé au II⁰ siècle par St. Frost, natif d'Auvergne, envoyé, dit-on, par St. Urbique. Ce siége est sous le vocable de St. Etienne ; il compte 89 évêques (Dordogne). — *Poitiers*, siége fondé dans le III⁰ siècle par le célèbre docteur de l'Eglise, St. Hilaire, sous le vocable de St. Pierre, apôtre. Ce siége compte 113 évêques (Vienne et Deux-Sèvres). — *La Rochelle*, siége distrait de celui de *Saintes* en 1317. On regarde comme son fondateur St. Eutrope, envoyé de Rome au premier siècle, avec St. Denis. L'évêché fut d'abord établi à Maillezais, d'où il passa, en 1648, à la Rochelle. Ce siége est sous le vocable de St. Louis, roi de France ; il compte 25 évêques de Maillezais et 13 de La Rochelle (Charente-Inférieure). En 1850, trois évêchés ont été érigés dans les colonies et sont devenus suffragants de Bordeaux. Ce sont les évêchés de la *Basse-Terre*, sous le vocable de St. François-Xavier (Guadeloupe) ; de *St-Denis*, sous le vocable de ce Saint (Île de la Réunion) ; et de *St-Pierre-et-Fort-*

(1 Ce nom trop moderne est rejeté comme apocryphe, par plusieurs auteurs.

de-France, sous le vocable de cet apôtre (Martinique).

7° MÉTROPOLE. BOURGES, primatiale de l'Aquitaine, siége fondé au premier siècle par St. Ursin, disciple de St. Austremoine. Ce siége est sous le vocable de St. Etienne, premier martyr ; il compte 117 évêques ou archevêques; ce dernier titre fut pris seulement au Vme siècle (Cher, Indre). Suffragants : *Clermont*, siége fondé au premier siècle par St. Austremoine, sous le vocable de N. D. (Assomption). Cette Eglise compte 95 évêques (Puy-de-Dôme). — *Limoges*, siége fondé par St. Martial au premier siècle, sous le vocable de St. Etienne, premier martyr. Cette Eglise compte 101 évêques (Haute-Vienne, Creuse). — *Le Puy*, siége fondé au premier siècle par St. Georges, envoyé de Rome, dit-on, par St. Pierre ; il est sous le vocable de la Sainte-Vierge ; on y a ajouté plus tard St. Laurent. Cette Eglise compte 96 évêques (Haute-Loire). — *St-Flour*, siége érigé par le pape Jean XXII, en 1317, sous le vocable de St. Flour, évêque de Lodève. Cette Eglise compte 41 évêques, dont le premier fut Raymond de Véhens (Cantal). — *Tulle*, siége érigé en 1347, sous le vocable de St. Martin de Tours. Cette Eglise compte 41 prélats, dont le premier fut Arnaud, dernier abbé de Tulle (Corrèze).

8° MÉTROPOLE. LYON, primatiale des Gaules, fondée au II° siècle par St. Pothin, disciple du martyr Polycarpe, sous le vocable de St. Jean-Baptiste et de St. Etienne, premier martyr. Cette Eglise compte 126 archevêques (Rhône et Loire). Suffragants : *Autun*, siége fondé au II° siècle par St. Andoche. Le premier évêque est St. Amateur. Cette Eglise est sous le vocable de St-Lazare de Béthanie. Ce siége compte 104 évêques (Saône-et-Loire). — *Dijon*, siége érigé en 1713, sous le vocable de St. Etienne, premier martyr. Cette Eglise compte 11 évêques, dont le premier fut Jacques Boubier (Côte-d'Or). — *Grenoble*, siége fondé au III᷊ siècle par l'évêque Domnin, sous le vocable de la Ste. Vierge. Cette Eglise compte 71 évêques (Isère). — *Langres*, siége fondé au II᷊ siècle par St. Bénigne et St. Thyrse, qui furent, dit-on, les apôtres de ce pays. Son premier évêque connu est Sénateur. Cette Eglise est sous le vocable de St. Mammès, martyr; elle compte 107 évêques (Haute-Marne). — *St-Claude*, siége érigé en 1742, sous le vocable de St. Pierre, apôtre. Cette Eglise compte 7 évêques, dont le premier fut Méalet de Fargues (Jura).

9᷊ MÉTROPOLE, Paris, siége fondé au premier siècle par St. Denis l'Aréopagite. Devenue archevêché en 1622, sous le vocable de N.-D. (Assomption), cette Eglise compte 110 évêques et 18 archevêques (Seine). Suffragants : *Blois*, siége érigé en 1697, sous le vocable de St. Louis, roi de France. Cette Eglise compte 10 évêques, dont le premier fut David-Nicolas Berthier (Loir-et-Cher). — *Chartres*, siége fondé au premier siècle par St. Aventin, envoyé de Rome. Cette Eglise est sous le vocable de St. Etienne, premier martyr; elle compte 116 évêques (Eure-et-Loir). — *Meaux*, siége fondé au II᷊ siècle par le bienheureux Sanctin, sous le vocable de St. Etienne, premier martyr. Cette Eglise compte 115 évêques (Seine-et-Marne). — *Orléans*, siége fondé au III᷊ siècle ; on lui donne Diopet pour premier évêque. Cette Eglise est sous le vocable de la Ste. Croix, elle compte 117 prélats (Loiret). — *Versailles*, siége fondé en 1802, sous le vocable de St. Louis, roi de France. Cette Eglise compte 6 évêques, dont le premier fut Charrier de Laroche (Seine-et-Oise).

— Cambrai et Arras dépendaient de cette métropole, mais depuis 1841, ils forment à eux seuls une province ecclésiastique.

10° MÉTROPOLE, Reims, siége fondé au II° siècle par l'évêque St. Sixte, envoyé de Rome; il est sous le vocable de la Ste. Vierge et il compte 101 archevêques (Ardennes et Marne, arrondissement de Reims). Suffragants : *Amiens*, siége fondé au II° siècle par St. Firmin de Pampelune ; il est sous le vocable de la Ste. Vierge ; il compte 88 évêques (Somme). — *Beauvais*, siége fondé au premier siècle par St. Lucien, contemporain de St. Denis ; il est sous le vocable de St. Pierre, apôtre ; il compte 96 évêques (Oise). — *Châlons-sur-Marne*, siége fondé au II° siècle par St. Mémi, sous le vocable de St. Etienne, premier martyr. Cette Eglise compte 96 évêques (Marne). — *Soissons*, siége fondé au II° siècle par St. Sixte et St. Sinice. Cette Eglise est sous le vocable de St. Gervais et de St. Protais ; elle compte 96 évêques (Aisne).

11° MÉTROPOLE, Rouen, siége fondé au II° siècle par St. Nicaize, sous le vocable de la Ste. Vierge. Cette Eglise compte 98 archevêques (Seine-Inférieure). Suffragants : *Bayeux*, siége fondé au II° siècle par St. Exupère, sous le vocable de la Ste. Vierge. Cette Eglise compte 79 évêques (Calvados). — *Coutances*, siége érigé au V° siècle, sous le vocable de la Sainte-Vierge. Son premier évêque est Ereptiole, mort en 475. Cette Eglise compte 86 prélats (Manche). — *Evreux*, siége fondé par St. Taurin, selon les uns au premier siècle, selon d'autres au V° siècle. Cette Eglise est sous le vocable de la Ste. Vierge ; elle compte 90 évêques (Eure). — *Sées*, siége fondé au III° siècle par St. Latuin, sous le vocable de la Ste. Vierge. Cette Eglise compte 78 évêques (Orne).

12ᵉ **MÉTROPOLE.** Sens, siége fondé au premier siècle par St. Savinien, sous le vocable de St. Etienne, premier martyr. Cette Eglise compte 112 évêques (Yonne). Suffragants : *Moulins*, siége érigé en 1822, sous le vocable de la Ste. Vierge. Cette Eglise compte deux évêques, Antoine de Pons et Pierre-Simon de Dreux-Brézé (Allier). — *Nevers*, siége fondé selon les uns au premier siècle, selon d'autres au IVᵉ siècle ; pour ceux-là le premier évêque est St. Patrice, pour ceux-ci c'est Tauricien. Cette Eglise est sous le vocable de St. Cyr; elle compte 105 évêques (Nièvre). — *Troyes*, siége fondé au IIᵉ siècle par St. Savinien. Cette Eglise est sous le vocable de St. Pierre et de St. Paul ; elle compte 101 évêques (Aube).

13ᵉ **MÉTROPOLE,** Toulouse, siége fondé au premier siècle par St. Saturnin, apôtre du Languedoc, martyr. Cette Eglise est sous le vocable de St. Etienne, premier martyr ; elle compte 52 évêques jusqu'en 1817, où Toulouse devint archevêché, et 43 archevêques (Haute-Garonne). Suffragants : *Carcassonne*, siége fondé au IVᵉ siècle par St. Hilaire. Cette Eglise est sous le vocable de St. Nazaire et de St. Celse, martyrs ; elle compte 87 évêques (Aude). — *Montauban*, siége érigé en 1817, sous le vocable de la Ste-Vierge. Son premier évêque fut Bertrand du Puy, abbé de St-Théodore. Cette Eglise compte 35 évêques (Tarn-et-Garonne). — *Pamiers*, siége érigé en 1296. Le premier évêque fut St. Louis, fils de Charles II, roi de Sicile. Cette église est sous le vocable de St. Antoine ; elle compte 40 évêques (Ariége).

14ᵉ **MÉTROPOLE,** Tours, siége fondé au premier siècle par Gatien, apôtre de la Touraine, autrefois sous le vocable de St. Maurice, aujourd'hui sous celui de St. Gatien. Cette Eglise compte 129 archevêques

(Indre-et-Loire). Suffragants : *Angers*, siége fondé au IVᵉ siècle par l'évêque Défenseur. Cette Eglise, qui est sous le vocable de St. Maurice, compte 82 évêques (Maine-et-Loire). — *Laval*, siége érigé le 30 juin 1855. Cette Eglise compte deux évêques, dont le premier est Joseph Wicart. Elle est sous le vocable de la Ste. Trinité (Mayenne). — *Le Mans*, siége érigé au premier ou deuxième siècle par St. Julien. Cette église, qui est sous le vocable de ce Saint, compte 85 évêques (Sarthe). — *Nantes*, siége fondé au premier siècle par St. Clair, envoyé de Rome. Cette église, qui est sous le vocable de St. Pierre, apôtre, compte 107 évêques (Loire-Inférieure). — On a détaché de cette Métropole, le 3 janvier 1859, Rennes, Vannes, Quimper et St-Brieuc, pour en faire une nouvelle province ecclésiastique.

Tel était, en 1822, le nombre des Métropoles de France. Depuis on y a ajouté les quatre suivantes :

15ᵉ MÉTROPOLE, Alger, siége érigé le 9 août 1838, sous le vocable de St. Philippe, apôtre. Cette église compte trois évêques, dont le premier fut Mgr. Dupuch ; elle a été érigée en archevêché le 9 janvier 1867. Suffragants : *Constantine*, siége érigé le 25 juillet 1866, sous le vocable de N.-D. des Sept-Douleurs. Cette Eglise compte deux évêques, le premier fut Mgr. de Las Cases. — *Oran*, siége érigé en même temps que celui de Constantine, sous le vocable de St. Louis, roi de France. Son premier évêque est Mgr. Callot, mort, le 1ᵉʳ novembre 1875.

16ᵉ MÉTROPOLE, Cambrai, siége fondé par St. Vaast, sous le vocable de la Ste. Vierge. Dans le principe, Cambrai et Arras étaient réunis. Cambrai fut érigé en archevêché en 1556 ; en 1802, il redevint évêché jusqu'à 1841, où il reprit son ancien titre. Il compte jusqu'en 1556, 73 évêques et 22 archevêques (Nord). Suffragant unique : *Arras*, siége fondé en 1003, sous le vocable de St. Vaast. Cette église compte 63 évêques, dont le premier fut Lambert (Pas-de-Calais).

17ᵉ MÉTROPOLE, Chambéry, siége érigé le 18 août 1779, devenu archevêché le 17 juillet 1817, sous le vocable de St. François de Sales. Le premier évêque fut Michel Conseil. Cette Eglise compte 2 évêques et 5 archevêques (Savoie) Suffragants : *Annecy*, siége érigé le 15 mars 1822, sous le vocable de St. Pierre-ès-Liens. Cette Eglise compte 9 évêques, dont le premier fut François de Thiollaz (Haute-Savoie). — *St-Jean-de-Maurienne*, siége fondé au VIᵉ siècle, sous le vocable de St. Jean-Baptiste. Cette Eglise compte 59 évêques, dont le premier fut Lucien (Savoie). — *Tarentaise*, siége érigé au Vᵉ siècle, sous le vocable de St. Pierre, apôtre. Cette Eglise compte 80 prélats, dont le premier fut St. Jacques 1ᵉʳ, vers l'an 420 (Savoie). —

Cette nouvelle province nous a coûté bien cher ; elle a été acquise en 1860, au prix de notre or et du sang de nos valeureux soldats tombés dans les champs de la Lombardie. Voilà le maigre résultat de cette politique délétère et anti-française, qui a préparé tant de désastres à la France et tant de maux à l'Italie. C'est à dater de cette époque néfaste que commença le long martyre du vénérable Pie IX.

18ᵉ MÉTROPOLE, Rennes, siége fondé au IVᵉ siècle par St. Modéran, sous le vocable de St. Pierre, apôtre. Cette Eglise, érigée en archevêché le 3 janvier 1859, compte 85 évêques (Ille-et-Vilaine). Suffragants : *St-Brieuc*, siége fondé, en 844, par Nomencié, duc de Bretagne, sous le vocable de St. Etienne, premier martyr. On compte 68 évêques, dont le premier fut le prêtre Adam (Côtes-du-Nord). — *Quimper*, siége fondé au Ve siècle par St. Corentin. Cette Eglise, qui est sous le vocable de ce Saint, compte 72 évêques (Finistère). — *Vannes*, siége fondé au Ve siècle par St. Paterne, sous le vocable de St. Pierre, apôtre. Cette Eglise compte 102 évêques (Morbihan). Artonne possède une partie des ossements de St. Paterne. On croit que cet évêque, s'étant retiré dans ce lieu, y mourut.

CARDINAUX FRANÇAIS
Depuis le concordat de 1802 jusqu'en 1880.

Depuis le rétablissement du culte catholique dans notre pauvre patrie, toujours si agitée par les passions politiques, la France a eu l'honneur de fournir au Sacré Collége des cardinaux trente et un de ses enfants. Voici les noms de ces illustres princes de l'Eglise.

De Bayane, ancien auditeur de rote, créé cardinal en 1802, mort quelques années après.

Jean-Baptiste de Belloy, archevêque de Paris, créé cardinal en 1802, mort avec le titre de sénateur le 10 juin 1808.

Joseph Fesch, archevêque de Lyon, grand-aumônier de France, créé cardinal en 1803, mort à Rome le 13 mai 1839.

Etienne-Hubert Cambacérès, archevêque de Rouen, créé cardinal le 17 janvier 1803, mort le 25 octobre 1818.

Alexandre-Angélique de Talleyrand-Périgord, archevêque de Paris, grand-aumônier de France, créé cardinal en 1817, mort le 19 octobre 1821.

César-Guillaume de la Luzerne, évêque de Langres, créé cardinal en 1817, mort le 21 juin 1821.

Louis-François de Beausset, ancien évêque d'Alais, créé cardinal er 1817, mort le 21 juin 1824.

Anne-Antoine-Jules de Clermont-Tonnerre, archevêque de Toulouse, créé cardinal le 2 décembre 1822, mort le 21 février 1830.

Anne-Louis-Henri de la Fare, archevêque de Sens, premier aumônier de madame la duchesse d'Angoulême, créé cardinal le 16 mai 1823, mort le 10 décembre 1829 ; il était pair de France.

Gustave-Maximilien Juste, prince de Croï, archevêque de Rouen, grand-aumônier de France, créé cardinal le 21 mars 1825, mort le 1er janvier 1844.

Jean-Baptiste-Marie-Anne-Antoine de Latil, archevêque de Reims, créé cardinal le 31 mars 1826, mort le 1er décembre 1831.

Joachim-Jean-Xavier d'Isoard, archevêque d'Auch. ancien auditeur de Rote, créé cardinal le 25 juin 1827, mort le 7 octobre 1839.

Louis-François-Auguste duc de Rohan-Chabot, prince de Léon, pair de France, archevêque de Besançon, créé cardinal le 5 juillet 1830, mort le 12 décembre suivant.

Jean-Louis-Anne Madeleine Lefebvre de Cheverus, archevêque de Bordeaux, créé cardinal le 1er février 1836, mort le 19 juillet même année.

Louis-Jacques-Maurice de Bonald, archevêque de Lyon, créé cardinal le 1er mars 1841, mort le 25 février 1870.

Hugues-Robert-Jean-Charles de Latour-d'Auvergne-Lauragais, évêque d'Arras, créé cardinal le 23 décembre 1839, mort le 20 juillet 1851.

Joseph Bernet, archevêque d'Aix, créé cardinal le 19 janvier 1846, mort le 5 juillet même année.

Pierre Giraud, archevêque de Cambrai, créé cardinal le 12 juin 1847, mort le 17 avril 1850.

Jacques-Marie-Antoine-Célestin du Pont, archevêque de Bourges, créé cardinal le 11 juin 1847, mort le 26 mai 1859.

Paul-Thérèse-David d'Astros, archevêque de Toulouse, créé cardinal le 30 septembre 1850, mort le 29 septembre 1851.

Jacques-Marie-Adrien-Césaire Mathieu, archevêque de Besançon, créé cardinal le 30 septembre 1850, mort le 9 juillet 1875.

Ferdinand-François-Auguste Donnet, archevêque de Bordeaux, créé cardinal le 15 mars 1852.

François-Nicolas-Madeleine Morlot, archevêque de Paris, grand-aumônier et primicier du chapitre de St. Denis, créé cardinal le 7 mars 1853, mort le 29 décembre 1862.

Alexis Billiet, archevêque de Chambéry, créé cardinal le 27 septembre 1861, mort le 3 avril 1875.

Henri-Marie-Gaston de Bonnechose, archevêque de Rouen, créé cardinal le 21 décembre 1863.

René-François Régnier, archevêque de Cambrai, créé cardinal le 22 décembre 1873.

Joseph-Hippolyte Guibert, archevêque de Paris, créé cardinal dans le consistoire du 22 décembre 1873.

Godefroy Brossais-Saint-Marc, archevêque de Rennes, créé cardinal dans le Consistoire du 12 mars 1877, mort le 20 février 1878.

Louis-Marie-Joseph-Eusèbe Caverot, archevêque de Lyon, créé cardinal dans le consistoire du 12 mars 1877.

Julien-Florian-Félix Desprez, archevêque de Toulouse, créé cardinal dans le consistoire du 12 mai 1879.

Louis-François-Désiré-Edouard Pie, évêque de Poitiers, créé cardinal le 12 mai 1879, mort à Angoulême le 18 mai 1880.

FIN.

TABLE DES MATIÈRES

	Pages.
État primitif de l'Auvergne	5
Origine Chrétienne de cette province au premier siècle	10
Notices sur les 95 Évêques de Clermont	27
Étendue du diocèse de Clermont du 1er siècle à 1317, suivie de la chronique des évêques de Saint-Flour et de Moulins	154
Les dix-huit conciles d'Auvergne	218
Églises de Clermont détruites en 93	228
Communautés religieuses de Clermont avant et après 1789	231
État ancien et actuel de toutes les Paroisses du Diocèse de Clermont	240
Tableau de la France et du Puy-de-Dôme en 1793.	356
Noms des victimes de ce département égorgées ou emprisonnées pendant la Révolution	364
Église constitutionnelle, avec l'historique et les noms des prélats intrus	416
Concordat de 1802, suivi de la nomination du titulaire de chaque siège	465
Concordat de 1817 avec les noms des premiers évêques de chaque siège et le nombre de prélats que compte chaque évêché	473
Cardinaux français créés depuis 1802.	483

FIN DE LA TABLE.

Détacher les six pages suivantes pour les coller dans le corps du livre, aux pages des chiffres correspondants.

CAHIER RELIE EN DOUBLE

Pages 217 - 218
       249 - 250
       257 - 258

Documents manquants (pages, cahiers...)
NF Z 43-120-13

De la page 487
A la page 492

conciliant, pacifique. Si quelqu'un a aimé à dire, et peut-être un peu trop : *Non innovetur...* et le mettre en pratique, c'est bien l'évêque que nous venons de perdre. Ce prélat est mort la veille de Noël 1879, à 6 heures du matin, âgé de plus de 86 ans. Ses obsèques ont eu lieu le lundi 29. Les évêques du Puy, de Cahors et de St-Flour y assistaient, entourés d'un nombreux clergé et d'une foule immense de fidèles accourus de tous les points du diocèse, pour rendre les derniers devoirs à leur vénéré pasteur.

Pendant le long épiscopat de Mgr. Féron, il s'est fait bien des choses avantageuses au diocèse. Un grand nombre de maisons religieuses ont été fondées dans les paroisses pour l'instruction de la jeunesse ; une cinquantaine de succursales érigées ; une foule d'églises considérablement réparées ou reconstruites à neuf; et enfin bon nombre de presbytères convenables et parfois même élégants, se sont élevés là où étaient auparavant de misérables masures. Ce qui est surtout un titre de gloire pour l'épiscopat de Mgr. Féron, c'est l'agrandissement de la Cathédrale.

JEAN-PIERRE BOYER, 95ᵐᵉ Évêque de Clermont, le 24 décembre 1879. — Né à Paray-le-Monial, diocèse d'Autun, le 27 juillet 1829, il fut préconisé dans le consistoire du 15 juillet 1878, par Léon XIII, avec le titre d'évêque d'Evaric *in partibus infidelium*, pour être coadjuteur de Mgr. Féron, *cum successione futura*. Il a été sacré le 24 août, à Aix, où il était doyen de la faculté de théologie. Il a fait son entrée à Clermont le 14 septembre, sans cérémonie officielle.

Ce prélat, que l'Auvergne doit être fière de posséder et qu'elle peut appeler l'*Evêque du Sacré-Cœur*, est un homme de science et de grands talents. Espérons que son épiscopat égalera en durée celui de Mgr. Féron. Que n'avons-nous pas à attendre d'un évêque en qui le caractère le plus ferme s'unit à une bonté profonde ? Sa sagesse et ses vertus feront briller d'un nouvel éclat l'Eglise d'Auvergne, qui compte au nombre de ses pasteurs tant de saints et dignes prélats.

LES 18 CONCILES D'AUVERGNE

PREMIER CONCILE. Cette assemblée de prélats fut tenue dans la ville d'Auvergne, en 535, sous l'épiscopat de St. Gal. Quatorze évêques y assistèrent : ceux de Reims, de Trèves, de Langres, de Limoges, de Châlon-sur-Saône, de Lodève, de Rodez, de Viviers, de Mende, de Metz, de Verdun, de Cologne et de Windisch. Il fut présidé par Honorat, archevêque de Bourges. Après avoir prié pour la prospérité du règne de Théodebert et le salut des peuples, on décréta : 1º qu'aucun évêque ne proposerait d'affaires particulières dans le concile, avant d'avoir traité ce qui regardait la discipline et les mœurs ; 2º que l'épiscopat ne devait pas être un objet d'ambition, mais de mérite ; 3º qu'un évêque ne pouvait être sacré qu'après l'élection faite par le clergé, les fidèles et approuvée par le Métropolitain ; 4º que les clercs ne devaient et ne pouvaient recourir à la puissance séculière pour décliner la juridiction des évêques ; 5º que ceux qui favoriseraient ou approuveraient les mariages entre juifs et chrétiens seraient excommuniés ; 6º que les mariages étaient défendus entre consanguins et alliés ; 7º que les prêtres et les diacres mariés avant leur ordination curé était nommé par l'Evêque. Aujourd'hui cette commune a deux paroisses, dont la nouvelle porte le nom de Ceyssat, et a pour patron St. Roch. — Population, 786 habitants.

AMBERT, *Ambertensis*, chef-lieu d'arrondissement. L'église est un monument classé comme monument historique. Elle est sous le vocable de *St. Jean-Baptiste* et a pour patrons *St. Côme* et *St. Damien*. Bâtie à deux reprises, cette église a une partie romane et une partie gothique, non achevée ; elle a 32 colonnes mesurant soixante pieds de hauteur, et seize chapelles à son pourtour. Cette église fut commencée en 1471 et finie en 1518. Guillaume Duprat en fit la consécration en 1551. Avant 1796, la paroisse était desservie par les Bénédictins de Chaumont, qui jouissaient de ce droit depuis 1496. Ambert avait plusieurs couvents ; un de Templiers supprimé en 1369 ; un d'Ursulines fondé en 1592, au petit château des Ecures ; un de Récollets fondé en 1619 composé de douze religieux, et un de Minimes, qui avait un hôpital fondé en 1755. En 1790 tout cela disparut. Aujourd'hui Ambert possède un hôpital, un couvent d'Ursulines, un de Dominicaines (*maison-mère*), un établissement de frères de la Doctrine Chrétienne et un de Sœurs de St-Joseph (*Bon-Pasteur*). — Population, 6725 habitants.

ANTOINGT, *Antorisensis*, canton de St-Germain-Lembron. Eglise romane, dont la fondation remonte à 1219 ; elle dépendait de l'abbaye de Chantoin, qui a eu le droit de nomination du curé jusqu'en 1789. Cette église avait et a encore pour patron *St. Gal*. Chantoin possédait un prieuré dans ce lieu, sous le vocable du même saint. Population, 668 habitants.

ANZAT-LE-LUGUET, canton d'Ardes. L'église est un édifice sans intérêt ; le chœur est du XIVe siècle ; elle possède une cloche de 1647. Elle avait et a pour patronne *Notre-Dame* (*Assomption*). Les seigneurs de ce lieu nommèrent les curés de cette église jusqu'en 1789. Population, 1504 habitants.

APCHAT, canton d'Ardes. L'église remaniée au XIVe

siècle, est un édifice roman des plus communs et sans valeur. Elle avait et a pour patron *St. Médard*. Le curé était nommé par le prieur de La Voûte (*Haute-Loire*), qui avait dans ce lieu un prieuré sous le vocable de St. Médard. Population, 700 habitants.

ARCONSAT, canton de Thiers. Eglise du XIX° siècle, sans rien de remarquable. Elle avait et a encore pour patron *St. Blaise*. Le curé était à la nomination de l'Evêque. Cette paroisse a aujourd'hui une école tenue par les Religieuses du Bon-Pasteur. Depuis quelques années, on a distrait d'Arconsat Chabreloche, qui forme actuellement paroisse et commune. La population d'Arconsat est de 1419 hab., celle de Chabreloche, 670 hab.

ARDES. *Radiatum*, canton de l'arrondissement d'Issoire. L'église est un édifice de seconde classe, datant du XIII° siècle ; elle est sous le vocable de *St. Dizain* et de *St. Adrier*, qui en même temps ont été choisis pour patrons. *Dizain* était évêque de Saintes. Comme il lui paraissait impossible de convertir les habitants de la Saintonge, malgré tout le zèle qu'il y mettait, il se retira à Tours, dans la solitude, où il mourut en odeur de sainteté. Quand les Normands ravagèrent plusieurs provinces de France, la Touraine se trouva fortement menacée par cette horde de barbares. *Adrier*, qui était prêtre, craignant que les reliques de l'évêque de Saintes ne fussent profanées par ces hommes qui ne respectaient rien, les enleva pieusement et les porta en Auvergne. Ce fut à Ardes qu'il se rendit avec son précieux dépôt. Après la mort de ce vertueux prêtre, regardé comme un Saint à cause de ses nombreux miracles, les habitants de ce lieu choisirent pour patrons de leur église *St. Dizain* et *St. Adrier*. En 93, la belle châsse qui renfermait les reliques de ces deux bienheureux, fut détruite et livrée aux flammes ; mais quelques personnes pieuses, malgré le danger qu'elles couraient, purent soustraire à la profanation ces ossements sacrés. Cette paroisse, aujourd'hui, a la gloire et l'avantage de les posséder encore. Ardes était archiprêtré et avait un prieuré. L'archiprêtre et le prieur étaient à la nomination de l'abbé de

Port-Dieu en Limousin. Bagnols a une école de Frères de St-Gabriel. — Population, 1830 habitants.

BANSAT, *Bansiacus*, canton de Sauxillanges. Eglise du XIe siècle. Le patron est *St. Julien*. Le curé était nommé par l'abbaye de la Chaise-Dieu. — Population, 519 habitants.

BAS-ET-LEZAT, canton de Randan. Eglise moderne, qui avait et a encore pour patron *St. Robert*. Le curé était nommé par l'Evêque. — Population, 539 habit.

BEAULIEU, canton de St-Germain-Lembron. Eglise du XIVe siècle, remaniée à diverses époques. Le prieuré de Sauxillanges nommait le curé. Elle avait et a pour patron *St. Martin*. — Population, 732 habitants.

BEAUMONT, *Belmontensis*, canton de Clermont. Cette commune avait deux églises paroissiales dans le principe : une chapelle abbatiale du XIIe siècle, patron *St. Pierre* ; l'autre du XIe siècle, patronne *N.-D.-de-la-Rivière*. Les deux curés étaient nommés par l'abbesse de Beaumont, dont l'abbaye fut supprimée en 1790. Elle était composée alors de douze religieuses. L'église actuelle est romane, XIe siècle, avec nef moderne. Elle a pour patron *St. Pierre*. Beaumont a des Religieuses de la Miséricorde. — Population, 1515 hab.

BEAUMONT, canton de Randan. Eglise romane et de transition en très-mauvais état. Elle a pour patron *St. Pierre-ès-Liens*. Le curé était à la nomination de l'Evêque. — Population, 586 habitants.

BEAUNE, canton de Clermont. Eglise distraite de St-Genès-Champanelle et construite au XIXe siècle. Elle a pour patronne *N.-D. (Visitation)*. — Population, 300 habitants environ.

BEAUREGARD. *Bellumregardum*, canton de Verlaizon.

Église moderne, ayant l'autel tourné à l'ouest. En 1560, cette paroisse avait une communauté de prêtres. Le curé était à la nomination du chapitre de Lezoux. Les patrons de cette église étaient et sont encore *St. Etienne* et *St. Aventin* Les Evêques de Clermont avaient un château dans cette paroisse ; il fut vendu pendant la Révolution. Guillaume Duprat y avait fondé un couvent de Minimes en 1560. — Population, 1473 habitants.

BEAUREGARD-VENDON, canton de Combronde. Église moderne avec clocher en flèche. Elle avait et a pour patron *St. Gal.* Le curé était nommé par l'Evêque. — Population, 785 habitants.

BERGONNE, canton d'Issoire. Église romane du XIIe siècle, qui avait pour patron *St. Gal* ; aujourd'hui elle a *St. Jacques.* Le curé était à la nomination des Carmes Déchaussés de Chantoin, qui possédaient dans ce lieu un prieuré. — Population, 277 habitants.

BERTIGNAT, canton de St-Amand-Roche-Savine. Église du XIVe siècle, avec clocher carré ; elle a été agrandie en 1835. Elle avait et a pour patron *St. Priest.* Le curé, qui avait le titre d'*archiprêtre du Livradois*, était à la nomination de l'Evêque. Bertignat a des Religieuses du Bon-Pasteur. — Population, 1731 habitants.

BESSE, *Bessa*, canton de l'arrondissement d'Issoire. La chapelle de *N.-D.-de-Vassivières* se trouve sur une montagne de cette paroisse. A cause de la neige dont elle est couverte une partie de l'année, la statue miraculeuse de ce sanctuaire passe neuf mois dans l'église de Besse. C'est le premier dimanche de juillet qu'on la porte en procession dans sa chapelle, et c'est le dimanche après la St-Mathieu qu'on la redescend à Besse avec la même cérémonie. A ces deux processions, il y a toujours une grande affluence de pieux pèlerins. L'église de Besse est du XIe siècle, avec clocher moderne. Elle a pour patron *St. André.* En

ERRATA

A découper et à coller dans le livre aux pages et lignes indiquées par les chiffres ci-dessous. Les premiers chiffres marquent la page et les seconds la ligne.

20—2 deux de Limoges, 1028
24—29 apostoliques était une
35—18 pourvu qu'on eût une foi vive.
36—23 pulaire, St. Antolian et St. Limine
38—29 Caulin 17° évêque de Clermont.
39—21 et d'autres prétendent que St.
69—14 malgré lui, en 471,
69—27 plus illustres de son temps,
72—17 foule pieuse et affligée le suppliait ainsi :
77—7

disti, incende quod ado. asti ; « Courbe le front, doux et fier Sicambre, adore ce que tu as brûlé, et brûle

85—6 527 ; il fut enterré
100—19 qui tombait en ruine ;
127—7

JEAN II, 49° Évêque de Clermont, de 1014 à 1015. — On n'a rien de positif sur Jean II, qui n'a fait

135—10 Pierre Roux assista au Concile de Fleury
136—33

cablé d'affaires et n'en résout aucune. Sous un pareil

138—6 1162, le pape Alexandre III,
145—8 Le 25 août de la même
189—11 en 1629 ; des Minimes, en 1620 ;
195—29 En 1703, Charles de Ribayre
212—7

(1830), pour le siège de Rodez et l'abbé Mannay qui en 1802 fut sacré évêque de Trèves, Belgique. Le Diocèse

215—17

des fêtes de la canonisation des Martyrs du Japon, pour se rendre à Rome, où il fut bien accueilli. En

ERRATA.

222—38 Guillaume de Baffie ;

227—26 pour elles l'onction et l'orthodoxie ;

231—15 présentait tous les

233—33

a pour but de donner dans son couvent des retraites
234—9

au parlement de Paris. — *L'abbaye de St. André* (ordre
235—18 fondée en 1620.

pour mettre aux pages 255-261-270
Lamontgie Lamontgie Lamontgie

296—31 Marsac eut grandement à souffrir pendant les

300—3 Cette paroisse fut unie en 1201 au monastère

301—19 maison causé par les Normands.

322—33

St. Babel. Cette paroisse a un village qui porte le nom

337—28 *Sanctus Projectus campi,*

340—11

l'abbaye de St. Michel de ? (Piémont). — Pop. 443 h.

343—19

du XIII° siècle réparée en 18.. Elle possède une belle

359—22

du clergé qui s'était laissée surprendre se rétracta

374—20

testa vivement contre Gobel, quand ce bas et vil intrus

399—17 d'embrasser la religion nouvelle !

409—24 le 15 février 1754,

415—6

et sortait de sa grange l'œil en feu et l'air menaçant. »

431—23 et fut nommé dans le

135—17 Gonod veut que ce soit Aimeric.

253—14

de St-Amable. Le comte de Mons et le comte de Bonnevie font bâtir une belle église romane qui bientôt remplacera l'ancienne. — Population, 1253 habitat.

ON TROUVE
A LA MÊME ADRESSE DE
L'AUVERGNE CHRÉTIENNE
LES OUVRAGES SUIVANTS :

1° PHARMACOPÉE, ou RECUEIL DE REMÈDES ET DE RECETTES. Cet ouvrage grand in-18 de 360 pages, si utile à toutes les classes de la société, a eu un succès au-delà de tout ce qu'on pouvait espérer ; il est aujourd'hui à sa septième édition. Il renferme une foule de remèdes des plus simples, reconnus par l'expérience de tous les jours d'une grande efficacité. Ces remèdes, qui peuvent rendre de grands services au moment où on s'y attend le moins, sont faciles à faire et à la portée de tout le monde. Prix : *franco* par la poste, 3 fr. 50 c.

2° ANECDOTES CURIEUSES ET PIQUANTES DE CES DERNIERS TEMPS. Cet ouvrage est une série d'articles où la satire et l'ironie stigmatisent quelques-uns des faits répréhensibles de notre époque. Ce livre est du même format que la *Pharmacopée*. Prix : *franco* par la poste, 1 fr. 50 c.

3° ÉCHOS PROPHÉTIQUES, tirés en grande partie du vénérable Holzhauser, annonçant les grands événements qui se préparent pour la fin du dix-neuvième siècle et pour le siècle suivant. C'est le plus complet et le plus curieux de tous les Recueils de ce genre. Ce livre contient 334 pages. Prix : *franco* par la poste, 1 fr. 50 c.

4° RÉCITS TRÈS-DÉTAILLÉS DU GRAND PÈLERINAGE DE LOURDES, où tous les diocèses de France offrirent à la Ste. Vierge l'hommage de leurs prières et donnèrent en souvenir plus de 300 bannières, le 6 octobre 1872, jour de la fête du St-Rosaire. Ce livre, format petit in-8, contient 309 pages. Prix : *franco* par la poste, 1 fr. 50 c.

Fabrication de tous les objets nécessaires au culte catholique

3, place Saint-Etienne, 3

TOULOUSE

Maison Henry BENT fils aîné

Fournisseur de N. N. P. le Pape

Chevalier de Saint-Sylvestre et de l'Éperon d'Or

Ornements d'Église — Broderies

Chasublerie, Vases sacrés, Bronzes,
Autels, Statues terre cuite blanches et
polychromées,
Chemins de croix en tous genres, Lingerie d'église,
Devants d'autels, etc., etc., Vitraux peints.

———

La maison H. BENT fils aîné offre de fournir, avec une réduction de 5 pour cent, tous les articles ornements d'église qui sont journellement offerts par les divers prix courants, prospectus; elle les offre sans que pour cela les qualités soient en rien diminuées.

Tout acheteur continuera de retenir, faveur de l'œuvre du denier de Saint-Pierre, un pour cent qu'il versera lui-même au tronc établi dans sa paroisse.

La maison H. BENT fils aîné offre cet *avantage exceptionnel* qu'elle rembourse intégralement, au moyen des *coupons commerciaux*, toute dépense faite au comptant dans ses vastes magasins.

TRAITEMENT des **HERNIES** sans opération aucune, *guérison prompte et parfaite garantie* par les faits. — En conséquence, *plus de bandage*. Par M. le docteur GAILLARD, médecin de la Faculté de Montpellier, faisant sa résidence à Lyon, quai de la Charité, n° 1. Les cures de cet habile docteur sont déjà très-nombreuses.

ŒUVRE DU VIN DE MESSE
DE BANYULS-SUR-MER (Pyrénées-Orientales.)

Bénie par Sa Sainteté Léon XIII, approuvée par l'autorité diocésaine et recommandée par plusieurs Évêques de France.

Vin rouge
de table de 35 fr. à 70 fr. l'hectolitre nu, suivant âge.

Rancio de 5 ans.
un franc le litre nu.

Grenache,
de 1 fr. à 2 fr. 50 le litre nu, suivant âge.

Muscat
à 2 fr. 50 le litre nu.

Vin spécial de Messe, Grenache, vin blanc, 4 fr. le litre, logé et en gare à Banyuls. — Envoi du prospectus très-détaillé à toutes les personnes qui en feront la demande.

S'adresser à M. l'abbé Rous, curé de Banyuls, fondateur et directeur de l'Œuvre.

Nous avons goûté ces vins et nous les avons trouvés excellents.

MORIN.

BIAIS AINÉ

Mon BIAIS AINÉ ET RONDELET

PARIS — Rue Bonaparte, 74 — PARIS

ANCIENNE MAISON   34 MÉDAILLES

existant depuis l'année 1783   Exposition de 1849 à 1879

ORNEMENTS D'ÉGLISE

CHASUBLES, CHAPES, BANNIÈRES, DAIS, ÉTOLES,
BRODERIES, ETC.

DENTELLES ET LINGERIE, AUBES, FLEURS ET VASES, ETC.

ÉTOFFES DE TOUS GENRES, PASSEMENTERIE,
FOURNITURES POUR CONFECTION D'ORNEMENTS.

AUTELS DE TOUS GENRES, CHAIRES, CONFESSIONNAUX,
AMEUBLEMENT D'ÉGLISE, ETC.

VASES SACRÉS, CALICES, CIBOIRES, OSTENSOIRS, ETC.

BRONZES D'ÉGLISE, CANDÉLABRES, LUSTRES, ETC.
STATUES, CHEMINS DE CROIX.

Les ressources industrielles et artistiques dont dispose notre maison nous permettent de satisfaire dans des conditions exceptionnelles aux demandes qui nous sont faites. Les points principaux qu'il est indispensable de connaître sont : la nature de l'objet, le style, et dans certains cas, la dimension qu'il doit avoir, toujours, le prix approximatif dans lequel nous devons nous renfermer. D'un autre côté, nous recevrons avec la plus vive reconnaissance les renseignements, les détails qu'on voudra bien nous donner sur les formes et les usages locaux des objets demandés, etc. Nous nous empresserons de nous conformer à ces indications avec la plus rigoureuse et la plus intelligente exactitude.

Tous les renseignements, lettres, devis, dessins, etc., sont toujours expédiés par le retour du courrier, de telle sorte que notre clientèle de province est aussi exactement renseignée que si elle visitait nos magasins. Nous prenons, à ce sujet, la liberté de prier très-instamment nos lecteurs de vouloir, dans leur premier voyage à Paris, honorer de leur visite notre important établissement, où ils trouveront réunis, en grand assortiment, les plus modestes comme les plus riches objets de tout genre destinés à la célébration du culte catholique.

Assortiments considérables

Conditions et objets spéciaux pour offrandes, dons, pèlerinages etc.

S'adresser directement à **BIAIS aîné**.

M^{on} *BIAIS aîné et RONDELET, fabricants, à Paris, rue Bonaparte, 74.*

FABRIQUE
DE VITRAUX PEINTS
DU CARMEL DU MANS (Sarthe)

FONDÉE EN 1853,

Rue de la Mariette, 126,

M. E. HUCHER, ✻✻ ✻✻ I. O. I. P.

Directeur du musée archéologique du Mans, Président de la Société historique et archéologique du Maine,
Président de la commission d'exposition de l'art rétrospectif en 1869, au Mans, etc.

Cet établissement, qui se recommande par l'excellent choix de ses cartons, provenant, en grande partie, d'artistes de l'école d'Overbeck, par l'exécution soignée de ses peintures confiées, depuis l'origine, aux mêmes artistes, par sa plomberie, solide et habile, et le choix de son personnel d'ouvriers poseurs, tout en s'occupant de confectionner des vitraux neufs, aux conditions les plus modérées, s'applique d'une manière spéciale à la restauration des anciennes verrières. Ces travaux, regardés comme ingrats par la plupart des fabriques, ne sont nulle part ailleurs l'objet de soins plus scrupuleux. Les études archéologiques de M. E. Hucher lui permettent de donner aux restaurations qu'il prépare lui-même une direction scientifique supérieure qui assure leur complète réussite soit comme réfection du trait, soit comme justesse du ton. Ajoutons un détail important : la maison possède les couleurs mêmes dont se servaient les maîtres verriers des XIII⁰, XV⁰ et XVI⁰ siècles, et les confectionne elle-même.

M. E. Hucher, qui depuis 1838, s'occupait de rechercher les anciens procédés, après avoir fondé cet établissement en 1853, au profit des dames Carmélites, en est devenu acquéreur. M. Hucher n'avait pas d'ailleurs cessé depuis 1853 qu'il en a posé la première pierre, de l'enrichir de ses cartons et de surveiller la fabrication.

Il est situé dans l'ancien enclos des Carmélites, rue de la Mariette, 126, au Mans ; c'est là qu'il faut adresser les demandes.

Cet établissement a, depuis 1853, placé des vitraux neufs ou restauré d'anciennes verrières dans plus de 1,800 églises ou chapelles de France, d'Algérie, d'Italie, d'Amérique et d'Asie.

Depuis quelques mois M. Hucher a ajouté à la fabrication ordinaire, les vitraux de châteaux et d'appartements, aux prix les plus modérés.

www.ingramcontent.com/pod-product-compliance
Lightning Source LLC
Chambersburg PA
CBHW071708230426
43670CB00008B/947